Organisationspsychologie

Basiswissen, Konzepte und Anwendungsfelder

von
Prof. Dr. Erika Spieß
und
Prof. Dr. Dr. h.c. Lutz von Rosenstiel

Oldenbourg Verlag München

Bibliografische Information der Deutschen Nationalbibliothek

Die Deutsche Nationalbibliothek verzeichnet diese Publikation in der Deutschen Nationalbibliografie; detaillierte bibliografische Daten sind im Internet über <http://dnb.d-nb.de> abrufbar.

© 2010 Oldenbourg Wissenschaftsverlag GmbH
Rosenheimer Straße 145, D-81671 München
Telefon: (089) 45051-0
oldenbourg.de

Das Werk einschließlich aller Abbildungen ist urheberrechtlich geschützt. Jede Verwertung außerhalb der Grenzen des Urheberrechtsgesetzes ist ohne Zustimmung des Verlages unzulässig und strafbar. Das gilt insbesondere für Vervielfältigungen, Übersetzungen, Mikroverfilmungen und die Einspeicherung und Bearbeitung in elektronischen Systemen.

Lektorat: Wirtschafts- und Sozialwissenschaften, wiso@oldenbourg.de
Herstellung: Anna Grosser
Coverentwurf: Kochan & Partner, München
Gedruckt auf säure- und chlorfreiem Papier
Gesamtherstellung: Druckhaus „Thomas Müntzer" GmbH, Bad Langensalza

ISBN 978-3-486-58339-7

Vorwort

Für den Zukunftsstandort Deutschland ist das Know-how der Organisationspsychologie von großer Bedeutung. Große Anteile innerer Kündigung, nicht aktivierter Motivation, Kreativität und Innovation liegen daran, dass das organisationspsychologische Wissen entweder von den Führungskräften nicht erkannt wird, im Sinne von nicht Wissen, weil es nicht gekonnt umgesetzt wird (nicht Können), weil eine Umsetzung nicht gewollt ist (z. B. weil man denkt, man verliert damit selbst an Macht und Einfluss) oder weil man glaubt, die Unternehmenskultur, der Chef oder die Kollegen würden einen negativ sanktionieren, wenn man dieses umsetzt (nicht Dürfen und nicht Sollen). Dabei zeigt die Forschung, dass sich die Umsetzung von psychologischem Wissen, insbesondere auch die ethikorientierte Führung, auf die Dauer lohnt.

Worum geht es letztlich bei der Aktivierung organisationspsychologischen Know-hows? Es geht um nichts anderes als darum, das komplizierte Geflecht menschlicher Beziehungen zu diagnostizieren, zu klassifizieren und zu verbessern. Gegenstand der Organisationspsychologie ist das Erleben und Verhalten vom Menschen in Organisationen, wobei die Kontextbedingungen mitberücksichtigt werden. Dadurch ist sie für interdisziplinäre Forschung und Lehre prädestiniert, denn mit Organisationen ist eine Vielzahl anderer Disziplinen, wie z. B. Betriebswirtschaft oder Soziologie, befasst.

In diesem Buch stehen jedoch das einzelne Organisationsmitglied und Gruppen von Menschen, die gemeinsam in der Organisation handeln, im Zentrum. Diese Beschränkung auf die psychologische Sicht der Autoren Erika Spieß und Lutz von Rosenstiel setzt im klassischen Feld der Organisationspsychologie dadurch einen neuen Akzent, dass zwischen der Darstellung psychologischer Konzepte und der ihrer Anwendungsfelder unterschieden wird, wobei beide Bereiche stets durch Verweise und Beispiele aufeinander bezogen werden. Durch die Vorstellung der für die Organisationspsychologie relevanten, vor allem sozialpsychologischen Konzepte, können interessierte Leser und Studierende, die kaum psychologische Kenntnisse haben, zentrale Themenfelder kennenlernen und diese auf gesellschaftlich relevante Themen wie z. B. Globalisierung oder Gendering übertragen.

Die Skizzierung der Akteure, Prozesse und Strukturen in Organisonen und der Bezug auf dahinter stehende Menschen- und Organisationbilder setzen einen Rahmen in einem innovativen Feld, in dem sich stets gesellschaftliche und wirtschaftliche Veränderungen – oftmals für die Betroffenen nicht immer bewusst und daher in den Konsequenzen überraschend – vollziehen. Die Autoren referieren international relevante wissenschaftliche Studien und Metaanalysen zu den jeweiligen Themen und geben damit einen aktuellen Einblick in wichtige und neue Themen des Faches. Dadurch werden auch dem praktisch tätigen Organisationspsychologen Argumente und Forschungsbefunde an die Hand gegeben.

Die Autoren wissen sich einem Grundanliegen wissenschaftlicher anwendungsorientierter Arbeit verpflichtet: Es geht darum, nicht nur solide Forschung zu betreiben, sondern zugleich auch um einen verantwortungsvollen Praxisbezug. Zugleich sind die Autoren den Traditionen der Organisationspsychologie verbunden, geben historische Verweise, die auch neue Entwicklungen besser verstehen lassen und stellen die Bedeutung des Werkes von Kurt Lewins für die Organisationspsychologie heraus.

Mit der kritischen Frage nach der Nützlichkeit bzw. dem „Nutzen wozu?" sowie „Nutzen für wen?" der wissenschaftlichen Erkenntnisse, die die Autoren aufwerfen, verweisen sie auf Interessensgegensätze, wonach es gilt, auch die Folgewirkungen des eigenen Tuns differenziert zu reflektieren und ethische Überlegungen mit in die Organisationspsychologie aufzunehmen.

Der praktische Nutzen dieses Buches soll auch dadurch gestärkt werden, dass viele Grundbegriffe der Psychologie, insbesondere der Sozialpsychologie, erläutert werden: Es geht z. B. um Macht, Kommunikation, Vertrauen, Handeln, Wertewandel. Der Leser bekommt so einen vertiefenden Einblick nicht nur in die Menschen- und Organisationsbilder der Organisationspsychologie sondern auch in die relevanten psychologischen Konzepte, sowohl auf der personalen Ebene, der Umweltebene, weiterhin aber auch in die zahlreichen Anwendungsfelder von Organisationspsychologie. Es ist sowohl eine Einführung für denjenigen, der längst in dem Gebiet bewandert ist, als auch eine Einführung für noch wenig Informierte. Das Buch ist klar geschrieben, theoretisch fundiert, praktisch relevant, ein Genuss zu lesen – Kompliment für dieses Buch!

Das Buch ist geeignet sowohl für den Wissenschaftler, den Studierenden aber auch den in der Praxis Tätigen, egal ob als Mitarbeiter mit oder ohne Personalverantwortung. Ich wünsche mir, dass das Buch und seine Gedanken sowohl in der Praxis als auch in der Lehre Verbreitung finden.

Dieter Frey

Danksagung

Hiermit möchten wir denjenigen unseren Dank aussprechen, die uns mit guten Ideen und tatkräftiger Hilfe unterstützt haben: Susanne Bögel-Fischer, Birgit Bill und Rosita Jurgeleit für Arbeiten am Text und an der Literaturliste, Herrn Andreas Kaufert für Grafiken und Formatierungsarbeiten und den Kollegen Katharina Kugler, Julia Reif, Christina Stroppa und Dr. Ralph Woschée vom Lehrstuhl Organisations- und Wirtschaftspsychologie sowie Dr. Peter Stadler vom Bayerischen Landesamt für Lebensmittelsicherheit und Gesundheit für inhaltliche Anregungen.

München, 2009

Inhalt

Vorwort		**V**
Danksagung		**VII**
1	**Einleitung**	**1**
2	**Akteure und Strukturen in Organisationen**	**3**
2.1	Akteure	3
2.2	Strukturen	5
3	**Menschen- und Organisationsbilder**	**11**
4	**Der Beitrag Kurt Lewins für die Organisationspsychologie**	**17**
5	**Personale Ebene – relevante psychologische Konzepte**	**21**
5.1	Intrapsychische Konzepte	21
5.1.1	Einstellungen	21
5.1.2	Gefühle und Emotionen	24
5.1.3	Motivation und Volition	26
5.1.4	Attribution	30
5.1.5	Lernprozesse	32
5.1.6	Kompetenz	34
5.1.7	Entscheidungsprozesse	34
5.1.8	Aggression	35
5.1.9	Stress	37
5.1.10	Selbstwert und Identität	42
5.2	Interpersonelle Konzepte	46
5.2.1	Prozesse in und zwischen Gruppen	47
5.2.2	Kooperation und Konkurrenz	57
5.2.3	Konflikt und Konfliktlösung	62
5.2.4	Verhandeln	66
5.2.5	Kommunikation	69
5.2.6	Vertrauen	73
5.2.7	Macht	74

| 5.2.8 | Gerechtigkeit | 76 |
| 5.2.9 | Soziale Unterstützung | 78 |

6 Umweltebene — 81

6.1	Prozesse in Organisationen	81
6.1.1	Sozialisation	81
6.1.2	Arbeitszufriedenheit	82
6.1.3	Commitment und Identifikation	88
6.1.4	Lernende Organisation	90
6.1.5	Netzwerke	93

6.2	Gesellschaftliche Prozesse	95
6.2.1	Werte und Kultur	96
6.2.2	Wertewandel	99
6.2.3	Gendering oder Frauen in Organisationen	102
6.2.4	Dienstleistung	104
6.2.5	Globalisierung und Internationalisierung	107

7 Methoden der Organisationspsychologie — 109

| 7.1 | Mitarbeiterbefragungen | 111 |
| 7.2 | Coaching und Evaluation | 115 |

8 Anwendungsfelder — 119

8.1	Das Konzept von Führung	119
8.1.1	Klassische Ansätze	121
8.1.2	Neuere Ansätze	128
	Exkurs: Führung in einer anderen Kultur	130
8.1.3	Ein Führungsmodell	132
8.1.4	Die Rolle des Vertrauens	135
8.1.5	Führungsinstrumente	137
8.1.6	Führungskräfteentwicklung und Training	139

8.2	Personalauswahl	142
8.2.1	Der Auswahlprozess	143
8.2.2	Instrumente der Personalauswahl	145
8.2.3	Personen- und Leistungsbeurteilung	148

8.3	Die klassischen Formen der Gruppenarbeit	152
8.3.1	Teilautonome Arbeitsgruppen	152
8.3.2	Projektgruppen	153
8.3.3	Qualitätszirkel	154

8.4	Teamarbeit und Teamentwicklung	155
8.4.1	Team und Teamarbeit	155
8.4.2	Teamdiagnostik	156

8.4.3	Instrumente der Teamdiagnostik	159
8.4.4	Teamentwicklung	162
8.5	Unternehmenszusammenschlüsse und ihre Folgen	167
8.6	Unternehmenskultur	173
8.7	Die Rolle von Beratung in Organisationen	175
8.8	Work-Life-Balance	183
8.9	Auslandsentsendungen	185
8.9.1	Besonderheiten einer Tätigkeit im Ausland	186
8.9.2	Der Prozess einer Entsendung	190
8.9.3	Die Bedeutung der interkulturellen Kompetenz	195
8.10	Organisations- und Personalentwicklung	197
8.10.1	Organisationsentwicklung	198
8.10.2	Personalentwicklung	200
8.11	Kontraproduktives Verhalten	202
8.12	Gesundheit in Organisationen	206
8.12.1	Die Rolle des Arbeitsschutzes	208
8.12.2	Psychische Fehlbelastungen	210
8.12.3	Burnout	211
8.13	Organisationswechsel, Outplacement, Ruhestand	212
8.13.1	Organisationswechsel	213
8.13.2	Outplacement	214
8.13.3	Vorbereitung auf den Ruhestand	221
8.14	Ethik in Organisationen	223
9	**Ausblick**	**229**
10	**Literaturverzeichnis**	**235**
11	**Stichwortverzeichnis**	**273**
12	**Personenverzeichnis**	**277**

1 Einleitung

Die Wissenschaft ist ein System von Erkenntnissen aus einem Gegenstandsbereich. Gegenstand der Organisationspsychologie ist das Erleben und Verhalten vom Menschen in Organisationen unter Einschluss der Bedingungen, die dazu führen (z. B. Organisationsstrukturen) und dessen, was daraus folgt (z. B. Leistungsergebnisse).

Mit dieser Thematik beschäftigt sich die Wissenschaft seit ca. 100 Jahren, meist am Beispiel von Industriebetrieben. Allerdings nicht unter dem Titel „Organisationspsychologie", sondern dem der „wissenschaftlichen Betriebsführung" (Taylor, 1911), der „Psychotechnik" (Münsterberg, 1912) oder „Betriebspsychologie" (Mayer & Herwig, 1970). Von „Organisationspsychologie" spricht man erst, seit Leavitt und Bass 1964 einen Überblicksartikel unter diesem Titel in der Annual Review of Psychology veröffentlichen und Bass (1965) wenig später ein bekanntes Lehrbuch gleichen Titels vorlegte. Im deutschen Sprachraum wurde die Bezeichnung durch einen schmalen Lehrtext von von Rosenstiel, Molt und Rüttiger (1972) eingeführt, der – deutlich umfangreicher – 2005 in 9. Auflage erschien. Inzwischen gibt es sowohl in den USA (z. B. Landy & Conte, 2007) als auch im deutschsprachigen Raum (z. B. Gebert & von Rosenstiel 2002; Weinert, 2004; Schuler, 2007; von Rosenstiel, 2007; Nerdinger, Blickle & Schaper, 2008) viele zum Teil sehr umfangreiche Lehrtexte und sogar zwei Enzyklopädiebände (Schuler, 2004b, c), auf deren Einband (zumindest auch) Organisationspsychologie steht.

In der Prüfungsordnung für Psychologen ist das Fach – meist in Verbindung mit der Arbeitspsychologie – an den meisten Universitäten fest verankert. In der Deutschen Gesellschaft für Psychologie (DGfP), in der die in der Wissenschaft tätigen Kollegen vertreten sind, gibt es eine eigene Fachgruppe für Arbeits- und Organisationspsychologie, im Berufsverband Deutscher Psychologinnen und Psychologen (BDP), in dem sich die Praktiker der Psychologie zusammengeschlossen haben, vertritt eine eigene Sektion „Wirtschaftspsychologie" die Interessen der in der Praxis tätigen Organisationspsychologen. Kurz, die Organisationspsychologie ist fest etabliert und stellt ihr Wissen in einer Vielzahl von Buch- und Zeitschriftenpublikationen zur Diskussion.

Was unterscheidet nun dieses Buch von den meisten der vorhergehenden, z. T. zuvor genannten Werke? Durch die Beschäftigung der Organisationspsychologie mit dem Erleben und Verhalten von Menschen in Organisationen, ist sie psychologisch eine *Kontextwissenschaft* und entsprechend für die interdisziplinäre Forschung und Lehre prädestiniert. Wie die psychologische Grundlagenforschung setzt sie sich mit menschlichem Erleben und Verhalten auseinander – jedoch unter der Perspektive eines spezifischen Kontextes, eben jenem der Organisation. Diese ist Gegenstand einer Vielzahl anderer Disziplinen, z. B. der betriebswirtschaftlichen und soziologischen Organisationslehre, der Systemtheorie, der Informatik, der Rechtswissenschaft, der Ethik, der Politologie und auch der Arbeitswissenschaften (von Rosenstiel, 2007). Deren Erkenntnisse kann man nun mehr oder weniger in die Organisationspsychologie integrieren, um so zu einem interdisziplinären Ansatz zu gelangen.

In diesem Buch wird darauf weitgehend verzichtet. Im Zentrum steht das einzelne Organisationsmitglied oder Gruppen von Menschen, die gemeinsam in der Organisation handeln. Es erfolgt somit eine Beschränkung auf die psychologische Sicht.

Das Erleben und Verhalten von Menschen wird in wirtschaftlichen Kontexten differenziert (Abb. 1.1): Demnach können sich Menschen überwiegend als Produzierende oder eher als Konsumenten verhalten. Die Organisationspsychologie beschäftigt sich mit dem produzierenden Menschen und seinem Erleben und Verhalten in Organisationen. Im Unterschied dazu sind die verschiedenen Formen der Arbeitstätigkeit und ihrer Gestaltung Gegenstand der Arbeitspsychologie (Ulich, 2005). Gleichwohl gibt es sehr viele Überschneidungen dieser beiden Fachrichtungen, z. B. interessieren sich Arbeits- und Organisationspsychologen für die Belastungen und Beanspruchungen, die durch Arbeitstätigkeiten und organisationale Bedingungen entstehen. Ebenso ermitteln sie durch Aufgaben- und Anforderungsbestimmungen Lösungen dafür, wie Mitarbeiter für bestimmte Positionen ausgewählt werden können (Nerdinger, Blickle & Schaper, 2008).

Mit dem Menschen als Konsumenten sind wiederum Markt- und Konsumentenpsychologie befasst. Wird in der Marktpsychologie der Mensch als Teilnehmer am Markt gesehen (von Rosenstiel & Neumann, 2002), so beschäftigt sich die Konsumentenpsychologie z. B. mit dem Erleben und den Wirkungen von Werbemaßnahmen (Felser, 2007).

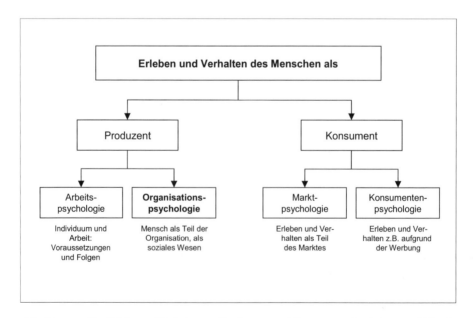

Abb. 1.1: *Das Erleben und Verhalten von Produzenten und Konsumenten (nach Asanger & Wenninger, 1992)*

2 Akteure und Strukturen in Organisationen

Es gibt Vertreter der Soziologie, der Ökonomie, der Systemtheorie, der Politologie oder der Betriebswirtschaftslehre, die sich intensiv mit der Organisation beschäftigen, dabei jedoch den möglichen Beitrag der Psychologie für vernachlässigungswert halten (z. B. Luhmann, 1964). Alles, was sich in Organisationen abspiele, ergäbe sich in einem so starken Maße aus Systemzwängen, dass kaum Raum für Motive, Gefühle, Einstellungen oder Fähigkeiten der individuellen Organisationsmitglieder bleibe. Psychologen (z. B. Lewin 1963; von Rosenstiel 2007; Landy & Conte, 2007; Nerdinger, Blickle & Schaper, 2008), sehen das selbstverständlich unter einem anderen Blickwinkel. Für sie stehen die Menschen in den Organisationen im Mittelpunkt ihrer Betrachtung. Deshalb sprechen wir im folgenden Kapitel von den „Akteuren", die in den Organisationen zusammenarbeiten. Doch Organisationspsychologen wissen, dass die Menschen in einen bestimmten Rahmen eingebunden sind. Es folgt ein Kapitel über „Strukturen", die zwar von Menschen geschaffen sind, denen diese sich jedoch in vielen Fällen anpassen müssen.

2.1 Akteure

Zu den Akteuren in Organisationen gehören zum einen die Mitarbeiter, zum anderen aber auch Führungskräfte, die vielfach gestalterische und leitende Funktionen innehaben. Zu den Akteuren zählen zunehmend auch die Zulieferer, die zum Teil etwa durch „just in time-Regelungen" in die Organisationsabläufe integriert werden; Vertreter der Banken, die den Unternehmen Kredite gewähren und dafür Auflagen formulieren und Kontrolle ausüben; Funktionäre und Gewerkschafter, die – häufig vermittelt über Betriebs- oder Personalräte – viele organisatorische Abläufe mitsteuern oder auch ausgewählte Kunden, die in die Entwicklung neuer Produkte oder Dienstleistungen eingebunden werden. Auch staatliche Instanzen, die häufig die Entscheidungen innerhalb der Organisation nachhaltig beeinflussen, werden den Akteuren zugeordnet,

Doch treten sich die Menschen hier nicht einfach so gegenüber, sondern sie bekleiden Positionen und sie begegnen sich vielfach als Träger bestimmter Funktionen und Rollen.

- Die Vorstellung, dass Menschen in ihrem Leben verschiedene Rollen einnehmen, entstammt der *Rollentheorie*. Diese versucht, das reale Spannungsverhältnis zwischen Individuum und Gesellschaft darzustellen und kommt sowohl aus der Soziologie als auch aus der Psychologie. Der Rollenbegriff hat eine Nähe zur Alltagswelt, die ihm große Plausibilität verschafft. Die soziale Rolle wird als normative Verhaltenserwartung an das Individuum definiert, wobei es sich um ein ganzes Bündel an Erwartungen und Verhaltensvorschriften handelt. Der Inhalt wird durch die Gesellschaft bzw. die jeweilige Bezugsgruppe definiert. Über Sanktionen werden Rollenerwartungen spezifiziert. Das individuelle Verhalten ist dann auch davon abhängig, wie der Einzelne die Rollenerwartung wahrnimmt und interpretiert. Rollen schränken einerseits individuelle Freiheiten ein (Berufsrolle), andererseits garantieren sie auch eine gewisse Verhaltenssicherheit. Die individuelle Verinnerlichung erfolgt über das Rollenlernen, das durch die Sozialisation vermittelt wird (Bierhoff, & Herner, 2002).

Das Bild des Unternehmens bzw. seine Rolle spielen in Wirtschaftsorganisationen eine wichtige Rolle. Dies betonte früh der Nationalökonom Schumpeter (1911). In seiner Theorie der wirtschaftlichen Entwicklung weist er dem Unternehmer eine zentrale Rolle zu. Dieser treibe durch seine innovativen Ideen, die er rücksichtslos umzusetzen trachtet, die Entwicklung voran und sei entsprechend der Kern einer „schöpferischen Zerstörung". Er setze an die Stelle des bewährten Guten das Innovative, noch Bessere. In ähnlichem Sinne argumentiert der Motivationspsychologe McClelland (1966).

Bereits der von McClelland (1966) postulierte Zusammenhang zwischen einer stark ausgeprägten Leistungsmotivation bzw. einer in früher Kindheit erworbenen protestantischen Arbeitsethik und der späteren Neigung, sich selbstständig zu machen bzw. der Neigung, eine unternehmerische Tätigkeit aufzunehmen, konnte gut belegt werden (Lang-von Wins, 2004). Der Ansatz von McClelland verlieh dem Unternehmer eine wichtige Bedeutung in der wirtschaftlichen Entwicklung, wobei das Leistungs-, das Macht- und das Aufstiegsmotiv und der kulturelle Kontext eine große Rolle spielen. So fand McClelland z. B. heraus, dass erfolgreiche Unternehmer Situationen schätzen, in denen sie persönliche Verantwortung für Problemlösungen übernehmen können. Geld wird als Rückmeldung über die individuelle Leistung erlebt (Nerdinger, 1991). Eigeninitiative verbunden mit Innovativität und Marktorientierung gelten weithin als Kernbestandteile von Unternehmertum (Frese, Fay, Hilburger, Leng & Tag, 1997). Zahlreiche Studien berichten über hohe Korrelationen zwischen Macht- und Leistungsmotivation sowie über negative Korrelationen des Affiliationsmotivs mit dem unternehmerischen Erfolg (Kirchler, 1999).

Neben eher typologisch bzw. dispositionell ausgerichteten Ansätzen (Spieß, 2005) spielt jedoch auch der situative Einfluss eine Rolle. Dies zeigt besonders die Rolle der Selbstständigkeit, die auch als Ausweg aus erschwerten Berufskarrieren gewählt werden kann (Vonderach, 1980). Lang-von Wins (2004) hat die Erfolgsbedingungen bei Gründung, Führung und Übergabe eines Unternehmens untersucht. Folgende Faktoren spielen hierbei eine entscheidende Rolle: die Reflexion und Erkenntnis der eigenen Person, die Liebe zum eigenen Produkt, die Loyalität gegenüber dem Kunden, die gute Behandlung der Mitarbeiter und die eigene Integrität. Lang-von Wins begreift das unternehmerische Handeln als Ergebnis des komplexen Zusammenwirkens von personalen Faktoren aufseiten des Unternehmers, von materiellen und sozialen Ressourcen in seinem Umfeld sowie von der Art des Unternehmens und seines Umfeldes.

In Organisationen sind die Akteure häufig als Interessengruppen organisiert (z. B. Gewerkschaften, Arbeitgeberverband; in Deutschland Betriebsräte, Personalräte und gewerkschaftliche Vertrauenspersonen) und wählen sich ihre jeweiligen Vertreter, die dann für die je eigenen Interessen in Verhandlungen treten (vgl. Kapitel 5.2.4). Da dies von Land zu Land höchst unterschiedlich ist, erschwert dies die grenzüberschreitende Kooperation von Unternehmen, aber auch Fusionen oder Übernahmen (vgl. Kapitel 8.9). Da Menschen in Organisationen häufig in und als Gruppen handeln, ist es wichtig, einiges über die Psychologie der Gruppe zu erfahren (vgl. Kapitel 5.2.1 und 8.4), z. B.: Wie bilden sich Gruppen und welcher Dynamik unterliegt das Handeln in Gruppen? Doch ebenso sind grundlegende psychische Prozesse im Menschen für das Verständnis des Handelns in Organisationen bedeutsam, dies wird in den Kapiteln über die intrapsychischen Konzepte ausgeführt.

2.2 Strukturen

In Organisationen herrschen verschiedene Strukturen vor, die die Menschen geschaffen haben, denen sie aber auch ausgesetzt sind. Ausgangspunkt des Entstehens von Organisationsstrukturen ist die Grundfrage der Koordination menschlicher Tätigkeiten: Wie und von wem sollen die zur Realisierung der Ziele notwendigen Aufgaben bewältigt werden? Die dazu festgelegten Regeln bilden die formale Organisationsstruktur. Als gestalterische Aufgabe steht dabei sowohl die sinnvollste Aufteilung der Aufgaben (Differenzierung) als auch die geordnete Zusammenführung der diversen Aktivitäten und Leistungsprozesse (Integration) im Vordergrund (vgl. Schreyögg, 1996, S. 105f). Die entstehenden Strukturen sollten komplexitätsreduzierend sein, da sie das Spektrum der Handlungsmöglichkeiten der Organisationsmitglieder auf die „sinnvollen" Handlungen, d. h. dem Unternehmensziel dienlichen Handlungen einschränken.

Regelungen zur organisatorischen Differenzierung hinsichtlich der Aufteilung und Zuweisung von Aufgaben werden in Stellenbeschreibungen, Dienstanweisungen oder Betriebsordnungen festgehalten. Diese einzelnen Aufgaben zu koordinieren und zu integrieren ist Aufgabe des Führungssystems. Da in einer größeren Organisation eine einzelne Person hiermit überfordert wäre, kommt es zumeist zu einer Hierarchie der Verantwortung (Schein, 1965). Hierarchie und Arbeitsteilung werden in Form von Schaubildern, als „Organigramme", visualisiert, die in ihrer einfachsten Form ein Liniensystem mit mehreren hierarchischen Ebenen von Organisationsmitgliedern aufzeigen. Dieses Einliniensystem wird häufig zu einem *Stabliniensystem* erweitert, bei dem den einzelnen Führungspositionen Experten mit spezifischem Fachwissen zur Seite gestellt werden, die den Führenden unter dem Aspekt ihrer spezifischen Kompetenz beraten, ohne selbst Entscheidungsbefugnisse zu haben (Abb. 2.1). Die Entscheidungskompetenz bleibt „in der Linie". Zumindest ist dies die Sollvorgabe. In der organisationalen Realität gewinnen die Mitglieder des Stabes häufig eine erhebliche informelle Entscheidungsmacht (Irle, 1963).

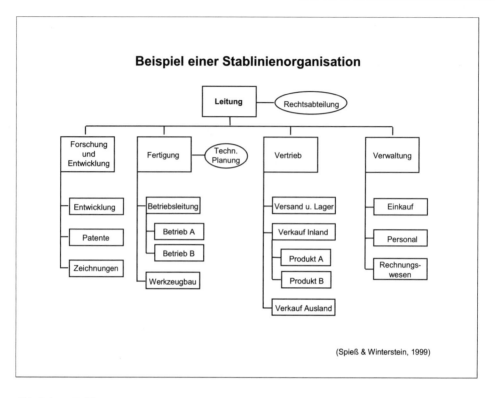

Abb. 2.1: *Stabliniensystem*

Im Unterschied dazu findet im *Mehrliniensystem* eine Mehrfachunterstellung statt. In der Funktionsgliederung wird die letztlich ausführende unterste Ebene der Organisation, z. B. der einzelne Arbeiter, durch verschiedene Funktionsmeister einer höheren Stufe angeleitet und kontrolliert. Eine solche Organisationsform findet man z. B. häufig in filialisierten Handelsunternehmen, in denen ein Abteilungsleiter dem Geschäftsführer – der z. B. von der Warengruppe der Abteilung wenig versteht – disziplinarisch unterstellt ist, während er fachlich einem Spezialisten in der Zentrale zugeordnet wird.

Mehrfachunterstellungen finden wir auch bei der *Matrixorganisation*. Hier soll die in vielen Bereichen festzustellende Gleichgewichtigkeit mehrerer Aspekte der Aufgaben, z. B. Funktionen wie Forschung und Entwicklung oder Marketing einerseits, Produkt- oder Länderbereiche andererseits, in einer gleichgewichtigen Zuordnung von Abteilungen berücksichtigt werden (Schreyögg, 1996, S. 173). Die daraus folgenden Mehrfachunterstellungen können bei den betroffenen Arbeitnehmern zu Konflikten bei der Berücksichtigung der unterschiedlichen Perspektiven führen. Gilt die Matrixorganisation nur für Teilbereiche des Unternehmens, spricht man von einer Teil-Matrixorganisation (vgl. Abb. 2.2).

2.2 Strukturen

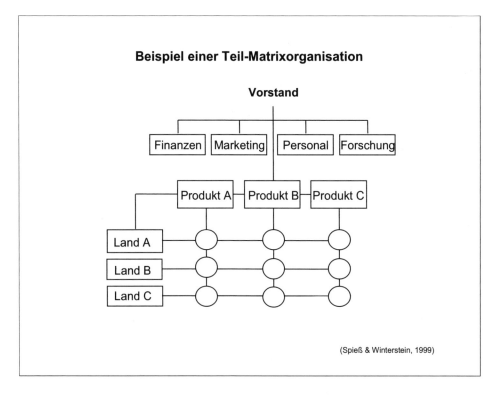

Abb. 2.2:   *Teilmatrixorganisation*

In der Praxis einer Matrixorganisation bleibt aber häufig das Einlinienprinzip unangetastet, manche Matrixstellen funktionieren eher lediglich planend, unterstützend oder so beratend wie Stabstellen. In einigen Fällen ist aber auch die gegenläufige Entwicklung zu beobachten: neue horizontale Linien ziehen mehr Kompetenzen als die vertikalen Funktionslinien an sich. Hier beginnt der Übergang zur Projektorganisation.

Eine *Projektorganisation* bietet sich vor allem bei einer wachsenden Komplexität der Aufgaben an, die eine interdisziplinäre Zusammenarbeit für einen begrenzten Zeitraum erforderlich macht. Zu diesem Zweck wird häufig innerhalb des weiterhin bestehenden Linien- oder Matrixsystems eine flexible Projektorganisation gewählt.

In Projektgruppen arbeiten in gleichberechtigter Weise – in der Regel zwar durch ein Gruppenmitglied koordiniert, ihm aber nicht disziplinarisch unterstellt – mehrere Spezialisten zeitbegrenzt zusammen. Dabei sind sie gelegentlich für die Gesamtdauer der Projektarbeit von ihren sonstigen Aufgaben freigestellt, oder aber sie arbeiten einen Teil ihrer Zeit im Projekt, die andere Zeit innerhalb der Linie an ihren gewohnten Aufgaben.

In der reinen Projektorganisation wird die organisatorische Einbindung in einer Linien- oder Matrixorganisation aufgegeben und der Projektleiter erhält alle zur Erfüllung des Projektauftrags notwendigen Kompetenzen. Im Prinzip handelt es sich dabei um eine objektorientierte

Strukturierung. Zumeist wird jedoch eine Matrix-Projektorganisation beibehalten, die dann zu nicht unbedingt erforderlichen Abstimmungsroutinen und dadurch zu Unzufriedenheit der Mitarbeiter führen kann (vgl. Schreyögg, 1996, S. 193).

Einige weitere Integrationskonzepte kombinieren Elemente der Matrix- und der Projektorganisation, so z. B. Likerts *System 4* mit sich vertikal, horizontal und lateral überlappenden Gruppenstrukturen. Auf stärkere Selbstorganisation einzelner Teilsysteme der Organisation zielen Steuerungsmechanismen, wie die Herstellung von Marktbeziehungen im internen Austausch im Sinne einer *internen Kunden-Lieferanten-Beziehung*.

Die formale (geplante) Organisation entspricht meist nur teilweise den tatsächlich vorzufindenden Strukturen. Innerhalb des Rahmens formeller Strukturen entwickeln sich in jeder Organisation informelle Strukturen von Interaktionsmustern mit eigenen Regeln (Dahrendorf, 1959). Diese prägen zunächst Kommunikations- und Koordinationsstrukturen, können sich aber auch auf die Arbeits- und Kompetenzverteilung auswirken.

Informelle Strukturen entstehen vor allem aufgrund räumlicher Nähe am Arbeitsplatz, durch Arbeitskontakte, und können z. B. durch die Schaffung kleinerer Arbeitseinheiten gefördert werden. Sie entwickeln sich durch Eigeninitiative aufgrund individueller Ziele und Bedürfnisse. Wesentliche Motive sind etwa die angestrebte Kompensation ungenügender formeller Kommunikation oder formeller Regelung, das Streben nach Sicherheit, Anerkennung, Kontakt und Eingliederung in die soziale Umwelt (Bartram, 1969). Die Mitgliedschaft in informellen Gruppen ist also subjektiv von beträchtlichem Wert, ermöglicht neben den genannten sozialen Funktionen aber auch die Erfüllung aufgabenbezogener Funktionen, da die formelle Regelung nicht auf alle denkbaren Situationen hin konstruiert werden kann und auch nicht immer auf dem neuesten Stand ist. Informelle Strukturen sind daher auch in hierarchischen Systemen für die Organisation von großer Bedeutung, sie tragen erheblich zur Transparenz und Flexibilität von Organisationen bei, dienen häufig als Korrektiv der dysfunktionalen Wirkungen formaler Organisation und kompensieren deren Einseitigkeit. Informelle Strukturen und ihr Entstehen durch Kommunikationsprozesse zwischen Mitgliedern sind unter dem Aspekt von Kommunikation und Kooperation ausführlicher besprochen (Kapitel 5.2.2 und 5.2.5).

Um ein besseres Zusammenspiel von organisatorischen Strukturen und individueller Motivation zu erreichen, ist eine genaue Kenntnis der Erwartungen der Organisationsmitglieder gegenüber ihrer Organisation nötig. Entscheidend ist dann die Wechselwirkung der unterschiedlichen Ziele im Spannungsfeld zwischen Individuum und Organisation.

Ein Beispiel aus einer anderen Kultur: Japanische Unternehmen haben eine organische Organisationsstruktur, deren Ziel es ist, das Individuum in die Gruppe zu integrieren (Fürstenberg, 1986). Japanische Organisationsmitarbeiter haben einen festen Platz in einer Statushierarchie, in die sie nach Ausbildungsniveau und Dienstalter eingeordnet sind. Statusverbesserungen ergeben sich zwangsläufig mit fortschreitendem Alter. Organisationsinstrumente wie Stellenbeschreibungen mit festgelegten Aufgaben und Entscheidungskompetenzen sind selten. Dies liegt daran, dass in den Unternehmen nicht in einzelnen Positionen oder Stellen gedacht wird, sondern in kollektiven Organisationseinheiten. Die grundlegende Einheit der

2.2 Strukturen

japanischen Organisation bildet das Kollektiv und nicht der Mensch (von Keller, 1982; vgl. Kapitel 6.2.1).

Als ein weiteres Merkmal der japanischen Organisationsstruktur wird die Betonung der Hierarchie hervorgehoben. Der relative Status jeder Organisationseinheit bzw. Abteilung wird genau definiert, ebenso der Status jedes Organisationsmitgliedes innerhalb einer Abteilung. Somit trifft man auf die paradoxe Situation, dass der relative Status eines jeden einzelnen streng definiert ist, seine Funktionen und Verantwortlichkeiten jedoch nicht (Spieß, 1996).

Mit der Beziehung zwischen dem Individuum und der Organisation hat sich vor allem Argyris (1964, 1975) in vielen seiner Schriften auseinandergesetzt. Er sieht diese Beziehung als grundsätzlichen Konflikt, wobei sich dieser Konflikt nicht auf den zwischen Kapital und Arbeit reduzieren lasse. Der Autor geht davon aus, dass der Einzelne in seiner Entwicklung zunehmend durch folgende Ansprüche gekennzeichnet ist:

- größere Unabhängigkeit
- mehr Aktivität
- höhere Kontrolle über die eigene Situation
- längerfristige Zeitperspektive

Diese Entwicklungstendenzen stehen nun im Konflikt mit den Anforderungen formaler Organisationen. Diese erwarten ein hohes Maß an ökonomisch orientierter Verhaltensrationalität und sind durch Arbeitsteilung und eine hierarchische Befehlskette gekennzeichnet (vgl. Kapitel 8.1, Abb. 8.1).

Innerhalb soziologischer Konzeptionen – etwa dem Modell der bürokratischen Organisation von Weber (1920, neu aufgelegt 1980) oder der Systemtheorie von Luhmann (1964) – ergibt sich das Problem kaum, da der Einzelne hier von Vorschriften, Regeln und Systemzwängen so stark bestimmt wird, dass von seiner Individualität weitgehend abgesehen wird.

Von Presthus (1962) stammt eine „Typologie der Anpassung", die im Rahmen einer Untersuchung über Großorganisationen entwickelt wurde. Ganz von der Vorstellung eines passiven Individuums geprägt, erscheint Presthus das „Reagieren auf Autorität" als die entscheidende Variable bei der Anpassung in Organisationen. Er beschreibt drei idealtypische Anpassungsmuster: der Aufsteiger will sich in der bürokratischen Situation bewähren, er ist machtorientiert, statusbewusst und geübt in verschiedensten „Rollenspielen". Für den Indifferenten ist die Arbeit das Mittel, „um sich außerhalb der Arbeitszeit Befriedigung zu verschaffen" (von Rosenstiel et al., 1989, S. 23). Der Ambivalente erscheint als eine „tragische Figur", da er „einerseits den Erfolg sucht, sich andererseits aber weigert, den Preis dafür zu zahlen". Dies gilt z. B. nicht selten für Naturwissenschaftler in der Industrie, die einerseits das hohe Einkommen lockt, die sich aber andererseits dann vorwerfen, dafür die Prinzipien einer „reinen" Wissenschaft verraten zu haben. Das Manko dieser Typologie ist ihre nicht erfolgte empirische Überprüfung. Zugleich verkörpert sie den Prototyp eines in der Sozialisationstheorie vertretenen passiven Individuums.

Abbildung 2.3, die an ein Modell der gesunden Organisation von Cooper und Hart (2001; Stadler & Spieß, 2003) angelehnt ist, zeigt zusammenfassend die Eingebundenheit der Organisationen in ein weiteres Umfeld. Demnach ist das Wohlbefinden und die Leistung von Organisationsmitgliedern geprägt von persönlichen und strukturellen Bedingungen. Die Organisation aber ist eingebettet in ein größeres sie umgebendes gesellschaftliches Umfeld. Es umfasst z. B. die Regierung, die Kunden, andere, z. T. auch konkurrierende Unternehmen und die Stakeholder. Im Rahmen der Globalisierung und der Bewährung der Unternehmen auf den internationalen Märkten erweitert sich das Spektrum noch (siehe Kapitel 8.9).

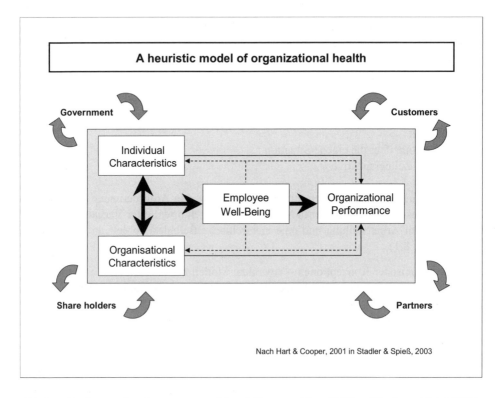

Abb. 2.3: Ein heuristisches Organisationsmodell nach Cooper und Hart (2001) und Stadler und Spieß (2003)

Vertiefende Literatur:

Landy, F. J. & Conte, J. (2007). *Work in the 21th century* (2nd ed). Oxford: Blackwell Publishing.

Nerdinger, F. W., Blickle, G. & Schaper, N. (2008). *Arbeits- und Organisationspsychologie.* Heidelberg: Springer.

3 Menschen- und Organisationsbilder

Von den arbeitenden Menschen in Organisationen ebenso wie von den Organisationen selbst gibt es bestimmte Bilder und Metaphern, die eine Vorstellung über das Leben in Organisationen darstellen.

Ein Menschenbild wird laut Brockhaus (2001, S. 365) als eine Vorstellung vom Menschen definiert, „die von bestimmten Fakten und Vorstellungen ebenso geprägt wird wie von einzelnen wissenschaftlichen und weltanschaulichen Systemen". So gibt es Menschenbilder, für die religiöse Ideen leitend sind. wie z. B. der Buddhismus, das Christentum oder der Islam, oder es gibt Menschenbilder, denen bestimmte Konzepte der Wissenschaft zugrunde liegen, wie z. B. die Evolutionstheorie, der Marxismus, die Psychoanalyse oder der Behaviorismus. Diese Vorstellungen vom Menschen können das interpersonale Handeln leiten.

Die Menschenbilder, insbesondere die Bilder vom arbeitenden Menschen, sollte man in ihrer Beziehung zu den Bildern der Organisation (Morgan, 1997), die man auch als Organisationsmetaphern bezeichnet (Neuberger, 1989), sehen. Derartige Metaphern sind z. B. die Kultur, das soziale Netz, die Familie, ein Partner, eine Pflanze, eine Bühne, auf der es gilt, eindrucksvolle Rollen zu spielen, ein Schlachtfeld, eine politische Arena oder – besonders häufig und angesichts der meist natur- oder ingenieurswissenschaftlichen Ausbildung vieler Führungskräfte auch nicht überraschend – die Maschine (Scholl, 2007).

Die Metapher der Maschine beinhaltet eine mechanistische, streng kausale Sicht der Organisation, in der ein Rädchen ins andere greift und das kleine Rad sich gewaltig sputen muss, wenn sich das große Rad, das mit ihm verbunden ist, dreht. Der Mensch wird hier zum „Rädchen im Getriebe". Läuft die Maschine nicht rund, so werden derartige Rädchen schlicht ausgetauscht. Mit dem Rädchen spricht man natürlich – z. B. über Veränderungen – nicht. Ist eine gänzliche Umorganisation angesagt, so kommt es – ein verräterischer Ausdruck – zum „business reorganizing" (Reiß, von Rosenstiel & Lanz, 1997). Ganz anders stellt sich die Situation bei der Gartenmethaper dar: Hier wird man die nicht so kräftige Pflanze düngen und gießen, also Personalentwicklung betreiben. Oder man denke an die Metapher des sozialen Systems: Hier wird man das einzelne Organisationsmitglied als in seinem Verhalten durch ein Geflecht von Rollenerwartungen bestimmt ansehen und deshalb bei Veränderungen auf Teamentwicklung (Comelli, 2003, 2009) oder Organisationsentwicklung (Gebert, 2007a) setzen.

Kurz, die meist kaum reflektierten Bilder der Organisation und des Menschen in den Köpfen der Entscheider haben erheblichen Einfluss darauf, wie man in der Organisation Strukturen und Prozesse gestaltet, wie man dort mit Menschen umgeht und wie man darin Arbeit interpretiert.

Für die Organisationspsychologie ist die protestantische Arbeitsethik zur Erklärung wirtschaftlicher Entwicklungen interessant. McClelland (1966) knüpft bei seiner Konzeption der Leistungsgesellschaft an die These von Max Weber (1920; 1988) an, wonach die protestantische Ethik einem neuen Menschentyp entspricht, der wesentlich mit dazu beiträgt, die Entwicklung des modernen Kapitalismus voranzutreiben. Im Protestantismus werden Werte vermittelt, die die Arbeit und die Eigeninitiative der Menschen in den Mittelpunkt stellen. Der Protestantismus predigt z. B., dass man sich auf sich selbst verlassen soll. Dadurch wird ein Erziehungsklima in den Familien erzeugt, in dem Unabhängigkeit und Selbstständigkeit stark betont werden. Dies wiederum bietet optimale Voraussetzungen für die Entwicklung eines ausgeprägten Leistungsmotivs. Nach McClelland führt dies zur Initiierung unternehmerischen Handelns, das sich in einem beschleunigten Wirtschaftswachstum niederschlägt. Diese zentrale These wurde von McClelland und seinen Mitarbeitern in zahlreichen Studien untersucht und bestätigt (vgl. Nerdinger, 1991).

Der amerikanische Psychologe McGregor (1970), der von der Motivationstheorie Maslows (1954) beeinflusst war, ging von zwei grundlegend verschiedenen Einstellungen zum Menschen und zur Arbeit aus, die das Verhalten lenken können. Er hat sie als „Theorie X" und „Theorie Y" bezeichnet.

Theorie X besagt:

- Der Mensch hat eine angeborene Abscheu vor der Arbeit und versucht sie zu vermeiden. Als Schlussfolgerung daraus ergibt sich, dass die meisten Menschen deshalb kontrolliert und geführt werden müssen.

Theorie Y beinhaltet:

- Arbeit ist eine wichtige Quelle der Zufriedenheit für Menschen. Bei entsprechender Anleitung sucht der Mensch eigene Verantwortung. Organisationen unterschätzen den Einfallsreichtum und die Kreativität der Menschen und aktivieren sie zu wenig.

Folgen nun Führungskräfte einer dieser Theorien, hat das für ihre Führungspraxis ganz unterschiedliche Konsequenzen: Der Anhänger der Theorie X meint, seine Mitarbeiter ständig kontrollieren zu müssen, während der Befürworter von Theorie Y seinen Mitarbeitern Handlungsspielräume zur Entwicklung eigener Ideen lässt. Die Typologie der Menschenbilder von Schein (1980) hat besonders in der Psychologie und in den Wirtschaftswissenschaften große Verbreitung gefunden (Tab. 3.1).

3 Menschen- und Organisationsbilder

Tab. 3.1: Typologie von Menschenbildern und Managementstrategien nach Schein (1980) und Spieß & Winterstein (1999)

Typologie von Menschenbildern	entsprechende Management- und Organisationsstrategien
Der ökonomisch Rationale ist motiviert durch extrinsische Anreize und ist passiv.	klassische Managementfunktionen wie Planen, Organisieren, Motivieren, Kontrollieren, im Mittelpunkt steht die Effizienz.
Der sozial Orientierte ist durch soziale Bedürfnisse motiviert, er entspricht den Vorstellungen der Human-Relations-Bewegung.	Aufbau und Förderung von Gruppen und soziale Anerkennung
Das Ziel des an der Selbstverwirklichung ausgerichteten Typus ist Autonomie.	intrinsische Motivationsmethoden und Mitbestimmung am Arbeitsplatz
Der flexible und komplexe Typus ist äußerst wandlungs- und lernfähig.	Diagnostiker von Situationen, die das Verhalten situationsgemäß variieren

Schein hat in seiner Typologie vier Menschenbilder entworfen:
- das der ökonomischen Rationalität (rational-economic man),
- das der sozialen Orientierung (social man),
- das des nach Selbstverwirklichung strebenden Menschen (self-actualizing man) und
- das des flexiblen und komplex agierenden Typus (complex man).

Letzterer ist für den Autor das modernste Menschenbild.

Der ökonomisch rational handelnde Typus entspricht der „Theorie X" von McGregor, denn er wird vor allem durch externe Anreize motiviert. Wird dieses Menschenbild z. B. in einem Unternehmen vertreten, stehen die klassischen Managementfunktionen wie Planen und Kontrollieren im Mittelpunkt. Zugleich wird dem Einzelnen keine Eigeninitiative überlassen, ebensowenig wird ihm ein intrinsisches Interesse an der Arbeit zugetraut.

Der sozial orientierte Typus ist vor allem durch soziale Bedürfnisse motiviert und entspricht den Vorstellungen der Human-Relations-Bewegung.
- Die Hawthorne-Studien (Roethlisberger & Dickson, 1938/1950) gelten als Auslöser für die „Human-Relations-Bewegung". Darunter versteht man die Entdeckung der sozialen Motivation des Menschen in Organisationen. Diese Bewegung gilt als Überwindung der im Rahmen des „scientific management" von Taylor (1911) verbreiteten Auffassung, die den Menschen als nur am ökonomischen Nutzen interessiert (homo oeconomicus) und ohne soziale Bezüge ansah. Die Hawthorne-Studien wurden von Mayo und seinen Mitarbeitern von 1927 bis 1933 in der „Western Electric Company" in Hawthorne bei Chicago

durchgeführt. Die Ausgangsthese der Forscher war, dass die Arbeitsleistung von der Beleuchtungsstärke abhängt. In einer experimentellen Variation der Beleuchtungsstärke führte diese zwar hypothesengemäß zu einer Leistungsverbesserung, allerdings trat diese Verbesserung auch in der Kontrollgruppe auf und sogar in der Gruppe, in der die Lichtverhältnisse verschlechtert worden waren. Die Forscher nahmen von daher die sozialen Beziehungen am Arbeitsplatz stärker unter die Lupe, wobei sie verschiedene Methoden wie Interviews oder die teilnehmende Beobachtung verwendeten. Hierbei wurde auch die Bedeutung von informellen Normen in Arbeitsgruppen entdeckt. Obwohl es Kritik an diesen Studien gab, gelten sie als Standardwerk der Organisationspsychologie und -soziologie. Man teilte das Menschenbild des „social man" und widmete den sozialen Beziehungen am Arbeitsplatz erhöhte Aufmerksamkeit (vgl. von Rosenstiel, 1991a).

Die Bedürfnisse des an der Selbstverwirklichung ausgerichteten Typus sind hierarchisch geordnet, sein Ziel ist Autonomie. Als Typus entspricht er den Annahmen der „Theorie Y" von McGregor. Hier sind Manager nicht mehr Kontrolleure, sondern Förderer. Der flexible und komplexe Typus ist demgegenüber äußerst wandlungs- und lernfähig.

Die unterschiedlichen Annahmen über die Bedürfnis- und Motivationsstruktur haben verschiedene Management- und Organisationsstrategien zur Folge: Dem ökonomisch rationalen Typus entsprechen klassische Managementfunktionen wie Planen, Organisieren, Motivieren und Kontrollieren. Im Mittelpunkt steht die Effizienz. Aufbau, Förderung von Gruppen und soziale Anerkennung entsprechen dem sozial orientierten Typus, während für den nach Selbstverwirklichung strebenden Manager intrinsische Motivationsmethoden und Mitbestimmung typisch sind. Der Typus des flexiblen und komplex Agierenden ist ein Diagnostiker von Situationen, der Verhalten situationsgemäß variiert.

Der Soziologe Sennett (2000) hat das Bild des „flexiblen Menschen" entworfen: Ein wesentliches Merkmal der modernen Arbeitswelt ist die Flexibilität, die ganz selbstverständlich auch von den Einzelnen verlangt wird. Dies bezieht sich sowohl auf die Bereitschaft zur Mobilität, dem Arbeitsplatz global zu folgen, als auch auf die sich wandelnden Anforderungen in der Arbeit zu reagieren. Voß und Pongratz (1998) treiben diese These weiter, indem sie den modernen Menschen als „Arbeitsplatzunternehmer" bezeichnen, also als jemanden, der seine eigene Arbeitskraft flexibel den jeweiligen Umständen des Arbeitsmarktes anpasst.

Groeben und Erb (1998) ordnen die Menschenbilder zwei übergeordneten Kategorien zu: dem Mechanismus- und dem Organismusmodell. Die mechanistischen Modelle vom Menschen zeichnen sich dadurch aus, dass der Mensch als überwiegend passiv handelndes Wesen betrachtet wird, das außengesteuert handelt. Diese Denkweise kennzeichnet vor allem den Behaviorismus. Das Organismusmodell erhebt den Anspruch, die menschliche Reflexivität zu rekonstruieren. Der Ansatz von Piaget (1984) gilt hierfür als der angemessenste, da der Autor in seinem Stufenmodell der Intelligenzentwicklung von einer selbsttätigen und spontanen Entwicklung ausgeht und zentrale Merkmale des Systemgedankens darlegt, wie bspw. die Selbstreproduktion und Selbstorganisation. Die Humanistische Psychologie vertritt dagegen ein Menschenbild, das von einem autonomen, handlungsfähigen Menschen ausgeht, ein „bewusstes, intentionales, im kulturellen Kontext existierendes Wesen, das durch Wahlfreiheit, Entscheidungskraft und eine lebenslange Entwicklung gekennzeichnet ist" (Groeben & Erb, 1998, S. 29). Die Sinnorientierung ist bedeutsam für das menschliche Leben.

Wiswede (2000) trennt hedonistische von utilitaristischen Menschenbildern: Hedonistische, d. h. am maximalen Lustgewinn orientierte Menschenbilder sehen ein universelles Prinzip der Maximierung positiver Affekte, z. B. Aktivationstheorien. Ein utilitaristisches, d. h. am Nutzen orientiertes Menschenbild steht hinter den Lerntheorien und den ökonomischen Nutzentheorien. In der Organisations- und Wirtschaftspsychologie spielen die utilitaristischen Menschenbilder eine größere Rolle, da sie sich am Nützlichkeitskriterium und an der Effizienz orientieren.

Menschenbilder werden als wichtige Antriebsmotive gesehen, die das menschliche Handeln in bestimmte Richtungen leiten können. Zugleich besteht aber auch die Gefahr, auf die bereits Staehle (1999) implizit hinwies, indem er auf die Dualität vieler Menschenbilder aufmerksam machte (z. B. Theorie X und Theorie Y). Dadurch entsteht ein „Schubladendenken" bzw. befördert dies eine undifferenzierte Schwarz-Weiß-Klassifikation, ohne dass Umgebungsvariablen oder Kontextbedingungen berücksichtigt werden.

Die *Definitionen von Arbeit* haben einige Gemeinsamkeiten, die Neuberger (1985) so zusammenfasst:

- „Arbeit ist zielgerichtete menschliche Tätigkeit zum Zwecke der Transformation und Aneignung der Umwelt aufgrund selbst- oder fremddefinierter Aufgaben, mit gesellschaftlicher, materieller oder ideeller Bewertung, zur Realisierung oder Weiterentwicklung individueller oder kollektiver Bedürfnisse, Ansprüche und Kompetenzen" (Neuberger, 1985, S. 1).

Zu den immateriellen Aspekten der Arbeit, die zusehends an Bedeutung gewinnen, gehören Interesse am Arbeitsinhalt, abwechslungsreiche Tätigkeit, offene Kommunikation und Information sowie Möglichkeiten zur Selbstbestimmung und Partizipation. Mitarbeiter sind zunehmend bereit, Engagement und einen hohen Leistungseinsatz zu erbringen, wenn die Arbeit eine Befriedigung der Bedürfnisse nach Sinngebung, Selbstverwirklichung, Handlungsautonomie und Kreativität ermöglicht. Während finanzielle Anreize – zumindest in unserer Kultur – tendenziell geringere und vielfach nur kurzfristige Auswirkungen auf die Arbeitsproduktivität haben, spielen neben der Sicherheit des Arbeitsplatzes Faktoren wie Arbeitszufriedenheit, Betriebsklima, Zugehörigkeitsgefühl und Sinnzusammenhang eine immer größere Rolle (Spieß & Winterstein, 1999).

Vertiefende Literatur

Groeben, N. & Erb, E. (1998). Menschenbilder. In J. Straub, W. Kempf & H. Werbik (Hrsg.), *Psychologie – Eine Einführung* (S. 17–41). München: Deutscher Taschenbuchverlag.

4 Der Beitrag Kurt Lewins für die Organisationspsychologie

In dieser Einführung in die Organisationspsychologie soll auf die Bedeutung des Werkes und der Konzepte von Kurt Lewin für das Denken und Handeln in Organisationen verwiesen werden. Lück (1996) bewertet die Feldtheorie Lewins aus heutiger Sicht: Sie bildet einen theoretischen Rahmen für sehr unterschiedliche Gegenstände wie Konfliktverarbeitung (vgl. Kapitel 5.2.3) oder Gruppenprozesse (vgl. Kapitel 5.2.1). Die Theorie ist aber im Unterschied zu Attributions- oder Dissonanztheorien (vgl. Kapitel 5.1.4) kein favorisierter Ansatz, wenn Veröffentlichungen in der Sozialpsychologie nach Theorien klassifiziert werden. Es gibt durchaus auch Bezüge der Feldtheorie zur Systemtheorie (vgl. Spieß, 2005), dadurch ergeben sich Anwendungsbereiche in der Persönlichkeitspsychologie, in der Gruppendynamik und in der ökologischen Psychologie (Bischof, 1993; Lück, 1996).

Die wissenschaftlichen Leistungen von Lewin liegen in unterschiedlichen Bereichen: in der Wissenschaftstheorie ebenso wie in der Entwicklungs- und Erziehungspsychologie. Lewin gilt als Gründer der experimentellen Führungs- und Sozialpsychologie; der Begriff Gruppendynamik (Kapitel 5.2.1) geht auf ihn zurück; er begründete die Aktionsforschung (vgl. Kapitel 7) und gab Impulse für die ökologische Psychologie. Interessant ist auch die Biografie Lewins, auf deren Eckdaten kurz eingegangen werden soll. Sie spiegelt auch einen Teil deutscher Geschichte insgesamt und der Psychologiegeschichte im Besonderen wider.

- 1890 geboren in Mogilno, seinerzeit deutsch, heute Polen zugehörig
- 1905 Umzug nach Berlin
- 1909 Beginn des Medizinstudiums in Freiburg
- 1910 Besuch psychologischer Vorlesungen
- 1914 Kriegsfreiwilliger
- 1916 Promotion im Fach Psychologie bei Carl Stumpf über Assoziationstheorie
- 1920 Privatdozent in Berlin; dort Auseinandersetzung mit zionistischen und sozialistischen Strömungen
- 1933 Emigration in die USA
- 1935 Professor an der Universität von Iowa
- 1947 plötzlicher Tod an Herzversagen

Der Kerngedanke der Feldtheorie besteht darin, dass Menschen sich von manchen Dingen in ihrer Umgebung angezogen fühlen und von anderen abgestoßen werden. Es wird ein Vergleich zu Eisenfeilspänen im Magnetfeld gezogen, denn ursprünglich entstammt der Feldbegriff der Physik. Als Vorzug des Feldbegriffes gilt, dass auch der Mensch in Spannungsfeldern steht und die Zug- und Druckkräfte im Feld das menschliche Verhalten gut beschreiben können. Im Unterschied zum mechanistischen Menschenbild des Behaviorismus wird in der Feldtheorie die Person als aktiv vorausgesetzt, die ihre Umwelt wahrnimmt und bewertet (Lewin, 1982c; Spieß, 2005).

Es gibt sechs Ansätze der Feldtheorie (Lewin, 1982c):

1. Die konstruktive Methode hat den Übergang von einer klassifizierenden zu einer konstruierenden Methode zum Inhalt. Diese Methode zeichnet sich dadurch aus, dass ein individueller Fall mit einigen wenigen Konstruktionselementen beschrieben wird. Diese sind z. B. der psychologische Ort oder die psychologische Kraft.
2. Der dynamische Ansatz, nach dem Konstrukte und Methoden entwickelt werden, die die dem Verhalten zugrunde liegenden Kräfte analysieren sollen.
3. Der psychologische Ansatz besagt, dass das Feld, durch das ein Individuum bestimmt wird, nicht in objektiven Begriffen beschrieben wird, sondern so, wie es für das Individuum in diesem Moment existiert. Es geht darum, die Welt des anderen mit den eigenen Augen sehen zu lernen.
4. Den Ausgangspunkt der Analyse bildet die Gesamtsituation. Nach dieser ersten Näherung werden die verschiedenen Aspekte der Situation genauer analysiert. Es geht darum, die psychologische Atmosphäre genauer zu bestimmen.
5. Das Verhalten wird als eine Funktion des je gegenwärtigen Feldes gesehen. Zwar beeinflusst die Vergangenheit das gegenwärtige Feld, doch ist deren Wirkung nur indirekt.
6. Mathematische Darstellungen psychologischer Situationen können hilfreich sein.

Kurt Lewin sieht Personen in einem komplexen Energiefeld, das durch Kräfte und Spannungen in einer dynamischen Beziehung gehalten wird. Dafür hat Lewin seine berühmte Formel entwickelt:

$$V = f(LR) = f(P,U)$$

Verhalten (V) ist nicht direkt eine Funktion des physischen Stimulus, sondern der psychischen Bedingungen des Lebensraums (LR), der sowohl die Person (P) als auch die Umwelt (U) einschließt. Dies schließt eine dynamische Betrachtungsweise der Geschehnisse in Organisationen ein, die Akteure und Strukturen gleichermaßen umfasst.

Lewin hat zudem für die kulturvergleichende Psychologie wichtige Vorarbeiten geleistet (vgl. Kapitel 6.2.1), indem er in den 1940er Jahren während seiner Emigration psychologische Unterschiede zwischen Deutschland und den USA herausgearbeitet hat. Kulturelle Werte und politische Systeme wirken nicht direkt auf den Einzelnen, sondern im Rahmen der allgemeinen kulturellen Atmosphäre in der Familie und in der Schule. So konstatierte Lewin (1968) – mit Blick auf die Zeit vor 1945 – einen interkulturellen Unterschied im Verhältnis von Kindern zu Erwachsenen: In den USA wird das Kind dem Erwachsenen gegenüber als gleichberechtigt angesehen, während es in Deutschland zu gehorchen hat. Dies betrifft auch den Umgang mit der Zeit oder die Uniformität des öffentlichen Lebens, die in den USA größer ist. Der typische Amerikaner ist nach Lewin aufgeschlossener und kontaktfreudiger, z. B. gilt die offene Türe des Vorgesetzten als Symbol dafür.

Doch auch für die Organisationsentwicklung (vgl. Kapitel 8.10.1) war er ein Vordenker: So stellt sein Phasenmodell einen generellen Rahmen für Prozesse der Organisationsentwicklung (Lewin, 1947) dar. Danach soll über eine Problemanalyse die Veränderungsbereitschaft bei den Betroffenen geweckt werden (Phase des „Unfreezing"). Anschließend werden dann Änderungsprozesse besprochen, geplant und durchgeführt („Moving"). Diese Phase ist gekennzeichnet durch die Implementation neuer Strukturen und Verhaltensweisen. Diese neuen organisatorischen Strukturen und Verhaltensweisen sollen abschließend gefestigt und über Erfolgsanalysen überwacht („Defreezing") werden. An die Phase der Problemdefinition schließt sich die Erhebung des IST-Zustandes durch diagnostische Verfahren an.

Was kann die feldtheoretische Perspektive für Organisationen bringen?
- Sie kann vor allem eine neue Sichtweise auf die Dinge eröffnen.
- Durch die konstruktive Methode werden vereinfachende Klassifikationen vermieden. Wirklichkeit wird neu konstruiert.
- Der dynamische Ansatz erlaubt die Analyse der dem Verhalten zugrunde liegenden Kräfte. Dabei soll das jeweilige Feld so beschrieben werden, wie es für das Individuum in diesem Moment existiert.
- Der Ausgangspunkt für die Analyse ist somit die Gegenwart und die jeweilige Gesamtsituation. Das Verhalten wird als eine Funktion des jeweils gegenwärtigen Feldes gesehen. Das heißt, das Individuum wird nicht einseitig für sein Handeln verantwortlich gemacht, sondern in Relation zu den es jeweils umgebenden Kräften. Dies erlaubt eine entspanntere Sichtweise.

Vertiefende Literatur:

Lück, H. E. (1996). *Kurt Lewin*. Weinheim: Psychologie Verlags Union.

5 Personale Ebene – relevante psychologische Konzepte

Im Folgenden sollen gemäß der Lewinschen Betrachtungsweise zunächst Aspekte der Person und dann solche der organisationalen Umwelt dargestellt werden, die besonders für die Organisationspsychologie von Interesse sind. Für die Person wird zwischen intrapsychischen und interpersonellen Konzepten unterschieden. Dabei werden zum größten Teil psychologische Theorien und Studien herangezogen. Hirnforschung und neurowissenschaftliche Erkenntnisse sollen hier noch nicht berücksichtigt werden. Thematisiert werden die bislang in der Organisationspsychologie verbreiteten psychologischen Konzepte und Sichtweisen (vgl. aber z. B. Senior & Butler, 2007).

5.1 Intrapsychische Konzepte

Zu den intrapsychischen Konzepten zählen das Konstrukt der Einstellung, das z. B. für die Arbeitszufriedenheit eine Rolle spielt (Kapitel, 5.1.1), Gefühle und Emotionen, die im Alltag von Organisationen noch wenig berücksichtigt werden, Motivations- und Volitionsprozesse, Versuche, Ursachen für ein bestimmtes Verhalten zu finden (Attributionen), Lernprozesse und Kompetenzen, Entscheidungsprozesse, Aggressionen, die z. B. bei Mobbingprozessen oder in kontraproduktivem Verhalten (vgl. Kapitel 8.11) zum Ausbruch kommen, Stressphänomene sowie der häufig bei Organisationsmitgliedern zu wenig berücksichtigte Selbstwert.

5.1.1 Einstellungen

Einstellungen sind definiert als Bereitschaft, auf einen Gegenstand wertend zu reagieren. Eine Einstellung besteht aus kognitiven, affektiven und verhaltensbezogenen Komponenten. Dabei wird die Einstellung als Produkt aus kognitiven, affektiven und verhaltensbezogenen Prozessen aufgefasst, die sich jeweils wieder im Verhalten niederschlagen können (Haddock, & Maio, 2007; Bohner, 2002; Benninghaus, 1976; Ajzen & Fishbein, 1975). Jeder Mensch verfügt über ein festes Repertoire an Einstellungen gegenüber den unterschiedlichsten Gegenständen und Personen. Einstellungsobjekte können sowohl konkrete Gegenstände als auch abstrakte Ideen sein. Die Bewertungen dieser Einstellungsobjekte beruhen auf den Erfahrungen, die der Einzelne im Laufe seiner Erziehung und Sozialisation mit diesen gemacht hat.

Einstellungen steuern den Prozess der Informationsverarbeitung. Es wird aktiv nach Informationen, Wahrnehmungen und Erinnerungen gesucht, die die eigene Einstellung bestätigen. Informationen, die dazu nicht passen, werden nicht registriert oder zurückgewiesen. Einstellungen sind Ausdruck eigener Werte und damit tief in der Persönlichkeit und in der Lebensgeschichte verankert. Entsprechend lassen sich Einstellungen nur sehr schwer verändern. Einstellungen erfüllen verschiedene Funktionen:

- Ich-Verteidigungsfunktion: Wird eine Einstellung in Frage gestellt, führt dies häufig dazu, dass die Person sich angegriffen fühlt und glaubt, ihre Ansichten verteidigen zu müssen.

- Anpassungsfunktion: Durch das Äußern bestimmter Einstellungen demonstriert man seine Zugehörigkeit zu einer bestimmten Bezugsgruppe.

- Wissensfunktion: Einstellungen helfen, die Flut der Informationen zu reduzieren.

- Instrumentelle Funktion: Einstellungen steuern das Verhalten so, dass Belohnungen angestrebt und Bestrafungen vermieden werden sollen.

- Aufrechterhaltung des Selbstwertgefühls: Das eigene Selbst wird erhöht, unangenehme Dinge werden abgewehrt.

Die wichtigste klassische Theorie der Beziehung zwischen Einstellungen und Verhalten ist die Theorie des überlegten Handelns (Fishbein & Ajzen, 1975), die dann in der Theorie des geplanten Verhaltens nach Ajzen und Madden (1986) weiterentwickelt wurde (Abb. 5.1). In diesem Modell wird die subjektive Norm mit eingefügt. Diese beinhaltet, dass eine für die Person wichtige andere Person dem beabsichtigten Verhalten zustimmt. Gemäß dieser Theorie ist der unmittelbare Prädiktor des Verhaltens eines Menschen seine Absicht, etwas in eine Handlung umzusetzen. Ein Beispiel wäre: Wenn jemand die Absicht verfolgt, demnächst zu kündigen, wird er es aller Wahrscheinlichkeit auch tun. Diese Absicht ist von zwei Faktoren beeinflusst: von der Einstellung gegenüber dem Verhalten und von der subjektiven Norm. Die subjektive Norm ist eine Funktion der normativen Überzeugungen und der Motivation, diesen Erwartungen zu entsprechen. Im Beispielsfall ist die Person davon überzeugt, dass dieses Verhalten für sie wichtig ist, aber auch die Meinung der eigenen Familie ist ihr wichtig. Wenn die Familie die Ansicht teilt, dass eine Kündigung angebracht ist, ist es sehr wahrscheinlich, dass das Vorhaben umgesetzt wird.

In einer Weiterentwicklung der Theorie (siehe Abb. 5.1) wurde noch ein dritter Verhaltensprädiktor aufgenommen: die wahrgenommene Verhaltenskontrolle. Diese besagt, dass die Wahrnehmung der Person wichtig ist, ob sie auch über die nötigen Ressourcen verfügt. Am Beispielfall: Die Kündigung wird dann umgesetzt, wenn der Betroffene sich sicher ist, eine alternative Arbeitsstelle zu finden.

5.1 Intrapsychische Konzepte

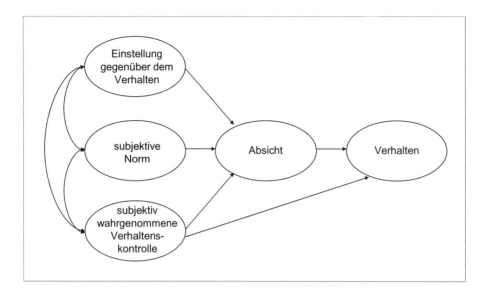

Abb. 5.1: Theorie des geplanten Handelns

Die Theorie wurde durch experimentelle Befunde empirisch gut gestützt (Haddock & Maio, 2007; Bohner, 2002), allerdings gilt sie nur für bewusste und absichtliche Verhaltensweisen. Nicht bewusst beabsichtigtes oder spontanes Verhalten kann weniger gut durch dieses Modell vorhergesagt werden.

Einstellungen beeinflussen das Verhalten, doch ebenso können sich Einstellungen an das Verhalten anpassen. Dieser Aspekt wurde durch die Theorie der kognitiven Dissonanz von Festinger (1957) stärker betont. Diese Theorie steht in der Tradition der kognitiven Konsistenzforschung (Bohner, 2002) und geht von kognitiven Elementen wie Gedanken, Vorstellungen, Meinungen, Einstellungen und Relationen zwischen diesen aus. Dabei wird zwischen zwei Arten von Relationen unterschieden: konsonante und dissonante. Ein Beispiel für zwei dissonante Kognitionen wäre: „Ich rauche viel" und „Rauchen ist sehr gesundheitsschädigend". Diese beiden Kognitionen erzeugen die kognitive Dissonanz, d. h. die Person gerät in einen angespannten Zustand. Nach der Theorie von Festinger sind Menschen bestrebt, diesen Zustand zu vermeiden. Dann setzen Prozesse ein, die die Dissonanz beseitigen sollen (Strategien der Dissonanzreduktion). Es wird versucht, dissonante Relationen in konsonante zu verwandeln, oder es erfolgt eine Neuaufnahme kognitiver Elemente, so dass neue konsonante Relationen gebildet werden können. Die häufigste Dissonanzreduktion besteht darin, dass man die Kognition der Entscheidung anpasst. Neuere Entwicklungen der Dissonanztheorie untersuchen die Rolle der Verantwortlichkeit für das Handeln (Jonas, Stroebe & Hewstone, 2007).

Soziale Vorurteile lassen sich vom allgemeiner gefassten Einstellungskonzept durch ein starkes (über-)gewichten des Evaluierens, (über-)deutliches Akzentuieren und (vor-)schnelles Generalisieren abgrenzen. Zwischen Einstellungen und Vorurteilen werden also nur graduelle Unterschiede angenommen, die fließende Übergänge zulassen. Vorurteile haben meist einen ablehnenden Charakter.

Stereotype können als die subjektiv erwartete Korrelation zwischen Eigenschaften und Gruppenmitgliedschaft angesehen werden. Ein Beispiel wäre: Harry neigt dazu, die logischen Fähigkeiten von Frauen und Mädchen wesentlich negativer zu beurteilen, da eine stereotypbestätigende Information leichter aus seinem Gedächtnis abgerufen werden kann. Die erwartungsgesteuerte Natur menschlicher Informationsverarbeitung stellt eine ständige Quelle für Stereotypen dar (Fiedler & Bless, 2002). Es gibt dafür verschiedene Erklärungsansätze (Bierbrauer, 1996):

- Der *kognitive* Ansatz: Stereotype und Vorurteile dienen der kognitiven Ökonomie. Die Informationsfülle wird reduziert und dies erlaubt eine bessere Kontrolle der Umwelt.

- Der *psychodynamische* Ansatz: Stereotype und Vorurteile ermöglichen die Steigerung des Selbstwertgefühls durch Abwertung von Fremdgruppen.

- Der *sozialkulturelle* Ansatz: Stereotype und Vorurteile helfen Menschen, sich mit ihrer sozialen Bezugsgruppe zu identifizieren, indem sie deren Überzeugungen und Werthaltungen teilen.

Pettigrew und Meertens (1995) unterscheiden zwischen zwei Vorurteilsvarianten, unverhohlen (blatant) und spitzfindig (subtle). „Blatant prejudice" bedeutet, dass die Vorurteile unverhohlen und offen gezeigt werden, „subtle prejudice" besagt, dass die Vorurteile nicht so deutlich nach außen kundgegeben werden, aber dennoch in subtiler Form vorhanden sind.

5.1.2 Gefühle und Emotionen

Emotionen werden in der Psychologie als komplexes Muster von Veränderungen definiert, was physiologische Erregung, Gefühle, kognitive Prozesse und Verhaltensweisen beinhaltet. Sie bilden eine Reaktion auf eine Situation, die als persönlich bedeutsam wahrgenommen wird (Gerrig, & Zimabardo, 2008). Schmidt-Atzert (1996) verweist auf die Definitionsvielfalt in der Literatur sowie auf den Unterschied zwischen Gefühlen und Emotionen (Bischof, 1989, 1993). Gefühle beziehen sich eher auf das Erleben, z. B. Angsthaben. Emotion ist der globalere Begriff, der neben dem Gefühl auch den körperlichen Zustand und den Ausdruck mit einschließt. Emotion ist ein hypothetisches Konstrukt. Verwandte Konstrukte der Emotion sind Stimmung, Wohlbefinden, Affekt und Stress. Stimmungen gelten als schwächer und weniger variabel als Emotionen, länger andauernd und nicht klar auf einen Auslöser bezogen. Sowohl das Erkennen als auch der Ausdruck von Emotionen erfolgt über verschiedene Ebenen, z. B. durch Mimik, Stimme oder Körperbewegungen (Schmidt-Atzert, 1996).

Emotionen umfassen physiologische Prozesse, das bewusst erlebte Gefühl und den Gefühlsausdruck, der sich z. B. im nonverbalen Verhalten ausdrückt. Nicht alle Emotionen können eindeutig anhand der physiologischen Abläufe identifiziert werden. Psychophysiolo-

5.1 Intrapsychische Konzepte

gische Messungen zeigen nur den Grad der Aktivierung an, nicht aber die Qualität des Erlebens. Der Gefühlsausdruck wiederum unterliegt der sozialen Kontrolle (Nerdinger, 2001).

Nach dem kognitiven Modell von Lazarus (1991) sind Emotionen eine Reaktion auf bewertende Urteile (vgl. Kapitel 5.1.9). Wichtig für die Entstehung einer Emotion ist ihre subjektive Bedeutung. Die Bewertung wird als kognitiver Prozess bezeichnet. Das kognitive Modell nach Lazarus zur Erklärung von Emotionen ist auch kritisiert worden. So gibt es Auffassungen, nach denen das emotionale Erleben eine unmittelbare Folge neuronaler Prozesse ist (Schmidt-Atzert, 1996). Dies muss allerdings nicht als Widerspruch definiert werden, sondern als Deutung auf einer anderen Ebene des psycho-physiologischen Systems, denn alle Kognitionen haben ihre neuronale Basis.

Eine zentrale Frage in der psychologischen Forschung ist die nach der Universalität der Emotionen bzw. der kulturellen Einflüsse. Ekman (1994) bestätigte die schon von Darwin (1872) vermutete These, nach der die Spezies Mensch über ein im Zuge der Evolution universelles emotionales Ausdrucksrepertoire verfügt. Sieben Emotionen werden weltweit in gleicher Weise erkannt und ausgedrückt:

- Fröhlichkeit,
- Überraschung,
- Wut,
- Ekel,
- Furcht,
- Traurigkeit,
- Verachtung.

Funktionen von Emotionen sind Motivation, das Richten des Verhaltens mit spezifischer Intensität auf bestimmte Ziele, das Geben von Rückmeldung über die eigene Motivation und das Bewusstmachen innerer Konflikte (Gerrig & Zimbardo, 2008; Myers, 2008).

In der Einschätzung der Auswirkungen von Emotionen gibt es zwei wissenschaftliche Lager: Zum einen werden Emotionen als nützlich und im Dienste der Anpassung des Einzelnen an seine Umwelt betrachtet. Zum anderen werden sie als dabei störend und schädlich beurteilt. So konnte ein Zusammenhang zwischen Emotionen und dem Einschätzen von Risiken festgestellt werden: Bei negativem Befinden werden negative Ereignisse für wahrscheinlicher gehalten, bei guter Laune hingegen werden diese negativen Ereignisse als weniger wahrscheinlich beurteilt. Diese Effekte kamen in unabhängigen Untersuchungen mit verschiedenen Methoden der Emotionsinduktion (z. B. durch Filme, Zeitungsausschnitte, Hypnose) zustande. Die Auswirkungen von Emotionen auf Entscheidungsprozesse sind hingegen nicht eindeutig (Schmidt-Atzert, 1996).

Matsumoto, Takeuchi, Andayani, Kouznetsova und Krupp (1998) haben interkulturelle Unterschiede in den emotionalen Darstellungsregeln untersucht und auf das Konstrukt Individualismus/Kollektivismus (vgl. Kapitel 6.2.1) bei Versuchspersonen in den USA, Japan, Südkorea und Russland bezogen. Diese Personen mussten die sieben universalen Emotionen in verschiedenen sozialen Kontexten (Familie, Freunde, Kollegen, Fremde) einstufen. Zum einen stellten sich signifikante Differenzen in Abhängigkeit von deren Individualismus bzw.

Kollektivismus heraus: Wie erwartet waren die Versuchspersonen aus Russland und Korea sehr kollektivistisch eingestellt, am wenigsten die Japaner. Zum anderen gab es in den emotionalen Darstellungsregeln signifikante Unterschiede: Die russischen Versuchspersonen beschrieben ihre Emotionen mit der höchsten Kontrolle bezogen auf Familie, Freunde und Kollegen. Die amerikanischen Versuchspersonen hingegen waren gegenüber Fremden am kontrolliertesten.

Matsumoto und Kupperbusch (2001) haben die Unterschiede bei allozentrischen und ideozentrischen Persönlichkeiten im Ausdruck und in der Erfahrung von Gefühlen untersucht. Die Versuchspersonen sahen emotional positive und negative Filme entweder alleine oder mit einer anderen Person. Dabei wurden Videoaufnahmen gemacht und analysiert. Die angenommenen Unterschiede bestätigten sich: Die allozentrischen Persönlichkeiten zeigten in der Bedingung mit der anderen Person mehr positive Gefühle und vermieden das Zeigen von negativen Emotionen stärker. Dies heißt, die Gegenwart anderer führt dazu, die eigenen Gefühle zu verbergen. Die Unterschiede zeigten sich jedoch nicht in den Selbstaussagen der Versuchspersonen, sondern nur auf dem Videofilm.

Gefühle und Emotionen finden in Organisationen immer noch wenig Beachtung (Kannheiser, 1992). So konstatiert Frese noch 1990 (S. 286) für die Arbeitspsychologie, dass diese sich dem Thema Gefühl lediglich durch das Konzept Arbeitszufriedenheit genähert hat, das sich auf ein „flaches, wenig tiefgreifendes Gefühl" konzentriert, während „tiefgreifende, packende, starke, subjektiv wichtige und überzeugende positive Gefühle wie Freude, Stolz, ästhetische Gefühle, Faszination oder Begeisterung" ausgeblendet wurden.

Gefühle und subjektive Empfindungen sind zunächst besonders von den Industriesoziologen als wichtige, jedoch oftmals vernachlässigte Bestandteile des Arbeitshandelns erkannt und im Konzept des „subjektiven Arbeitshandelns" (Böhle, 1994) umgesetzt worden. Als Beispiel nennt Böhle (1994, S. 503) die Kritik von Facharbeitern an Technikern und Ingenieuren, denen „das richtige Gefühl für die Maschine fehle". In der Praxis gibt es Grenzen der technisch-wissenschaftlichen Beherrschbarkeit konkreter Produktionsabläufe. Ebenso werden Emotionen inzwischen im Zusammenhang mit der Dienstleistungspsychologie (Kapitel 6.2.4) sowie im Rahmen der charismatischen Führung (Kapitel 8.1.2) berücksichtigt.

5.1.3 Motivation und Volition

Motivation ist die Frage nach dem „Warum" des menschlichen Verhaltens und Erlebens (Thomae, 1965). Sie stellt sich auch für die Organisationspsychologie. Motivation weist auf Bewegung und Antrieb hin: Motivation bewegt zum Handeln, richtet auf Ziele aus und sichert einen längerfristigen Einsatz von Kräften. Richtung, Intensität und Dauer des Handelns werden durch die Motivation beeinflusst. Motivation ist das gelungene Zusammenspiel von motivierter Person und motivierender Situation (Graumann, 1969).

Man kann zwar das Verhalten anderer Menschen beobachten, ihre Motive lassen sich aber nicht unmittelbar erkennen. Diese Motive kann man aus dem Verhalten lediglich erschließen. Von einem *Motiv* – Motiv und Bedürfnis werden in der Psychologie meist synonym gebraucht – ist dann die Rede, wenn nur ein Beweggrund herausgegriffen wird: z. B. Durst

5.1 Intrapsychische Konzepte

oder der Wunsch nach Anerkennung. Die körpernahen Motive werden als Mangel erlebt und drängen darauf, diesen Mangel zu beseitigen. Sie pendeln zwischen Mangelzustand und Sättigung. Sie werden auch als *primäre* Bedürfnisse bezeichnet, weil sie angeboren und biologisch notwendig sind. Die Art und Weise, wie sie befriedigt werden, hängt von der jeweiligen Situation und dem Kulturkreis ab. Die *sekundären* Bedürfnisse, wie z. B. das Leistungsmotiv, sind erlernt. Motive sind auf bestimmte Ziele gerichtet und lösen – wenn sie durch einen Anreiz aktiviert werden – Handlungen aus, sie bringen also etwas in Bewegung. Es gibt eine sehr große Vielfalt von Motiven, weshalb Klassifikationssysteme entwickelt wurden, um die Vielzahl der Motive zu ordnen. Eine zentrale Unterscheidung ist die in Defizit- und Wachstumsmotive.

Defizitmotive zeichnen sich dadurch aus, dass ihre Befriedigung durch das Beseitigen eines Mangelzustands erfolgt. Bei den *Wachstumsmotiven* hingegen hat das Ziel keinen festgelegten Sollwert, sondern die Ziele werden ständig neu entworfen. Ein sehr bekanntes Klassifikationssystem ist die Bedürfnispyramide von Maslow (1954). Danach unterscheidet sich der Mensch grundsätzlich von allen anderen Lebewesen durch sein Bedürfnis nach Selbstverwirklichung und durch sein Streben nach Autonomie. Dies sind Wachstumsmotive. Maslow ordnete die Motivgruppen hierarchisch (Abb. 5. 2).

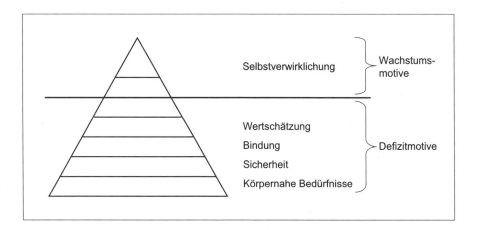

Abb. 5.2: Die Maslowsche Bedürfnispyramide nach Gerrig & Zimbardo (2008)

Zur untersten Kategorie der Defizitmotive zählen basale physische Bedürfnisse wie z. B. Hunger, Durst. In der nächsten Motivkategorie ist der Wunsch nach Sicherheit angesiedelt, gefolgt von den sozialen Motiven wie z. B. dem nach Kontakt. Es folgen Ich-Motive wie z. B. nach Anerkennung und Wertschätzung. Werden diese Motive nicht befriedigt, kann dies zu Krankheit führen: Wer Hunger hat, bekommt Mangelerscheinungen, wem Anerkennung versagt wird, bildet eine Neurose aus. Sind alle Defizitmotive befriedigt, kann das Wachstumsmotiv der Selbstverwirklichung gelebt werden.

Obwohl die Maslowsche Bedürfnispyramide wissenschaftlich umstritten ist, hat sie zu wertvollen Anregungen für die Arbeitswelt geführt. Viele Unternehmen haben sich nur an den physiologischen und Sicherheitsbedürfnissen der Mitarbeiter orientiert. Doch ist nicht nur die Erfüllung der Grundmotive durch angemessene Entlohnung, Pausen und Urlaubsregelungen wichtig, sondern auch die der sozialen Bedürfnisse nach Wertschätzung und Anerkennung, oder des Bedürfnisses nach Selbstverwirklichung. So kann dem Wunsch nach Selbstverwirklichung durch das Schaffen interessanter Arbeitsinhalte entgegengekommen werden (von Rosenstiel & Spieß, 1995). Auch der *Wertewandel* (vgl. Kapitel 6.2.2) lässt sich durch die Maslowsche Bedürfnispyramide erklären, die zu den Inhaltstheorien der Motivation zählt.

Eine weitere wichtige Theorie der Motivation, zugleich ein Beispiel für eine Prozesstheorie, die besonders im Bereich der Organisationspsychologie Anwendung findet, ist die VIE-Theorie (V=Valenz, I=Instrumentalität, E= Erwartung) von Vroom (1964). Sie steht in der Tradition der Erwartungs-mal-Wert-Modelle. Dabei wurde das Motivziel formal als subjektive Maximierung des Nutzens bestimmt. Der Mensch wägt verschiedene Handlungsalternativen gegeneinander ab und wählt dann diejenige, bei der das Produkt aus dem Nutzen und der Wahrscheinlichkeit des Auftretens des erwünschten Handlungsergebnisses maximal ist. Im Sinne der Nutzenmaximierung wird die Tätigkeit gewählt, die dem Betroffenen wichtig ist. Ein hohes Anstrengungsniveau wird jedoch erst dann angestrebt, wenn das zu erwartende Ergebnis nicht nur eine hohe Bedeutung hat, sondern wenn zugleich auch die Instrumentalität, die wahrgenommene Mittel-Zweck-Beziehung, hoch eingestuft wird, dass die Anstrengung lohnt und das Ziel erreicht wird. So kann z. B. für einen Studenten eine gute Examensnote erstrebenswert sein (V). Er wird im Lernen ein Mittel zum Zweck (I) sehen, dieses Ziel zu erreichen. Aber nur wenn er die Wahrscheinlichkeit (E) hoch einschätzt, auch Lernen zu können, wird die entsprechende Anstrengung hoch sein (Abb. 5.3).

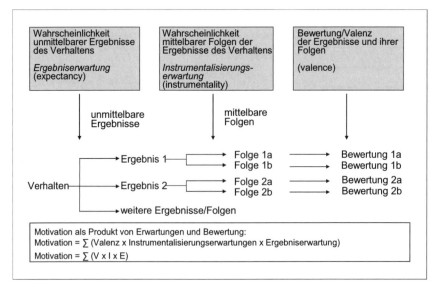

Abb. 5.3: *Die VIE-Theorie von Vroom (nach Semmer & Udris, 2007)*

5.1 Intrapsychische Konzepte

Ziele spielen eine wichtige Rolle bei der Motivation, denn sie bringen häufig Handlungen in Gang. Sie spielen besonders im Kontext der Mitarbeiterführung eine wichtige Rolle (z. B. Nerdinger, 1995; von Rosenstiel & Comelli, 2009). Ziele sind langfristig ausgerichtet, verleihen dem Handeln Stabilität, Konsistenz und Sinn (Brunstein & Maier, 1996). Nach Forschungen von Locke und Latham (1990; 2002) sollten Ziele präzise und eindeutig formuliert sein. Ein vages Ziel wäre z. B. „Tun Sie Ihr Bestes!", ein spezifisches Ziel: „Erstellen Sie einen Kostenplan bis zum nächsten Dienstag". Schwierige und herausfordernde Ziele führen zu besseren Leistungen als mittlere oder leicht zu erreichende Ziele. Dasselbe gilt für herausfordernde und präzise definierte Ziele. Ziele sollen widerspruchsfrei sein und müssen von den Mitarbeitern akzeptiert werden, nur so können sie eine motivierende Funktion haben. Es ist z. B. die Aufgabe von Führungskräften, Ziele nicht nur zu setzen und dem Mitarbeiter zu verdeutlichen, sondern besser noch, sie gemeinsam mit dem Mitarbeiter festzulegen und zu vereinbaren. Wichtig ist für beide Seiten, dass sie von der *Bedeutsamkeit* des Ziels – z. B. den Kunden zufriedenzustellen – überzeugt sind. Eine *längerfristige* Bindung an ein Ziel erfolgt dadurch, dass der Mitarbeiter es für wahrscheinlich hält, das Ziel erreichen zu können. Ziele müssen auch repräsentativ für das Aufgabengebiet sein und mit dem Belohnungssystem übereinstimmen.

Für die Motivation sind zudem willentliche Prozesse wichtig, d. h. um ein bestimmtes Ziel zu erreichen, müssen konkrete Handlungsschritte unternommen werden. Heckhausen (1989) hat hierfür ein idealtypisches Modell der Handlung entworfen, das deren Verlauf in vier Phasen einteilt (Abb. 5.4): In der ersten Phase geht es um Wünsche und das Abwägen, welcher Wunsch bzw. welche Handlungsalternative gewählt wird (Abwägephase). Ist dann eine Entscheidung getroffen worden, hat man – analog dem historischen Vorbild Julius Cäsars – nach Heckhausen den Rubikon überschritten, so gibt es nach dieser Entscheidung kein Zurück. Diese Phase mündet dann aber in der Intentionsbildung, d. h. man legt sich dann auf ein bestimmtes Ziel fest, das man gegen andere Intentionen konsequent verfolgt (Planungsphase). Nach diesem Modell befindet sich der Handelnde jetzt in der Phase der Volition, konkrete Handlungsschritte werden für den Kauf geplant und durchgeführt. Man fühlt sich nun verpflichtet, das gewählte Vorhaben auch zu realisieren. Das Ziel wird verbindlich. Dann folgt die Phase des Handelns – das gewählte Ziel wird umgesetzt. Nach der Aktion folgt jedoch wieder eine Phase der Bewertung. In der letzten Phase wird das Ergebnis der Handlung bewertet und der Handlungszyklus beginnt von vorne.

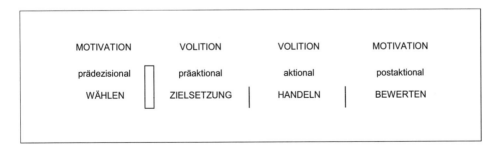

Abb. 5.4: Das Rubikonmodell der Handlungsphasen nach Heckhausen (1989) und Nerdinger (1995)

Anwendung fand dieses Modell auf organsationspsychologische Fragestellungen, z. B. für den Prozess der Stellensuche und für die Motivation, einmal eine Stelle im Ausland anzunehmen. Für die Stellensuche wurde die Selbstselektion beim Übergang vom Studium in den Beruf anhand des Handlungsmodells von Heckhausen aus den rückblickenden Aussagen der Befragten rekonstruiert (Spieß & Nerdinger, 1991). Unter die Abwägephase wurden die Ziele bei der Stellenwahl subsumiert. Die Planungsphase betraf die Stellensuche selbst, in der gezielt nach einer Position in einem Unternehmen gesucht wurde. Als Handlungsphase galt das Vorstellungsgespräch. Die abschließende Bewertungsphase ist der erfolgreiche Berufsstart der Befragten, in der sie z. B. die Stellensuche als gezielt geplant darstellen.

Für die Motivation, einmal eine Stelle im Ausland anzustreben, wurden Personen danach unterschieden, ob sie diesen Wunsch bei einer Befragung nur einmal angeben (dann sind sie noch in der Abwägephase), oder ob sie bei der Wiederholungsbefragung immer noch diesen Wunsch hegen. Dann befinden sie sich in der Planungsphase, d. h. es werden gezielte Schritte unternommen, um eine entsprechende Stelle zu finden. Der Entschluss, ins Ausland zu gehen, ist bereits gefallen. In der Studie zeigte sich entsprechend der Theorie, dass für die beiden Phasen unterschiedliche Kriterien Bedeutung hatten: In der Abwägephase waren arbeitsbezogene Werthaltungen und bereits gemachte Auslandserfahrungen wichtig, die für die Planungsphase hingegen keine Rolle spielten. Hier waren unternehmensspezifische Informationen relevant. Es zeigte sich allerdings, dass berufliche und private Ziele hierbei miteinander konfligierten, denn verheiratete Personen gaben das Ziel, im Ausland zu arbeiten,, häufiger wieder auf (Spieß & Wittmann, 1999).

Es lässt sich feststellen, dass in jüngerer Zeit das Zusammenspiel von Motivation und Volition beim Handeln zunehmend wissenschaftlich beachtet wird (Kuhl, 1996; Kehr, 2004). Primär motiviert sind Menschen, wenn das Handeln Befriedigung verschafft und das Ziel erstrebenswert erscheint. Stellen sich diesem Handeln äußere Zielen entgegen, so ist kognitives Problemlösungsverhalten erforderlich. Hat man dagegen mit inneren Barrieren zu kämpfen, wie z. B. mit Lustlosigkeit oder Ablenkungen, so ist Volition, die man auch als Willensstärke bezeichnen könnte, notwendig. Da Menschen in Arbeitssituationen vielfach Dinge tun müssen, die sie nicht gerne tun, ist im beruflichen Kontext die Volition besonders wichtig. Entsprechend hat man dafür auch spezifische Trainingsverfahren entwickelt (Kehr, 2002).

5.1.4 Attribution

Sind die Manager unfähig, wenn ein Unternehmen konkurs geht? Sind die vom Unternehmen Gekündigten selbst an ihrer Situation schuld? Dahinter steht häufig auch die Frage nach der Verantwortlichkeit für die jeweiligen Handlungen.

Die kognitiv orientierte Attributionstheorie geht davon aus, dass Menschen Verhalten beobachten und versuchen, dafür Ursachen zu finden (subjektive Kausalität). Für die Organisationspsychologie sind besonders die Forschungen zum Attributionsprozess bezogen auf Erfolg und Misserfolg interessant. Es gibt ein Schema mit den Dimensionen Zeit (stabil/variabel), Ort bzw. die Lokalisierung (internal/external) und der Kontrollierbarkeit der wahrgenommenen Ursachen (Tab. 5.1). Es wird angenommen, dass die Person entweder aus innerem Antrieb gehandelt hat (internale Attribution) oder ihr Handeln durch die Umstände verursacht (externale Attribution) ist. Ebenso kann das Verhalten stabil oder instabil sein. Weiterhin kann das Verhalten als kontrollierbar oder nicht kontrollierbar erlebt werden. Somit ergeben sich acht Varianten der Attribution eines Verhaltens: Wird das Verhalten internal, stabil und kontrollierbar attribuiert, wird die Fähigkeit einer Person als Ursache gesehen. Wird das Verhalten hingegen als internal, kontrollierbar und variabel attribuiert, liegen die wahrgenommenen Ursachen in der mangelnden Anstrengung. Wird dieses Verhalten als nichtkontrollierbar, stabil und internal attribuiert, wird der Erfolg auf die Begabung zurückgeführt, bei wahrgenommener Instabilität auf die Energie. Wird das Verhalten external, stabil und kontrollierbar attribuiert, werden die Ursachen in dauerhaften Ressourcen gesehen. Wird das Verhalten external, stabil und nicht kontrollierbar attribuiert, werden die Ursachen in der Schwierigkeit oder Leichtigkeit einer Aufgabe gesehen. Wird das Verhalten external, nichtkontrollierbar und variabel attribuiert, wird der Zufall als Ursache angenommen. Wenn das Verhalten hingegen als external, kontrollierbar und variabel attribuiert wird, wird auf temporär verfügbare Ressourcen geschlossen.

Tab. 5.1: Ursachenattribution für Erfolg und Misserfolg nach Weiner (1979) und Jonas, Stroebe, & Hewstone (2007).

	Mögliche Ursachen für Erfolg und Misserfolg			
	interne Ursache		**externe Ursache**	
	stabil	instabil	stabil	instabil
kontrollierbar	Können (z. B. Wissen, Fertigkeit)	Anstrengung	dauerhafte situative und soziale Ressourcen (z. B. soziale Kontakte, finanzielles Vermögen)	temporär verfügbare situative und soziale Ressourcen (z. B. Rat, Unterstützung)
nicht kontrollierbar	Begabung (z. B. Intelligenz)	Energie	Leichtigkeit bzw. Schwierigkeit der Aufgabe	Glück/Zufall

In neueren Forschungen wurde dieses Schema noch um eine vierte Dimension erweitert. Diese bezieht sich darauf, ob die Attribution spezifisch oder generell ist, z. B. „Diese Art von Aufgabe kann ich nicht lösen." vs. „Was es auch ist, ich kann nichts".

Die psychologische Forschung hat verschiedene Formen der Attributionsverzerrungen festgestellt. So gibt es eine allgemeine Vorliebe, wahrgenommene Ursachen auf die Person zu attribuieren. Personale und dispositionale Faktoren werden überschätzt, die Rolle der Situation hingegen wird unterschätzt (fundamentaler Attributionsfehler). Ebenso gibt es einen Attributionsunterschied zwischen Handelndem und Beobachter: Wer handelt, sieht die Ursachen für Fehlverhalten eher in der Situation, während Beobachter von Handelnden die Ursachen in stabilen Persönlichkeitsmerkmalen vermuten. Umgekehrt gilt bei Erfolg: Hier vermuten die Handelnden die Ursache in sich selbst, während z. B. der Vorgesetzte einfach „Glück gehabt" sagt.

Die Attributionstheorie hat besonders Anwendung in der Führungsforschung gefunden. Wie eine Führungskraft das Verhalten ihres Mitarbeiters attribuiert, ob sie Fehlverhalten eher der Person oder der Situation zuschreibt, hat Konsequenzen für dessen Verhalten (Neuberger, 2002). Entsprechend ihrer Attribution wird die Führungskraft unterschiedliche Maßnahmen ergreifen: Sieht sie z. B. das Fehlverhalten in der Person des Mitarbeiters, könnten Weiterbildungsmaßnahmen ergriffen werden. Attribuiert die Führungskraft hingegen external, würde sie arbeitsgestalterische Maßnahmen initiieren. Führende selbst neigen in starkem Maße zu internaler Attribution.

5.1.5 Lernprozesse

Lernen ist ein Prozess, der zu stabilen Verhaltensänderungen führt und erfahrungsabhängig ist. Dieser Prozess lässt sich nicht direkt beobachten, sondern wird aus den Veränderungen von beobachtbarem Verhalten erschlossen (Gerrig & Zimbardo, 2008). Eine grundlegende Form des Lernens bildet die *klassische Konditionierung*, die auf den russischen Physiologen und Nobelpreisträger Pawlow zurückgeht. Demnach lernt der Organismus, wenn zwei Reize miteinander verkoppelt werden. In den klassischen Experimenten mit Hunden wurde ein neutraler Reiz (CS, z. B. ein Glockenton) wiederholt mit einem unkonditionierten Stimulus (US, z. B. Nahrung) verbunden. Dies bewirkte, dass die Speichelsekretion bei Hunden auch bei dem Glockenton nach einer gewissen Zeit auftrat und somit eine ursprünglich rein instinktive Reaktion (UR) zu einer gelernten Reaktion (CR) wurde. Daraus wurden in der Psychologie fundamentale Lernprinzipien abgeleitet wie die Reizgeneralisierung, das Lernen von Gefühlen, z. B. durch die Koppelung eines positiven oder negativen Gefühls mit einer zunächst neutralen Situation, das Lernen durch Verstärkung oder das Lernen am Modell.

Eine Weiterentwicklung der klassischen Konditionierung erfolgte durch Skinner (1954, 1973), der zwischen reflexartigem respondenten Verhalten, das reizgesteuert ist, und dem operanten Verhalten unterscheidet, das von äußeren Reizen in der Auftretenswahrscheinlichkeit beeinflusst wird. Für dieses operante Verhalten werden systematisch die Beziehungen zwischen den vorausgehenden Reizen, dem beobachtbarem Verhalten und den unmittelbaren Verhaltensfolgen wie Belohnung und Bestrafung sowie deren Wahrscheinlichkeit (Verstärkerpläne) analysiert. Diese Lerngesetze fanden Eingang in die schulische oder elterliche Erziehung und in die Verhaltenstherapie. Verhaltenskonsequenzen treten ein, wenn die entsprechende Reaktion gezeigt wurde, und haben so eine Verstärkerfunktion für das Verhalten. Man spricht von einer *instrumentellen Konditionierung*.

5.1 Intrapsychische Konzepte

Tab. 5.2: *Vergleich von klassischer und operanter Konditionierung nach Myers (2008)*

	Klassische und operante Konditionierung im Vergleich	
	klassische Konditionierung	operante Konditionierung
Reaktion	unwillkürlich, automatisch	willentlich, beeinflusst die Umgebung
Erwerb	Ereignisse werden assoziiert, CS kündigt US an	eine Reaktion wird mit einer Konsequenz gekoppelt (Verstärker oder bestrafender Reiz)
Löschung	CR nimmt ab, wenn CS wiederholt allein dargeboten wird	die Reaktion nimmt ab, wenn die Verstärkung aufhört
kognitive Prozesse	Organismen entwickeln die Erwartung, dass der CS ein Signal für das baldige Auftreten eines US ist	Organismen entwickeln die Erwartung, dass eine Reaktion verstärkt oder bestraft wird; sie zeigen auch latentes Lernen ohne Verstärkung
biologische Prädisposition	biologische Prädispositionen sind eine Einschränkung dafür, welche Reize und Reaktionen leicht miteinander assoziiert werden können	Organismen lernen am besten Verhaltensweisen, die ihren natürlichen Verhaltensweisen ähneln; unnatürliche Verhaltensweisen lassen sie instinktiv auf natürliche Verhaltensweisen zurückfallen

★ CS = konditionierter Stimulus
US = unkonditionierter Stimulus
CR = konditionierte Reaktion

Nach Myers, 2008

Eine neuere Lerntheorie ist das *Lernen am Modell* von Bandura (1969), wonach durch das Beobachten des Verhaltens von Modellen und seiner Folgen Lernprozesse initiiert werden können. Der Beobachter wird stellvertretend durch die Wahrnehmung der Verhaltenskonsequenzen für die Modellperson verstärkt (Bierhoff & Herner, 2002). Beobachtungslernen heißt, dass Menschen durch Beobachtung eines Modells kognitive Fertigkeiten und Verhaltensmuster erwerben, die vorher noch nicht zum Verhaltensrepertoire gehörten. Vorausgesetzt werden vier Teilprozesse: Aufmerksamkeit, Behalten, motorische Kontrolle und motivationale Prozesse.

- *Aufmerksamkeit*: Von der Aufmerksamkeit hängt es ab, ob das Verhalten des Modells auch wahrgenommen wird. Für den Beobachter sind kognitive Fähigkeiten und Vorkenntnisse wichtig.
- *Behalten*: Für diese Leistung ist die kognitive Repräsentation des Erlebten wichtig. Gedankliche Wiederholungen des Wahrgenommenen unterstützen den Prozess.
- *Motorische Kontrolle*: Schwierigkeiten können bei der Ausführung dann auftreten, wenn die notwendigen Fähigkeiten, wie z. B. Sportlichkeit, nicht vorhanden sind oder bei komplexem Verhalten.
- *Motivationale Prozesse*: Diese Prozesse werden durch drei Anreize mitbeeinflusst: direkte, stellvertretende und selbstgesetzte Anreize.

Für die Ausführung einer Handlung ist die wahrgenommene *Selbstwirksamkeit*, d. h. die subjektive Überzeugung einer Person, ein bestimmtes Verhalten auch erfolgreich ausführen zu können, wichtig. Davon abgegrenzt gibt es eine weitere subjektive Einschätzung, die Ergebniserwartung. Menschen können zwar davon überzeugt sein, dass ein bestimmtes Verhalten zu bestimmten Ergebnissen führt (z. B. mit dem Rauchen aufzuhören unterstützt die Gesundheit), doch können sie an der Selbstwirksamkeit zweifeln, dieses Verhalten auch auszuführen. Die generelle Selbstwirksamkeit wird als stabile Persönlichkeitsdisposition betrachtet (Jonas & Brömer, 2002). Lernen spielt auch in der Arbeitswelt im Zuge der Ausbildung und des *lebenslangen Lernens* eine zunehmend wichtige Rolle (siehe Kapitel 6.1.4, lernende Organisation).

5.1.6 Kompetenz

Die Unbestimmbarkeit zukünftiger Anforderungen in einer sich dynamisch entwickelnden Wirtschaft hat das Konzept der *Kompetenz* (McClelland, 1973) aktualisiert. Unter Kompetenzen sind Dispositionen zu verstehen, die auf das Prinzip der selbstorganisierten und selbstbestimmten Auseinandersetzung mit einem Gegenstandsbereich verweisen (Erpenbeck & Rosenstiel, 2007). Dabei lassen sich vier Kompetenzklassen voneinander unterscheiden:

- *personale Kompetenz*, d. h. selbstorganisiert mit sich selbst umzugehen

- *Fach- und Methodenkompetenz*, d. h. selbstorganisiert mit Methoden und Inhalten eines Fachgebietes umgehen zu können

- *Sozial- und Kommunikationskompetenz*, d. h. selbstorganisiert mit anderen Personen oder Gruppen zielgerichtet in Kommunikation und Kooperation zu treten

- *Handlungs- und Umsetzungskompetenz*, d. h. selbstorganisiert seine Pläne und Vorhaben auch gegen innere und äußere Widerstände umzusetzen.

Wer nun in eine neue und unvorhersehbare Anforderungssituation, auf die er nicht vorbereitet werden kann, gerät, bedarf entsprechender Kompetenzen. Er muss die unerwarteten komplexen Anforderungen selbstorganisiert bewältigen. Es gibt inzwischen eine Vielzahl von Methoden, in einem diagnostischen Prozess Kompetenzen zu erfassen (Erpenbeck & von Rosenstiel, 2007) und diese im Zuge der Personalentwicklung aufzubauen (Heyse & Erpenbeck, 2004; vgl. auch Kapitel 6.1.4, lernende Organisationen).

5.1.7 Entscheidungsprozesse

Zahlreiche, besonders ökonomische Entscheidungstheorien gehen von einem Menschenbild aus, wonach Menschen Entscheidungen rational kalkulierend vollziehen. Handlungsalternativen werden gesucht und bewertet, Kosten und Nutzen gegeneinander abgewogen und die am günstigsten erscheinende Handlungsoption wird gewählt.

Entscheidungen sind Situationen, in denen eine Person mindestens zwischen zwei Optionen wählt (Jungermann, Pfister & Fischer, 1998). In der deskriptiven Entscheidungsforschung, die in der Psychologie vorherrscht, wird hingegen das tatsächliche Verhalten der Menschen bei Entscheidungen untersucht (Katona, 1960). Demnach folgen menschliche Entscheidungen häufig ihrer eigenen „Psycho-Logik" (Nerdinger, 2001). Menschliche Entscheidungen sind nicht nur von der Ratio geprägt, sondern vielfach spielen Emotionen und irrationale Wünsche und Ängste eine große Rolle.

Entscheidungen, die nicht der Regel entsprechen, wurden insbesondere von Kahneman und Tversky (1973) analysiert. Demnach hängt die Art und Weise, wie Menschen Entscheidungen treffen, auch davon ab, mit welchen Entscheidungsalternativen sie konfrontiert werden. Entscheidungen sind Resultat eines aktiven Konstruktionsprozesses; es wird von einer „kontextabhängigen Entscheidungsstrategie" gesprochen (Bierbrauer, 1996). Eine Asymmetrie zwischen Verlust- und Gewinnsituationen motiviert Menschen dazu, bei drohenden Verlusten risikoreiche Verhaltensalternativen zu wählen. Damit sollen die drohenden Verluste abgewendet werden. Bei der Aussicht auf einen Gewinn wird eher eine risikovermeidende Strategie benutzt.

Moser, Hahn und Galais (2000) haben den Einfluss von Expertentum auf das Ausmaß eskalierenden Commitments (Bindung, siehe auch Kapitel 6.1.3) bei Entscheidungen untersucht. Es zeigte sich, dass Experten in fiktiven Szenarien weniger investierten und ein entsprechend geringeres Commitment entwickelten als Laien. Das Konzept des „eskalierenden Commitments" besagt, dass eine Neigung von Entscheidungsträgern besteht, an einmal getroffenen Entscheidungen, auch wenn sie sich als erfolglos erweisen, weiterhin festzuhalten. Dafür lassen sich zahlreiche Exempel sowohl aus dem Alltag als auch aus Wirtschaft und Politik anführen: Zum Beispiel investieren Entscheidungsträger Millionenbeträge in Projekte, die sich als längst marode herausgestellt haben. Typisch ist, dass zu Beginn eine Investition getätigt wird, die sich mit der Erwartung verbindet, dadurch ein bestimmtes Ziel zu erreichen. Wenn dieses Ziel nicht erreicht wird, kann die Bindung an die Entscheidung eskalieren, d. h. man hält wider besseren Wissens weiterhin an dieser Investition fest. Häufig wollen die Entscheidungsträger nicht zugeben, dass sie eine falsche Wahl getroffen haben und die Investition umsonst war. Es gibt Belege, dass eskalierendes Commitment besonders dann zu erwarten ist, wenn der Entscheidungsträger von anderen sehr deutlich für negative Konsequenzen verantwortlich gemacht wird oder wenn die Entscheidung von ihm öffentlich vertreten wurde.

5.1.8 Aggression

Aggressives Verhalten ist so definiert, dass einer Person Schaden oder Verletzungen zugefügt wird verbunden mit einer entsprechenden Absicht: „Aggression ist jegliche Form von Verhalten, mit der das Ziel verfolgt wird, einem anderen Lebewesen, das motiviert ist, eine derartige Behandlung zu vermeiden, zu schaden oder es zu verletzen" (Baron, 1977; Krahé, 2007). Grundlegende wissenschaftliche Positionen bestehen darin, Aggression als Instinkt (Mc Dougall, 1908) zu betrachten, so in der Triebtheorie von Freud, der Ethologie von Lorenz, der Lerntheorie und der Frustrations-Aggressions-Hypothese (Dollard, Doob, Miller, Mowrer & Sears, 1939; Krahé, 2007).

Die psychoanalytische Theorie nach Freud stellt die Aggression als Gegenpol des Lustprinzips dar. Der Wunsch nach Selbsterhaltung (Lebensinstinkt/Eros) steht dem Trieb der Zerstörung organischen Lebens (Todesinstinkt/Thanatos) gegenüber. Aggression wird als Abfuhr destruktiver Energie durch aggressive Handlungen gesehen, was zu einer Triebabfuhr führt und damit den Antrieb zur Aggression verringert (Katharsishypothese). Eine Kritik daran lautet, dass die Theorie empirisch nicht bestätigt ist (Krahé, 2007). Der ethologische Ansatz von Konrad Lorenz (1963) sieht Aggression als eine für die Spezies nützliche Funktion an. Aggressives Verhalten ist eine durch natürliche Selektion entstandene Verhaltensdisposition, die die Überlebenschancen erhöht. Nach dem sog. „Dampfkesselmodell" gilt Aggression als unvermeidlich, eine kontrollierte Abfuhr ist möglich.

Die Frustrations-Aggressions-Hypothese von Dollard, Doob, Miller, Mowrer und Sears (Yale-Gruppe, 1939) beschreibt ein Energiemodell der Aggression: Personen sind durch einen durch Frustration bedingten Trieb motiviert, sich aggressiv zu verhalten (Mummendey & Otten, 2002, S. 356). Es kann zu einer Verschiebung bzw. zu einer Ziel- bzw. Reaktionssubstitution führen. Frustration führt immer zu irgendeiner Form von Aggression – Aggression ist immer eine Folge von Frustration (Mummendey & Otten, 2002, S. 357).

Die Theorie aggressiver Hinweisreize von Berkowitz und LePage (1967) besagt, dass aggressive Hinweisreize bei emotionaler Erregung Aggressionen auslösen können. Es gibt zwei Quellen einer aggressiven Tat: die Ärgererregung im Inneren des Täters und Hinweisreize aus der gegebenen Situation (der sog. Waffeneffekt), wenn z. B. zufällig eine Waffe zur Hand ist (Mummendey & Otten, 2002, S. 358). Im kognitiv-neoassoziationistischen Ansatz (Berkowitz, 1990) werden aversive Erregung und Aggression miteinander verbunden (Krahé, 2007).

Aggression kann auch als gelerntes Verhalten aufgefasst werden, z. B. durch das instrumentelle Konditionieren (vgl. Kapitel 5.1.5). So fördert positive Verstärkung aggressives Verhalten. Nach der Theorie des sozialen Modellings wird das Lernen von neuen Verhaltensweisen durch Beobachtung einer Modellperson (Bandura, 1977) begünstigt. Aggression vollzieht sich in verschiedenen sozialen Kontexten, z. B. in der Familie, in der Schule und am Arbeitsplatz (Mobbing) (vgl. Kapitel 8.11).

In Abb. 5.5 ist das allgemeine Aggressionsmodell (General Aggression Model, GAM) nach Lindsay und Anderson (2000) und Krahé (2007) dargestellt. Es setzt die unterschiedlichen Theorieansätze zu einer integrativen Theorie zusammen und bietet ein Rahmenkonzept zum Verständnis der komplexen Prozesse, die zu aggressivem Verhalten führen: Es sind dies Inputvariablen wie individuelle Unterschiedsmerkmale oder situative Variablen, Bewertungsprozesse und das aggressive Handlungsergebnis.

5.1 Intrapsychische Konzepte

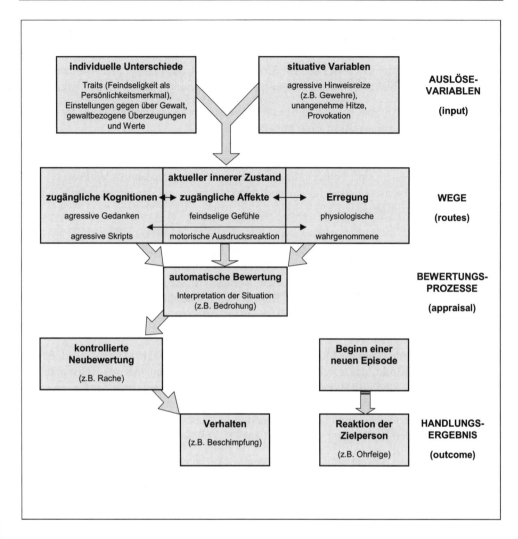

Abb. 5.5: Das allgemeine Aggressionsmodell (nach Lindsay & Anderson, 2000 in Krahé, 2007)

5.1.9 Stress

Stress wird als Zustand des Organismus verstanden, bei dem als Ergebnis einer inneren oder äußeren Bedrohung das Wohlbefinden als gefährdet wahrgenommen wird. Stress kann eine leistungsstimulierende Wirkung haben und dadurch mobilisieren (Eustress), er kann aber auch gesundheitsschädliche Folgen haben (Disstress). Unter den verschiedensten Gesichtspunkten ist der Erhalt der Gesundheit und des körperlichen, psychischen und sozialen Wohlbefindens wichtig, ihm widmen sich daher sozialpolitische und unternehmerische Maßnahmen gleichermaßen. Es geht um den Abbau von beeinträchtigenden Belastungen und Stressoren sowie um die Förderung der personalen und organisationalen Ressourcen (Frieling & Sonntag, 1999; Cooper & Cartwright, 1994; Cartwright & Cooper, 1996).

Nach Lazarus und Launier (1981) können Stresskonzepte danach klassifiziert werden, ob sie Stress als Reiz, als Reaktion oder als Person-Umwelt-Beziehungsphänomen definieren:

- Reizorientierte Ansätze definieren Stress über bestimmte Umweltereignisse, die sich zu bestimmten Stressorenklassen zusammenfassen lassen.
- Reaktionsbezogenen Ansätzen setzen Stress mit bestimmten Zuständen oder Veränderungen im (menschlichen) Organismus gleich.
- Kognitive Stresskonzepte betonen die Interaktion (und den transaktionalen Prozess) zwischen einem (menschlichen) System und seiner Umwelt und den daraus resultierenden Anpassungsprozessen.

In der Psychologie spielen *kognitive Stresskonzepte* die zentrale Rolle, erlauben sie es doch, Stress aus dem Verhältnis (Relation) von Anforderungen aus der Umwelt und personalen Reaktionskapazitäten zu bestimmen. Das Hauptanliegen dieser Ansätze ist die Inkongruenz zwischen objektiven Anforderungen und Bewältigungskapazitäten des Individuums, wobei die Wahrnehmungs-, Bewertungs- und Handlungsprozesse des Individuums den Stressprozess wesentlich mitbestimmen.

Das bekannteste transaktionale Modell haben Lazarus und Launier (1981) entwickelt. Für sie ist Stress ein Konstrukt, das durch folgende Merkmale gekennzeichnet ist: Bestimmte Anforderungen aus der Umwelt (vorausgehende Ereignisse) machen aufseiten der Person spezifische Bewältigungsprozesse nötig. Stress liegt dann vor, wenn die Anforderungen die Fähigkeiten des Systems beanspruchen oder übersteigen. Zentral sind diesem Konzept zufolge die Bewertungs- und Bewältigungsprozesse:

- Bei der primären Bewertung („primary appraisal") schätzt die Person ein, welche Gefahren und negativen Erlebnisqualitäten von den Anforderungen ausgehen. Lazarus unterscheidet dabei zwischen Bedrohung, Schaden/Verlust und Herausforderung. Letztere weist im Unterschied zu den anderen beiden stressenden Bewertungen auch positive Erlebnisqualitäten auf.
- Die sekundäre Bewertung („secondary appraisal") umfasst die Einschätzung der eigenen Bewältigungsfähigkeiten und -möglichkeiten.
- Mit der Neubewertung („reappraisal") wird die Situation auf der Grundlage der eigenen Reflexionen und eingeholten Informationen auf ihr Bedrohungspotenzial neu eingestuft.

Auf Basis dieser Bewertungsvorgänge wird eine Handlungsauswahl getroffen, um die tendenziell aversive Situation zu bewältigen. Das „Coping" (Bewältigung) ist darauf gerichtet, umweltbedingte oder interne Anforderungen zu reduzieren.

Unter *Coping* versteht man sich ständig verändernde kognitive und verhaltensmäßige Bemühungen einer Person, mit spezifischen externen und/oder internen Anforderungen fertig zu werden. Dabei schätzt die Person auch ihre persönlichen Ressourcen ein. Es gibt zwei Klassen von Bewältigungsreaktionen: das problembezogene (ursachenorientierte) Coping, das auf

5.1 Intrapsychische Konzepte

die Veränderung der Person-Umwelt-Relation als Quelle der Belastung gerichtet ist, und das emotionsbezogene (symptomorientierte) Coping, das sich auf die subjektive Befindlichkeit, d. h. die Regulation der belastenden Emotionen bezieht (Abb. 5.6).

Coping umfasst neben Verhaltensweisen, die auf die Verbesserung der Situation abzielen, auch solche, die die durch Stress erzeugten Emotionen verändern, unter Kontrolle halten und somit das Wohlbefinden wiederherstellen sollen. Ein Bewältigungsprozess besteht in der Regel aus mehreren dieser teils ineinandergreifenden Reaktionen, wobei im Verhalten kognitive, behaviourale und emotionale Aspekte zusammenspielen. Für dieses funktionale Zusammenspiel der einzelnen Bewältigungsstrategien sind die folgenden Aspekte wichtig: Kausalattribuierung des bisherigen Ergebnisses (vgl. Kapitel 5.1.4), emotionales Befinden, Situationseinschätzungen, das weitere Bewältigungsziel sowie die Einschätzung und Bewertung der Handlungsfolgen. Die Bewältigungsversuche einer Person sind eine unmittelbare Folge der Situationseinschätzung (Lazarus & Folkman, 1984).

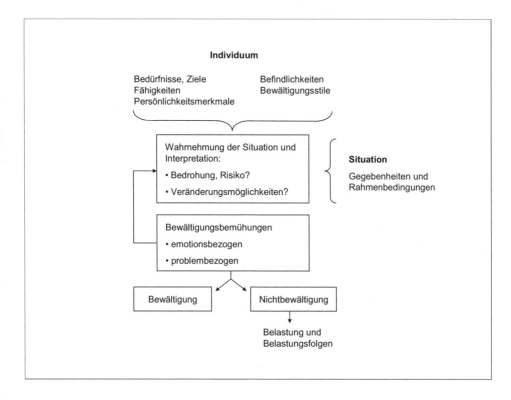

Abb. 5.6: Ein kognitives Modell der Stressbewältigung nach Lazarus und Folkman (1984)

In Abhängigkeit von Art, Intensität und Dauer der objektiven Anforderungen und den eigenen Bewältigungsmöglichkeiten treten kurz- und langfristige Stresseffekte auf, die sich auf gefühlsbezogene, physiologische, somatische, moralische und soziale Aspekte beziehen können (Tab. 5.3).

Tab. 5.3: Beispiele für Beanspruchungsfolgen bzw. Stressreaktionen (aus Udris & Frese, 1999, S. 432)

	kurzfristige, aktuelle Reaktionen	**mittel- bis langfristige, chronische Reaktionen**
physiologisch, somatisch	• erhöhte Herzfrequenz • erhöhter Blutdruck • Ausschüttung von Cortisol und Adrenalin („Stresshormone")	• psychosomatische Beschwerden und Erkrankungen • Unzufriedenheit • Resignation • Depressivität • Burnout
psychisch, kognitiv-emotional	• Anspannung, Nervosität, innere Unruhe • Frustration • Ärger • Ermüdungs-, Monotonie-, Sättigungsgefühle	
Verhalten, individuell	• Leistungsschwankungen • Nachlassen der Konzentration • Fehlhandlungen • schlechte sensomotorische Koordination • Hastigkeit und Ungeduld	• vermehrter Nikotin-, Alkohol-, Tablettenkonsum • Fehlzeiten (Krankheitstage) • innere Kündigung
Verhalten, sozial	• erhöhte Reizbarkeit • Konflikte • Mobbing • Streit • Aggressionen gegen andere • Rückzug (Isolierung) innerhalb und außerhalb der Arbeit	

Belastungen in der Arbeitswelt, die die „Qualität potenzieller Stressoren" annehmen können, lassen sich in sechs Stufen kategorisieren (Richter & Hacker, 1998):

7. Arbeitsaufgabe (z. B. Termindruck),
8. Arbeitsrolle (z. B. Verantwortung),
9. materielle Umgebung (z. B. Lärm)
10. soziale Umgebung (und Betriebsklima),
11. behaviour setting (z. B Isolation),
12. Person-System (z. B. mangelnde Berufserfahrung).

5.1 Intrapsychische Konzepte

Das Konzept des „Person-Environment-Fit", das auf French, Rodgers und Cobb (1974) zurückgeht, begreift Stress ebenfalls als ein relationales Phänomen. Anders als Lazarus, der unter den Stressbegriff lediglich Überforderungsphänomene subsumierte, fassen sie als Stress auch Unterforderungssituationen. Zudem beschäftigen sich die Autoren neben den externen Anforderungen sehr viel stärker mit internen Anforderungen.

Zwei Arten der Übereinstimmung („Fit") lassen sich unterscheiden: Die Übereinstimmung zwischen den Bedürfnissen der Person und den Befriedigungsangeboten der Situation sowie die Übereinstimmung zwischen den Fähigkeiten einer Person und den an sie gestellten Anforderungen. Eine wesentliche Quelle für Person-Umwelt-Missverhältnisse sind demnach mangelnde Möglichkeiten der Bedürfnisbefriedigung. Konsequenzen dieser Nicht-Übereinstimmung von Person und Umwelt sind Stressreaktionen wie Angst oder psychosomatische Beschwerden.

Neuere Ansätze in der psychologischen Stressforschung nehmen einen weiteren Blickwinkel ein (Sonnentag & Frese, 2003). Semmer und Mohr (2001) fassen den Stand der Stressforschung zum Thema Arbeit und Gesundheit zusammen: Die Zusammenhänge zwischen Stressfaktoren am Arbeitsplatz und psychischen sowie somatischen Symptomen sind inzwischen gut belegt, allerdings ist das Wissen um die spezifischen Prozesse und das langfristige Entstehen von Stresssymptomen begrenzt. Betont werden – geht es um Stressprophylaxen – die Bedeutung qualitativ anspruchsvoller Arbeitsaufgaben und die Autonomie. Die Kosten für das Gesundheitswesen durch den Stress in der Arbeit sind sehr hoch. Stress in der Arbeit ist besonders dann ein Risiko, wenn

- die Stresssituation chronisch ist,
- ständige Anstrengungen und Aufmerksamkeit erforderlich sind,
- das Gefühl vorherrscht, den Anforderungen nicht zu genügen,
- sich die Probleme auf andere Lebensbereiche übertragen.

Es genügt nicht, nur den Arbeitsstress zu untersuchen, sondern es muss der Gesamtkontext der Belastungen aus verschiedenen Rollen und Lebensbereichen berücksichtigt werden. Hier gibt es noch Forschungsbedarf, wobei besonders Arbeitslosigkeit, Auswirkungen von Unternehmensfusionen oder eine Krise herausfordernde Themen sind. Ein Konzept objektiv bestimmbarer Stressoren und Ressourcen in der Arbeit erscheint sinnvoll, wobei die Merkmale im Sinne eines Risikofaktorenmodells verstanden werden sollten und kulturelle Gemeinsamkeiten in den Bewertungsprozessen berücksichtigt werden müssen (Mohr & Semmer, 2002).

Stress resultiert aus dem Zusammenspiel vieler Variablen: Er beinhaltet personale und Umfeldmerkmale, Coping-Prozesse, positive und negative Erfahrungen und verschiedene Indikatoren des Wohlbefindens.

Aus der Kritik am transaktionalen Stresskonzept entwickelte Hobfoll (1988, 1998) die Theorie des *Ressourcenerhalts* (Conversation of Ressources Theory). Hobfoll geht in seiner Theorie davon aus, dass Menschen danach streben, die eigenen Ressourcenobjekte, Bedingungen, Persönlichkeitseigenschaften und Energien, die geeignet sind, das Überleben zu sichern, oder indirekt dazu beitragen, zu schützen und neue Ressourcen aufzubauen. In der Kosten-Nutzen-Abwägung haben Ressourcenverluste damit größere Auswirkungen als Ressourcengewinne, da sie dem fundamentalen Bedürfnis nach Ressourcenmehrung entgegenwirken. Sie bilden damit die Basis der Entstehung von Stress. Aus einem Ressourcenverlust (z. B. Erwerbslosigkeit, Teamkonflikte) ergeben sich Nachteile und die Gefahr weiterer Ressourcenverluste (Hobfoll & Buchwald, 2004, S. 15).

Ressourcenverlustspiralen finden sich gehäuft unter dauerhaft stark belastenden Arbeitsbedingungen. Sie resultieren aus einer allgemeinen Ressourcenknappheit dieser Situation und aus einem Effekt wechselseitiger negativer Verstärkung, beispielsweise aus der Arbeitsorganisation (Arbeitsintensität), den physischen Bedingungen (einseitige Körperhaltung am PC) und den Rahmenbedingungen (Arbeitsplatzunsicherheit).

Die Unterscheidung in effektive und uneffektive Bewältigungsstrategien muss jeweils situations- und kontextabhängig vorgenommen werden. Verhalten wird neben der innerpsychischen Regulationsfunktion (z. B. sich gegen andere zu behaupten) auch im jeweiligen sozialen Kontext bewertet und ggf. sanktioniert (z. B. aggressives Verhalten). In einer Situation kann ausgeprägtes Selbstbewusstsein ein Schutzfaktor gegen Herabsetzung und Ausgrenzung sein, in einer anderen Situation behindert dies eine selbstkritische und reflektierte Analyse des eigenen Verhaltens (Bender & Lösel, 2007).

Aus der Erforschung von berufsbedingtem Stress wurde das Konzept der *Hardiness* (Widerstandskraft/Unempfindlichkeit) entwickelt (Kobasa, 1979). Hardiness setzt sich zusammen aus dem Glauben an die Wichtigkeit und an den Zweck dessen, was man ist und was man beispielsweise beruflich tut (Commitment), und einer ausgeprägten Kontrollüberzeugung, d. h. dem Glauben, dass man die Ereignisse durch eigenes Handeln selbst beeinflussen kann. Diese Personen sehen Veränderungen eher als Herausforderung und Chance dafür, sich persönlich zu entwickeln. Sie sind in der Lage, berufliche und private Probleme im Voraus zu erwarten und vorbeugende Strategien zu entwickeln.

Kobasa, Maddi und Kahn (1982) untersuchten Führungskräfte eines Kommunikationsunternehmens hinsichtlich ihrer Stressbelastung und des Ausmaßes an Krankheitssymptomen. Im längsschnittlichen Verlauf über fünf Jahre erwiesen sich die Hardiness-Komponenten (s.o.) als gute Prädiktoren zur Vorhersage von Krankheitssymptomen. Weitere Studien belegen, dass Personen mit stärker ausgeprägter Hardiness sich durch ein effektiveres Stressmanagement, weniger Symptome von Burnout und durch eine höhere Arbeitszufriedenheit im Vergleich zu Personen mit niedrigeren Hardiness-Werten auszeichnen (Florian, Mikulincer & Taubmann, 1995).

5.1.10 Selbstwert und Identität

Die Wahrnehmung und die Bewertung der eigenen Person steuert die Verarbeitung selbstbezogener Informationen (Schütz & Laux, 2000). Die Fähigkeit zur Selbstreflexion ist ein zentrales Merkmal von Menschen: Nur der Mensch kann sich selbst zum Objekt der Reflexion machen und verfügt über ein „Selbst" (Schütz, 2003). Der Psychologe William James (1890) unterschied zwei Formen des Selbst: das Selbst als Subjekt der Betrachtung (Self as knower) und das Selbst als Objekt der Betrachtung (Self as known).

5.1 Intrapsychische Konzepte

Selbstkonzept und Selbstwertgefühl sind Bestandteile des Selbst als Objekt der Betrachtung – „Self as known" – und beruhen auf den Wahrnehmungs- und Bewertungsprozessen des Subjekts der Betrachtung. Wie sich Menschen wahrnehmen und bewerten wirkt sich auf ihr Erleben und Verhalten aus. Meist wird die positive Einstellung zur eigenen Person als wichtiger Teil psychischer Gesundheit verstanden. Das Selbstkonzept ist eher deskriptiv aufzufassen, während das Selbstwertgefühl eine evaluative Komponente des Selbst darstellt. Häufig wird das Selbstwertgefühl als zentraler Aspekt des Selbst bezeichnet. Die Bedeutsamkeit des Selbstwertgefühls wird z. B. deutlich, wenn eine Person von einer anderen Hilfe empfängt, denn der Erhalt von Hilfe kann den Selbstwert des Hilfeempfängers bedrohen (Bierhoff, 1998).

Das Selbst ist ein viel erforschtes Thema innerhalb der Psychologie (Schütz, 2003). Persönlichkeits- und sozialpsychologische Studien untersuchen besonders die intrapersonale Dynamik des Selbstwertgefühls, z. B. selbstwertdienliche Verzerrungen, die Verarbeitung selbstwertrelevanter Rückmeldungen oder die Reaktionen auf Erfolge oder Misserfolge. Als Quellen für den Selbstwert werden die Wahrnehmung der eigenen Leistung, soziale Vergleiche und Anerkennung durch Dritte genannt. Ein häufig ermittelter Befund ist, dass Personen mit einem hohen Selbstwertgefühl ihre Fähigkeiten auch höher bewerten als Personen mit einem niedrigen Selbstwert. Ebenso beruht deren Selbstwertgefühl auf einer stabileren Basis. Allerdings wird ein positiver Zusammenhang zwischen Selbstwertgefühl und Sozialverträglichkeit angezweifelt: Personen mit hohem Selbstwertgefühl neigen auch dazu, bedrohliche Informationen zu negieren oder zu verdrängen. Mitunter werden diese Personen als arrogant und überheblich erlebt.

In der Literatur wird berichtet, dass Personen mit hohem Selbstwertgefühl besonders resistent gegen Kritik sind und auch ausgeprägt defensiv auf Kritik reagieren. Hier wird von Schütz (2003) eine differenzielle Betrachtungsweise vorgeschlagen, wonach es Personen mit einer stabilen Selbstakzeptanz gibt, die Kritik annehmen können, Menschen, die sich durch eine egozentrische Selbstaufwertung auszeichnen und dazu neigen Kritik abzuwehren, und Menschen, die durch Kritik starke Selbstwertschwankungen erleben. Einerseits wird in der Literatur von einem positiven Sozialverhalten und hoher Beliebtheit bei Personen mit hohem Selbstwertgefühl ausgegangen, andererseits werden bei diesen Personen auch sozial problematische Selbstdarstellungsstile vermutet. Ein hohes Selbstwertgefühl ist also nicht unbedingt positiv zu bewerten. Schütz schlägt vor, von Selbstbewertung oder Selbsteinschätzung statt von Selbstwertgefühl zu sprechen.

Das Selbst enthält auch eine interpersonelle Dimension und zwar dann, wenn es als ein „soziales Konstrukt" verstanden wird. Das Selbstkonzept und das Selbstwertgefühl werden im Zusammenhang mit der vermuteten Wahrnehmung durch andere gesehen. Es wird untersucht, welche Rolle externe soziale Einflussfaktoren wie z. B. Lob und Kritik oder soziale Unterstützung auf das Selbstwertgefühl haben.

Ebenso gibt es einen grundlegenden Unterschied im Verständnis des Selbst in Abhängigkeit von Individualismus und Kollektivismus (vgl. Kapitel 6.2.1): Individualistisch orientierte Personen definieren das Selbst als eine autonome Einheit, während Personen mit einer kollektivistischen Werteorientierung das Selbst mehr in Abhängigkeit von anderen Personen der verschiedenen In-groups (z. B. Familie) auffassen.

So sollte es angesichts der Veränderungen in der Wirtschaft auch darum gehen, dass z. B. Führungskräfte zu einem veränderten Selbstkonzept gelangen, das sie innovativer und veränderungsbereiter werden lässt (Frey, 1997). Im Kontext eines beruflichen Selbstkonzeptes ist die wahrgenommene Kongruenz von Person und Umwelt wichtig, d. h., dass der Einzelne mit seiner spezifischen Arbeitsumwelt harmoniert bzw. es ihm gelingt, seine *beruflichen* Ambitionen und Wünsche im Berufsleben zu verwirklichen (Weinert, 2004).

Selbstdarstellung (Impression-Management) spielt besonders bei Auswahlsituationen, im Rahmen eines Assessment-Centers (vgl. Kapitel 8.2.2), bei der Begegnung miteinander konkurrierender Kollegen oder auch im Verhältnis von Mitarbeiter und Führungskraft eine Rolle. Sie ist definiert als die absichtliche Steuerung des Eindrucks, den man auf jemanden machen will (Mummendey, & Bolten, 1993; Mummendey, 1995). Es gibt verschiedene Arten der Selbstdarstellung: Sie kann aus kurzfristig und situationsspezifischen Taktiken bestehen oder aber eine langfristig angelegte Strategie sein. Ebenso kann sie assertiv oder defensiv angelegt sein. Ein assertives Auftreten demonstriert Selbstbehauptung, z. B. Expertentum und Kompetenz, während mit defensiven Techniken ein zurückhaltender und bescheidener Eindruck vermittelt wird.

Selbstmanagement wird als eine Form von sozialen Fertigkeiten bzw. von sozialer Kompetenz verstanden (Kastner, 1999). Wer als sozial kompetent gilt, ist in der Lage, sich situationsangemessen zu verhalten. Im Umgang mit Kollegen zeigt der sozial Kompetente z. B. Rücksichtnahme und Feingefühl. Beim Selbstmanagement geht es um eine adäquate Selbst- und Fremdwahrnehmung, um Empathie, d. h. die Fähigkeit, sich in andere hineinversetzen und hineinfühlen zu können, um Zuhören-Können, Rhetorik und darum, insgesamt gut mit zwischenmenschlichen Kontakten und Situationen umgehen zu können.

- Kehr (2002) hat in einem Selbstmanagementtraining für Führungskräfte, das in zwei-bis dreitägigen Seminaren stattfand, vor dem Training eine Stärken/Schwächen-Analyse und eine Teilnehmerdatenerhebung durchgeführt. Er setzte als Methoden Lehrgespräche, mentale Simulationen und Problemgespräche sowie ein Trainingsbegleitheft ein. Die Trainingsmodule bestanden aus der Lösung von Zielkonflikten, dem Kennenlernen unbewusster Motive, dem Aufbau von Willensstärke und der Reduzierung von Überkontrolle durch die Förderung des Spaßfaktors. Im Ergebnis der erfolgreich durchgeführten Trainings zeigte sich z. B., dass Führungskräfte ihre Trainingsziele dann besser realisieren konnten, wenn sie ein hohes unbewusstes Machtmotiv hatten. Ebenso erreichten Führungskräfte mit hoher Willensstärke besser ihre Ziele und erzielten höhere Umsätze. Eine starke willentliche Überkontrolle beinträchtigte hingegen die Leistung. Dies galt auch, wenn die Tätigkeit lustlos erledigt wurde.

Die Frage nach dem Selbst kann auch auf die *Identität* bezogen werden: Die zentrale Frage des „Wer bin ich?" stellt den populären Kernpunkt der Frage nach der Identität eines Menschen dar. Identitäten sind komplexe und spezifische Inhalte des Selbst (Hormuth & Otto, 1996; Simon & Trötschel, 2007). Das Selbstkonzept einer Person beinhaltet verschiedene Identitäten, die unterschiedliche Lebensbereiche umfassen wie z. B. den eines guten Vaters (Familie), eines passionierten Bergsteigers (Freizeit) oder eines erfolgreichen Managers (Beruf). Je nach subjektiver Bedeutung sind diese Identitäten für den Einzelnen unterschiedlich hierarchisch geordnet. Steht z. B. für den einen der Beruf an oberster Stelle, so hat für den anderen die Familie die höchste Priorität. Einerseits ist das Selbst ein Prozess, der ständigem Wandel ausgesetzt ist und andererseits eine Struktur, die zeitlich stabil ist.

Den motivationalen Aspekt von Identität thematisiert die Theorie der symbolischen Selbstergänzung von Wicklund und Gollwitzer (1982). Demnach sind Ziele, die Menschen verfolgen – z. B. einmal ein erfolgreicher Geschäftsmann werden zu wollen – auch Teilbestand der Identität. In der Sichtweise von Wicklund und Gollwitzer kann bereits die Vorgabe eines Symboles für dieses Ziel, z. B. ein Aktenkoffer, für das Selbstkonzept bedeutsam sein. Die Theorie der symbolischen Selbstergänzung knüpft an Kurt Lewin an. Nach Lewin entsteht durch jede Zielsetzung ein sog. „Quasi-Bedürfnis". Dieser zielgerichtete Spannungszustand ist erst dann beendet, wenn das Ziel erreicht wurde oder man es nicht mehr erreichen will. Wenn das Ziel noch nicht erreicht ist, kann man Ersatzziele als Symbole der Selbstdefinition zur Schau stellen. Personen, die sich ein selbstbezogenes Ziel gesetzt haben, versuchen, den Mangel an relevanten Symbolen durch das Zurschaustellen alternativer Symbole auszugleichen (sog. „selbstsymbolisierende Handlungen"). So stattet sich mancher Student der Betriebswirtschaftslehre schon früh mit den Insignien eines erfolgreichen Bankiers aus, auch wenn er noch kein Examen abgelegt hat. Geld kann die Funktion der „symbolischen Selbstergänzung" übernehmen, d. h. es wird zum Ausdruck der eigenen Identität und der Schätzung des Selbstwertes.

Das Konzept der Identität ist ein gutes Beispiel für eine Überlappung zwischen individueller und interpersoneller Ebene. Man unterscheidet zwischen personaler und sozialer Identität, wobei die persönliche Identität alle individuellen Merkmale umfasst, wie z. B. Interessen, während sich die soziale Identität über eine Gruppenmitgliedschaft definiert. Die „Social Identity Theorie", die sich der Erklärung der sozialen Identität widmet (Tajfel & Turner, 1979), nimmt ihren Ausgangspunkt im „minimal group paradigma", wonach bereits die Zugehörigkeit zu einer bestimmten willkürlich gewählten Gruppe genügt, um die Mitglieder der eigenen Gruppe zu begünstigen.

Soziale Identität gibt es in wechselnden Kontexten, z. B. ist eine Person sowohl Mitglied in einem Sportverein als auch in einer Partei. Ebenso wechseln diese Mitgliedschaften häufiger. Wenn sich Personen als Mitglied einer Gruppe definieren, entsteht eine Betonung der Ähnlichkeiten innerhalb der Gruppe und der Abgrenzung von anderen Gruppen, die Kontraste zwischen der In- und der Outgroup verstärken sich (Turner & Haslam, 1999). Wenn die soziale Identität im Unterschied zur personalen hervorsticht, sehen sich die Menschen weniger als individuell unterscheidbare Personen, sondern vielmehr als ähnliche, prototypische Vertreter der Ingroup. Dies führt zu einer regelrechten Depersonalisierung des Selbst.

Simon und Mummendey (1997) unterscheiden in Anlehnung an die Social Identity Theorie zwischen dem individuellen und dem kollektiven Selbst, wobei sie das individuelle Selbst im Sinne einer einzigartigen Selbst-Interpretation definieren, während das kollektive Selbst eher eine austauschbare, allen anderen Mitgliedern der Eigengruppe entsprechende Selbst-Interpretation ist. In dieser Sicht setzt die soziale Identität eine Erweiterung der Selbst-Interpretation voraus. Beide Formen der Identität – individuell und kollektiv – werden jedoch sowohl ihrem Ursprung wie auch ihrem Inhalt nach als sozial gekennzeichnet.

Haslam, Eggins und Reynolds (2003) haben ein Modell der personalen und sozialen Identität entwickelt, um die Effektivität von Organisationen zu steigern. Sie gehen davon aus, dass der Erfolg von Organisationen am Markt nicht nur von ökonomischen Faktoren abhängt, sondern dass Organisationen auch in ihren Mitarbeitern über soziales Kapital verfügen. Sie definieren es als Ressource, das in den Netzwerken und Beziehungen der Mitarbeiter besteht. Das Modell, das die Autoren vorstellen, geht auf die soziale Identitätstheorie von Tajfel und Turner (1979; Tajfel 1982) zurück und verläuft in vier Phasen, an deren Ende eine neue, organische Identität der Organisation stehen soll. Begonnen wird in einer kleinen Einheit des Unternehmens und auf der individuellen Basis: Mitarbeiter werden nach ihrer sozialen Identität, d. h. nach ihrem Gruppenzugehörigkeitsgefühl gefragt. In einer Gruppe entwerfen kleinere Einheiten und Abteilungen Ziele, die zu ihren Identitäten passen. Schließlich wird die Organisationsleitung über die Ergebnisse informiert. Letztlich geht es darum, in Wirtschaftsorganisationen Ressourcen für Gruppenidentitäten zu entwickeln und dadurch zu einer größeren Bindung (Commitment, vgl. Kapitel 6.1.3) an das Unternehmen beizutragen.

In neuesten Studien (z. B. Judge & Hurst, 2008) wird das Konzept der „Core self-evaluation" in Bezug zu zentralen Variablen in der Organisationspsychologie wie Arbeitszufriedenheit und Erfolg gesetzt. Das Konzept der „Core self-evaluation" beinhaltet die fundamentalen Bewertungen, die Menschen über sich und die Welt haben. Core self-evaluation bildet eine konzeptuelle und empirische Beziehung zwischen psychologischen „traits" (Merkmalen wie Neurotizismus, Selbstwert und locus of control) und Arbeitszufriedenheit (Bono & Judge, 2003).

Vertiefende Literatur:

Gerrig, R. & Zimbardo, P. (2008). *Psychologie.* (18. Aufl.). Berlin: Springer.

Myers, D.G. (2008). *Psychologie.* (2. erw. u. aktualisierte Aufl.). Heidelberg: Springer.

Schütz, A. (2003). *Psychologie des Selbstwertgefühls.* Stuttgart: Kohlhammer.

5.2 Interpersonelle Konzepte

Schon die Konzepte „Stress" sowie „Selbstwert und Identität" (Kapitel 5.1.10) zeigen eine Überlappung von intra- und interpsychischen Prozessen. Zu den interpersonellen Konzepten zählen im engeren Sinne besonders gruppenpsychologische Phänomene, mit denen sich traditionell die Sozialpsychologie befasst. Aber auch Kooperation und Konkurrenz, Konflikt und Konfliktlösung, Verhandeln, Kommunikation, Vertrauen, Einfluss und Macht, Gerechtigkeit und soziale Unterstützung sind Konzepte, die zwingend den anderen Menschen miteinbeziehen und in Organisationen häufig eine bedeutsame Rolle spielen.

5.2.1 Prozesse in und zwischen Gruppen

In der Literatur (Hertel & Scholl, 2006) hat man sich auf eine Minimaldefinition von Gruppe geeinigt: Eine Gruppe besteht aus zwei oder mehr Mitgliedern, die gemeinsame Ziele verfolgen und somit kooperieren und interagieren müssen. Eine Gruppe kann eine besondere Wirkung auf ihre Mitglieder haben, und das Verhalten in Gruppen kann sich vom individuellen Verhalten durchaus unterscheiden. Sader (1991) bestimmt den Begriff der Gruppe als „Konstruktbegriff". Häufig verwendete Bestimmungsstücke von Gruppe sind:

- Die Mitglieder erleben und definieren sich als zusammengehörig.
- Sie verfolgen gemeinsame Ziele und teilen Normen für einen bestimmten Verhaltensbereich.
- Sie entwickeln Ansätze von Aufgabenteilung und Rollendifferenzierung.
- Sie haben mehr Interaktionen untereinander als nach außen.
- Sie identifizieren sich mit einer gemeinsamen Bezugsperson oder einer Aufgabe.
- Sie sind räumlich und/oder zeitlich von anderen Individuen der weiteren Umgebung abgehoben.

Ein weiteres häufig genanntes Kriterium ist, dass ein unmittelbarer Kontakt jedes Mitgliedes mit jedem anderen möglich sein soll (von Rosenstiel, 2007). Ebenso spielt die Überschaubarkeit der Gruppe eine Rolle.

Gruppen lassen sich auch in Mitgliedschafts- und Bezugsgruppen unterscheiden (Bierhoff, 1998). Die Mitgliedschaftsgruppe definiert sich durch formale Zugehörigkeit, während sich die Bezugsgruppe auf der Basis einer Identifikation bildet und zu einem Orientierungspunkt für das Individuum wird. Bezugsgruppen haben eine normative und eine Vergleichsfunktion, wobei beide Funktionen im Sozialisationsprozess vermittelt werden. In Organisationen gibt es zumeist „Mitgliedschaftsgruppen". Es kann z. B. der „höhere Führungskreis" für einen ehrgeizigen Gruppenleiter zur Bezugsgruppe werden.

Es lässt sich zwischen der *Aufgaben-* und der *sozioemotionalen* Funktion von Gruppen unterscheiden. In der Aufgabenfunktion finden sich die externen und internen Zielsetzungen der Gruppenaktivitäten (z. B. Lernziele, Freizeitaktivitäten, Unterhaltung, Arbeitsziele) gebündelt. Die sozioemotionale Funktion der Gruppe steht für die Motive, die beim Einzelnen zum Eintritt in die Gruppe geführt haben bzw. zum Verbleib in dieser beitragen.

Als grundsätzliches Bedürfnis nimmt Festinger (1954) den Wunsch nach sozialen Vergleichen an. Auf der Grundlage von sozialen Vergleichen bildet sich die Selbsteinschätzung einer Person, sie tragen zur Reduktion von Unsicherheit (z. B. in neuen Situationen) und Angst (z. B. in Gefahrensituationen) bei. Die Gruppe ist eine Quelle der sozialen Unterstützung, der sozialen Identität und eines positiven Selbstwertgefühls – beispielsweise durch abwärtsgerichtete Vergleiche mit Gruppen/Personen, die über einen geringeren sozialen Status verfügen (Bierhoff, 2006, S. 10ff.).

Insgesamt lassen sich als Bedürfnisaspekte, die sich in der Gruppenzugehörigkeit befriedigen, unterscheiden:

- primäre/körpernahe Bedürfnisse (insbesondere Nahrung, Unterkunft, Sexualität),
- individuelle psychische Bedürfnisse (Orientierung, Sicherheit, soziale Unterstützung, Identität u. a.) und
- soziale Bedürfnisse (Geselligkeit, Freundschaft, Macht- u. Führungsbedürfnis u. a.).

Die Arbeitspsychologie interessiert sich insbesondere für den Arbeitsauftrag und die Zielsetzung der Gruppe. So charakterisiert Weinert (2004, S. 393) eine Arbeitsgruppe als eine begrenzte Anzahl von Personen, „die

- miteinander über eine gewisse Zeitspanne hin interagieren;
- sich einander bewusst und gewahr sind;
- sich als Gruppe verstehen und wahrnehmen;
- in Verhalten und Arbeitsleistung wechselseitig voneinander abhängig sind (interdependent);
- ein gemeinsames Ziel oder einen gemeinsamen Zweck für ihre Existenz haben;
- konkrete Rollen haben."

In dieser Definition wird der Begriff der Rolle und die Frage des Selbstverständnisses als Gruppe angesprochen. In Organisationen kommt der Binnendifferenzierung (Bildung von Arbeitseinheiten und Definition der hierarchischen Struktur) eine fundamentale Bedeutung für die Arbeitsteilung, die Ablaufplanung der Arbeitsprozesse, sowie die Strukturierung von Kommunikations- und Entscheidungsprozessen zu.

Formelle Gruppen sind die durch die Organisationsleitung mit einer Aufgabe versehen Gruppen, wodurch sie sich legitimieren und zu strukturell verankerten sozialen Einheiten werden. Die Gruppenmitglieder haben Rechte und Pflichten, ihr Verhalten ist oftmals genau vorgeschrieben und wird bei Nichtbefolgen der Regeln sanktioniert. Häufig sind die Gruppenrollen, Strukturen und die Entscheidungsprozesse festgelegt. In Organigrammen werden die Arbeitseinheiten und ihre hierarchischen Beziehungen zueinander abgebildet. Antoni und Bungard (2004, S. 134ff.) verweisen darauf, dass das Kriterium der Zuordnung von Mitarbeitern zu einem Vorgesetzten und die räumliche Nähe nicht ausreichen, um von einer Arbeitsgruppe zu sprechen. Zur Charakterisierung räumlich zusammengefasster Einzelarbeitsplätze mit geringem Kooperationsbedarf (z. B. mehrere unabhängig voneinander arbeitende Dreher in einer Werkshalle) prägte Hacker (1986, S. 93) den Begriff des Raumverbandes.

Informelle Gruppen entstehen auf der Grundlage der individuellen Bedürfnisse von Organisationsmitgliedern bzw. stellen unabhängig von der Arbeitsorganisation existierende Beziehungen dar (z. B. Verwandtschaft, Fahrgemeinschaften, gemeinsame Freizeitinteressen). Sie bestehen häufig aus Personen unterschiedlicher Abteilungen und Hierarchieebenen und zeichnen sich durch engere emotionale Beziehungen beispielsweise aufgrund sozialer Ähnlichkeit oder gemeinsamer Motive (z. B. Befürchtungen, Ängste) aus. Informelle Gruppen bilden sich manchmal auch zum Ausgleich von Defiziten in der Organisationsstruktur – Organisation „von unten" im Gegensatz zur formellen Organisationsstruktur „von oben". Dann

5.2 Interpersonelle Konzepte

finden sich Übergänge zu einer „Clique", deren Mitglieder sich gegen die Ziele der Organisation stellen (s. Weinert, 2004, S. 394ff.).

Für die Zusammenfassung von Mitarbeitern in räumlicher Nähe bzw. unter einem Vorgesetzten gibt es neben inhaltlichen auch pragmatische Gründe, z. B. die effektive Nutzung von Büro- oder Werkräumen. Wenn diese Arbeitseinheit keinen gemeinsamen Arbeitsgegenstand besitzt, dann ist das entscheidende Kriterium für eine Arbeitsgruppe nicht gegeben (Antoni & Bungard, 2004, S. 134). Dies gilt beispielsweise für Schreibkräfte in einem Großraumbüro, die ähnliche Arbeitsaufgaben weitestgehend unabhängig voneinander erledigen. Die Autoren sprechen hier von *Kolonnenarbeit*.

Die arbeitsteilig organisierte Herstellung von Gütern und Dienstleistungen führt zu unterschiedlichen Formen der Zusammenarbeit. *Koagierende Mitglieder* einer Arbeitsgruppe führen ihre Tätigkeit relativ unabhängig voneinander aus und finden sich nur punktuell zu koordinierenden Aktivitäten zusammen. *Interagierende Mitglieder* einer Arbeitsgruppe haben einen höheren Kooperationsbedarf und richten ihre Arbeitsaktivitäten auf einen Kunden bzw. eine Klientengruppe aus.

Ein Motiv für produktive Kooperation leitet sich aus der Verzahnung der Arbeitsausführung ab. Gebert (2004, S. 34) definiert Interdependenz als die wechselseitige Abhängigkeit bei der Arbeitsausführung und/oder dem Arbeitsergebnis. Interdependente Tätigkeiten richten sich auf gemeinsame Kunden/Klienten und setzen die Koordination von Einzelaktivitäten voraus. Es werden unterschieden (Saavedra et al., 1993; Gebert, 2004):

- Aufgabeninterdependenz (Grundlage für den Kooperationsbedarf)
- Ergebnisinterdependenz (Voraussetzung für die Kooperationsmotivation)
- Feedbackinterdependenz (Ausgangspunkt für individuelles und organisationales Lernen)

Produktive Gruppenarbeit erfordert ein Bewusstsein der Vernetzung und eine Offenheit gegenüber der Aufgabeninterdependenz bei den Mitarbeitern. Neben dem inhärenten, d. h. in den Arbeitsabläufen begründeten Kooperationsbedarf liegt in den Freiheitsgraden bei der Aufgabenerledigung ein Interpretationsspielraum, so dass Mitarbeiter recht unterschiedliche Vorstellungen über die bestehenden Interdependenzen und ihren eigenen Beitrag zur gemeinsamen Aufgabenerledigung haben können. Schnittstellen bestehen innerhalb einer Organisation und werden dort beispielsweise dann als Problem identifiziert, wenn Mitarbeiter die Klientenbetreuung übernehmen (Sukzessivverband) und ihnen (Vor-)Informationen über die Klienten fehlen, um die Hilfe/Begleitung professionell weiterzuführen. Als Beispiel ist hier die Kooperation von Früh- und Spätschicht in stationären Einrichtungen zu nennen.

Interdependenzen in Arbeitsgruppen zu fördern ist aber gleichzeitig eine Gestaltungsaufgabe für die Leitung, insbesondere dann, wenn das „Kerngeschäft" in der Einzelarbeit liegt (z. B. Beratung, ambulante Betreuung). Diese gilt auch für die Ergebnis- und die Feedbackinterdependenz. Ergebnisinterdependenz meint dabei die Beziehung zwischen dem Arbeitsergebnis eines Mitarbeiters bzw. einer Arbeitsgruppe und der Leistungsrückmeldung in monetärer und nichtmonetärer Form (zu Fragen der Gruppenentlohnung s. Gebert, 2004, S. 80ff.). Sie stellt eine Grundlage für dauerhafte Motivation bei der Aufgabenerledigung dar. Mit Feedbackinterdependenz wird die (wechselseitige) Rückmeldung über den Arbeitsprozess und die -

ergebnisse bezeichnet. Bedeutung haben Rückmeldungen als Grundlage für die Weiterentwicklung der Arbeitsabläufe und das individuelle Lernen. Hier liegt auch die Chance zur Entwicklung eines gemeinsamen Gruppenverständnisses als Basis für den Teamgeist.

Arbeitsteams haben vorrangig ausführende Aufgaben. Dispositve Aufgabenaspekte können sich auf die unmittelbare Planung der Arbeitsabläufe (z. B. Dienst- und Urlaubsplanung), die Qualifikations- und Weiterbildungsplanung (z. B. Anleitung von Praktikanten), sowie auf die Entscheidung über fachliche Fragen (z. B. Maßnahmeplanung, Beschaffung von Arbeitsmitteln) beziehen. Im Zuge der Umgestaltung von Organisationen in einem wettbewerbsorientierten Umfeld und aufgrund der zunehmenden fachlichen Spezialisierung ergibt sich die Notwendigkeit, dispositive Steuerungsfunktionen verstärkt in die Arbeitsteams zu verlagern. Dies setzt entsprechende Planungs- und Entscheidungskompetenzen voraus, eine Anforderung, die sich insbesondere an die Teamleitung richten.

Als Beispiel für *Prozessgewinne* wird häufig das Brainstorming angeführt, eine in der Gruppenarbeit (Projektarbeit, Aus- und Weiterbildung u. a.) häufig eingesetzte Methode zur Ideengenerierung. Bei diesem von Osborn (1957) entwickelten Verfahren sammeln die Gruppenmitglieder gemeinsam zu einem vorher gestellten Thema möglichst vielfältige Ideen, ohne dass dabei bereits eine Kritik, Bewertung bzw. Auswahlentscheidung über die Einzelbeiträge erfolgt. Erst im weiteren Verlauf sollen dann die Informationen bewertet und eine Entscheidung über ihre Bedeutsamkeit (für das gestellte Thema) getroffen werden (zur Arbeitsweise im Brainstorming s. auch Vergnaud, 2004, S. 181ff.). Osborn erwartet, dass die möglichst breite Beteiligung aller Gruppenmitglieder bei der Ideengenerierung zu einem quantitativ und qualitativ besseren Resultat führt, vergleicht man dies mit dem summierten Leistungsergebnis der gleichen Anzahl einzeln arbeitender Personen.

Der beim Brainstorming vorausgesagte Prozessgewinn konnte empirisch jedoch nicht bestätigt werden. Mullen, Johnson und Salas (1991) zeigten dies in ihrer Metaanalyse von 20 empirischen Studien. Wenn die Ideensammlung durch die Realgruppe beim Brainstorming mit dem Mengenergebnis einer Nominalgruppe (die gleiche Anzahl von Personen arbeitet allein) verglichen wurde, so fiel die Anzahl neuer Ideen geringer aus als in der Nominalgruppe. Diehl und Stroebe (1987) wiesen nach, dass es sich um einen Effekt der Produktionsblockierung in Realgruppen handelt. Die Personen müssen in der Realgruppe nacheinander reden, auch wird die Aufmerksamkeit aller (in dieser Zeit) auf den Beitrag der anderen Person konzentriert, ein die eigene Ideenproduktion überlagernder Gruppenprozess. Der Effekt der Produktionsblockierung findet sich beispielsweise auch bei Erörterungen in Betriebsversammlungen größerer Organisationseinheiten.

Der Prozessverlust (als Koordinations- und Motivationsverlust) in Gruppen wurde erstmals von Steiner (1972) im Kontext verschiedener Aufgabentypen betrachtet. Danach kommt eine Gruppe nicht zum optimalen Ergebnis, da der Koordinationsaufwand zur Abstimmung der Leistungserbringung (z. B. Planungs- und Entscheidungsprozesse) die Gruppenleistung verglichen mit der Addition der möglichen Einzelleistungen der Gruppenteilnehmer mindert.

Tschan (2000, S. 20) merkt zur Form der experimentellen Überprüfung der Prozessverlust-Hypothese kritisch an, dass die hier vorgegebenen Aufgaben prinzipiell von Einzelnen und von Gruppen zu lösen waren und damit die Gruppenlösungen einen Nachteil aufgrund der zu koordinierenden Gruppenaktivitäten haben, da es sich hier um additiv zu erbringende Leistungen handelt. Beispielsweise werden die Teilleistungen aller Gruppenmitglieder zusammengerechnet. Der Koordinationsaufwand ist bei diesem Aufgabentyp ein verzichtbarer Teil der Aufgabenausführung. Es gibt demgegenüber Aufgaben, die grundsätzlich nur von Gruppen bewältigt werden können, weil Einzelne z. B. nicht über die erforderliche Kraft oder das entsprechende Wissen verfügen.

Motivationale Faktoren der Gruppenaktivitäten

Bei Berufsanfängern, die von erfahrenen Kollegen angeleitet werden, ist zumeist ein besonderes Arbeitsengagement zu finden. Dieses Bestreben eines Gruppenmitgliedes, einem leistungsstärkeren Gruppenmitglied nachzueifern, wird als Köhler-Effekt bezeichnet. Dieser erstmals von Köhler (1926) in einem Berliner Ruderclub bei allein und im Tandem Rudernden untersuchte Zusammenhang ist vom Ausmaß der Leistungsunterschiede abhängig. Köhler ging von einer umgedrehten U-Funktion aus, d. h. bei mittlerem Leistungsunterschied ist die Anstrengungssteigerung am größten, bei großen und bei geringen Leistungsunterschieden vergleichsweise gering. Bierhoff (2006, S. 512) führt als Beispiel für den Köhler-Effekt das Mentoring an, eine Beziehung zwischen einem beruflich erfahrenen fördernden Kollegen (Mentor) und einem auf berufliches Fortkommen gerichteten Protegé. In dieser Beziehung sind neben karrierebezogener Förderung, emotionale Unterstützung und die Vorbildfunktion des Mentors bedeutsam.

Eine Motivationssteigerung kann bei leistungsfähigen Gruppenmitgliedern beobachtet werden, wenn diese sich mit dem Gruppenerfolg identifizieren und sich zum Ausgleich leistungsschwächerer Gruppenteilnehmer in besonderem Maße anstrengen (Karau, Markus & Williams, 2000). Dieser Effekt der sozialen Kompensation lässt sich beim Intergruppenwettbewerb, aber auch bei Gruppenprüfungen, z. B. bei einer studentischen Referatsgruppe, beobachten.

Der Effekt der sozialen Erleichterung ist im engeren Sinne noch kein Resultat von Gruppenaktivitäten, seine Wirkung ist jedoch bei jeder in Kooperation zu erledigenden Aufgabe zu erwarten. Der Effekt führt unter der Voraussetzung einfacher Aufgaben zu einer Leistungssteigerung, bei komplexeren Aufgaben ist eine Leistungsverminderung zu erwarten.

Der Nachweis motivationsmindernder Gruppeneffekte findet sich erstmals bei dem französischen Agrarwissenschaftler Ringelmann (1913) empirisch belegt. Er ließ Männer an einem Seil ziehen, einzeln, zu zweit, zu dritt usw. und ermittelte die Zugleistung. Diese nahm relativ zur Gruppengröße ab (s. auch Kravitz & Martin, 1986). Die Verringerung der Motivation bei der Ausführung ließ sich für zahlreiche einfache Aufgaben (z. B. Jubeln, Händeklatschen, einfache Denk- oder Gedächtnisaufgaben) bestätigen. Latané, Williams und Harkins (1979) bezeichneten diesen Effekt als soziales Faulenzen. Dieser Effekt tritt unter der Voraussetzung auf, dass es sich um eine einfache Aufgabe handelt und der individuelle Beitrag des Einzelnen nicht ermittelt werden kann. Bei komplexen Aufgabenstellungen und bei Beobachtbarkeit der eigenen Leistung kehrte sich der Effekt um.

Risikofreude in Gruppen

Moscovici und Zavalloni (1969) führten Entscheidungsexperimente durch und wiesen folgendes Phänomen nach: Im Entscheidungsprozess verschieben sich die Urteile der Gesamtgruppe (beispielsweise in einer Dimension zwischen riskant und sicher) in die Richtung, die der Durchschnitt bereits vor der Gruppendiskussion hatte. Neigten die Gruppenmitglieder vor dem Gruppengespräch dazu, risikofreudig zu entscheiden, so verstärkt sich durch die Gruppendiskussion diese Tendenz. In gleicher Weise wirkt dies bei einer Ausgangssituation mit einer Tendenz in Richtung sicherheitsorientiert.

Das Konzept des *Risikoschubs* (risk shift) geht auf Untersuchungen mit hypothetischen Wahlsituationen zurück. Darin hatten sich Personen erst einzeln und dann nach einer Gruppendiskussion auch in der Gruppe bezüglich risikobehafteter Situationen zu entscheiden (z. B. Wallach, Kogan & Bem, 1962). Forscher beobachteten, dass die Gruppenentscheidung nach einer Diskussion riskanter ausfiel im Vergleich zur Einzelentscheidung, die die Gruppenteilnehmer vor der Diskussion abgaben. In Gruppenentscheidungen verstärken sich die vor der Gruppendiskussion bei den einzelnen Mitgliedern anzutreffenden Neigungen sowohl in Richtung riskanterer wie auch vorsichtiger Entscheidungen. Zur Erklärung der Gruppenpolarisierung führen Aronson, Wilson und Akert (2004, S. 340) zwei Modelle an:

- Das Modell der persuasiven Argumente nimmt an, dass in der Gruppendiskussion von anderen Gruppenteilnehmern Argumente eingebracht werden, die die bereits vor der Gruppenphase bei den Mitgliedern bestehenden Neigungen stützen und diese damit in der abschließenden Gruppenentscheidung mit einer größeren Entschlossenheit ihre Ausgangsentscheidung vertreten lassen (informationsverarbeitender Ansatz).
- Das Modell der sozialen Vergleichsprozesse geht davon aus, dass Personen ein starkes soziales Anschlussmotiv haben. Dies drückt sich darin aus, von anderen gemocht werden und die Gruppenharmonie stärken zu wollen. Insofern beobachten Menschen in Gruppendiskussionen die Meinungstendenz der Gruppe und nennen insbesondere die mit der Gruppenmeinung übereinstimmenden Argumente. Dadurch verstärkt sich in der Gruppe der Gesamteindruck und die Entscheidungstendenz, die mehrheitlich bereits vor der Gruppendiskussion bestand.

Eine idealtypische Gruppenentscheidung bezieht alle verfügbaren Informationen ein und gewichtet unabhängig von der vor der Gruppendiskussion vorliegenden Einzel- bzw. Mehrheitsmeinung die Informationsbasis neu. Die Forschung im Kontext des verdeckten Profils („hidden profile") zeigt, dass die Gruppe nur in einigen speziellen Fällen in der Lage ist, eine qualitativ bessere Entscheidung als die Einzelnen in der Gruppe zu fällen (Strasser & Titus, 1985). Es handelt sich beim Hidden-Profile-Paradigma um ein „Problem, bei dem die beste Lösung unerkannt bleibt, weil relevante Informationen, die über die Gruppenmitglieder verteilt sind, nicht genügend Aufmerksamkeit bekommen" (Wilke & Wit, 2002; Schulz-Hardt et al., 2002; Schulz-Hardt & Brodbeck, 2006).

Prozesse der Gruppenbildung

Auf Tuckman (1965) geht ein auch heute noch häufig zitiertes Modell zur Beschreibung der Gruppenbildung zurück. Der Autor wertete die (damals) vorliegenden empirischen Studien

5.2 Interpersonelle Konzepte

über die Entwicklung von Gruppe aus und formulierte auf dieser Basis sein aus vier Phasen bestehendes Modell. Ziel seines Modells ist die Erklärung der Entstehung einer Gruppe. Die Entwicklung erfolgt gemäß den vier folgenden Stufen: „Forming, storming, norming und performing". In der ersten Phase des „Forming" ist die Gruppenstruktur durch Unsicherheit, Verwirrung und Vorsicht gekennzeichnet. Die einzelnen Gruppenmitglieder fühlen sich vom Gruppenführer abhängig. Die Aufgabe der Gruppe in dieser Phase besteht darin, Aufgabe und Regeln festzulegen. Das „Storming" beinhaltet Konflikt, Konfrontation und Kritik des Gruppenführers. Es kommt teilweise auch zur Ablehnung der Aufgabenanforderungen. Das „Norming" zeichnet sich durch die Entwicklung von Gruppenzusammenhalt, Gruppennormen und gegenseitiger Unterstützung aus. Es ist nun ein offener Austausch von Meinungen und Gefühlen möglich, jetzt kann Kooperation beginnen. Das „Performing" bedeutet, dass die Gruppe ihre zwischenmenschlichen Probleme gelöst hat und ihre Aufgaben erfüllen kann.

Das beschriebene Phasenmodell wurde durch eine fünfte Phase ergänzt – die Auflösungsphase (adjorning; s. Tuckman & Jensen, 1977). Diese beinhaltet Fragen der Bilanzierung des Arbeitsprozesses und der -ergebnisse. Auch gehört die Weitergabe der Arbeitsergebnisse (z. B. Vorschläge einer Projektgruppe) dazu. Auf der Beziehungsebene geht es um „Verabschiedung" und die Frage, wie die ehemaligen Gruppenmitglieder sich später begegnen wollen.

Die Analyse von Tuckman (1965) stützt sich überwiegend auf Studien aus dem Bereich der Therapie- und Selbsterfahrungsgruppen. Untersuchungen über natürliche Gruppen (z. B. Nachbarschaft, Freizeit) und über Arbeitskontexte waren dabei unterrepräsentiert. Aufgrund der Plausibilität und Anschaulichkeit des Phasenmodells von Tuckman wurde dies von verschiedenen Autoren aufgegriffen (z. B. Francis & Young, 2006).

Es gibt verschiedene Kritiken an dem Modell, sie betreffen z. B. die Annahme des linearen Verlaufs von Gruppenprozessen (König & Schattenhofer, 2006) oder die Nichtberücksichtigung der jeweiligen Aufgabe (Ardelt-Gattinger & Gattinger, 1998). Ein weiterer Kritikpunkt an dem Phasenmodell von Tuckman lässt sich an der Frage der Übertragbarkeit und Generalisierbarkeit für verschiedene betriebliche Kontexte festmachen. Wie wirken sich die institutionellen Vorgaben (Arbeitsauftrag und -methoden, Funktionszuordnungen u. a.) auf den Verlauf der Gruppenbildung aus? Wie begrenzen die Produktivitätserwartungen der Auftraggeber bzw. der Klienten die Selbstklärungsprozesse innerhalb der Gruppe? Lassen sich aus dem Phasenmodell auch Aussagen für langjährig zusammenarbeitende Teams ableiten? Anzunehmen wäre, dass insbesondere die Aushandlungsprozesse bzw. die Rollenklärung in Abhängigkeit von den organisationalen Vorgaben stark verkürzt, oder (zeitlich später) erst bei inhaltlichen bzw. funktionalen Konflikten auftreten.

Die *Soziometrie* widmet sich vor allem der Beschreibung von Gruppenstrukturen. Die beteiligten Gruppenmitglieder werden z. B. befragt, mit wem sie am liebsten zusammenarbeiten möchten (Witte, 1994). Empirisch wurden hierfür zwei Faktoren ermittelt: ein Beliebtheits- und ein Tüchtigkeitsfaktor. Bales und Slater (1955) haben in ihren Studien über die Führungsrollen in Kleingruppen eine Differenzierung in Aufgaben- und in sozioemotionale Rollen festgestellt. In Verbindung damit steht auch die faktorenanalytisch begründete Differenzierung des Führungsverhaltens durch die Ohio-Gruppe in Aufgaben- und Mitarbeiterorientierung (Fleishman, 1973; Kapitel 8.1)

Jede Gruppe entwickelt bestimmte Verhaltensstandards bzw. *Gruppennormen*, die das Miteinander in der Gruppe regeln. Diese Verhaltensregeln können implizit sein, d. h. sie sind selbstverständlich für das Verhalten und werden erst wahrgenommen, wenn sie durchbrochen werden. Verhaltensregeln werden aber auch formal als gültige Regeln festgeschrieben. Normen sind gegenüber Veränderungen relativ resistent und entsprechen häufig den durchschnittlichen ursprünglichen Präferenzen der Gruppenmitglieder („Konvergenz- bzw. Trichtermuster" der Normenbildung nach Wilke & Wit, 2002). Cartwright und Zander (1968) unterscheiden vier Funktionen der Gruppennormen:

- Gruppenlokomotion: Normen helfen, die Gruppenziele zu erreichen.
- Aufrechterhaltung der Gruppe: Normen tragen mit dazu bei, die Gruppe aufrechtzuerhalten, z. B. durch regelmäßige Treffen.
- Soziale Wirklichkeit: Normen schaffen für die Gruppe einen gemeinsam geteilten Bezugsrahmen.
- Definition der Beziehungen zur Umwelt: Normen helfen, die Beziehungen der Gruppe nach außen zu definieren.

Besonders intensive emotionale Erfahrungen werden ebenfalls in Gruppen gesucht. Selbsterfahrungsgruppen sollen dadurch, dass sie die Teilnehmer zeitlich und räumlich vom Alltag absondern und ihnen neue Spielregeln der Interaktion auferlegen, neues Bewusstsein und eine größere Sensibilität für die Umwelt schaffen. Die Bestandsaufnahme verschiedener Evaluierungsstudien kam zu der Schlussfolgerung, dass Selbsterfahrungsgruppen häufig entsprechende Effekte haben, die aber nicht lange anhalten. Als Gemeinsamkeiten der sehr verschiedenartigen gruppendynamischen Methoden gelten das Prinzip des „Hier-und-Jetzt" und die Technik der Rückmeldung (Brandstätter, 1990).

Gruppen können positive und negative Einflüsse auf ihre Mitglieder ausüben. Verhalten kann hervorgerufen bzw. bestärkt werden – dies zeigt die Leistungsveränderung bei Anwesenheit anderer. Eine Gruppe kann Personen emotionalen Schutz und Unterstützung gewähren. Zu den ältesten Forschungsthemen der Sozialpsychologie gehört die Frage, wie sich die Anwesenheit anderer auf die Leistung eines Individuums in einer Aufgabe auswirkt. Dabei gab es jedoch widersprüchliche Ergebnisse; einige Studien zeigten Leistungsverbesserungen als Folge der Anwesenheit anderer, andere jedoch nicht. Dies wird mit dem Aufgabentypus erklärt: Bei einfachen oder auch trainierten Aufgaben besteht Erfolgserwartung, ein Publikum kann dabei zu erhöhter Leistung motivieren. Bei schwierigen Aufgaben bzw. Aufgaben, die die Person noch nicht beherrscht, löst ein Publikum jedoch Unsicherheit und Ängste aus. Damit geht eine Erregung einher, die die Leistung bei der Aufgabenerfüllung verschlechtert (Wilke & Wit, 2002).

Ein wichtiger Forschungsbereich ist die Untersuchung der Beziehung der Gruppenmitglieder untereinander. Der Zusammenhalt innerhalb einer Gruppe wird als Kohäsion bezeichnet. *Gruppenkohäsion* beruht auf Faktoren, die die Bindung an die Gruppe erhöhen. Zum Beispiel wird Gruppenkohäsion begünstigt,

5.2 Interpersonelle Konzepte

- wenn eine äußere Bedrohung besteht,
- wenn die Gruppe klein und exklusiv ist,
- wenn die Gruppe Erfolge hat,
- wenn eine für alle zufriedenstellende Rollenverteilung herrscht,
- wenn viel Zeit gemeinsam verbracht wird,
- wenn es schwierig ist, Mitglied der Gruppe zu werden,
- wenn sich die Gruppenmitglieder als einander ähnlich erleben.

Positive Konsequenzen der Gruppenkohäsion in Unternehmen sind z. B. geringe Fehlzeiten. So kann eine hohe Kohäsion bei hoher Arbeitsbelastung eine Pufferfunktion haben (Titscher, 1992). Die negativen Folgen von Gruppenkohäsion verweisen auf Prozesse der Konformität. *Konformität* im Gruppenprozess bedeutet, dass Gruppenmitglieder in Richtung auf Gruppenregeln oder -normen beeinflusst werden (Sader, 1991). „Soziales Bummeln" und riskante Entscheidungen sind weitere negative Folgen von Gruppenprozessen (vgl. Kapitel 5.2.1).

Das Phänomen des *„Sozialen Bummelns"* (social loafing) ist eine unbewusste Neigung in der Leistung nachzulassen, wenn man in der Gruppe arbeitet, und zwar unabhängig davon, ob die Aufgabe interessant und bedeutungsvoll ist (Gerrig & Zimbardo, 2008). Die negative Auswirkung des sozialen Bummelns besteht darin, dass nicht nur weniger gearbeitet, sondern dass auch weniger Verantwortung übernommen wird. Latané, Williams und Harkins (1979) haben den Ausdruck des „social loafing" geprägt. Es spielt z. B. eine Rolle, ob der Einzelne innerhalb der Gruppe identifizierbar ist oder nicht. So wurde das soziale Bummeln eliminiert, wenn die Einzelpersonen ihre individuelle Leistung zurückgemeldet bekamen. Dafür genügte die Verwendung eines objektiven Standards (Bettenhausen, 1991). Viele „social loafing"-Aufgaben sind im Grunde soziale Dilemmata-Aufgaben. Es gibt zwei Charakteristika zur Kennzeichnung dieses Dilemmas:

- Erstens kann es sein, dass die anderen Gruppenmitglieder so hohe Anstrengungen unternehmen, dass die eigene Anstrengung überflüssig erscheint. Die Menschen reduzieren ihre Beiträge für die Gruppe, weil sie glauben, sie können in den Genuss des Gruppenerfolgs kommen, ohne dazu beigetragen zu haben („Free rider-Effekt").
- Zweitens kann die Kräftezurückhaltung in Leistungsgruppen auch damit zusammenhängen, dass man befürchtet, ausgenutzt zu werden, und dass soziales Bummeln somit nur die Absicht beinhaltet, im Sinne der Dissonanztheorie Gleichheit wiederherzustellen („Sucker-Effekt").

Treffen Gruppen aufeinander, so kann zwischen diesen eine besondere Dynamik entstehen. Das zeigen besonders drastisch Begegnungen zwischen Mitgliedern verschiedener Nationen und Ethnien. Ist die personale Identität einer Person durch ihre eigene Entwicklungsgeschichte und ihre persönliche Biografie bestimmt, so sind die Mitgliedschaft in einer Gruppe bzw. das Zugehörigkeitsgefühl zu ihr Teil der *sozialen* Identität dieser Person.

Soziale Identität kann auch als Prozess gesehen werden, der interpersonales Verhalten in Intergruppen-Verhalten verwandelt. Da die soziale Identität mit anderen Individuen geteilt wird, ist sie weniger statisch, sondern Teil eines konstruktiven und dynamischen Prozesses. Menschen wollen den Wert der Gruppe, der sie angehören, erhöhen, weil dies ihre soziale

Identität beeinflusst und diese wiederum den Selbstwert (Harquail, 1998). Simon und Mummendey (1997) vermuten, dass das individuelle Selbst weniger das Potenzial für soziale Konflikte besitzt als das kollektive, denn Intergruppen-Situationen, in denen das kollektive Selbst dominiert, provozieren weitaus eher die Konfrontation mit den anderen und die „Wir-versus-die-anderen"-Mentalität.

Mitglieder einer Gruppe versuchen sich häufig gegenüber einer Außengruppe abzugrenzen, um ein positives Selbstbild zu bewahren. Dabei werden Vergleiche zwischen der eigenen und der fremden Gruppe gezogen. Allerdings vergleichen sich die Gruppenmitglieder nur mit solchen Gruppen, die für sie eine persönliche Bedeutung haben bzw. ihnen als gleichwertig erscheinen (Tajfel, 1982). So vergleicht sich das Mitglied eines mittelständischen Unternehmens nicht unbedingt mit Mitgliedern eines Großunternehmens hinsichtlich der Einführung neuer Bildungsmaßnahmen, sondern mit den Mitarbeitern eines etwa gleich großen Unternehmens mit ähnlicher Problematik.

Das Verhalten zwischen Gruppen kann sehr uniform werden. Die Mitglieder der Außengruppe werden dann nicht mehr als individuelle Personen wahrgenommen, sondern ihnen werden einheitliche, stereotype Merkmale zugeschrieben, z. B.: Alle Firmenangehörigen dieses Unternehmens sind arrogant. Dies geht bis hin zu der Tendenz, Mitglieder der Fremdgruppe zu diskriminieren, um das eigene Selbstwertgefühl zu stärken.

Verhalten gegenüber Mitgliedern von Fremdgruppen kann insbesondere unter Wettbewerbsbedingungen feindselige Züge annehmen. Besonders Gruppen, die einen „Gewinner-Verlierer-Standpunkt" einnehmen, neigen zu Aggressionen gegenüber Fremdgruppen (Brown, 2002).

Diversität

Diversität gewinnt aufgrund der Internationalisierung zunehmend auch für die Gruppenarbeit an Bedeutung. Darunter werden Unterschiede in den Werten und Einstellungen zwischen Menschen innerhalb einer Gruppe, aber auch entsprechende Unterschiede zwischen Gruppen verstanden. Weitere Unterscheidungsmerkmale sind Geschlecht, Nationalität, ethnische Zugehörigkeit, Kultur und Beruf. Die empirischen Befunde zur Diversität in Gruppen gehen zumeist auf Laboruntersuchungen zurück. In diesen wurden positive Leistungseffekte ermittelt, die ihre Ursache vor allem in der unterschiedlichen Art und Weise haben, Probleme zu lösen. Dies stellt auch eine zentrale Determinante von Kreativität dar. Die wenigen Studien über Diversität von Gruppen in Organisationen weisen negative Reibungseffekte dann auf, wenn die Gruppen noch nicht lange zusammenarbeiten (vgl. Podsiadlowski, 1998) oder nicht durch Teamentwicklungsmaßnahmen geschult wurden.

Kulturell diverse Situationen können auch Chancen in sich bergen, z. B. dann, wenn die jeweiligen kulturspezifischen Stärken nutzbar gemacht werden. Als Ziel und ideales Ergebnis der Zusammenarbeit interkulturell arbeitender Personen wird die *kulturelle Synergie* postuliert. Darunter wird das produktive Zusammenwirken kulturell unterschiedlicher Werte, Normen und Verhaltensweisen verstanden, wobei das Ergebnis dann – ganz im gestaltpsychologischen Sinne – mehr ist als die Summe seiner Teile (Adler, 1997). Potenzielle Vorteile interkultureller Gruppenarbeit sind die Vielfalt der Perspektiven und eine deutliche Zunahme der Kreativität. Um diese Effekte zu erhalten, bedarf es einer gezielten Moderation und Anleitung.

Interkulturelle Kooperation kann durch bewusste Auswahl der Arbeitsgruppenmitglieder anhand des Kriteriums der „interkulturellen Kommunikationsfähigkeit" und durch entsprechende Fortbildung der Mitglieder effektiver werden. Die Bildung eines effizienten multikulturellen Arbeitsteams ist jedoch meist ein zeitaufwändiger Prozess (Kühlmann & Stahl, 2006).

In Tabelle 5.4 werden die Vorteile multikultureller Arbeitsgruppen zusammengefasst.

Tab. 5.4: Vorteile multikultureller Arbeitsgruppen (nach Kühlmann & Stahl, 2006)

Vorteile	Beispiele
Kreativität	Mitarbeiter unterschiedlicher kultureller Herkunft entwickeln verschiedenartigste Ideen.
Entscheidungsqualität	Es werden vielfältigere Gesichtspunkte und Alternativen berücksichtigt.
Organisationsflexibilität	Es gibt unterschiedliche Formen der Aufgabenerfüllung. Dadurch steigt auch die Anpassungsfähigkeit einer Organisation an sich verändernde Marktbedingungen.
Kundennähe	Ausländische Mitarbeiter können bei der Markterschließung ihrer Herkunftsländer behilflich sein.
Personalimage	Durch kulturelle Heterogenität der Mitarbeiter wird der Öffentlichkeit der Eindruck vermittelt, dass nicht die Herkunft, sondern die Leistung zählt.

5.2.2 Kooperation und Konkurrenz

Kooperation wird als Form gesellschaftlicher Zusammenarbeit zwischen Personen, Gruppen oder Institutionen bzw. als soziale Interaktion aufgefasst (Argyle, 1991). Kooperation zeichnet sich durch bewusstes und planvolles Herangehen bei der Zusammenarbeit sowie durch Prozesse der gegenseitigen Abstimmung aus (Piepenburg, 1991). Von den Partnern der Kooperation werden die öffentlich anerkannten Regeln und Verfahren akzeptiert. Kooperation setzt zudem faire Bedingungen der Zusammenarbeit voraus (Rawls, 1993). Dies beinhaltet den Grundgedanken von Gegenseitigkeit bzw. Reziprozität. Kooperation gilt somit auch als eine sozialethische Norm, als Strukturprinzip von Gruppen und Organisationen sowie als Verhalten bzw. Interaktionsform und spielt besonders für jede Art menschlicher Zusammenarbeit, wie sie in Unternehmen organisiert ist, eine große Rolle (Korsgaard, Meglino & Lester, 1997; Spieß, 1996, 1998). Sie ist häufig auch das Gegenbild der Konkurrenz, die von

Ökonomen als Motor der Wirtschaft gesehen, von Psychologen häufig jedoch auch in ihren negativen Wirkungen thematisiert wird.

Kooperation und Konflikt wurden experimentell vorwiegend innerhalb der Sozialpsychologie untersucht (Bierhoff, 1998; Franke & Frey, 2002). Dabei wird auf eine häufig untersuchte experimentelle Spielsituation, das Gefangenendilemma, zurückgegriffen, das als Paradebeispiel für soziale Dilemmata gilt (Abb.5.7). Jeder Teilnehmer hat zwei Alternativen: Er kann entweder mit dem Gegenspieler kooperieren oder sich auf dessen Kosten durchsetzen (kompetitiv). Es sind dies sog. „mixed-motives"-Spiele, weil sowohl eine kooperative als auch eine nichtkooperative Strategie möglich ist (Bierbrauer, 1996; Bierhoff, 1998) und dabei verschiedene Handlungsmotive involviert sind.

		Spieler 2	
		Leugnen C	Gestehen D
Spieler 1	Leugnen C	9 / 9	0 / 10
	Gestehen D	10 / 0	5 / 5

Auszahlungsmatrix des Gefangenendilemmas: Die Auszahlung jedes Spielers wird Einsparung gegenüber der maximalen Gefängnisstrafe von 10 Jahren angegeben.

Abb. 5.7: Das Gefangenendilemma nach Bierhoff (1998)

Für das Gelingen von Kooperation bedarf es Möglichkeiten der Zielabstimmung und des Informationsaustausches, wechselseitiger Kommunikation und gegenseitiger Unterstützung, konstruktiver Problemdiskussionen und einer längeren Zeitperspektive, in der die Form der Kooperation erprobt wird und sich das Vertrauen in den jeweiligen Kooperationspartner entwickeln kann. Eine kooperative Situation setzt zudem ein gewisses Maß an Entscheidungs- und Handlungsfreiheit der beteiligten Partner voraus. Die relative Autonomie der Akteure ist bedeutsam (Spieß, 1998; Tjosvold, 1988).

Die Psychologie definiert *Konkurrenz* bzw. Wettbewerb als das Streben, andere zu übertreffen. Sie hält als Positivum fest, dass dies Menschen zu hoher Leistung anspornt. Andererseits beinhaltet sie auch ein Gefahrenpotenzial, in dem Kooperation und Altruismus verhindert

5.2 Interpersonelle Konzepte

werden. Wettbewerbsorientiertes Verhalten neigt dazu, in bestimmten Situationen zu eskalieren, während kooperatives Verhalten mitunter als Schwäche ausgelegt wird (Van de Vliert, 1999).

Die psychologischen Wirkungen von kooperativem und konkurrierendem Verhalten sind sehr unterschiedlich: Der amerikanische Psychologe Morton Deutsch (1949) hat in seinen klassischen Experimenten zum Thema Kooperation und Konkurrenz durch die Vorgabe von verschiedenen Aufgaben nachgewiesen, dass die Versuchspersonen in kooperativen Situationen, die durch Gruppenarbeit gekennzeichnet waren, die Aufgaben, wie z. B. die Lösung eines Puzzles oder das Ausarbeiten einer Empfehlung, besser bearbeiteten als in konkurrenzorientierten Situationen, in denen jeder auf sich alleine gestellt war. Unter der kooperativen Versuchsbedingung erwiesen sich die Teilnehmer des Experiments wechselseitig mehr Aufmerksamkeit, koordinierten sich besser, akzeptierten die Ideen des anderen und kommunizierten untereinander effektiver. Insgesamt war die Arbeitsatmosphäre freundlicher als unter der Bedingung der Konkurrenz. Hier neigten die Versuchspersonen dazu, die Person des anderen und die Arbeit anderer abzuwerten. Dies führt dann auch zu einer negativen Stimmung bei den einzelnen Personen.

Eine wesentliche Funktion von Kooperation besteht somit in der Erzeugung positiver Gefühle. Erfolgreiche Kooperation führt zu Anziehung zwischen denjenigen, die miteinander kooperieren, die Gruppenmitglieder schätzen sich wechselseitig, ermutigen sich gegenseitig und gewähren sich Hilfe (Tjosvold, 1988; Lu & Argyle, 1991).

Kooperation wird als die Tendenz beschrieben, positive Handlungsergebnisse für sich und andere zu erreichen, während wettbewerbsorientiertes Verhalten den eigenen Handlungsergebnissen ein positives und denen der anderen ein negatives Gewicht zuschreibt. Die Sorge um künftige Konsequenzen im Sinne eines nachhaltigen Denkens ist ebenso Teilbestand kooperativen Handelns (Van Lange & de Dreu, 2002).

Kooperation und Konkurrenz müssen jedoch nicht zwingend als Gegenpole, die sich ausschließen, aufgefasst werden. Unter bestimmten Bedingungen können sie sich auch sinnvoll ergänzen. Untersucht man auf der individuellen Ebene Zusammenarbeit und Konkurrenz in Form von Konfliktstilen und setzt Problemlösen mit Kooperation und Kämpfen mit Konkurrenz gleich, dann zeigen experimentelle Studien, dass beide Verhaltensweisen gemeinsam auftreten können und dann sogar sehr effektiv sind. Es wird vorgeschlagen, künftig diese Interaktion zwischen Kooperation und Konkurrenz, bzw. dass beides Komponenten eines Verhaltens sein können, stärker zu berücksichtigen (Van de Vliert, 1999).

In den zahlreichen sozialpsychologischen Studien zu kooperativem und kompetitivem Verhalten werden fünf zentrale Einstellungen untersucht:

- die individualistische Einstellung, die z. B. bei Gewinnaufteilungsaufgaben vor allem den eigenen Vorteil maximiert,
- eine Wettbewerbsorientierung, die den anderen übertreffen möchte,
- die kooperative Orientierung, die an den eigenen und an den Gewinnen des Partners orientiert ist,

- die altruistische Orientierung, die das eigene Handeln vor allem am Wohlergehen des Partners ausrichtet,
- das Streben nach Gleichheit der Belohnungen (Bierhoff & Müller, 1993).

Bei diesen Einstellungen gibt es auch sog. Mischtypen, z. B. koexistieren häufig eine individualistische und eine Wettbewerbsorientierung. In Zweiergruppen dominieren im Verlauf einer experimentell erzeugten Interaktion mit kooperativen Personen die wettbewerbsorientierten Personen, d. h. kooperative Personen schwenken auf Wettbewerbswahlen um, um sich vor Verlusten zu schützen. Kooperative Personen zeigen somit eine höhere Verhaltensflexibilität, denn sie sind in der Lage, sowohl kooperativ als auch wettbewerbsorientiert zu handeln, während wettbewerbsorientierte Personen aufgrund der reziproken Reaktion ihrer Partner den Schluss ziehen, dass alle Menschen wettbewerbsorientiert seien (Van Lange, Van Vugt, Meertens & Ruiter, 1998; Van Lange & de Dreu, 2002).

Besonders von sozialen Werten wird nun angenommen, dass sie kooperatives Verhalten mitbeeinflussen (Korsgaard, Meglino & Lester, 1997). Diese Werte enthalten kollektive Moral, soziales Interesse und soziale Verantwortung, prosoziale Orientierung und die Sorge um andere.

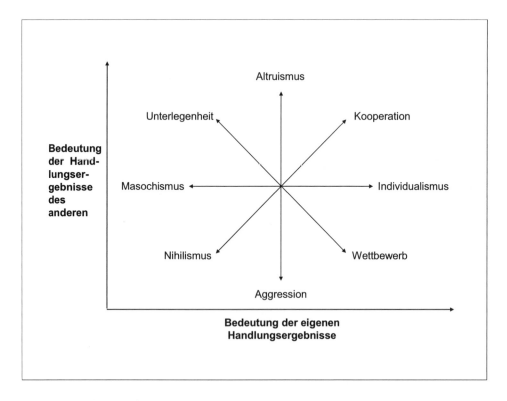

Abb. 5.8: *Typologie sozialer Wertorientierungen nach Van Lange und de Dreu (2002)*

5.2 Interpersonelle Konzepte

In der entsprechenden Typologie (Abb. 5.8) werden zwei Dimensionen aufgespannt, in der sich zentrale Wertorientierungen einordnen lassen: die Bedeutung, die man den eigenen und die Bedeutung, die man den Handlungsergebnissen anderer beimisst. Jede Wertorientierung enthält einen Gegenpol: Kooperation den Nihilismus, Individualismus den Masochismus, Wettbewerb die Unterlegenheit und Altruismus die Aggression. So wird Kooperation als eine Tendenz definiert, positive Handlungsergebnisse für sich selbst und für andere zu betonen. Wettbewerb wird wiederum so definiert, dass man seinen Vorteil anderen gegenüber hervorhebt, man möchte besser als andere sein. Individualismus bedeutet, dass man die eigenen Handlungsergebnisse maximiert und wenig auf andere Rücksicht nimmt, ganz im Gegensatz zum Altruismus, der das eigene Interesse zurückstellt und das der anderen betont. Die Theorie geht davon aus, dass man sich von den Präferenzen des unmittelbaren Eigeninteresses zugunsten längerfristiger Handlungsergebnisse abwendet (Van Lange & de Dreu, 2002). Die dargestellte Typologie weist eine Nähe zu dem Dual-concern-Modell von Pruitt und Rubin (1986) auf.

Auch das kulturelle Umfeld spielt für Kooperation und Konkurrenz eine entscheidende Rolle. Chen, Chen und Meindl (1998) haben ein kulturelles Modell der Kooperation entworfen. Demnach beeinflussen kulturelle Werte das kooperative Verhalten entweder direkt oder über die Beziehungen zwischen den Zielen. Je nach kultureller Prägung gibt es auch Unterschiede im Hinblick auf das kooperative und kompetitive Verhalten: In individualistischen Kulturen wie z. B. in Großbritannien konkurrieren Individuen eher miteinander und versuchen, sich gegenseitig zu übertreffen, in kollektivistischen Kulturen wie z. B. in China findet die Konkurrenz zwischen Gruppen statt, während der Einzelne sich stärker in der Gruppe unterordnet (Triandis, 1989; Van Lange & de Dreu, 2002).

Kooperation in Organisationen unterliegt dem strategischen Kalkül des Handelnden, das rational und zielgerichtet seinen Nutzen kalkuliert. Der so strategisch Handelnde setzt sich Ziele, die er mit anderen erreichen will, sucht sich Partner und ist darauf bedacht, dass beim gemeinsamen Handeln effektiv gearbeitet wird. Informationen sind wichtig, sofern sie den eigenen Zielen nützen. Auch Vertrauen und Loyalität können sich als Mittel zu deren Optimierung erweisen (vgl. Kapitel 5.2.6). Die Fähigkeit, sich in den anderen hineinzuversetzen – Empathie – fehlt jedoch beim so gekennzeichneten „strategisch-kooperativen" Handeln.

Bei *empathischer Kooperation* ist der Handelnde darum bemüht, den anderen nicht nur in das eigene Zielvorhaben einzuspannen, sondern sich in den Partner und seine Intentionen hineinzuversetzen. Zentral ist die gemeinsame Verständigung über die Erreichung der Ziele. Die Kunst ist es hier, die Diskussion mit den Effizienzkriterien der Unternehmen vereinbar zu machen (Spieß, 1996; 1998; 2005a).

Verschiedene Konstrukte wie das „prosoziale" Verhalten in Unternehmen, oder das OCB (Organizational Citizenship Behavior), weisen eine Nähe zur empathischen Kooperation auf. Prosoziales Verhalten im Unternehmen – die Notwendigkeit, bzw. die Bereitschaft, anderen Kollegen zu helfen – existiert sicher schon seit Beginn gezielter menschlicher Kooperation. Müller und Bierhoff (1994) haben dieses in verschiedenen Studien aus dem amerikanischen Bereich geschilderte Verhalten mit „freiwilliges Arbeitsengagement" übersetzt. Sie verstehen darunter ein Verhalten, das über die reine Dienstvorschrift hinausgeht.

Organ (1988, 1997) hat den Begriff des OCB – Organizational Citizenship Behavior – geprägt und versteht darunter Verhaltensweisen, die weder in formalen Stellenbeschreibungen und Rollenvorschriften noch in vertraglich festgelegten Belohnungen festgeschrieben sind und sich positiv auf das gesamte Unternehmen auswirken. OCB gilt als Verhalten, das diskret ist, formal nicht beachtet oder gewürdigt wird und trotzdem dazu beiträgt, dass die Organisation funktioniert. Organ nannte es auch das „good soldier syndrome". Das ursprüngliche Messinstrument enthielt 16 Items, die auf zwei Faktoren basieren: Altruismus im Sinne von Hilfe für Kollegen, Kunden oder Vorgesetzte und Gewissenhaftigkeit. Das Konstrukt steht in enger Beziehung zur Arbeitszufriedenheit (vgl. Kapitel 6.1.2).

Die in Unternehmen erforderliche Kooperation kann zu *Pseudokooperation* führen. Pseudokooperation gibt eine Gemeinsamkeit vor, die de facto nicht oder nicht mehr vorhanden ist. Es erfolgt ein „Als-ob"-Handeln. Die Partner handeln so, als ob sie ein gemeinsames Anliegen hätten. Pseudokooperation bedeutet, dass – ähnlich wie bei der Pseudoarbeitszufriedenheit nach Bruggemann, Groskurth und Ulich (1975 vgl. auch Kapitel 6.1.2) – bei einer Aufrechterhaltung des Anspruchsniveaus (z. B. „wir arbeiten alle zusammen") eine verzerrte Wahrnehmung der Situation in dem Sinne vorliegt, dass die Grundlagen für eine „echte" Kooperation gar nicht (mehr) gegeben sind. Es findet kein wechselseitiger Austausch mehr statt, die Kommunikation erfolgt an der Oberfläche oder nur noch zum Schein bzw. auf der formalen Ebene. Ebensowenig besteht noch ein wechselseitiges Vertrauen. Hier liegen die Wurzeln für Konflikte, die früher oder später zum Ausbruch führen können.

5.2.3 Konflikt und Konfliktlösung

Konflikte sind gerade in Organisationskontexten nahezu alltäglich: Es gibt Streit zwischen den Tarifpartnern oder nach einer Fusion entbrennt ein Konflikt zwischen den im Unternehmen neu geschaffenen Abteilungen. Konflikte werden in der Psychologie als *Spannungssituationen* bezeichnet, in denen zwei oder mehrere Parteien, die voneinander abhängig sind, versuchen, scheinbar oder tatsächlich unvereinbare Handlungspläne bzw. inkompatible Handlungen bzw. Handlungstendenzen zu verwirklichen (Rüttinger & Sauer, 2000; Glasl, 1994; Thomas, 1992). Lewin (1963) ging von der Annahme aus, dass in einer Konfliktsituation Kräfte auf eine Person einwirken, die von etwa gleicher Stärke sind, jedoch in entgegengesetzter Richtung ziehen.

Konfliktursachen können in der Person liegen, wie z. B. in einem ausgeprägten Machtmotiv, sie können auf der interpersonalen Ebene liegen, z. B. in fehlender Anerkennung (Delhees, 1994), oder sie liegen in der Struktur, z. B. in ungerechter Güterverteilung in Gesellschaften.

Konflikte können zunächst unbemerkt entstehen (*latenter* Konflikt). In einer qualitativen Studie über konfliktreiche Beziehungen zwischen Handelsvertretern und durch sie vertretene Unternehmen zeigte sich, dass sich anhand bestimmter Signale Konflikte mitunter schon frühzeitig erkennen lassen, wie z. B. zunehmendes Misstrauen, häufige Abwesenheiten, spitze Bemerkungen usw. Die *Bedeutung* der bereits frühzeitig auftretenden meist subtilen Differenzen wurde vielen Befragten erst im Nachhinein klar (Spieß, Nerdinger, von Rosenstiel & Sigl, 1996). Diese Phase der Latenz ist beendet, wenn durch ein Auslöseereignis der Konflikt für die Beteiligten offenbar wird – in der *manifesten* Phase besteht Klarheit über den

5.2 Interpersonelle Konzepte

Dissens (Berkel, 1990). Bei der *Konfliktwahrnehmung* kann es zu verschiedenen Verzerrungen kommen. Der Konflikt wird z. B. unter- oder überschätzt. Konflikte entwickeln zudem häufig eine eigene Dynamik.

Eskalation bzw. Deeskalation sind Wege, um Veränderungen im Grad oder in der Intensität eines Konfliktes zu beschreiben. Eskalation beinhaltet wachsende Feindseligkeit, Konkurrenz, extreme Forderungen und Zwangstaktiken. Glasl (1994) hat *idealtypisch* die Stufen einer Eskalation beschrieben: Es gibt drei Hauptphasen der Eskalation, die wiederum jeweils in drei Unterphasen unterteilt sind. Es wird angenommen, dass Konflikte von einer Stufe zur nächsten eskalieren. Wenn eine Hauptphase überschritten ist, wird eine zusätzliche Dynamik entwickelt, die es zunehmend schwierig macht, zum Ausgangspunkt zurückzukehren. Die ersten Stufen der Eskalation sind durch stetig vereinfachende Definitionen des Konfliktes gekennzeichnet.

- Phase I (win-win) umfasst Rationalität und Kontrolle; Stufe 1: Versuche zu kooperieren; Stufe 2: Polarisation; Stufe 3: Interaktion anhand von Taten.
- Phase II (win-lose) personalisiert die andere Partei, es gibt stereotypes Schwarz-Weiss-Denken; Stufe 4: Sorge um den Ruf und Koalitionen; Stufe 5: Gesichtsverlust; Stufe 6: Überwiegen von Drohstrategien.
- In Phase III (lose-lose) gehen beide Konfliktparteien auf ihr Ende zu, es herrscht Aggression und Destruktion vor; Stufe 7: systematische und destruktive Kampagnen; Stufe 8: Angriffe auf die Machtzentren des Feindes; Stufe 9: totale Destruktion und Selbstmord.

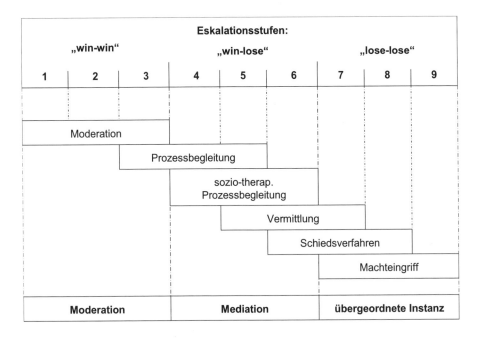

Abb. 5.9: *Eskalationsstufen eines Konfliktes nach Glasl (1994)*

Für die Stufen der Eskalation werden verschiedene Interventionsstrategien vorgeschlagen (Abb. 5.9). Beginnend mit Moderation, über Prozessberatung, soziotherapeutische Prozessberatung, Mediation, Schlichtung und Machtintervention. Prozessberatung und soziotherapeutische Beratung gehen am stärksten auf negative Gefühle, Stereotype und andere psychische Barrieren ein, die Vertrauen verhindern. Diese Strategien benötigen spezielle therapeutische Fähigkeiten.

Goldman, Cropanzano, Stein und Benson (2008) verweisen auf die sozialpychologische Tradition bezüglich der Konfliktlösungsstrategien, wobei gerade die frühe Forschung juristische Settings anwandte. Bei der *Konfliktbewältigung* geht es um das Beenden des manifesten Zustandes von Konflikten. Es gibt drei Grundstrategien: Gewinn-Verlust-, Verlust-Verlust- und Gewinn-Gewinn-Strategie.

- Für die *Gewinn-Verlust-Strategie* ist typisch, dass eine Partei gewinnt, die andere verliert. Einer kann nur auf Kosten des anderen gewinnen, Gewinne und Verluste verschiedener Teilnehmer addieren sich zu Null. Es handelt sich somit – spieltheoretisch betrachtet – um ein Nullsummenspiel. Die wichtigsten Methoden sind Autoritätsausübung, Machtanwendung, Indifferenz und Mehrheitsentscheid. So kann ein Vorgesetzter durch seine Autorität, die er aufgrund seiner Machtposition ausübt, eine Entscheidung durchsetzen. Wo Autorität oder Macht eingesetzt werden, herrschen Individualentscheide vor, während Mehrheitsbeschlüsse Gruppenentscheide sind. Sowohl Individuen als auch Gruppen können die Nichtbeachtung des Konfliktes als eine Form der Bewältigung wählen.
- Bei der *Verlust-Verlust-Strategie* verlieren beide Parteien. Es ist ein „Negativsummenspiel". Zu den Konfliktbewältigungsmethoden zählen Kompromiss, Kompensation und Hinzunahme eines Dritten. Die Konfliktbewältigung durch einen Kompromiss zwingt die Kontrahenten dazu, jeweils von ihren persönlichen Ansprüchen etwas zurückzunehmen – beide verlieren etwas. Durch eine Kompensation soll die Konfliktpartei bestochen werden, einen Verlust hinzunehmen. Dabei verliert aber auch die andere Konfliktpartei. Diese Kompensationen sind häufig mit hohen Kosten verbunden. Eine neutrale Drittpartei wird hinzugezogen, wenn sich die Kontrahenten in einem ergebnislosen Machtkampf befinden und ein Kompromiss unmöglich erscheint. Diese Drittpersonen können als Schlichter oder Vermittler auftreten. Wenn diese dabei Autorität ausüben, verfahren sie nach der Gewinn-Verlust-Strategie. Die Vermittlungsarbeit ist nur dann wirksam, wenn die Kontrahenten die Rolle des Vermittlers akzeptieren und seine Entscheidung respektieren.
- Die *Gewinn-Gewinn-Strategie* schafft für alle Beteiligten letztlich neue Lösungen oder Alternativen, die alle zufriedenstellen. Hier spricht man vom „Positivsummenspiel". Eine Einigung kommt dann zustande, wenn eine Lösung des Problems gefunden wurde, mit der alle einverstanden sind. Voraussetzung dafür ist eine ungezwungene Meinungsäußerung, gegenseitiges Vertrauen, freier Zugang zu den Informationen und Partizipation an der Entscheidungsfindung. Die integrative Entscheidungsfindung gilt als eine problemlösungsorientierte Methode. Auf diesem Wege wird versucht, die persönlichen Ziele und Werte der Kontrahenten im Zuge der Bewältigung zu integrieren (Delhees, 1994).

5.2 Interpersonelle Konzepte

Für die Beurteilung des Konfliktausgangs gibt es drei wichtige Dimensionen: Eine egozentrische Sichtweise definiert das Problem einzig vom eigenen Standpunkt aus. Diese Sichtweise beinhaltet ein starkes „Entweder-Oder-Denken". Deshalb verursachen egozentrische Wahrnehmungen eher eine Wettbewerbsorientierung im Sinne von Gewinn-Verlust-Denken. Die Berücksichtigung der zugrundeliegenden Bedürfnisse bzw. der dahinterliegenden Intentionen des Partners erleichtert eine kooperative Problemlösung, es werden Gewinn-Gewinn-Lösungen wahrscheinlicher. Beide Konfliktstile wurden auch experimentell untersucht, wobei sich ein positiver Bezug zu Gewinn-Verlust bzw. Gewinn-Gewinn-Absichten zeigte. Das Ausmaß des Konfliktgegenstandes, z. B. dass sehr viele Menschen von der Auseinandersetzung betroffen sind, spielt gleichfalls eine Rolle. Motivational gesehen kann dies eine integrative Lösung erschweren (Thomas, 1992; Spieß, 2004).

Konkurrenz als Konfliktbewältigungsstrategie setzt die eigenen Interessen gegen die andere Seite rigoros durch. Diese Strategie entspricht einer Gewinn-Verlust-Haltung. Kurzfristig kann diese Strategie erfolgversprechend sein, während sie über einen längeren Zeitraum eher mit Kosten verbunden ist, da die unterlegene Partei u.U. die Kooperation verweigert. Bei der Strategie der *Anpassung* kommen die eigenen Bedürfnisse zu kurz, sie ist der Gegenpol zu einem konkurrierenden Stil. Häufig erscheint ein *Kompromiss* vielversprechend: zwar können beide Parteien nicht ihre Interessen ganz durchsetzen, es muss auf beiden Seiten eingelenkt und nachgegeben werden, dennoch ist eine Partei nicht nur der Verlierer. Für diese drei Strategien gilt die Annahme eines Null-Summen-Spiels, d. h. was die eine Partei gewinnt, das verliert die andere notgedrungen. Dies wird auch als *distributive* Form möglicher Konfliktergebnisse bezeichnet, im Unterschied zu der *integrativen*. Letztere integriert die Interessen beider Parteien. Distributive Konfliktanteile wirken eher konfliktverschärfend, während integrative Anteile eher konfliktmindernde Effekte haben (Scholl, 2007).

Der Konfliktbewältigungsstil der Vermeidung mag bei unbedeutenden Konflikten sinnvoll sein, meistens jedoch ist diese Art der Konfliktregelung für beide Seiten eher unproduktiv, da das Problem lediglich vertagt wird. Die Strategie der Kooperation wird auch als Problemlösung bezeichnet, beinhaltet für beide Konfliktparteien einen Gewinn und einen Synergieeffekt.

Die *Mediation* wurde in den USA in den letzten 20 Jahren als eine methodische Vorgehensweise zur Konfliktvermittlung entwickelt. Dabei spielt die Autorität des Mediators eine wichtige Rolle. Man erhofft sich von der Mediation eine Stärkung der Gemeinschaft und einen Beitrag zur Persönlichkeitsbildung. Mediation steht als eine alternative und kostengünstigere Konfliktlösung zum Gerichtsprozess. In den 1990er Jahren erfolgte eine stärkere Institutionalisierung (Altmann, Fiebiger & Müller, 1999; Kals & Webers, 2001).

Psychologisch fundierte Mediation zeichnet sich dadurch aus, dass sie über die Lösung des behandelten Einzelfalles hinausgeht und für alle Beteiligten Entwicklungsmöglichkeiten sucht. Man erfährt vieles über sich und den anderen, über Stereotype, Selbstkonzepte oder Normen. Es geht darum, dass die Beteiligten in einem solchen Verfahren lernen, besser zu kommunizieren und nach Lösungsoptionen zu suchen. Nach Montada und Kals (2001) ist Mediation als Verfahren der Bearbeitung und Beilegung von Konflikten durch eine lange Tradition geprägt und findet in den unterschiedlichsten Bereichen statt: im Strafrecht, in Wirtschaft und Handel, beim Familiengericht, in der Politik und bei internationalen Konflikten. Mediation in der Wirtschafts- und Arbeitswelt umfasst sowohl die unternehmensinternen Konflikte als auch die Auseinandersetzungen zwischen Unternehmen und Zulieferern oder Verbrauchern.

Die Mediationsverfahren in der Wirtschaft haben bei Konflikten das Ziel, die Kooperations- und Gestaltungsfähigkeit der Beteiligten zu fördern. Zielvorstellung ist eine einvernehmliche und bindende Reglung zu finden. Eine besondere Problematik stellen hierbei Machtprozesse in den Organisationen dar (Bitzer, 2002).

Goldman, Cropanzano, Stein und Benson (2008) stellen verschiedene Mediationsmodelle vor:

- Deskriptive Modelle beschreiben das Mediatorverhalten, das entweder im „deal-making" besteht, d. h. der Mediator ist eine starke dritte Partei, die die anderen zur Schlichtung zwingt, oder im „Orchestrieren", d. h. der Mediator schreitet nur im Notfall ein und bemüht sich um einen Dialog der Parteien.
- Normative Modelle wurden besonders bei Arbeitsauseinandersetzungen angewandt. Den dort existierenden, verschiedenen Modellen ist gemeinsam, dass sie alle nach Schlichtung streben.
- Transfomative Mediation versucht, die streitenden Parteien dahin zu bringen, dass sie jeweils die Perspektive der anderen Seite einnehmen.

Gerade was die transformative Mediation anbelangt, gibt es noch relativ wenig Forschungen dazu. Insgesamt stellen die Autoren für die USA fest, dass Mediation sehr stark an Bedeutung gewonnen hat, da sich mit dieser Methode der Wunsch nach einer weiteren Aufrechterhaltung der Beziehung verbindet, der Bedarf nach einer raschen Lösung, eine ökonomische Alternative zum Prozessieren vor Gericht und der Wunsch nach Privatheit und Vertraulichkeit.

5.2.4 Verhandeln

Verhandlungen finden zwischen Personen statt, aber auch auf der intergruppalen Ebene. Verhandlung ist eine Diskussion zwischen zwei oder mehr Parteien mit dem Ziel, eine Interessensdivergenz zu lösen und damit einen sozialen Konflikt zu vermeiden (Spieß, 2004; Bazerman, Curhan, Moore & Valley, 2000; De Dreu, Beersma, Steinel & Van Kleef, 2007). Die Parteien können Individuen, Gruppen, Organisationen oder Nationen sein. Interessensdivergenz bedeutet, dass die Parteien unter einer Reihe möglicher Alternativen nicht übereinstimmende Präferenzen haben. Meistens sind die Verhandelnden ernsthaft daran interessiert eine Übereinkunft zu finden, doch wird die Verhandlung oft auch als Verzögerungstaktik benutzt um Zeit und Kräfte zu gewinnen und den Gegner in irgendeiner Weise zu schlagen. Dabei lassen sich empirisch fünf Verhandlungsstrategien unterscheiden (Pruitt & Carnevale, 1993):

5.2 Interpersonelle Konzepte

- Konzessionen machen, d. h. die eigenen Ziele und Forderungen werden reduziert.
- Kämpfen, d. h. es wird versucht, die andere Partei zu überzeugen, Zugeständnisse zu machen. Es gibt verschiedene Taktiken, z. B. Drohungen oder Beharren auf einer bestimmten Position.
- Problemlösen, d. h. man versucht, Lösungen zu finden, die die Ziele beider Parteien befriedigen.
- Untätigkeit, d. h. es wird so wenig wie möglich erledigt, Treffen werden verschoben.
- Rückzug, d. h. die Verhandlung wird verlassen.

Die ersten drei Strategien werden auch als Coping-Strategien bezeichnet, weil sie auf verschiedenen Wegen zu einer Einigung kommen (Thomas, 1992). Das Verfahren der gemeinsamen Entscheidung – Verhandlung und Mediation – hat eine Reihe von Vorteilen gegenüber Entscheidungen von Drittparteien, denn diese sind oft sehr teuer und die Entscheider verstehen wenig von den Interessen der Parteien.

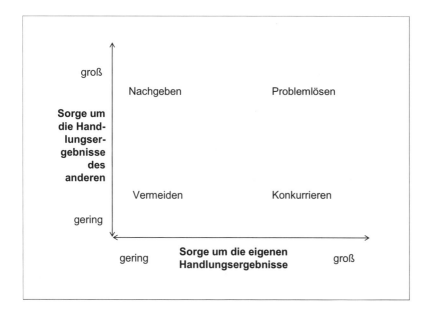

Abb. 5.10:   *Das Dual-concern-Modell der Verhandlung nach Pruitt und Rubin (1986)*

Das Dual-concern-Modell nach Pruitt und Rubin (1986) ist eine der bedeutendsten Verhandlungstheorien (Frank & Frey, 2002). Es gibt die beiden unabhängigen Dimensionen, nach denen die Sorge um die eigenen Handlungsergebnisse und die des anderen groß oder klein sein können (Abb. 5.10). Die beiden Dimensionen können auch als Kooperationsdimension betrachtet werden, wobei eine individualistische gegen eine kooperative Orientierung steht. Ein hohes Interesse am anderen und ein geringes am eigenen Handlungsergebnis führt zu Nachgeben, geringes Interesse am anderen und ein geringes am eigenen Handlungsergebnis zu Vermeiden. Das hohe Interesse am anderen und ein hohes am eigenen Handlungsergebnis zieht Problemlösen nach sich. Ein geringes Interesse am anderen und ein hohes am eigenen Handlungsergebnis führt zum Konkurrieren.

Nach dieser Theorie führen Bedingungen, die hohes Eigeninteresse fördern, dazu, dass Nachgeben und Zugeständnisse machen eher verhindert wird, vielmehr gibt es häufiger Kämpfe. Umgekehrt führen Bedingungen, die ein hohes Interesse am anderen bewirken, dazu, dass Kämpfe um Durchsetzung eher vermieden werden.

Resultate bei Verhandlungen können den Sieg für eine Partei bedeuten, einen einfachen Kompromiss, eine *win-win*-Übereinkunft oder das Misslingen der Übereinkunft. Die meisten Verhandlungen finden in sog. „Mixed-motive-settings" statt. Das bedeutet, dass sowohl kompetitive als auch kooperative Motive hervorgerufen werden. Diese Motivstruktur schafft ein Dilemma für die Verhandelnden: Das kompetitive Motiv führt zum Streit und zum Versuch, die andere Partei zu besiegen, während man sich selbst verteidigt. Das kooperative Motiv ermutigt sie, Konzessionen zu machen und sich im Problemlösen zu engagieren.

Bei der Frage, wie Verhandlungspartner Informationen über die Ziele und Werte der anderen Partei erreichen können, spielt Empathie eine große Rolle. Ein Verhandlungspartner kann davon profitieren, wenn er in der Lage ist, die Perspektive der anderen Partei einzunehmen. Der Austausch von Informationen und ein gemeinsames Problemlösen erfordern jedoch ein hohes Maß an Vertrauen in die andere Partei.

Die *Tit-for-Tat-Strategie* (nach Axelrod, 1987), die im ersten Zug eine kooperative Wahl empfiehlt und in den nachfolgenden Zügen die Wiederholung der Wahl des jeweiligen Partners, gilt als sehr effektiv bei Verhandlungen und hat Parallelen mit dem Verstärker-Paradigma der Lerntheorie: eine möglichst schnelle Reaktion auf das Verhalten in Form von Belohnung oder Bestrafung, konsistentes Verhalten, die Höhe der Belohnungen und frühere Erfahrungen mit Belohnungen oder Bestrafungen. Das Hauptproblem bei der Tit-for-Tat-Strategie ist, dass sie manchmal wechselseitige Nichtkooperation hervorbringt und fördert. Man spricht dann von negativen Echoeffekten.

Parteien, die miteinander verhandeln, sind oftmals Gruppen wie Familien oder Interessenvertretungen, z. B. Gewerkschaften und Unternehmerverbände oder Regierungen. Hier wird die Verhandlung meist durch Vertreter durchgeführt. Die Vertretung kann die Verhandelnden vor besondere Probleme stellen, da sie zum einen ihren jeweiligen Gruppen Rechenschaft schulden, zum anderen aber durch die Verhandlungsdynamik neue Konstellationen entstehen können.

De Dreu, Weingart und Kwon (2000) haben in einer Metaanalyse Unterstützung für das Dual-concern Modell gefunden: Die Effekte sozialer Motive und der Widerstand gegen die Rückzugstaktik auf die anderen Verhandlungsstrategien wurde untersucht. Die Ergebnisse zeigten, dass die Verhandlungspartner weniger streitsüchtig waren, hingegen stärker interessiert an Problemlösungsstrategien und insgesamt mehr gemeinsame Lösungen fanden, wenn sie prosoziale Motive verfolgten.

5.2.5 Kommunikation

Kommunikation wird häufig mit Begriffen wie Verständigung, Mitteilung oder Austausch von Information umschrieben (Merten, 1977). Von Lasswell (1948, S. 48) stammt die berühmte Formel: „Wer sagt was in welchem Kanal zu wem mit welcher Wirkung?" Damit werden fünf grundlegende Elemente kommunikativer Vorgänge gekennzeichnet (vgl. Tab. 5.5):

Tab. 5.5: Grundlegende Elemente der Kommunikation (Lasswell, 1948, S. 48)

Wer	sagt was	in welchen Kanal	zu wem	mit welcher Wirkung
Sender Kommunikator Quelle	Botschaft Mitteilung	Medium	Empfänger Rezipient Adressat	Funktion Ziele Auswirkung

Das ebenfalls bekannte, eher an technischer Kommunikation orientierte Modell von Shannon und Weaver (1959) bringt besonders zum Ausdruck, dass eine Mitteilung für die Übertragung umgewandelt werden muss. Der Sender überträgt die beabsichtigte Mitteilung in Signale, die vom Empfänger entziffert und interpretiert werden. Enkodierung und Dekodierung sind somit zentrale Merkmale von Kommunikationsprozessen und stellen zugleich ein zentrales Problemfeld sozialer Kommunikation dar. Die übermittelten Signale können in vielschichtiger Form, z. B. sprachlich oder nicht sprachlich, codiert und übermittelt werden. Jede Botschaft wird vom Rezipienten entziffert und interpretiert, dabei spielen psychologische Phänomene wie Aufmerksamkeit, Wahrnehmung und schemageleitete Interpretation eine Rolle (vgl. Kapitel 5.1).

Der „Erfolg" eines kommunikativen Prozesses hängt von der Interpretation der übermittelten Symbole beim Sender und Empfänger ab: Was hat der Kommunikator gemeint – und was hat der Empfänger wahrgenommen bzw. verstanden? Gibt es ein wechselseitiges Verständnis der kommunizierten Inhalte? Das Teilen, die Gemeinsamkeit („Kommunikation" geht auf das lateinische „communis"=„gemeinsam" zurück) dieser Bedeutungsinhalte ist die „allgemeine Intention" der an der Kommunikation beteiligten Personen. Demnach ist kommunikatives Handeln intentional auf einen Anderen und dessen Verständnis und Verhalten bezogen und damit im Unterschied zu anderem Verhalten immer ein soziales (Maturana & Varela, 1987). Die berühmt gewordene Aussage von Watzlawick, Beavin und Jackson (1969, S. 53): „Man kann nicht nicht kommunizieren" fasst nahezu alles Verhalten als Kommunikation auf.

Betrachtet man Sender und Empfänger als Rollen, die eine Person in rascher Folge einnehmen kann, so wird aus einer eher einseitigen Betrachtung des Kommunikationsprozesses eine symmetrische. So ist z. B. in einem guten Gespräch jeder Teilnehmer abwechselnd Sender und Empfänger, der reziproke, interaktive Austauschprozess hat immer einen dynamischen und rückgekoppelten Charakter. Nur eine zweiseitige Kommunikation mit dialogischem Charakter wird als wirklich zufriedenstellend empfunden, einseitige Kommunikation erscheint auf die Dauer frustrierend (Harris, 1993).

Bei einer mehrstufigen Kommunikation durchläuft eine Mitteilung mehrere Stufen bis sie zum eigentlichen Adressaten gelangt. Dabei kommt es zu einem „Stille-Post"-Effekt. Zwischengeschaltete „Vermittler" interpretieren die Mitteilung bei der Aufnahme und geben sie mehr oder weniger verändert weiter, Informationen werden herausgefiltert, Details fallengelassen, subjektive Urteile über Relevanz oder Irrelevanz von Informationen fließen ein. Solche Verfälschungen sind sowohl durch „unbewusste" Informationsverarbeitungsmechanismen als auch durch strategisches Informationsverhalten derjenigen, die Informationen weitergeben, bedingt. Die Folge mehrstufiger Kommunikationswege ist fast immer eine Reduzierung und zumeist eine Verfälschung des ursprünglichen Informationsgehalts. Formelle wie informelle Kommunikationsbeziehungen lassen sich als *Netzwerk-Strukturen* abbilden (vgl. Kapitel 6.1.5). Als Bestandteil von größeren Kommunikationsnetzwerken tauchen immer wieder typische, anhand von Häufigkeiten und Richtungen definierbare Kommunikationsmuster auf (Shaw, 1964). Elementare Typen solcher Muster kleinerer Interaktionseinheiten werden als Stern (Rad), Kreis, Ypsilon-Formation, Kette oder Alpha bezeichnet (siehe Abb. 5.11).

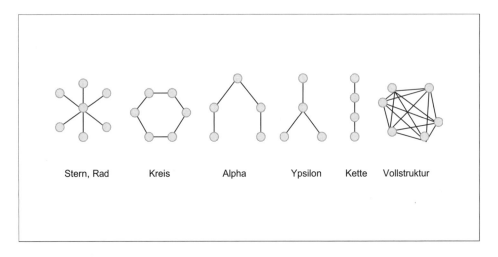

Abb. 5.11: Typische Kommunikationsmuster nach Shaw (1964)

Im seltenen Extremfall, wenn alle Mitglieder miteinander kommunizieren, spricht man von einer Vollstruktur. Kommunikationsmuster wurden häufig in kleineren Gruppen experimentell untersucht. Dabei wurde vor allem das Problemlösungspotenzial und die Zufriedenheit der Mitarbeiter in Abhängigkeit von der jeweiligen Struktur ermittelt. Je nach Aufgabentypus erwies sich die eine oder andere Form als effizienter: Die Vollstruktur oder ähnliche „freiere" Formen bei sehr komplexen, innovativen Aufgaben, eine zentralisiertere, „autoritärere" Form wie der Stern (Rad) dagegen bei schnell zu lösenden einfacheren Aufgaben. Allerdings wurden die zugrundeliegenden Untersuchungen mit isolierten, künstlich zusammengestellten Gruppen durchgeführt. Daher sind die Ergebnisse nicht ohne Weiteres auf reale wirtschaftliche Kontexte übertragbar.

In der Regel ist der Inhaltsaspekt der Kommunikation verbal, der Beziehungsaspekt dagegen weitgehend para- oder nonverbal kodiert (Watzlawick et al., 1969, S. 64). Viele wichtige Informationen zur Gesprächssteuerung werden nonverbal vermittelt, so die Bestätigung gegenseitiger Aufmerksamkeit und Antwortbereitschaft, die Regelung des Gesprächsablaufes (wer sprechen soll und wie lange). Überwiegend nonverbal werden z. B. Gefühle oder die Einstellung zum Gesprächspartner ausgedrückt. So wird in arbeitsbezogenen Gesprächen der überwiegende Teil der Sympathie für den Gesprächspartner über den Gesichtsausdruck, etwa ein Drittel über die Stimmlage und nur ein kleiner Anteil verbal übermittelt (Mehrabian, 1972, S. 182).

Die para- und nonverbale Kommunikation wird durch folgende Merkmale bestimmt:
- Tonfall, Betonung, Rhythmus, Phonation, Timbre (paralinguistisch)
- Gestik, Mimik, Augenkontakt, Haltung, Nähe, Chronemik (außerlinguistisch)

In mehreren Studien wurde geschlechtsspezifisches Kommunikationsverhalten untersucht. Unterschiede zwischen weiblichem und männlichem Kommunikationsverhalten wurden in den folgenden Bereichen festgestellt:
- Männer bevorzugen einen betont sachlichen Kommunikationsstil, Frauen kommunizieren häufiger Gefühle und setzen sich eher mit emotionalen Aspekten der Kooperation auseinander.
- Frauen neigen eher zu einer kooperativen Arbeitsweise und sind auch häufiger bereit, den Erfolg guter Leistungen mit anderen zu teilen.
- Männer nehmen Mehrheitsentscheidungen in Kauf, während Frauen eher versuchen, Konsensentscheidungen herbeizuführen.
- Männer suchen in Konfliktsituationen eine offene Konfrontation, Frauen suchen dagegen eher Kompromisse oder konstruktive Lösungen (Dion, 1985; Erpenbeck, 2004).

Der Wiener Psychologe und Sprachforscher Karl Bühler hat in seiner Sprachtheorie (1934) in differenzierterer Weise verschiedene Ebenen der Kommunikation voneinander abgehoben. Er spricht von:
- der Darstellungsfunktion (es geht um die Sache),
- der Selbstoffenbarungsfunktion (es geht um die eigene Befindlichkeit) und
- der Appellfunktion (die Aufforderung an den anderen, etwas Bestimmtes zu tun oder zu lassen).

Durch Bühlers Analyse wurden mehrere für die klinische, die organisationspsychologische und die pädagogische Arbeit wichtige Kommunikationsmodelle angeregt: die „themenzentrierte Interaktion (TZI)" nach Cohn (1993), das „TALK-Modell" von Neuberger (1992) und „vier Seiten einer Botschaft" von Schulz von Thun (1999).

Cohn (1993) fordert, dass innerhalb der Kommunikation drei Gesichtspunkte im Gleichgewicht sein sollen:

- das Thema (ES)
- die eigene Person (Ich)
- die Beziehung (Wir)

Die Autorin hat für eine entsprechende „themenzentrierte Interaktion" eine größere Zahl von Kommunikationsregeln entwickelt, die sich bewährt haben und in der Praxis häufig zur Strukturierung von Diskussionen oder klinischen Beratungsgesprächen eingesetzt werden.

Neuberger (1992) unterscheidet vier Ebenen der Kommunikation, die man sich mit Hilfe der „Eselsbrücke" TALK leicht merken kann. Dabei gilt:

T = Tatsache = Es ist
A = Ausdruck = Ich bin
L = Lenkung = Du sollst
K = Klima, Kontakt = Wir sind

Diese vier Ebenen findet man auch im Ansatz von Schulz von Thun (1999). Dieses populäre Modell der Kommunikation hält vier Aspekte bei der Kommunikation fest: Neben dem grundsätzlichen Unterschied, nach dem jede Botschaft einen Inhalts- und einen Beziehungsaspekt enthält, kann eine Botschaft noch einen Appell- und einen Selbstoffenbarungscharakter haben (Abb. 5.12).

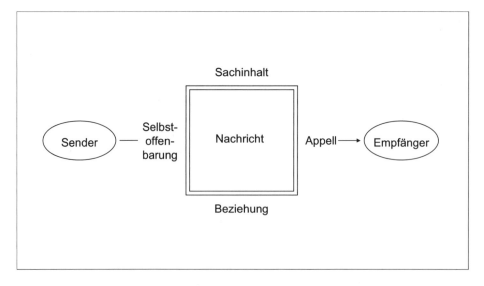

Abb. 5.12: *Das Kommunikationsmodell von Schulz von Thun (1999)*

5.2 Interpersonelle Konzepte

Das Modell sei am folgenden Beispiel verdeutlicht: Eine Führungskraft sagt zu ihrem Mitarbeiter: „Heute wirken Sie aber besonders tatkräftig." Der Mitarbeiter kann diese Botschaft auf unterschiedlichen Ebenen deuten:

- Auf der Sachebene wird die Aussage wörtlich aufgefasst: Der Mitarbeiter wirkt tatkräftig.
- Bezogen auf die Beziehungsebene kann dies als versteckte Kritik aufgefasst werden: Meint, die Führungskraft, dass er sonst eher weniger tatkräftig ist?
- Die Botschaft kann auch Appellcharakter haben: Möglicherweise versteht der Mitarbeiter diese Aussage auch als Ansporn, mehr zu arbeiten.
- Die Ebene der Selbstoffenbarung: Zugleich offenbart die Führungskraft auch etwas über sich selbst: Sonst nimmt sie den Mitarbeiter nicht so tatkräftig wahr.

Auf der Ebene der Metakommunikation besteht die Möglichkeit, dies zu klären. Metakommunikation bedeutet, dass man nach Möglichkeiten sucht, sich selbst über die Schulter zu schauen, und darüber zu reden, wie man miteinander kommuniziert.

Auf Basis dieses Modells haben Henninger und Mandl (2002) ein computergestütztes Trainingsmodell mit dem Namen „Kaiman" entwickelt. Hier lernen die zu Trainierenden – meist Führungskräfte – Gesprächssequenzen auf den vier Kommunikationsebenen zu denken und erhalten unmittelbar Feedback darüber, ob ihre Deutung zutreffend ist oder nicht.

Es gibt für eine erfolgreiche Kommunikation das „Ideal der Stimmigkeit". Dies bedeutet, dass im Wechselspiel zwischen Person und Situation das Verhalten des Einzelnen optimal angepasst ist (Schulz von Thun, 1999).

5.2.6 Vertrauen

Vertrauen ist nicht nur für alle Kooperationsbeziehungen sehr wichtig (Lewicki & Bunker, 1995), sondern gilt ebenso für alle Transaktionen in wirtschaftlichen Kontexten. Angesichts der zunehmenden Bedeutung von Netzwerken gewinnt das Thema Vertrauen weiter an Bedeutung.

Etwas salopp könnte man formulieren: „Vertrauen heißt, dem anderen Informationen zur Verfügung zu stellen, mit denen er mich in die Pfanne hauen könnte" (Comelli & von Rosenstiel, 2009).

Vertrauen ist nicht nur eine Erwartung in vorhersagbares Verhalten, sondern auch Zuversicht angesichts möglicher Risiken. Es beinhaltet somit die Bereitschaft verletzbar zu sein. Vertrauen ist zum einen eine Persönlichkeitsvariable – Menschen unterscheiden sich im Ausmaß ihrer Vertrauensbereitschaft –, zum anderen spielt auch die Situation eine Rolle. Vertrauen kann ebenso in strukturellen Maßnahmen Ausdruck finden: So können bestimmte strukturelle Komponenten, wie z. B. ein stark ausgebauter Kontrollapparat in Staat oder Unternehmen, Misstrauen in die Eigenverantwortung der Bürger oder Mitarbeiter signalisieren. Kontrollmechanismen sind teuer. Entsprechend hat Rippberger (1998) in einer vielbeachteten Arbeit auch von der „Ökonomik des Vertrauens" gesprochen.

Es gibt verschiedene Formen des Vertrauens (Lewicki & Bunker 1995): Vertrauen, das einem Kalkül entspringt und eventuell berechnend ist, Vertrauen, das auf Wissen beruht, beziehungsweise auf der Erfahrung, dass jemand verlässlich ist und Vertrauen, das in der Identifikation mit den Absichten des Anderen besteht.

- Das *kalkulative* Vertrauen ist ein marktorientiertes, ökonomisches Kalkül. Eine Führungskraft vertraut ihrem Mitarbeiter mit dem Hintergedanken, dass dieser dadurch selbstständiger arbeitet.
- Vertrauen aufgrund von *Wissen bzw. Erfahrung* besteht bei Personen, die man gut kennt und deren Verhalten von daher voraussagbar erscheint. Dieses Vertrauen entwickelt sich über einen längeren Zeitraum. So setzen viele Führungskräfte ihr Vertrauen eher in langjährige Mitarbeiter, die sie schon über Jahre kennen.
- Vertrauen auf der Basis von *Identifikation* bedeutet, dass sich die Partner so gut verstehen, dass sie in der Lage sind, effektiv für- und miteinander zu handeln. Dieses Vertrauen bringt man seinem Stellvertreter entgegen, von dem man annimmt, dass er im eigenen Sinne handelt.

Vertrauen kann auch wieder verloren gehen. Der Verlust des Vertrauens sieht für die drei Formen des Vertrauens entsprechend unterschiedlich aus. Wenn es eine Verletzung des kalkulierenden Vertrauens gibt, kann die Beziehung sehr schnell beendet werden. Bei Verletzungen von Vertrauen, das auf der Erfahrungsbasis beruht, ist man eher geneigt eine solche Verletzung nicht wahrzunehmen und situative Faktoren dafür verantwortlich zu machen. Verletzungen des Vertrauens auf der Ebene der Identifikation sind kaum zu verzeihen, weil Vertrauen auf dieser Ebene auf einer gemeinsamen Identität beruht. Verletzungen des Vertrauens berühren hier die gemeinsamen Werte, die der Beziehung zugrunde liegen und sind am schwersten wiedergutzumachen (Lewicki & Bunker, 1995).

5.2.7 Macht

Das Phänomen der Macht spielt in den Organisationen z. B. in Verhandlungsprozessen zwischen den verschiedenen Akteuren eine wichtige Rolle. Die kürzeste Definition von Macht stammt von Kanter (1977), die Macht als die Fähigkeit zu handeln definiert (Neuberger, Conradi & Maier 1985). Nach Lewin (1982b) ist Macht die Möglichkeit, in einer anderen Person Kräfte einer bestimmten Größe hervorzurufen. Macht kann als ein individuelles oder als strukturbedingtes Phänomen betrachtet werden. Die bekannteste Typologie von Machtgrundlagen ist diejenige von French und Raven (1959). Danach ist die Fähigkeit, Macht auszuüben, begründet auf:

- Belohnung, d. h. es werden positiv bewertete Konsequenzen vermittelt,
- Bestrafung, d. h. es werden negativ bewertete Konsequenzen verhängt,
- Legitimität, d. h. Macht leitet sich aus gesetzten oder auch akzeptierten Normen, Strukturen und Werten ab,
- Identifikation, d. h. es wird ein Modell nachgeahmt,

- Expertentum, d. h. die Macht speist sich aus der Sachkenntnis in einer Problem- oder Aufgabensituation,
- Information, d. h. die Macht besteht im Zugang und in der Kontrolle von Informationen bzw. Informationskanälen.

Für die *individuelle* Perspektive gilt, dass es sichtbare Korrelate der Macht gibt, wie die Kleidung, das äußere Erscheinungsbild und das situative Umfeld, in dem Statussymbole installiert werden, um Macht und Einfluss zu demonstrieren. So wird „Impression-Management" (vgl. Kapitel 5.1.10) in der Haltung, dem räumlicher Abstand, dem Blickkontakt oder dem Sprachverhalten gezeigt.

Macht wird auf der Ebene der Person als allgemeines Vermögen aufgefasst, als eine Fähigkeit, Kompetenz oder auch als Motiv. Nach dem Psychoanalytiker Alfred Adler (1966) ist das Machtmotiv ein menschliches Grundmotiv, das durch ein ursprüngliches Mangelhaftigkeitserleben beim Kleinkind entsteht und ein Streben nach Macht und Überlegenheit auslöst. McClelland und Winter (1969) haben versucht, dieses Machtmotiv durch TAT-Geschichten, durch die Vorlage uneindeutiger Bilder und deren subjektiver Interpretation zu messen.

In der Psychologie gibt es die Bezeichnung des „Machiavellismus". Der Begriff geht auf den italienischen politischen Schriftsteller Niccolo Macchiavelli zurück, der in „Il Principe" (1513) und den „Discorsi" (1522) Prinzipien der Machterhaltung und des Umgangs mit der Macht dargestellt hat. Machiavellismus ist durch die folgenden Aspekte gekennzeichnet (Christie & Geis, 1970): relativ geringe affektive Beteiligung bei interpersonellen Beziehungen, ebenso wie eine geringe Bindung an konventionelle Moralvorstellungen (Utilitarismus) und an Ideologien sowie Realitätsangepasstheit. In der Sozialpsychologie wird Machiavellismus als Einstellung gemessen (Ulbrich-Herrmann, 2001). Beispiele aus einer Machiavellismus-Skala:

- Im Umgang mit Menschen ist es am besten, ihnen zu sagen, was sie hören wollen.
- Jeder ist sich selbst der Nächste.
- Sicheres Auftreten ist mehr wert als Empfänglichkeit für Gefühle.
- Meistens ist es günstiger, seine wahren Absichten für sich zu behalten.
- Man muss die Taten der Menschen nach dem Erfolg beurteilen.

Neuberger (1995; 2002; 2006) hat das Thema der Mikropolitik besonders in Organisationen diskutiert. Damit ist das Arsenal der alltäglichen Mikrotechniken gemeint, mit denen die eigene Macht aufgebaut und der eigene Handlungsspielraum erweitert wird. Jede Position in Organisationen kann sowohl Quelle als auch Ziel einer großen Zahl von Einflusslinien bilden. Der mikropolitische Ansatz ist einem handlungstheoretischen Paradigma verpflichtet, wonach Personen versuchen, in ihren Handlungen ihre Interessen und Absichten zu verwirklichen. Bedingungen für mikropolitisches Handeln sind (Neuberger, 1995):

- Die Handelnden sind voneinander abhängig und konkurrieren miteinander um Verfügungsrechte.
- Die Situationen und Ziele sind mehrdeutig und inkonsistent.
- Es gibt Wahl- und damit Entscheidungsmöglichkeiten

- Ressourcen werden nicht von einer Zentralstelle kontrolliert, sondern sind verteilt.
- Schnelles Reagieren ist wichtig.
- Die Teilnehmer an den Interaktionen können variieren.

Beispiele mikropolitischer Techniken im Unternehmen sind Informationskontrolle, Kontrolle von Verfahren, Beziehungspflege, Selbstdarstellung, Sachzwänge, das Erzeugen von Handlungsdruck und richtiges Timing.

In Anlehnung an Kipnis und Schmidt (1988) greifen Wunderer und Weibler sieben Einflussstrategien auf: rationale, sachliche Argumentation, freundliches, einschmeichelndes Verhalten, Bestimmtheit (z. B. Nachhaken), Verhandeln (z. B. Tauschgeschäfte, Wechselseitigkeit), Koalitionen bilden, höheres Management einschalten und Sanktionen androhen (Wunderer & Weibler, 1992). Diese Einflussstrategien lassen sich noch einmal in übergeordnete Grundstrategien überführen, die einen direktiven vs. einen kooperativ-diskursiv orientierten Charakter voneinander abheben.

Kipnis und Schmidt (1988) unterscheiden aufgrund einer Clusteranalyse vier Machttypen: Es gibt den Typus des Shotgun (Macher), der bei allen Einflussstrategien überdurchschnittliche Werte erzielt und bei der Verwendung dieser Strategien wenig selektiv vorgeht. Der Typus des Ingratiators (Beziehungsspezialist) setzt insbesondere die Freundlichkeitsstrategie ein. Der Typus des Tactician (Diplomat) wählt vor allem eine sachliche Argumentationsstrategie. Ihm wird die größte Erfolgsaussicht zugeschrieben. Der Typus des Bystanders (Mitläufer) wird als Gegentypus zum Shotgun-Manager definiert, da er auf allen Einflussskalen unterdurchschnittliche Werte besitzt.

Nach Kipnis (1972) hat Macht eine korrumpierende Wirkung, denn die Benutzung von Machtmitteln fördert die Überzeugung, das Verhalten der Geführten sei vom Machtinhaber und nicht von ihnen selbst bestimmt, die Leistung der Geführten wird abgewertet und die psychologische Distanz zwischen Machtinhaber und Geführten vergrößert sich. Die Geführten werden als beeinflussbares Spielmaterial gesehen.

5.2.8 Gerechtigkeit

Gerechtigkeit spielt in Organisationen eine große Rolle: z. B. Bei Betrachtungen und Bewertungen des eigenen Arbeitslohnes. Gerechtigkeit gilt als ein Bewertungsmaßstab, der an viele soziale Verhältnisse und Verfahrensweisen in Entscheidungsprozessen angelegt wird (Montada & Kals, 2001). In der Psychologie werden vier Formen der Gerechtigkeit unterschieden: zwischen *distributiver* und *prozeduraler* Gerechtigkeit (Bierhoff, 1998) sowie zwischen *interpersonaler* und *informationaler* Gerechtigkeit (Maier, Streicher, Jonas & Woschée, 2007).

- Die *distributive* Gerechtigkeit bezieht sich auf normative Standards, um die Fairness der Ergebnisse zu bewerten, z. B. indem hier versucht wird, die andere Partei davon zu überzeugen, dass ihr Ziel ein faires Ergebnis sei. Distributive Gerechtigkeit beinhaltet Gleichartigkeit, Übereinstimmung der Resultate mit ähnlichen Konflikten und Konsistenz mit akzeptierten Normen.

5.2 Interpersonelle Konzepte

- Die *prozedurale* Gerechtigkeit bezieht sich auf normative Standards, um die Art der Entscheidung zu bewerten, mit der etwas erreicht wurde. Prozedurale Gerechtigkeit beinhaltet die Neutralität der dritten Partei, die Fähigkeit der beteiligten Parteien, den Prozess zu kontrollieren und den Schutz der Rechte der Parteien.
- Die *interpersonale* Gerechtigkeit bezieht sich auf die Wahrnehmung der sozialen Interaktion bei Entscheidungsfindungen.
- Die *informationale* Gerechtigkeit bezieht sich darauf, inwieweit das Informationsverhalten einer entscheidungstreffenden Person als wahrheitsgemäß empfunden wird.

Für die sozialpsychologischen Theorien der Gerechtigkeit spielt *Reziprozität* eine wichtige Rolle. Homans (1961) verstand die menschliche Interaktion als Austausch von Ressourcen. Adams (1965) präzisierte diesen Ansatz und interessierte sich vor allem für den unausgewogenen Austausch sowie für die Beeinflussung des Erlebens und Verhaltens von Personen dadurch. Austauschverhältnisse können das Individuum entweder bevorzugen oder benachteiligen, wobei kognitive Dissonanz entsteht (Festinger, 1957; Frey & Gaska, 1993). Diese ist bei Bevorzugung von Schuldgefühlen begleitet, bei Benachteiligung hingegen von Ärger und Frustration. Das, was bilanziert wird, hängt von der Wahrnehmung des Einzelnen ab (Nerdinger, 1995).

In dem Bestreben nach einem ausgeglichenen Verhältnis ist es offen, was der Inhalt des Gebens und Nehmens ist, denn es geht um das subjektiv wahrgenommene Verhältnis der Beiträge (von Rosenstiel, 2007; von Rosenstiel & Spieß, 1995). Ein Mitarbeiter investiert z. B. Zeit, Erfahrung, Bildung und erhält vom Unternehmen Ansehen, Weiterbildung, Lohn und Titel. Was dabei bilanziert wird, hängt ganz von der Wahrnehmung und der Einstellung des Einzelnen ab. Ungleichheit wird dann erlebt, wenn das eigene „Aufwands-Ertrags-Verhältnis" günstiger oder ungünstiger als das der wahrgenommenen Vergleichsperson ausfällt.

In empirischen Untersuchungen wurde besonders das Erleben von Über- bzw. Unterbezahlung studiert. Bei Stücklohn hat Überbezahlung eine höhere Qualität zur Folge. Wird bei Stücklohn unterbezahlt, ist die Qualität der Leistung geringer, die Quantität jedoch höher. Bei Zeitlohn bewirkt Überbezahlung eine höhere Quantität der Leistung, während Unterbezahlung eine geringere Quantität der Leistung zur Folge hat. In Organisationen wird Überbezahlung jedoch selten als Motivationsstrategie verwendet (Nerdinger, 1995). Für die Zufriedenheit mit der Bezahlung ist nicht die absolute Höhe ausschlaggebend, sondern der Vergleich mit den anderen bzw. das Erleben des Lohnes als *faire Gegenleistung* für die eigene Leistung. In der Praxis ist jedoch das Gefühl der Unterbelohnung sehr häufig. Hier findet nicht selten eine selektive Wahrnehmung statt, die dem eigenen Selbst schmeichelt: Menschen neigen dazu, das eigene Leistungsverhalten zu überschätzen und die Leistungen, die andere erbringen, eher abzuwerten. Bei der Gestaltung des Lohnsystems ist deshalb auf eine möglichst durchschaubare und faire Relation zwischen Leistung und Belohnung sowie auf eindeutige Kriterien der Leistungsmessung und -bewertung zu achten (von Rosenstiel, 2007). Das Gerechtigkeitsempfinden spielt auch für kontraproduktives Verhalten eine Rolle (siehe Kapitel 8.11).

5.2.9 Soziale Unterstützung

Eine Vielzahl von Forschungsvorhaben hat sich mit sozialer Unterstützung in den verschiedensten Kontexten (Familie, Freunde, Arbeit, etc.) beschäftigt. Ein Überblick findet sich bei Laireiter (1993) oder Stroebe und Stroebe (1998). Das Konzept der sozialen Unterstützung gründet auf verschiedenen Forschungstraditionen, die sich mit dem Zusammenhang von sozialer Unterstützung und psychischer Gesundheit beschäftigen. Ausgehend von soziologisch orientierten Untersuchungen Durkheims (1983), die sich schon Ende des 19. Jahrhunderts mit dem Zusammenhang von sozialer Integration und Mortalitäts- und Selbstmordraten befasst haben, spielt soziale Unterstützung u. a. eine Rolle in:

- stresstheoretischen Ansätzen, als eine Variable zur Vermittlung zwischen Stressoren, Beanspruchungsempfinden und Stressfolgen,
- sozialpsychologischen Ansätzen, die soziale Unterstützung als einen maßgeblichen Faktor bei der Reduktion kognitiver Dissonanz postulieren,
- Ansätzen der Führungsforschung, die eine Unterstützung durch den Vorgesetzten als ein wesentliches Element eines mitarbeiterorientierten Führungsstils sehen.

Mit sozialer Unterstützung werden positive Umweltfaktoren postuliert, die die Auswirkungen von Stressbelastungen neutralisieren bzw. reduzieren oder aber – unabhängig von der jeweils wirkenden Stressoren-Konstellation – einen positiven Effekt auf Gesundheit und Wohlbefinden haben. Sozialer Unterstützung wird demnach einerseits eine positive Funktion bei der Stressbewältigung („Pufferfunktion") zugeschrieben; andererseits ist sie wichtig im Sinne der Prävention, also der Vorbeugung von Krankheiten (Udris & Frese, 1999).

Vom Standpunkt des Ressourcen-Konzeptes (Udris, 1989) stellt soziale Unterstützung einerseits eine äußere Ressource dar („Unterstützung erhalten"); zugleich ist sie als innere Ressource zu betrachten, die eine Person unter entsprechenden – förderlichen bzw. hinderlichen – Arbeitsbedingungen entwickeln bzw. verlernen kann („Unterstützung geben") (Udris & Frese, 1999).

Dücker (1995) hat insgesamt sieben Inhaltskategorien zusammengestellt, die in weiten Teilen die jeweiligen Formen der Unterstützung abdecken:

- materielle Unterstützung (z. B. Geld),
- Unterstützung durch helfendes Verhalten (z. B. Pflege im Krankheitsfall),
- emotionale Unterstützung (Zuneigung, Vertrauen, Anteilnahme),
- Feedback (z. B. soziale Bestätigung),
- informative Unterstützung, Orientierungshilfe (z. B. Rat),
- positive gesellige Aktivitäten (die dem Spaß und der Erholung dienen),
- Zugehörigkeit zu einem Netzwerk.

Ein weiteres Unterscheidungsmerkmal bei der Bestimmung sozialer Unterstützung ist, ob sie von einer sozialen Einheit oder einer einzelnen Person ausgeht (Dücker, 1995), ob sie im Rahmen von formellen sozialen Netzen (z. B. Arbeitsgruppen) oder informellen Netzen

5.2 Interpersonelle Konzepte

(z. B. Freundschaftsbeziehungen) gegeben bzw. empfangen wird (Zapf & Frese, 1991; Udris & Frese, 1999).

In zahlreichen Studien (z. B. im Überblick bei Cohen & Wills, 1985) konnte eine positive Beziehung zwischen sozialer Unterstützung am Arbeitsplatz und dem Wohlbefinden derjenigen, die unterstützt wurden, nachgewiesen werden. Es gibt indes unterschiedliche Erklärungsmodelle, wie diese positiven Effekte zustande kommen.

Zur Wirkungsweise von sozialer Unterstützung lassen sich v.a. Direkteffekte und moderierende Effekte unterscheiden. Wie Abbildung 5.15 zeigt, kann soziale Unterstützung:

- die objektiven/subjektiven Arbeitsbelastungen (Stressoren) vermindern,
- zu einer Abschwächung der negativen Beanspruchung/Belastungsfolgen führen („Pufferfunktion") und/oder
- generell die Gesundheit fördern.

Frese und Semmer (1991) geben weitere Wirkmechanismen von sozialer Unterstützung an:

- Soziale Unterstützung als ein primäres Bedürfnis. Demnach haben Menschen phylogenetisch bedingt das Bedürfnis, in einem sozialen Verbund zu arbeiten. Das Fehlen von sozialer Unterstützung führt demnach automatisch zu Befindensbeeinträchtigungen.
- Die mit sozialer Unterstützung verknüpften positiven Rückmeldungen wirken sich unmittelbar auf die Selbstsicherheit und damit auf andere Komponenten psychischen Wohlbefindens aus.

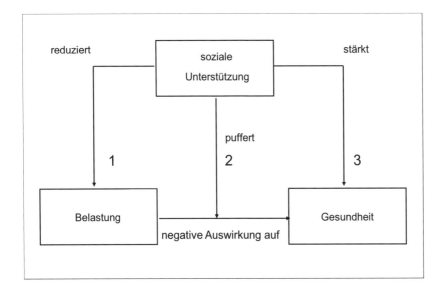

Abb. 5.13: *Effekte sozialer Unterstützung auf Wohlbefinden und Gesundheit nach Pfaff (1989) und Stadler und Spieß (2003)*

Nicht jeder Mitarbeiter braucht in gleichem Maße Unterstützung bei der Arbeit: Erfahrene Mitarbeiter haben routinebedingt weniger Schwierigkeiten bei der Aufgabenerledigung als etwa Berufsanfänger. Diese müssen sich nicht nur mit neuen Arbeitsaufgaben auseinandersetzen, sondern auch erst ein soziales Netzwerk an ihrem Arbeitsplatz aufbauen. Auch wenn Mitarbeiter neue Aufgaben übertragen bekommen, haben sie häufig einen hohen Unterstützungsbedarf. Soziale Unterstützung ist zudem bei betrieblichen Veränderungsprozessen (downsizing, outsourcing etc.) wichtig sowie an Arbeitsplätzen mit dauerhaft hohen Arbeitsanforderungen/Belastungen (z. B. Fluglotse). Zugleich fehlt diesem Ansatz jedoch der kulturelle Aspekt, denn Unterstützung kann je nach kultureller Herkunft unterschiedlich verstanden und auch praktisch gewährt werden.

Vertiefende Literatur:

De Dreu, C. K. W. & Gelfand, M. J. (2008). *The psychology of conflict and conflict management in organizations*. New York: Taylor & Francis Group.

Deutsch, M., Coleman, P. J. & Marcus, E. C. (2006). *The handbook of conflict resolution*. San Francisco: Jossey-Bass.

Jonas, K., Stroebe, W. & Hewstone, M. (Hrsg.), (2007). *Sozialpsychologie*. (5. Aufl.). Heidelberg: Springer.

6 Umweltebene

Die Umweltebene umfasst zum einen die in den Organisationen ablaufenden Prozesse wie z. B. den Sozialisationsprozess, d. h. wie Mitarbeiter sich an und in Organisationen anpassen, aber auch welchen Beitrag Organisationen dazu leisten. Zum andern werden auch gesellschaftliche Prozesse darunter verstanden wie z. B. die Globalisierung. Es lassen sich in den jeweiligen Bereichen immer wieder Bezüge zur personalen Ebene herstellen.

6.1 Prozesse in Organisationen

Prozesse in Organisationen sind z. B. Sozialisation, Arbeitszufriedenheit, Commitment, das Konstrukt der lernenden Organisation und Netzwerke. Es sind dies jeweils exemplarische Bereiche und keinesfalls umfassende Darstellungen aller in Organisationen ablaufenden Prozesse.

6.1.1 Sozialisation

Durch die Sozialisation wird der Einzelne an die Arbeitsorganisation im Rahmen eines Prozesses angepasst, wobei dieser im Unternehmen durch die Sozialmachung bzw. durch Maßnahmen der Personalentwicklung unterstützt wird. Doch ebenso bedarf es der Anpassung der Arbeit an den Menschen: Es geht um die Gestaltung von menschengerechter Arbeit, von Arbeitsplätzen und Organisationsformen, so dass keine gesundheitlichen oder persönlichen Schädigungen auftreten.

Der Sozialisationsprozess lässt sich in eine Voreintritts-, Eintritts- und eine Metamorphosephase einteilen (Neuberger, 1991; Landy & Conte, 2007). Die *Voreintrittsphase* entspricht vornehmlich der Fremd- und Selbstselektion. Das „realistic job preview" gilt als Instrument dafür, Enttäuschungen zu ersparen, indem von vornherein keine übertriebenen Hoffnungen aufseiten der Bewerber geweckt werden (Wanous, 1992). Für den Bewerber verhilft eine realistische Vorausschau auf die Tätigkeit dazu, dass zu hohe Erwartungen an die zukünftige Tätigkeit ausbleiben, dass sich die Fähigkeit mit beruflichen Anforderungen umzugehen verbessert und die Organisation als „ehrlicher" wahrgenommen wird. Dadurch wird eine eher an den Bedürfnissen der Bewerber ausgerichtete Selektion gefördert. Entsprechend lauten die Forderungen für die Tätigkeitsbeschreibungen, dass die Informationen möglichst spezifisch, umfangreich, glaubwürdig und bedeutsam sein sollten (Breaugh & Billing, 1988).

Die *Eintrittsphase* (Encounter) wird oft mit traumatischen Erfahrungen in Verbindung gebracht; es wird vom Praxis- bzw. Industrieschock gesprochen (von Rosenstiel, Nerdinger & Spieß, 1991). In dieser Phase sollen die Neulinge getestet werden, ob sie in die Organisation „passen". Entsprechend ist es für den Anfänger das wichtigste Problem, sich zurechtzufinden und akzeptiert zu werden. Die ersten Monate in der Organisation können eine weitreichende Konsequenz für die spätere Bindung an die Organisation und die gesamte berufliche Entwicklung haben. In dieser Phase spielt die soziale Unterstützung eine große Rolle, wobei sich die Kombination der Ansprechpartner – Kollegen und Vorgesetzte – in einer Untersuchung an Führungsnachwuchskräften besonders bewährt hat (Maier & Spieß, 1994). Es gibt verschiedene Formen von Einführungskonflikten (Kieser, Nagel, Krüger & Hippler, 1990):

- Einarbeitungskonflikt: Der neue Mitarbeiter ist z. B. zu sehr auf sich gestellt.
- Quantitative Rollenübertragung: Dem neuen Mitarbeiter wird z. B. zuviel Arbeit und Routinetätigkeit aufgebürdet.
- Professionskonflikt: Der neue Mitarbeiter kann seine Fähigkeiten kaum einbringen.
- Rollenambiguität: Der neue Mitarbeiter kennt seine Rolle noch nicht.
- Feedback-Defizit: Der neue Mitarbeiter bekommt keine Rückmeldung.
- Konflikt in der Tätigkeitsdefinition: Der neue Mitarbeiter wird überwiegend mit formalen Aspekten der Arbeit beschäftigt.
- Kompetenzkonflikt: Die Kompetenzen des neuen Mitarbeiters sind nicht geregelt.
- Senderkonflikt: Hier sind personale Rollenaspekte gemeint, wie z. B. dass der Vorgesetzte unklare oder widersprüchliche Anweisungen gibt.
- Intra-Gruppenkonflikt: Hier geht es um soziale Konflikte in der Arbeitsgruppe.
- Entfremdung: Der neue Mitarbeiter distanziert sich innerlich von seiner Arbeit.

Die *Phase der Metamorphose* bezieht sich auf den Transformationsprozess, in dem „der Stallgeruch" angenommen wird, d. h. das neue Mitglied ist zum „Vollmitglied" avanciert und hat die im Organisation vorherrschenden Werte und Einstellungen übernommen, die Sozialwerdung ist erfolgt. Durch gezielte Maßnahmen – z. B. der Fort- und Weiterbildung – kann ergänzend dazu auch die Sozialmachung im Rahmen der Personalentwicklung erfolgen.

6.1.2 Arbeitszufriedenheit

Arbeitszufriedenheit ist als eines der „sozialen Effizienzkriterien" einer Organisation zu betrachten (Bayard, 1997, S. 126ff.). Dabei geht man davon aus, dass die Arbeit eines Mitglieds in der Organisation ihm nicht nur materielle (monetäre) Vorteile bringen, sondern auch immateriell bewertet werden soll. Da soziale oder mitarbeiterorientierte Ziele aber nicht als existenzielle Ziele privatwirtschaftlicher Organisationen betrachtet werden, gilt Arbeitszufriedenheit zumeist lediglich als ein vor die Effizienz zwischengeschaltetes Ziel. In neueren Managementkonzepten, wie etwa in Qualitätsmanagement-Modellen (Bögel & von Rosenstiel, 1999), wird – neben vor allem der Kundenzufriedenheit und den Geschäftsergebnissen – der Mitarbeiterzufriedenheit explizit ein bedeutender Raum eingeräumt. Zentrale Ergebniskriterien sind aber zunächst betriebswirtschaftlicher Art, vor allem Rentabilität, Produktivität und Marktanteil. In diesem Kontext interessiert vor allem der Zusammenhang zwischen Arbeitszufriedenheit und Leistung.

Schon in der Frühzeit der Industrialisierung beschäftigte man sich mit Phänomenen wie „Arbeitsfreude" (de Man, 1927), später mit der „Arbeitszufriedenheit" (Neuberger, 1985; Fischer, 1991). Man nahm damals einen Zusammenhang zwischen der Arbeitsunzufriedenheit und der Neigung zu Streiks an. In den 1930er Jahren, den Anfängen der Human-Relations-Bewegung, vermutete man eine Beziehung zwischen Arbeitszufriedenheit, Kommunikation und Leistung am Arbeitsplatz. Weitere Annahmen konzentrierten sich auf Zusammenhänge zwischen Arbeitszufriedenheit und Krankheitsstand, Fluktuation sowie Loyalität mit dem Unternehmen. Heute kommen Aspekte wie Klima und Zusammenarbeit, Führung und Kultur hinzu (Neuberger & Allerbeck, 1978). Zumeist wird unter Arbeitszufriedenheit eine relativ stabile, d. h. zeitlich eher langfristig gleichbleibende Wertung der arbeitsrelevanten Gegebenheiten verstanden. Arbeitszufriedenheit ist also die Einstellung zu verschiedenen Facetten der Arbeit. Dabei sind eine Vielzahl arbeits- und organisationsbezogener Bereiche relevant:

- Arbeitsinhalt (z. B. Abwechslung, Möglichkeit, Kenntnisse einzubringen)
- Arbeitsanforderungen
- Autonomie, Handlungsspielraum
- Beteiligung der Mitarbeiter
- Arbeitsumfeld, Arbeitsbedingungen
- Gesundheit und Sicherheit
- Kollegen, soziale Beziehungen
- Vorgesetzter, Führungsverhalten
- Kommunikation, Informationspolitik
- Lohn und Sozialleistungen
- Aus- und Weiterbildung
- Karrierechancen, Laufbahnplanung
- Unternehmenskultur (Wertesystem, Leitbild u.ä.)

Die Arbeitszufriedenheit weist große Überschneidungen mit dem Konzept „Einstellung" auf, das im Allgemeinen als relativ stabile Haltung des Menschen verstanden wird (vgl. Kapitel 5.1.1). Wie beim Einstellungskonzept fließen neben kognitiven auch affektive Elemente ein. Ein Handlungsbezug (konatives Element) ist – wie beim Konzept Einstellung – dagegen umstritten. Man nimmt an, dass sich Einstellungen und Arbeitszufriedenheit nicht ohne äußeren oder inneren Anstoß ändern.

Wie eine detaillierte Zusammenstellung von Begriffsklassifikationen der Arbeitszufriedenheit bei Six und Kleinbeck (1989, S. 375ff.) zeigt, ist in nahezu allen Konzeptionen zur Arbeitszufriedenheit eine Nähe zur Motivation gegeben. Zur Erklärung von Arbeitszufriedenheit werden häufig Motivationstheorien herangezogen. Im einfachsten Fall wird davon ausgegangen, dass jemand, der zufrieden ist, auch motiviert ist. Differenziertere Zusammenhangsannahmen liegen den im Folgenden dargestellten Modellen zur Arbeitszufriedenheit zugrunde.

Porter und Lawlers (1968) Überlegungen zur Arbeitszufriedenheit stützen sich auf die von Maslow genannten Bedürfnisse. Die physiologischen Grundbedürfnisse blieben jedoch unberücksichtigt (da diese heute weitgehend befriedigt seien) und es wurde das Bedürfnis nach Autonomie hinzugefügt. Die Bedürfnisse werden mit den Einzelaspekten der Zufriedenheit gleichgesetzt. Das „Need Fulfillment Questionaire" erfasst jeweils einen Soll-, Ist- und Wichtigkeitswert auf einer siebenstufigen Skala (Porter & Lawler, 1968).

Der Ansatz von Herzberg, Mausner und Snyderman (1959) lässt sich ebenfalls der Kategorie der bedürfnisorientierten Motivationstheorien zuordnen (vgl. Kapitel 5.1.3) und stellt zugleich eine eigenständige Arbeitszufriedenheitskonzeption dar. Seine zentrale Aussage ist die Zweidimensionalität von Arbeitszufriedenheit (Zwei-Faktoren-Theorie). Arbeitszufriedenheit bzw. -unzufriedenheit ist nicht auf demselben Kontinuum anzutreffen, sondern beide Ausprägungen sind getrennt zu betrachten (Herzberg, Mausner & Snyderman, 1959). Herzbergs Ansatz regte vielfältige Maßnahmen an, mit denen Zufriedenheit in Organisationen gefördert bzw. Unzufriedenheit verhindert werden soll.

Im Gegensatz zu den bisher angeführten Konzeptionen wird der Ansatz von Bruggemann (Bruggemann, Groskurth & Ulich, 1975) noch in jüngerer Zeit als Grundlage für Weiterentwicklungen verwendet (Abb. 6.1). Zentrale Elemente des Prozessmodells der Arbeitszufriedenheit von Bruggemann sind:

- Arbeitszufriedenheit entsteht in einem individuellen Prozess aufgrund eines Soll-Ist-Vergleiches,
- es gibt sehr unterschiedliche Formen der Arbeitszufriedenheit und
- diese resultieren aus einer Wechselwirkung zwischen Anspruchsniveau und Situationsbewältigung.

Nach diesem Modell gehen Menschen von einem „Soll"-Zustand aufgrund ihrer Bedürfnisse und Erwartungen (welche mehr oder weniger bewusst werden) aus und stellen diesem die tatsächlichen Merkmale der Arbeitssituation (Ist-Zustand) gegenüber. Dieser – zumeist unbewusst bleibende – Vergleich führt entweder zu einer stabilisierenden Zufriedenheit oder zu einer diffusen Unzufriedenheit. Welche Form von Zufriedenheit oder Unzufriedenheit daraus resultiert, hängt nun davon ab, ob im Anschluss an den Soll-Ist Vergleich die Ansprüche an die Arbeitssituation steigen, sinken oder in etwa gleich bleiben.

Bei diffuser Unzufriedenheit und unverändertem Anspruchsniveau entscheidet die Art der Problembewältigung bzw. Problemverdrängung oder Nichtbewältigung des Problems über die Form der Zufriedenheit. Je nach Form der Zufriedenheit ergeben sich wieder Rückkoppelungseffekte auf die Soll- und Ist-Werte der Arbeitssituation.

Progressive Arbeitszufriedenheit resultiert, wenn aufgrund einer befriedigenden Arbeitssituation weitere Zielvorstellungen und Erwartungen erwachsen, d. h. es entstehen neue Motivationen, deren Beweggrund auch als „schöpferische Unzufriedenheit" gelten kann. Diese ist jedoch nicht so stark, als dass sie die positive Grundzufriedenheit aufheben könnte.

Stabilisiert Zufriedene sind in der Arbeit zufrieden und richten ihre Bedürfnisse und Interessen auf andere Lebensbereiche, z. B. auf das Privatleben. Sie bemühen sich um die Aufrechterhaltung der befriedigenden Arbeitssituation. Werden dagegen Dissonanzen mit einer (bewussten oder unbewussten) Senkung des Anspruchsniveaus gelöst, ist eine *resignative Arbeitszufriedenheit* die Folge. Bei der *konstruktiven Arbeitsunzufriedenheit* ist sich die Person der unbefriedigenden Situation bewusst, sie sucht nach Mitteln und Wegen, aus dieser Situation herauszufinden, denn die Veränderungsmotivation ist hoch. Anders ist es bei der *fixierten Arbeitsunzufriedenheit*. Hier wird kein Ausweg aus der Situation erkannt bzw. der dazu nötige Aufwand scheint die individuellen Möglichkeiten zu übersteigen. Der Druck zur Problemlösung wirkt daher frustrierend, man bleibt in den Problemen stecken, wenn nicht von außen eine Lösung kommt.

Die *Pseudozufriedenheit* ist das Ergebnis einer unbefriedigenden und unlösbaren Arbeitssituation, bei der jedoch eine Senkung des Anspruchsniveaus nicht stattfinden kann (z. B. aufgrund sozialer Normen). Das Problem wird verdrängt oder verfälscht, so dass die Arbeitssituation als erträglich empfunden wird.

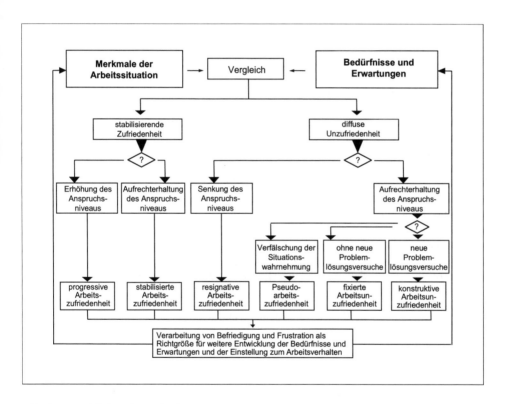

Abb. 6.1: Modell der Arbeitszufriedenheit nach Bruggemann, Groskurth & Ulich (1975)

Die beiden Kerngedanken des Bruggemann-Modells werden von den meisten Kritikern als wesentlicher Beitrag zur Arbeitszufriedenheitsforschung bezeichnet:

- Arbeitszufriedenheit wird subjektiv hergestellt, abhängig von Anspruchsniveau, Problemwahrnehmung und Situationsbewältigung (Arbeitszufriedenheit als intraindividueller, dynamischer Prozess) und
- Zufriedenheit hat unterschiedliche Qualitäten (zufrieden sein bedeutet nicht bei jeder Person dasselbe und impliziert unterschiedliche Verhaltensweisen).

Unklar an diesem Modell ist vor allem, ob vorwiegend situationsbezogene oder personenbezogene Merkmale die Arbeitszufriedenheit determinieren. Die Typologie der Arbeitszufriedenheit nach Bruggemann et al. (1975) wurde mehrfach überarbeitet.

Arbeitszufriedenheit weist zwar eine konzeptionelle Überlappung mit der Motivation auf, dies bedeutet jedoch noch nicht, dass Arbeitszufriedenheit immer mit höherer Leistungsbereitschaft einhergeht. Die Frage, welche Relevanz Arbeitszufriedenheit für die Leistung und andere unternehmensrelevante Effizienzkriterien wie Fluktuation oder Fehlzeiten hat, wurde in vielen Studien untersucht (Six & Eckes, 1991). Der Großteil dieser Untersuchungen ging dabei von einer linearen Wirkungsbeziehung aus und verwendete dementsprechend Korrelationsanalysen. In einer auf 106 Studien basierenden Metaanalyse resümieren Six und Eckes die geringen Korrelationen (zwischen -.02 und .29) folgendermaßen: „Es erscheint denkbar, dass die Untersuchung des Zusammenhangs zwischen Zufriedenheits- und Leistungsmaßen mittels einfacher Korrelationsanalyse keine höheren Ergebnisse erzielen kann, da auf diese Weise die zu vermutenden komplexen, wechselseitigen Einflüsse nicht zu erfassen sind" (Six & Eckes, 1991, S. 37).

Situative Einflüsse und eine Vielzahl von Moderatorvariablen beeinflussen die Beziehung. Die Arbeitszufriedenheit von Mitarbeitern hat auch eine zentrale Bedeutung für die Kundenzufriedenheit. Dies gilt in besonderem Maße für den Dienstleistungsbereich (siehe Kapitel 6.2.4). Zufriedene Mitarbeiter werden höhere Servicequalität erbringen können: „Wenn die Mitarbeiter nicht begeistert sind, werden auch die Kunden nicht zu begeistern sein" (Berry & Parasuraman, 1995, S. 89). Ein Element dieser Wirkung ist darin zusehen, dass Arbeitszufriedenheit prosoziales Verhalten, z. B. die Mitteilung von Gefühlen, fördert.

Das Job-Characteristics-Model von Hackman und Oldham (1980) beschreibt, welche Merkmale einer Tätigkeit für die Arbeitszufriedenheit und Motivation von Mitarbeitern verantwortlich sind (Abb. 6.2).

6.1 Prozesse in Organisationen

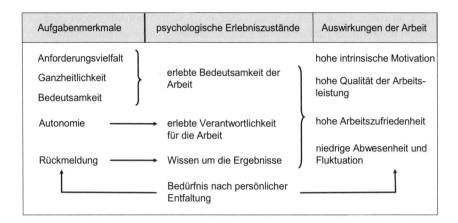

Abb. 6.2: *Job Characteristics Model von Hackman und Oldham (1980)*

In dem Modell wird zwischen den Merkmalen der Aufgaben, den verschiedenen psychologischen Erlebniszuständen und den Auswirkungen der Arbeit unterschieden. Es gibt in diesem Modell fünf Merkmale der Aufgabe:

1. *Anforderungsvielfalt*: Die Aufgabe sollte nicht einseitig sein, sondern möglichst viele unterschiedliche Fähigkeiten des Mitarbeiters ansprechen.
2. *Ganzheitlichkeit:* Hier geht es darum, dass der Mitarbeiter eine Vorstellung für das gesamte, zu erstellende Produkt gewinnt.
3. *Bedeutsamkeit*: Wenn der Mitarbeiter erkennen kann, welche Bedeutsamkeit seiner Tätigkeit zukommt, wird er sich nicht als Rädchen im Getriebe fühlen, sondern den Sinn seiner Tätigkeit begreifen.

Diese drei Merkmale führen auf der Ebene der Erlebniszustände dazu, dass die eigene Arbeitstätigkeit als bedeutsam erlebt wird.

4. *Autonomie*: Mitarbeiter handeln autonom, wenn sie eigenständig die Mittel ihrer Arbeit wählen können. Hierbei erlebt der Mitarbeiter Verantwortung für die Ergebnisse der eigenen Arbeitstätigkeit.
5. *Rückmeldung* ist das letzte Aufgabenmerkmal, das besagt, dass der Mitarbeiter über aktuelle Arbeitsresultate, besonders über die Qualität der Arbeit, Bescheid erhält.

Die Folgen dieser Aufgabenmerkmale und der mit ihnen verbundenen psychologischen Erlebenszuständen sind hohe Arbeitszufriedenheit und intrinsische Arbeitsmotivation. Dabei spielt das Bedürfnis nach persönlicher Entfaltung aufseiten des Mitarbeiters eine übergeordnete Rolle.

Eine Studie von Judge et. al (2001) belegt, dass bei Mitarbeitern mit einem ausgeprägten Bedürfnis nach persönlicher Entfaltung der Zusammenhang zwischen den Aufgabenmerkmalen und der Arbeitszufriedenheit höher ist als bei Mitarbeitern, deren Entfaltungsbedürfnis nicht so stark ausgeprägt ist.

6.1.3 Commitment und Identifikation

In der Organisationspsychologie ist das organisationale Commitment seit mehr als 30 Jahren ein wichtiger Forschungsgegenstand (Kraus & Woschee, 2009), der die psychologische Verbundenheit der Mitarbeiter mit ihrer Organisation beschreibt. Unter Commitment (Verbundenheit) im Allgemeinen ist eine bestimmte Einstellung eines Mitarbeiters gegenüber einem Unternehmen und dessen Zielsetzungen zu verstehen, die sich am besten durch „Loyalität zu" und „Identifikation mit" umschreiben lässt. Organizational Commitment beinhaltet die starke Bindung an das Gesamtunternehmen. Das Commitment zu einer Organisation zeichnet sich aus durch eine hochausgeprägte Akzeptanz organisationaler Ziele und Werte, die Bereitschaft, beträchtliche Anstrengungen für die Organisation zu unternehmen und den starken Wunsch, Mitglied in der Organisation zu bleiben.

Hohes organisationales Commitment kann z. B. einen wichtigen Prädiktor für einen erfolgreichen Auslandseinsatz darstellen und verhindert einen vorzeitigen Abbruch der Entsendung (Gelade, Dobson & Auer, 2008). Ein mit dem Commitment verwandtes Konzept stellt die Arbeitszufriedenheit dar, die jedoch die Bewertung der aktuellen Arbeitssituation in den Vordergrund stellt, während das Commitment stabiler und längerfristig konzipiert ist. Commitment steht dennoch in engem Zusammenhang mit Arbeitszufriedenheit (Hechanova et al., 2003) (siehe auch Kapitel 6.1.2). Zum Commitment mit einer Organisation trägt neben der Zufriedenheit auch die Qualität der Alternativen sowie das Ausmaß der Investitionen bei, die ein Mitglied für eine Organisation bereits geleistet hat.

Commitment wird als Einstellung beschrieben, die aus drei Komponenten besteht: dem *affektiven*, dem *normativen* und dem *kalkulatorischen* Commitment (Meyer & Allen, 1997). Ein Beispiel für kalkulatorisches Commitment: Hat ein Mitarbeiter aus seiner Sicht bereits viel in ein Unternehmen investiert, sich z. B. häufig öffentlich engagiert, so festigt dies die Bindung und erschwert eine neutrale Haltung. Identifikation bzw. Commitment führen dazu, dass die individuellen Entscheidungen – weitgehend – mit den Organisationszielen übereinstimmen und bieten somit eine Voraussetzung für Motivation. Bisherige Forschungsergebnisse weisen auf einen Zusammenhang mit Fluktuationsneigung und Arbeitsunzufriedenheit hin.

In der folgenden Abbildung 6.3 wird dieser Zusammenhang verdeutlicht:

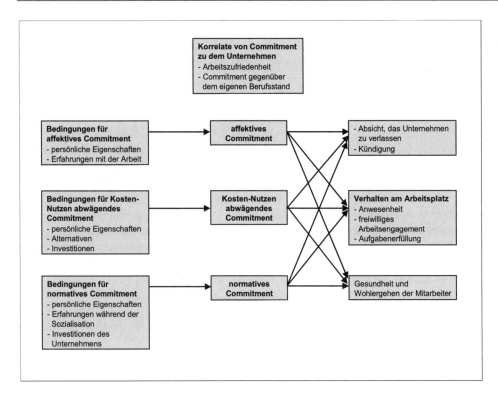

Abb. 6.3: Dreikomponentenmodell des Commitments nach Meyer (2002)

Im Unterschied zum Commitment zeigt *Identifikation* an, wie sich Organisationsmitglieder in ein Unternehmen eingebunden fühlen und inwieweit sie sich mit dessen Zielen identifizieren. Identifikation zeichnet sich durch Einstellungen, Verhaltensmerkmale und Prozesse aus, mit denen ein Individuum Eigenschaften fremder (Identifikations-)Objekte assimiliert und zum Gegenstand seines eigenen Selbstverständnisses macht. Im Zuge des Identifikationsprozesses werden eigene Werte mit denen der Arbeitswelt (bezogen auf Personen oder Objekte) in Verbindung gesetzt. So kann z. B. eine berufliche Bezugsperson als Vorbild dienen. Aus solchen Orientierungen resultiert eine jeweils spezifische Einbindung in die soziale Institution, die verhaltensrelevant wirkt. Diese Verankerung kann durch eine vorwiegend gefühlsmäßige Einbindung erfolgen (Wunderer & Mittmann, 1995). Erste Messungen über das Ausmaß der Identifikation mit den Zielen der Organisation haben von Rosenstiel und Stengel (1987) im Rahmen von Wertewandelstudien (siehe Kapitel 6.2.2) durchgeführt.

Ein etwas älteres Konstrukt als das Commitment ist das *Involvement*. Dieses bezeichnet die Identifikation mit der Arbeit, die unabhängig von eher affektiven Aspekten (z. B. Arbeitszufriedenheit) bestehen kann. Dabei ist zwischen job involvement (bezogen auf die gegenwärtige Arbeitstätigkeit) und work involvement (bezogen auf Arbeit allgemein) zu unterscheiden. Die englischen Begriffe „work" (Arbeit allgemein) und „job" (aktuelle Tätigkeit) verdeutlichen dabei besser als die deutsche Übersetzung den gemeinten Bezug. Die gegenwärtige Einstellung zur Arbeitstätigkeit ist dabei weniger stabil und stärker von variablen Merkmalen sowie von der Arbeitsumwelt beeinflusst, als die eher situationsübergreifende allgemeine Einstellung zur Arbeit an sich (Kanungo, 1992).

6.1.4 Lernende Organisation

Den Gedanken einer besonderen Lernkultur als Basis der Organisation systematisiert das Konzept der *Lernenden Organisation* (Argyris & Schön, 1978; Senge, 2001) und grenzt sich damit von traditionellen und bürokratischen Organisationsformen ab (Weinert, 2004, S. 581ff.). Um unter Konkurrenzbedingungen mindestens so schnell zu lernen, wie das Umfeld sich verändert, gilt es in diesem Organisationsverständnis die Innen- und Außenwelt (Arbeitsabläufe, Kundenerwartungen, Konkurrenten u. a.) ständig auf Innovationen, neue Probleme und Möglichkeiten des Lernens zu prüfen. Dazu wird Lernen mit Arbeiten gleichgesetzt, d. h. es bestehen regelmäßige Reflexionsphasen über die gemeinsame Arbeit, es werden systematisch Probleme und Fehler in internen Abläufen gesucht und analysiert. Fehler bieten in diesem Verständnis Lernchancen und werden in diesem Sinne behandelt (und nicht als Versagen diffamiert). Lernen heißt, das Feedback über das organisationale Handeln bewusst und systematisch wahrzunehmen und im Sinne der eigenen Ziele zu verwerten. Ziel der Organisation ist es, die Mitarbeiter zum Lernen zu befähigen, zu motivieren und das Weitergeben von Wissen karriereförderlich zu behandeln.

Umstritten ist nach wie vor, ob die „lernende Organisation" mehr ist, als das Insgesamt der Lernprozesse ihrer Mitglieder. Meist wird dies heute allerdings dahingehend interpretiert, dass zwar das Lernen des Einzelnen eine notwendige, aber keine zureichende Bedingung einer lernenden Organisation sei. Die Ergebnisse individuellen Lernens sollen also in die Rituale, Selbstverständlichkeiten, Praktiken und Strukturen der Organisation – das ist eine zusätzliche Bedingung – übergehen. Wenn also ein besonders kompetenter Wissensträger die Organisation verlässt, sollte man fragen, wo in der Organisation sein Wissen künftig zu finden ist und geschützt werden kann.

Organisationales Lernen umfasst somit über die Förderung und Intergation individuellen Lernens hinaus die Schaffung organisationaler Wissensstrukturen und einer unterstützenden Lernkultur im Unternehmen. Es schafft Lernkulturen für die Personalentwicklung, fördert Lernvorbilder und bietet umfassende institutionelle Anreize zur Selbstentwicklung ihrer Mitglieder (von Rosenstiel, 2007). Auf der Ebene der Mitarbeiter wird dies über die Grenzen einzelner Wirtschaftsbereiche hinaus mit dem Prinzip „lebenslanges Lernen" umschrieben (Dubs, 2000). Ein ständiger Wandel in der Arbeitswelt, Flexibilisierung und geforderte Mobilität, neue Arbeits- und Organisationsformen stellen zum einen eine Herausforderung und Chance für den Einzelnen dar, zum anderen verbinden sich mit dieser Entwicklung auch Befürchtungen und Ängste, denn besonders der permanente Wandel in der Arbeitswelt lässt die Halbwertszeit des Wissens und damit die individuellen Qualifikationen ständig sinken. Dies erfordert vom Einzelnen, dass er sich stets darum bemüht, neues und aktuelles berufsrelevantes Wissen zu erwerben. So wird heute das Lernen nicht mehr nur mit einer bestimmten Lebensphase verknüpft – klassischerweise betraf dies die Kinder- und Jugendzeit – sondern es ergibt sich die Notwendigkeit, dass Menschen ihr ganzes Leben lang lernen.

6.1 Prozesse in Organisationen

Lerntransfer ist dann gegeben, wenn der Lernende das Gelernte von der Übungssituation, in der er das Lernziel erreicht, auf die berufliche Situation überträgt. Eine systematische und differenzierte Analyse vorliegender empirischer Evidenz zum Lerntransfer haben Baldwin und Ford (1988) vorgenommen (Abb. 6.4). Demnach hängt der Transfer ab:

- vom Trainingsinput, d. h. Merkmalen der zu Trainierenden,
- dem Trainingsdesign und der Arbeitsumgebung ab,
- vom Trainingsoutput, d. h. dem Gelernten und Behaltenen,
- von den Transferbedingungen, d. h. den Möglichkeiten zur Generalisierung und zum Aufrechterhalten des Gelernten.

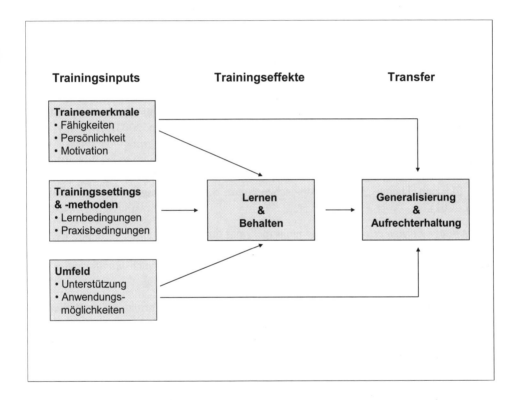

Abb. 6.4: *Modell des Transferprozesses nach Baldwin und Ford (1988)*

Bergmann und Sonntag (2006) verweisen darauf, dass es beim Transfer nicht allein darum geht, das im Seminar Erworbene in die Praxis zu übertragen, sondern dass dies generalisiert wird, also auch auf nicht trainierte oder gar nicht trainierbare Aufgabenbewältigungen übertragen wird. Sie schlagen daher folgende Definition vor (S. 357): „Transfer erfolgt dann, wenn in einem Zusammenhang […] ein Lernprozess stattgefunden hat und der Lerner in einem zweiten, veränderten Zusammenhang […] mit einer Aufgaben- und Problemstellung konfrontiert wird, auf die eine Anwendung des Gelernten sinnvoll oder hilfreich ist." Dies wird in besonderem Maße gefördert, wenn man die Lernumgebung entsprechend gestaltet (Mandl & Reimann-Rothmeier, 1997). Die Autoren fordern von derartigen Lernumgebungen:

- Authentizität, d. h. die Lernumgebung sollte die reale Situation widerspiegeln.
- Situiertheit, d. h. der Lernende wird in Situationen versetzt, die ihm den Anwendungskontext anschaulich vor Augen führen.
- multiple Kontexte, d. h. es wird vermieden, dass das Wissen nicht nur auf eine Situation bezogen, sondern auf verschiedene Kontexte angewandt wird.
- multiple Perspektive, d. h. die Inhalte und Probleme sollen aus unterschiedlicher Sicht reflektiert werden sowie
- sozialer Kontext, d. h. es sollte das neue Wissen zumindest teilweise gemeinsam und in kooperativer Weise erworben werden.

Das Konzept des „lebenslangen Lernens" besagt, dass Lernen nicht mit der Schulbildung abgeschlossen ist, sondern ein das ganze Leben überdauernder Prozess der ständigen aktiven und lernenden Auseinandersetzung mit neuen Herausforderungen darstellt. Bisherige Qualifizierungsansätze haben die einzelnen Lernphasen in Kindergarten, Schule, Berufsausbildung und Arbeitsleben meist getrennt betrachtet. Dies genügt angesichts des kontinuierlichen Wandels in der Arbeitswelt nicht mehr (Große-Jäger, Sieker & Graat, 2003). Nach der Definition der Europäischen Union soll *lebenslanges Lernen* der Verbesserung von Wissen, Qualität und Kompetenzen dienen und im Rahmen einer persönlichen, bürgergesellschaftlichen, sozialen bzw. beschäftigungsbezogenen Perspektive erfolgen (vgl. Mitteilung der Kommission der EU zum Thema „Einen europäischen Raum des lebenslangen Lernens schaffen" vom 21.1.2001).

Das *lebenslange Lernen* erfolgt deshalb nicht mehr nur durch institutionalisierte und formalisierte Wissensvermittlung, sondern umfasst neben dem *formalen Lernen*, wie es bislang in den klassischen Ausbildungs- und Weiterbildungsstätten stattfand, auch *nichtformales Lernen* und *informelles Lernen*:

- Nichtformales Lernen, d. h. Lernen, das nicht in einer Bildungseinrichtung stattfindet und das nicht zertifiziert wird.
- Informelles Lernen, d. h. Lernen das im Alltag, am Arbeitsplatz, in der Familie und in der Freizeit stattfindet.

Die Diskussion über *selbstorganisiertes* Lernen in der beruflichen Weiterbildung und die Aufwertung informeller Lernprozesse rückt den Lernenden in den Mittelpunkt (Tully, 2003). Staudt und Kriegesmann (1999) schätzen, dass im beruflichen Kontext 80% der notwendigen Qualifikation und Kompetenz erworben werden. Für das herkömmliche formale Lernen innerhalb einer institutionalisierten Form der Fort- und Weiterbildung bleiben damit bestenfalls 20%.

Dem Konzept des selbstorganisierten Lernens kommt in der betrieblichen Weiterbildung besondere Bedeutung zu, da die Lernenden hier bereits über eigene Erfahrungshintergründe, Kenntnisse, Erwartungen und Interessen in Bezug auf ihre Qualifizierung verfügen, denen vorstrukturierte Curricula und feststehende Lehrmethoden nicht entsprechen können (Heyse & Erpenbeck, 1997). Voraussetzungen der Selbstorganisation des Lernens sind:

- die Lernautonomie der Akteure (freie Wahl der Lernmethoden, Lernmedien und Lernzeiten),
- die Lerneignung des physischen Umfelds (Ausstattung mit Lernmitteln, Zugriffsmöglichkeiten auf externe Wissensressourcen, keine beeinträchtigenden Umgebungsbedingungen),
- das lernförderliche Verhalten der Vorgesetzten,
- die Lernkompetenz der Akteure.

Selbstorganisiertes Lernen in der betrieblichen Bildung findet in sozialen Zusammenhängen statt. Lernen stellt spezifische Anforderungen an den Lernenden, die Lernumgebung und an denjenigen, der lehrt. So sind von den Lernenden Eigenaktivität, Selbstmotivation, Bewusstheit über die eigenen Lernbedürfnisse, das Festlegen der eigenen Lernziele, das Entwickeln einer angemessenen Lernstrategie und die Evaluation des Lernergebnisses gefordert (Geldermann & Spieß, 2001). Die Anforderungen an die Gestaltung der Lernumgebung selbstorganisierten Lernens bestehen zum einen in einem Methodentraining und zum anderen in einer eher indirekten Förderung, in dem die Lernenden in die Planung des Lernprozesses mit einbezogen werden. Das Verhältnis des Lernenden zum Lehrenden verändert sich: Selbstorganisiertes Lernen soll von den Lehrenden kompetent begleitet werden, womit sich dessen herkömmliche Lehrerrolle grundlegend ändert.

Selbstorganisiertes Lernen am Arbeitsplatz verändert auch die Rolle des Vorgesetzten in den Unternehmen: Er muss diese neuen Lernprozesse durch sein Engagement unterstützen. Dies setzt voraus, dass er den Mitarbeitern ihre Verantwortung zur eigenen Weiterentwicklung auch zugesteht und ermöglicht. Er muss ihnen entsprechende Handlungs- und Entscheidungsspielräume sichern, ihren Lernprozess beratend begleiten, Feedback geben, Fehler als Lernchance zulassen. Letztendlich kann dies nur gelingen, wenn das Lernen im Rahmen der ganzen Organisation als ein dauerhafter, selbstregulierter und selbstverständlicher Prozess verstanden wird (Dubs, 2000, S. 99).

6.1.5 Netzwerke

An die Stelle rationalistischer und regelorientierter Vorstellungen über angemessenes Verhalten in Organisationen treten zunehmend solche über flexible, offene und lernbereite Organisationen. Dazu passende Strukturen sind nicht bürokratische Organisationen, sondern Netzwerke. Nach Mahnkopf (1994) ist ökonomisches Handeln eingebunden in die Strukturen sozialer Beziehungsnetzwerke. Für diese Netzwerke spielt das Prinzip der Reziprozität eine große Rolle. So steht im Mittelpunkt der industriesoziologischen Diskussion um Netzwerke die sich wandelnden Anforderungen an Wirtschaftsunternehmen (Krücken & Meier, 2003).

Ein Netzwerk ist durch die Zusammenarbeit mehrerer Personen definiert, durch Stabilität, Freiwilligkeit der Teilnahme, Vertrauen, eigene Ziele und Ziele der Netzwerkpartner sowie Autonomie und Interdependenz (Borgatti & Foster, 2003)). Eine Besonderheit bildet das sog.

„Ego-zentrierte Netzwerk", das den Fokus auf einen Akteur (ego) legt und aus dessen Sicht heraus die Netzwerkpartner (alteri) erhoben werden (siehe Abb. 6.5).

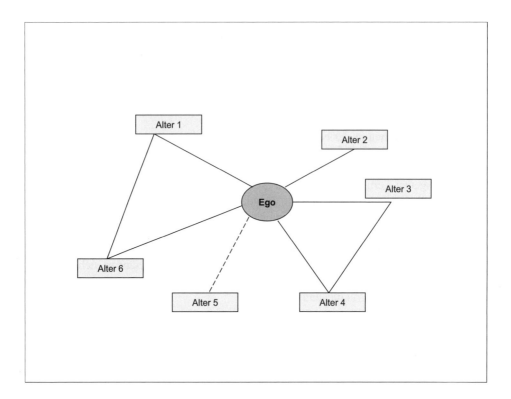

Abb. 6.5: Egozentrierte Netzwerke

Gruppenprozesse (vgl. Kapitel 5.2.1) beeinflussen die Netzwerkteilnehmer. Die Netzwerkpartner interagieren eher mit ihnen ähnlichen Personen (Rasse, Geschlecht, Status), haben dadurch weniger Konflikte, jedoch auch weniger Diversität (z. B. Kreativität in der Produktentwicklung). Männer haben mächtigere Netzwerke (vgl. Kapitel 6.2.3).

Netzwerke folgen einer eigenen Strukturform jenseits von Markt und Hierarchie (Powell, 1990) und haben diesen gegenüber spezifische Vorteile:

- sie sind flexibel und schnell,
- sie bieten günstige Bedingungen für Lernprozesse und den Wissensaustausch,
- sie reduzieren Unsicherheit, die besonders bei marktvermittelten Transaktionen hoch ist.

Die Entstehung und der Fortbestand von Netzwerken beruht in hohem Maße auf Vertrauen (vgl. Kapitel 5.2.6). Netzwerke ermöglichen den Zugang zu spezifischen Ressourcen und Informationen (Borgatti & Foster, 2003; Jansen, 2003). Sydow (1992, S. 79) kennzeichnet Unternehmensnetzwerke als „komplex-reziproke, eher kooperative denn kompetitive und relativ stabile Beziehungen zwischen rechtlich selbständigen, wirtschaftlich jedoch meist abhängigen Unternehmungen". Netzwerke verknüpfen organisationale mit interorganisationaler Flexibilität. Ein wesentliches Merkmal ist deren Offenheit.

Die Versuche, Organisationen durch Dezentralisierung und Umstrukturierung effizienter zu gestalten, verringern die bestehende Arbeitsteilung. Angestrebt werden Netzwerke gleichberechtigter, sich selbst regulierender Organisationseinheiten. Solche Netzwerke funktionieren jedoch nur, wenn die Abstimmungsprozesse und die Zusammenarbeit der Mitarbeiter gelingen (vgl. auch Spieß & Nerdinger, 1998). Röhrle (1994, S. 46) unterscheidet zwischen relationalen, funktionalen Merkmalen und solchen der Morphologie sozialer Netzwerke. Merkmale der Morphologie sind die Größe des Netzwerkes, d. h. die Anzahl der Elemente, die Dichte, d. h. die Zahl der möglichen vs. tatsächlich vorhandenen Beziehungen, die Zentralität, d. h. der Grad der sozialen Integration und die Sektoren wie Familie, Freunde usw.

Relationale Merkmale beziehen sich auch auf die formellen Aspekte sozialer Netze, können aber einiges über die Qualität der Beziehungen aussagen. Sehr starke Beziehungen werden Confidantbeziehungen genannt, sie charakterisieren sich durch ein uneingeschränktes Vertrauen und bieten einen großen emotionalen Rückhalt. Die schwachen Beziehungen dagegen erfüllen die Rolle von Brücken zwischen verschiedenen sozialen Systemen. Ihre wichtige Funktion besteht darin, dass sie das Gefühl der Integration der Person in eine größere Gemeinschaft – „sense of community" – vermitteln. Diese Integration wird als ein wichtiges Moment für die Entwicklung eines positiven Selbstkonzeptes gesehen. Die Stärke schwacher Beziehungen ist nach Granovetter (1973) darin zu sehen, dass – im Gegensatz zu einem dichten Netzwerk – schneller an neue Informationen zu kommen ist und das Netzwerk weniger in Subgruppen nach Rasse, Ethnizität usw. getrennt ist.

Die funktionalen Merkmale von Netzwerken sind die soziale Unterstützung, die Sicherheit und Rückhalt gibt, andererseits aber auch die soziale Kontrolle, die sich damit verbindet, z. B. in Form von Orientierung an Normen und in der Übermittlung von Werten. Netzwerke können z. B. für Auslandsentsendungen eine wichtige Rolle spielen (vgl. Kapitel 8.9).

Zur Diagnose diverser Organisationsformen sind Verfahren wie *Netzwerkanalysen* interessant. Diese zählen bisher zu den traditionellen Gebieten der Organisationsforschung, wobei von der sozialpsychologischen Kleingruppenforschung wesentliche Impulse ausgehen (z. B. Pappi, 1987). Grundlegende Betrachtungsweisen sind Fragen nach dem Wer (Kommunikatoren, Sender – Empfänger), Was (Inhalt), Wie (Form, Medium, Stil) und dem Wozu (Ziele) (Feger, 1987, S. 233). Soziometrische Methoden erlauben die Feststellung der Kontaktfrequenz, der Präferenzbeziehungen und die Identifizierung einzelner Netzwerkrollen (z. B. Schlüsselkommunikatoren).

6.2 Gesellschaftliche Prozesse

Unter die gesellschaftlichen Prozesse werden hier exemplarisch Werte und Kultur, der Wertewandel, die Rolle von Frauen in Organisationen, die Dienstleistung und die Globalisierung gefasst. Auch diese Darstellung erhebt nicht den Anspruch auf Vollständigkeit, denn nicht alle gesellschaftlichen Phänomene können hier besprochen werden.

6.2.1 Werte und Kultur

Werte sind zentral für das menschliche Handeln, sie spielen somit auch für die Erklärung wirtschaftlichen Handelns eine große Rolle, z. B. bei interkulturellen Kooperationen (Kapitel 8.9), wenn Angehörige verschiedener Kulturen aufeinandertreffen oder bei Unternehmenszusammenschlüssen (Kapitel 8.5), wenn die in den fusionierten Unternehmen gelebten Werte nicht zusammenpassen.

Abbildung 6.6 zeigt das Verhältnis von Werten zu Einstellungen und Verhalten: Werte bilden zusammen mit den kulturellen und situativen Einflüssen Voraussetzungen zur Bildung von Einstellungen und können so auch Verhalten vorhersagen. Nach Lewin (1982b) sind Werte keine Kraftfelder, sondern sie induzieren diese. So versucht man nicht, den Wert „Fairness" zu erreichen, sondern dieser Wert lenkt das Verhalten einer Person. Werte entscheiden darüber, welche Handlungsweisen für eine Person in einer bestimmten Situation eine positive oder negative Valenz im Sinne von Wertigkeit bekommen.

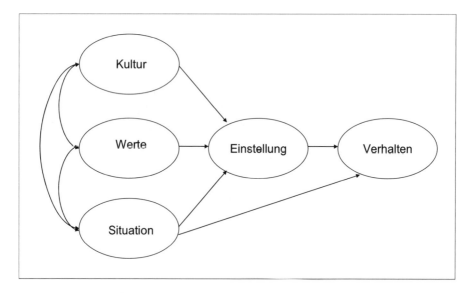

Abb. 6.6: Werte und Verhalten

Werte lassen sich als „eine explizite oder implizite, für ein Individuum oder eine Gruppe charakteristische Konzeption des Wünschenswerten" definieren, die die Auswahl unter verfügbaren Handlungsarten, -mitteln und Zielen beeinflusst (Kluckhohn, 1951, S.395). Hofstede (1980, S. 19) hat diese Definition dahingehend vereinfacht, dass er von einer „broad tendency to prefer certain states of affairs over others" spricht.

6.2 Gesellschaftliche Prozesse

Für das Individuum haben Werte Maßstabscharakter und dienen der Orientierung für das Denken und Handeln. Für die Gesellschaft stellen Werte eine Legitimationsgrundlage dar (von Rosenstiel, 1998). Werte haben in der Psychologie „identitätsverbürgende" Elemente, wobei Graumann und Willig (1983) die Herkunft des heutigen Wertbegriffs aus dem Tauschen und Wirtschaften ableiten.

Zentrale Werte der westlichen Kulturen stammen aus der philosophisch-theologischen Tradition und bestimmen das Bewerten entsprechend sozialisierter Individuen. Auf individueller Ebene werden Werte als Werthaltung bezeichnet und dienen der Identitätswahrung (vgl. Kapitel 5.1.10). Für die Wertforschung ist die Unterscheidung in Zielwerte (z. B. Gleichheit) und in instrumentelle Ziele (Verhaltensweisen, wie z. B. Gehorsam) zentral (Schwartz & Bilsky, 1987). Sie lehnt sich damit an die Erhebungsmethode von Rokeach (Witte, 1994, S.406) an, der 18 Zielwerte, die durch Literaturstudium und Befragung gewonnen wurden, und 18 Instrumentalwerte, die aus einer Liste von persönlichkeitsbeschreibenden Wörtern ausgewählt wurden, erfasst. Die Versuchspersonen müssen die Ziel- und Instrumentalwerte jeweils in eine Rangordnung bringen. Bedeutsame Werte werden auch mit starken emotionalen Reaktionen assoziiert, im Vergleich zu weniger wichtigen Werten (Feather, 1988).

Eine klassische Studie hierzu stammt von Hofstede (1980), der in einem multinationalen Konzern in über 40 Ländern

arbeitsbezogene Wertvorstellungen erfasste. Über die verschiedenen Kulturen hinweg ermittelte Hofstede faktorenanalytisch vier Dimensionen: 1. Machtdistanz, 2. Unsicherheitsvermeidung, 3. Individualismus/Kollektivismus, 4. Maskulinität/ Feminität.

- *Machtdistanz* bedeutet die Akzeptanz von Ungleichverteilung der Macht in Institutionen und Organisationen einer Gesellschaft. Eine niedrige Machtdistanz bedeutet z. B. flache Hierarchien, Abbau von Statusunterschieden und hierarchiefreie Räume. Sie beinhaltet aber auch zugleich eine Tendenz zur Instabilität und Desorientierung. Eine hohe Machtdistanz wiederum steht für stark ausgebaute Hierarchien (Scholz, 2000).
- *Unsicherheitsvermeidung* bezeichnet das Ausmaß an Ängstlichkeit der Mitglieder einer Gesellschaft angesichts unstrukturierter und widersprüchlicher Situationen. Diese Dimension unterscheidet rigide von flexibleren Gesellschaften (Thomas, 1993). In rigiden Gesellschaften wird versucht, Unsicherheit möglichst zu vermeiden. Tritt sie auf, sind die Menschen sehr verunsichert, im Unterschied zu flexiblen Gesellschaften, in denen Menschen besser mit solchen Situationen umgehen können. Dies bedeutet z. B. für die Personalarbeit bei einem geringen Maß an Unsicherheitsvermeidung wenige geschriebene Regeln, eine geringe Standardisierung und Spezialisierung (Scholz, 2000).
- *Individualismus* zeigt sich in der Bevorzugung eines relativ lose zusammengehaltenen Netzwerkes im Unterschied zum Kollektivismus, der für die Bevorzugung eines relativ eng geknüpften Netzwerkes steht. Eine kollektivistische Kultur bedeutet in Organisationen, dass die Förderung der Mitarbeiter sich z. B. nach dem Senioritätsprinzip richtet. Vom Organisationsmitglied wiederum wird ein moralisches Engagement und eine Wertschätzung gemeinsamer Ziele erwartet, das Unternehmen wird als Teil der Familie gesehen. In individualistisch orientierten Ländern sind die Einzelnen weniger emotional abhängig von der Organisation. Für sie steht der instrumentelle Aspekt im Vordergrund:

Man entscheidet sich für die Organisation, weil man den Job gerade spannend findet, sieht aber auch kein Problem daran, den Arbeitsplatz bei einer sich bietenden Karrierechance baldmöglichst wieder zu wechseln (Scholz, 2000).

Besonders zur Dimension Individualismus/Kollektivismus gibt es eine rege Forschungstätigkeit. So lassen sich Kulturen, Gruppen und Personen entlang dieser Dimension klassifizieren (Triandis, 1995; Thomas, 1993): Personen mit einer *kollektivistischen* Wertorientierung (allozentrische Orientierung) sind Werte wie Harmonie, Verpflichtung gegenüber den Eltern, Zurückhaltung, Gleichheit in der Gewinnverteilung und Befriedigung der Bedürfnisse anderer wichtig. Die zentralen Werte der Personen mit einer *individualistischen* Wertorientierung (idiozentrischen Orientierung) betonen hingegen Freiheit, soziale Anerkennung, Hedonismus und Gerechtigkeit.

- *Maskulinität* bezeichnet Gesellschaften, in denen eine klare geschlechtsspezifische Rollendifferenzierung vorherrscht. Im Unterschied dazu bezeichnet *Femininität* Gesellschaften, in denen die geschlechtsspezifischen Rollen sich in bemerkenswerten Bereichen überlappen. Für maskuline Kulturkreise ist eine hohe Karriereorientierung typisch. In einer eher feminin orientierten Kultur hingegen überwiegen Wünsche nach Ausgeglichenheit und die Abneigung gegenüber Stress und Hektik (Scholz, 2000).
- *Langzeit- vs. Kurzzeitorientierung*. Langzeitorientierung bezeichnet das Zeigen von Tugenden, die auf künftigen Erfolg ausgerichtet sind, wie bspw. Sparsamkeit, Beharrlichkeit, Ausdauer, Hartnäckigkeit. Im Unterschied dazu bezeichnet Kurzzeitorientierung Tugenden, die mit der Vergangenheit und Gegenwart in Verbindung stehen wie z. B. Erfüllung sozialer Pflichten, Respekt für Traditionen, Ergreifen von Initiative, Flexibilität (Hofstede, 2009).

Das soziale Verhalten der Personen mit einer kollektivistischen Wertorientierung ist stärker von sozialen Normen und Gefühlen der Verpflichtetheit bestimmt, allerdings nur sofern es die eigene Gruppe betrifft (Chen, Chen & Meindl, 1998; Markus & Kitayama, 1991).

Das Konstrukt „Individualismus/Kollektivismus" wurde bisher empirisch vor allem in westlichen Industrienationen und im asiatischen Raum untersucht und kaum in den Ländern des ehemaligen Ostblocks (Oyserman, Coon & Kemmelmeier, 2002). In den bisherigen Operationalisierungen enthält der Kollektivismus eine starke familiale Komponente, d. h. die Gruppenzugehörigkeit bezieht sich auf die Familie und nicht auf ein staatliches Kollektiv. Deshalb erscheint die Weiterentwicklung des Konstruktes von Singelis, Triandis, Bhawak und Gelfand (1995) für weitere Untersuchungen in diesem Bereich interessant (Spieß & Brüch, 2002a). Sie unterscheiden zum einen zwischen einer individualistischen und einer kollektivistischen Persönlichkeitsausprägung, d. h. man findet hier unterschiedliche Bezugnahmen auf das Verhältnis von Individuum und Gruppe. Zum anderen beziehen sich Unterschiede darauf, wie hierarchische Unterschiede zwischen Personen wahrgenommen und beurteilt werden.

- Beim *horizontalen Kollektivismus* bezieht sich das Selbstkonzept auf die anderen Gruppenmitglieder, hierarchische Unterschiede zwischen Personen sind nicht relevant. Zentraler Aspekt ist die individuelle Ausrichtung auf eine Gruppe.

- Der *vertikale Kollektivismus* betont ebenfalls sehr stark den Bezug zur Gruppe, jedoch sind hier auch Statusunterschiede wichtig. Hierarchische Abstufungen zwischen Personen werden erwartet und akzeptiert.

- *Horizontaler Individualismus* beinhaltet eine starke Betonung der Autonomie des Selbst und geht davon aus, dass die Individuen den gleichen Status besitzen.

- *Vertikaler Individualismus* geht ebenfalls von einem autonomen Selbstkonzept aus, allerdings werden Statusunterschiede akzeptiert.

Diese vier Dimensionen wurden als Gruppenorientierung (horizontaler Kollektivismus), Traditionalismus (vertikaler Kollektivismus), Einzigartigkeit (horizontaler Individualismus) und Wettbewerbsorientierung (vertikaler Individualismus) bezeichnet (Brüch, 2001).

In der Studie von Spieß und Brüch (2002a), die Studierende aus Ost- und Westdeutschland zu interkulturellen Kontakten und der Bereitschaft, beruflich bedingt ins Ausland zu gehen, untersuchte, zeigte sich, dass sich besonders die Dimension des horizontalen Kollektivismus positiv auf die Bereitschaft zu interkulturellen Kontakten auswirkte. Eine weiterführende Studie dazu, die GLOBE-Studie (Chhokar, Brodbeck & House, 2008), wird in Kapitel 8.1 dargestellt.

Kultur ist ein überindividuelles, soziales Phänomen, das über Symbole vermittelt wird. Kultur ist zugleich eine abhängige und eine unabhängige Variable: Zum einen ist sie Ergebnis menschlicher Handlungen, zum anderen prägt sie diese. So werden Wertvorstellungen tradiert, die Orientierungsfunktion haben und sich in Kulturstandards niederschlagen. Werte sind wichtig für die Identität. Gibt es zum einen Werte von universeller Gültigkeit, so sind sie andererseits auch relativ, d. h. jeweils kulturspezifisch geprägt. Ein Beispiel hierfür ist das Konstrukt „Individualismus vs. Kollektivismus": Steht Individualismus für die westlichen Werte und Verhaltensweisen, die Unabhängigkeit und den Wettbewerb betonen, so trifft der Kollektivismus Aspekte der japanischen Gesellschaft, in der Loyalität und Zusammenhalt eine große Rolle spielen. Allerdings ist dieses Konstrukt nicht isoliert zu betrachten, sondern es muss das soziale Umfeld mitberücksichtigt werden.

6.2.2 Wertewandel

Werte können sich im Zeitablauf verändern – dies führt dann zum sog. Wertewandel. Derartige Prozesse hat es im Zuge der historischen Entwicklung vielfach gegeben: Man denke an die Zeit der Reformation, an die literaturhistorische Phase des „Sturm und Drang" im 18. Jahrhundert, die Bewegung des Vormärz im 19. Jahrhundert oder die Jugendbewegung Anfang des 20. Jahrhunderts, doch fehlen hier eindeutige empirische Belege. Hier geht es um die vieldiskutierten Veränderungen in den 1960er und 1970er Jahren.

Die Konstatierung dieses Wertewandels bezog sich zunächst auf in repräsentativen, demoskopischen Umfragen feststellbare Veränderungen im Antwortverhalten der Bevölkerung auf Fragen nach z. B. der Bedeutsamkeit von Lebensbereichen, der Religion sowie Einstellungen zur Erwerbsarbeit. Der Soziologe Klages (1984) unterschied in seiner vergleichenden Analyse empirischer Arbeiten im deutschsprachigen Raum über den Wandel der Wertorientierungen in „Pflicht- und Akzeptanzwerte", wie z. B. Disziplin und Gehorsam und in „Selbstentfaltungswerte", z. B. Autonomie des Einzelnen und Selbstverwirklichung, die auf statistisch voneinander unabhängigen Dimensionen liegen. Bis in die Mitte der 1960er Jahre dominierten Pflicht- und Akzeptanzwerte, während es dann zu einem Anstieg der Selbstentfaltungswerte kam. Dieser Trend stagniert seit Ende der 1970er Jahre. Träger des Wertewandels waren die jungen, gebildeten Menschen in den Städten (von Rosenstiel, Nerdinger & Spieß, 1991). Solche Änderungen in den Werthaltungen der Bevölkerung können erheblichen Einfluss auch auf das wirtschaftliche Handeln haben: So befürchtete Noelle-Neumann (Noelle-Neumann & Strümpel, 1984), dass der Rückgang der Pflicht- und Akzeptanzwerte die Arbeitsmoral untergraben könnte. Strümpel deutete den demoskopischen Befund jedoch anders: Für ihn war die stärkere Betonung der Selbstentfaltungswerte durch die jüngere Generation Ausdruck der Suche nach einer sinnerfüllten Arbeit; er wies auf ein neues Arbeitsverständnis der jungen Generation hin. Die zentralen Ergebnisse des Wertewandels beinhalten zusammenfassend (von Rosenstiel, Nerdinger & Spieß, 1991):

- eine Säkularisierung nahezu aller Lebensbereiche,

- eine starke Betonung der eigenen Selbstentfaltung und des eigenen Lebensgenusses,

- eine Befürwortung der Gleichheit zwischen den Geschlechtern,

- eine höhere Bewertung der eigenen körperlichen Gesundheit,

- eine Hochschätzung der natürlichen Umwelt,

- eine Skepsis gegenüber tradierten Werten wie Leistung, Wirtschaftswachstum und technischem Fortschritt,

- eine Ablösung der Sexualität von überkommenen Normen,

- die Bereitschaft zur Unterordnung sank ebenso wie die Haltung, Arbeit als Pflicht anzusehen.

Eine Erklärung für den Wertewandel suchte Inglehart (1977, 1989) in der Motivationstheorie von Maslow (siehe Kapitel 5.1.3): In einer Zeit wirtschaftlichen Mangels, in der die ältere Bevölkerung Europas aufgewachsen ist, waren die unbefriedigten Grundbedürfnisse zentral. Menschen werden – nach psychologischen Erkenntnissen – durch Erlebnisse in der Kindheit geprägt. Die Erfahrung, dass materielle Güter knapp sind, bewahrte diese Generation als stabile Wertorientierung, obwohl sich in den 1960er Jahren allgemeiner Wohlstand ausbreitete. Für die später Geborenen, die ihre Kindheit in einer Zeit relativen Wohlstandes erlebten, waren materielle Güter selbstverständlich. Sie konnten ein Wachstumsmotiv wie die Suche nach Selbstverwirklichung aktivieren (von Rosenstiel, Nerdinger & Spieß, 1991).

6.2 Gesellschaftliche Prozesse

Ein Ausdruck des Wertewandels ist auch der Ersatz einer asketischen Moral durch eine neue Wirtschaftskultur bzw. eine hedonistische Konsummoral: So zeigt sich der ganze Gegensatz zwischen alt- und neumodisch „zwischen dem schmerbäuchigen, steifen Direktor und dem schlanken, gebräunten Cadre, der auf Cocktailpartys ebenso ungezwungen aufzutreten weiß wie im Umgang mit denen, die er seine ‚Sozialpartner' nennt" (Bourdieu, 1982, S. 490). Bourdieu (1982) thematisiert diesen Wertewandel unter der Titelüberschrift „von der Pflicht zur Pflicht zum Genuss": Die „Moral der Pflicht" zog die Angst vor dem Genießen nach sich. Die moderne Moral hingegen verpflichtet zum Genuss und zerstört ihn damit.

Von Rosenstiel und Stengel (1987) haben das Konstrukt einer Berufstypologie empirisch überprüfbar entwickelt, das zugleich die verschiedenen Facetten des Wertewandels abbildet.

- Karriereorientierung impliziert eine positive Einstellung zur Arbeit und die Bereitschaft, sich überdurchschnittlich zu engagieren. Beruflicher Aufstieg ist das zentrale Lebensinteresse.
- Freizeitorientierung bedeutet, dass die berufliche Arbeit als Mittel zum Zweck wahrgenommen wird. Das zentrale Lebensinteresse bezieht sich auf die Freizeit, d. h. einen Bereich außerhalb der Arbeit.
- Das alternative Engagement ist durch die Bereitschaft gekennzeichnet, sich in der beruflichen Arbeit unter dem Vorbehalt zu engagieren, dass zugleich auch die eigenen Ziele erreicht werden können. Arbeitszeitreduzierung wird gegenüber Einkommensverbesserungen bevorzugt.

In einer ersten Überprüfung der Verteilung der Typen in der Bevölkerung zeigte sich, dass in der Gesamtbevölkerung die Freizeitorientierung überwog. Am stärksten klaffte die Einstellung von Führungskräften und Studierenden auseinander: 75% der Führungskräfte waren karriereorientiert, während bei den Studierenden nur 21% karriereorientiert, hingegen 46% alternativ engagiert waren (von Rosenstiel & Stengel, 1987). An dieses Ergebnis wurde die Frage geknüpft, wie sich der Übergang vom Bildungs- ins Beschäftigungssystem angesichts der veränderten Wertorientierungen vollzieht.

- Im Rahmen einer Längsschnittstudie mit drei Befragungszeitpunkten (Examenskandidaten, die kurz nach Berufseintritt ein zweites und drittes mal befragt wurden) zeigte sich, dass für den Berufseinstieg die Karriereorientierten die besten Chancen hatten, die schlechtesten die alternativ Engagierten. Tendenziell gelangten auch mehr Karriere- und Freizeitorientierte in große Organisationen als alternativ Engagierte, die sich eher selbstständig machten. Weiterhin gab es Hinweise für erste Sozialisationseffekte: Karriereorientierte wandelten ihre Einstellung am wenigsten, Freizeitorientierte hingegen entschieden sich bei einem Orientierungswandel am ehesten für die Karriere, die Alternativen für die Freizeitorientierung (von Rosenstiel, Nerdinger & Spieß, 1991, S. 49).

In einer anschließenden qualitativen Studie, in der die Befragten Stellung zu dieser Typenfrage nehmen konnten (von Rosenstiel, Nerdinger & Spieß, 1991), plädierten Führungsnachwuchskräfte für Karriere, jedoch nicht um jeden Preis. Sie waren weder bereit, auf Freizeit zu verzichten, noch „sinnlose" Tätigkeiten in Kauf zu nehmen.

Diese Typologien sind sowohl Resultate beruflicher Sozialisation als auch Ausdruck individueller Zielsetzungen. In ihnen schlagen sich auch gesellschaftliche Wandlungsprozesse nieder. Dies zeigt sich am deutlichsten am Typus des Karriereorientierten, der nicht mehr die konventionelle Definition von Karriere teilt, denn die Ausgewogenheit von Karriere und Freizeit ist angestrebtes Ideal (von Rosenstiel, Nerdinger & Spieß, 1991; Spieß, Kaschube, Nerdinger & von Rosenstiel, 1992).

Der Wertewandel hat somit zu einer Individualisierung der Menschen und der gesellschaftlichen Beziehungen geführt. Von den Menschen werden zunehmend persönliche Entscheidungen gefordert, die sie auch als Einzelne verantworten müssen. Traditionen und Gewohnheiten fallen als Entlastungsinstanzen und Ratgeber zunehmend aus. Dies erfordert umgekehrt eine stärkere rationale Planung des Privaten (Gensicke, 1994; Voß, 1993). Die aktuellste Fassung der Typologie nimmt den Gedanken eines nach Selbständigkeit strebenden Typus mit auf (Kaschube, Wittmann & von Rosenstiel, 1996; Lang-von Wins, & Kaschube, 2000).

Bezogen auf Karrierelaufbahnen erscheint auch die Vorstellung der proteischen Laufbahnorientierung nach Gasteiger (2007) beachtenswert. Demnach gestaltet die Person ihre Laufbahn selbstverantwortlich auf Basis ihrer eigenen Werte. Beruflicher Erfolg bemisst sich dabei an den individuellen Standards der Person. Die Kernwerte sind Freiheit und Wachstum, das entscheidende Kriterium für Erfolg ist subjektiv (i. S. von psychologischem Erfolg) statt objektiv (wie z. B. Position, Einkommen). Die Metapher des Proteus beschreibt einen „Idealtyp", der in der gegenwärtigen Berufswelt zunehmend als funktional erachtet wird. Das Wort der „proteischen Karriere" leitet sich dabei von Proteus aus der griechischen Mythologie ab. Proteus erscheint dabei als ein Diener des Meeresgottes Poseidon, der mit der Gabe einer äußerst flexiblen Anpassungs- und Wandlungsfähigkeit ausgestattet ist und entsprechend einmal zur Robbe, dann zur Welle, schließlich zum Windhauch etc. wird.

Der proteische Führungstypus zeichnet sich durch Anpassungsfähigkeit und Selbstverantwortung bei gleichzeitiger Wahrung der Identität aus. Beispielitems der Skala zur Messung der Proteischen Laufbahnorientierung (Deutsche Version von Gasteiger, 2007) in der Subskala „Selbstverantwortliches Laufbahnmanagement" ($\alpha = .78$) sind: „Wenn sich in meinem Unternehmen keine Entwicklungsmöglichkeiten geboten haben, habe ich sie mir selbst gesucht." oder „Ich bin für den Erfolg oder Misserfolg meiner beruflichen Laufbahn selbst verantwortlich."

6.2.3 Gendering oder Frauen in Organisationen

Der gesellschaftliche Wandel der Wertorientierungen und die damit einhergehenden Veränderungen der Rollenbilder sowie die gestiegene Qualifikation der Frauen werfen Fragen auf, warum diese in den Unternehmen noch immer kaum in höheren Positionen zu finden sind. Dabei stößt man auf ein Paradox: Die berufliche Qualifikation von Männern und Frauen hat sich in den letzten Jahren zunehmend angenähert, diese Angleichung der Bildungschancen hat aber den geringen Anteil von Frauen in Führungspositionen nicht wesentlich erhöht (z. B. Autenrieth, Chemnitzer & Domsch, 1993).

6.2 Gesellschaftliche Prozesse

Gender bezieht sich auf die These, dass Geschlechtsunterschiede anlagebedingt („nature") oder umweltbedingt („nurture") sein können. Allerdings beruhen die Unterschiede zwischen den Geschlechtern auf der Interaktion von biologischen und kulturellen Faktoren (Wiswede, 2004; Bischof-Köhler, 2006).

Zusätzlich lässt sich bei Frauen eine stärkere Konzentration auf eine begrenzte Anzahl von Tätigkeiten und Arbeitsfeldern feststellen, die als traditionell „weiblich" gelten und sich durch niedrigen Status, schlechtere Bezahlung sowie geringe Aufstiegs- und Entwicklungsmöglichkeiten auszeichnen (Matthews & Rodin, 1989). Hierbei ist jeweils zu fragen, was als Ursache und was als Folge zu gelten hat. Bezogen auf die Führung wurde z. B. gefragt, ob Frauen letztlich die besseren Führungskräfte sind, ob es bereichsspezifische Unterschiede gibt und wie sich das Geschlecht auf den Führungsstil auswirkt. Die Forschungsergebnisse zeigen, dass es kaum Unterschiede zwischen den Geschlechtern sowohl in ihren Führungsstilen als auch in der Effektivität ihrer Führung gibt (Friedel-Howe, 1990). Dabei gilt es jedoch, das geschlechtstypische Umfeld zu berücksichtigen. In Organisationen, in denen eher maskuline Rollenerwartungen vorherrschen, z. B. beim Militär, wurden Männer erfolgreicher eingeschätzt, in Kontexten mit femininen Rollenerwartungen wie im Erziehungsbereich eher die Frauen (Eagly & Johnson, 1990; Alfermann, 1996).

Rappensperger und Spieß (1997) unterscheiden zwischen psychologische und situative Barrieren, die Frauen an beruflichem Erfolg und Aufstieg behindern. Eine *psychologische Barriere* stellt die niedrigere Selbstwirksamkeitserwartung – die Einschätzung, wie gut man die zur Erreichung eines Zieles notwendigen Verhaltensweisen einsetzen kann – von Frauen in männlich dominierten Berufen dar.

Größere Unterschiede ergaben sich bei den *situationsbezogenen Barrieren*: Bereits beim Berufseinstieg zeigt sich, dass Frauen bei gleicher Qualifikation ein niedrigeres Einstiegsgehalt haben (Rappensperger, 1998). In der weiteren beruflichen Entwicklung erfolgt oftmals ein Ausschluss von karrieredienlichen Netzwerken. Traditionelle Geschlechtsrollenstereotype, d. h. Erwartungen an die Frauen, sich gemäß der bisher üblichen Rollenerwartungen zu verhalten, bekräftigen wiederum den Status quo, d. h. die geringe Repräsentanz von Frauen im Management.

Die Doppelbelastung der Frauen könnte zudem durch strukturelle Lösungen abgemildert werden. Zwei Strategien zum Abbau der Ungleichbehandlung von Frauen lassen sich unterscheiden:

- Ein *gesellschaftspolitischer Ansatz*, nachdem es gilt, die juristische Gleichstellung gemäß dem Gleichbehandlungsgrundsatz (Art.3, Abs.2 GG § 611a BGB) in der Praxis durchzusetzen.

- Ein *wirtschafts- und personalpolitischer Ansatz*, der vor allem Fördermaßnahmen zum Abbau von Ungleichbehandlung von Frauen im Erwerbsleben zum Inhalt hat.

Beide Ansätze haben vorrangig die Vereinbarkeit von Familie und Beruf zum Ziel und sprechen vor allem Frauen als Mütter und Hauptverantwortliche für familiäre Belange und Kindererziehung an. Maßnahmen zur Frauenförderung zielen darauf ab, die beruflichen Benachteiligungen von Frauen in Organisationen abzubauen und zugleich weibliche Qualifikationspotenziale besser zu nutzen (Jüngling, 1992).

Ein weiterer möglicher Ansatzpunkt zur betrieblichen Frauenförderung liegt in der Gestaltung der Arbeitstätigkeiten. Jene von Frauen unterscheiden sich trotz vergleichbarem Tätigkeitsfeld und gleicher Hierarchiestufe von jenen der Männer dadurch, dass sie geringere Chancen zur Weiterentwicklung und zum Aufbau von Selbstvertrauen bieten (Lüders & Resch, 1995). Neben betrieblichen Fördermaßnahmen für Frauen gibt es individuelle Beratungsangebote, die sich speziell an Frauen richten (Betz, 1994). Diese Angebote zielen darauf ab, Frauen die Vielfalt der Möglichkeiten aufzuzeigen, die für ihren beruflichen Weg zur Verfügung stehen. Dadurch kann die Selbstbeschränkung auf ganz bestimmte berufliche Felder vermieden werden. Deshalb sollten Frauen ermutigt werden, männlich dominierte Berufsfelder und Studienfächer zu wählen wie z. B. technische Berufe, die vielfach auch bessere Aufstiegsmöglichkeiten in den Unternehmen bieten (Wunderer & Dick, 1999).

Eagly und Carli (2003) greifen einen neuen Trend in den USA kritisch auf, wonach Frauen als besonders effektive Führungskräfte gelten. In ihrer Literaturstudie können sie zwar gewisse Vorteile in bestimmten Führungsstilen feststellen (z. B. führten Frauen im Vergleich zu Männern stärker transfomational vgl. Kapitel 8.1.2), sie konstatieren andererseits aber auch vorurteilslastige Bewertungen ihrer Führungskompetenzen, besonders in männlich dominierten Bereichen. Insgesamt stellen sie eine Zunahme des Frauenanteils in Führungspositionen auf allen Ebenen fest.

6.2.4 Dienstleistung

Nerdinger (1994a) nimmt in seiner grundlegenden Arbeit zur Psychologie der Dienstleistung Bezug auf den epochalen Wandel von der industriellen zur Dienstleistungsgesellschaft, d. h. es gibt eine ständig wachsende Zahl von Beschäftigten in dienstleistungsnahen Arbeitsfeldern. Der Kern der Psychologie der Dienstleistung besteht in der kommunikativen Beziehung zwischen Kunde und Verkäufer bzw. Bedientem und Dienstleister. Aus der zunächst ökonomischen Grundlage der Dienstleistungsbeziehung, in der Leistung gegen Geld getauscht wird, werden die psychologischen Konsequenzen daraus betrachtet: Motivation, Macht und Abhängigkeit. Für Dienstleistungsbeziehungen sind zwei Machtressourcen wichtig: Belohnung und Expertentum. Der Kunde verfügt über die Fähigkeit in dieser Beziehung zu belohnen, weswegen er der Mächtigere zu sein scheint. Dies trifft aber nur auf bestimmte Beziehungen zu. So wird die Macht des Kunden dann am ausgeprägtesten wahrgenommen, wenn der Dienstleister direkt und individuell bezahlt wird. In den Experten-Dienstleistungen verfügt der Dienstleister über ein für seinen Kunden wichtiges und komplexes Wissen, z. B. Ärzte, Rechtsanwälte, Unternehmensberater (Nerdinger, 1994a; Nerdinger, 2005).

Grundlegend ist die Unterscheidung zwischen *sach- und personenbezogenen Dienstleistungen*. Das Unterscheidungskriterium bildet dabei der Gegenstand der Dienstleistung. Sachbezogene Dienstleistungen sind beispielsweise die Autoreparatur, das Bewachen eines Gebäudes und die Haushaltsreinigung. Diesen Dienstleistungen ist gemeinsam, dass sie nicht direkt an der Person des Nutzers erbracht werden, sondern an dessen Gegenständen und hier auch dessen Mitwirkung im Erzeugungsprozess nachrangig ist bzw. der Nutzer lediglich den

Zugang zu den Gegenständen zu ermöglichen hat. Personenbezogene Dienstleistungen, direkt an der Person des Nutzers erbracht, sind Verkaufs-, Beratungs- und Bildungsangebote, medizinische Behandlungen und soziale Dienste (Beratung, Therapie und Begleitung). Dabei befinden sich zwischen sach- und personenbezogenen Dienstleistungen auch Mischformen (Weihrich & Dunkel, 2003, S. 762).

Als weiteren Gesichtspunkt für eine Systematisierung verweist Arnold (2003, S. 218ff.) auf den Erbringer der Dienstleistung. Hier lassen sich *automatisierte* und *persönliche Dienstleistungen* unterscheiden. Automatisierte Dienstleistungen werden von Maschinen erbracht (z. B. Bankautomaten, Autowaschanlagen, Computer) und bestehen oft aus standardisierten Routineabläufen. Bei persönlichen Dienstleistungen herrscht die unmittelbare Erbringung durch menschliche Verrichtung vor.

Von Nerdinger (1994a, S. 49) stammt die Differenzierung in indirekt und direkt personenbezogene Dienstleistung. Indirekt personenbezogene Dienstleistungen richten sich auf bereits produzierte Güter, die es gilt an Kunden „zu verkaufen, die Nutzung solcher Leistungen/Güter zu vermitteln oder selbst Leistungen an einem Objekt zu erbringen, das den Bedienten gehört" (Nerdinger, 1994a, S. 50). Beispielhaft sind hier die Bereiche Verkauf und Gastronomie zu nennen. Direkt personenbezogene Dienstleistungen richten sich an die einzelne Person mit ihren je spezifischen Anliegen und Befinden und wirken auf die Person direkt ein (z. B. Schulunterricht, Beratung und Therapie). Bei Letzterem ist die Bezeichnung des Nutzers als Ko-Produzent in seiner besonderen Bedeutung anzuwenden (Soziale Dienstleistung siehe Balz & Spieß, 2009).

Im Kern sind Dienstleistungen im Gegensatz zu Sachgütern *immaterielle Güter*. Von Arbeitsleistungen grenzen sich Dienstleistungen ab, da Arbeitsleistungen Teil eines internen Fertigungsprozesses sind (z. B. in der Montage, im Maschinen- und Anlagenbau), wohingegen Dienstleistungen direkt bei bzw. an den Adressaten erbracht werden. Dies gilt insbesondere für personenbezogene Dienstleistungen. Gemeinsam haben sie mit Arbeitsleistungen, dass sie in einem Herstellungsprozess entstanden sind. Arnold (2003, S. 216ff.) zählt neben der Immaterialität zu gemeinsamen Merkmalen von Dienstleistungen:

Unteilbarkeit und *Nicht-Speicherbarkeit*

Mit Unteilbarkeit ist das Zusammenfallen von Produktion und Inanspruchnahme der Dienstleistung beschrieben („*uno-actu-Prinzip*"; Herder-Dorneich & Kötz, 1972, S. 18ff.). Im Beratungsgespräch erstellt beispielsweise der Kundenberater eine Problemanalyse, gibt Informationen und Empfehlungen (Produktion) und der Klient nimmt (im positiven Fall) zeitgleich die Informationen und Empfehlungen – z. B. zu einer bestimmten Geldanlage – auf. Auf einen weiteren Unterschied zum Fertigungsprozesses sei hier verwiesen: In der Güterproduktion liegen zwischen Herstellung und Auslieferung in der Regel Fehler- und Qualitätskontrolle. Aufgrund des Zusammenfallens von Produktion und Inanspruchnahme sind derartige Kontrollen und ggf. Fehlerkorrekturen bei personenbezogenen Dienstleistungen nur eingeschränkt (z. B. unter Einbeziehung des Nutzers) bzw. zeitverzögert möglich.

Integration externer Faktoren

Bei der Produktion von Konsumgütern ist der (spätere) Käufer bzw. Nutzer unbeteiligter externer Faktor. Hier sind Produktions- und Konsumtionsprozess meist zeitlich, räumlich und personell getrennt. Bei personenbezogenen und spezifisch bei sozialen Dienstleistungen ist demgegenüber die Mitwirkung des Nutzers unverzichtbar (vgl. Balz & Spieß, 2009).

Standortgebundenheit

Als logische Konsequenz aus dem uno-actu-Prinzip und der direkten Kontaktsituation insbesondere beim Erbringen personenbezogener sozialer Dienstleistungen ergibt sich die Standortgebundenheit (z. B. Pflege alter Menschen im Altenheim). Neue Informationstechnologien (z. B. Internet als Beratungsmedium) bringen eine gewisse Aufweichung in der Standortfrage mit sich.

Individualität von Dienstleistungen

Die Notwendigkeit zum je individuellen Zuschnitt der Dienstleistung ergibt sich aus der Verkopplung der persönlichen Merkmale (Interessen, Fähigkeiten, Emotionalität u. a.) und der Lebensbedingungen der Nutzer (Ausgangszustand) mit der Art und den Inhalten der Dienstleistung. In der Gestaltung der Interaktionssituation gibt es Bereiche personenbezogener Dienstleistungen mit größeren Anteilen standardisierter, d. h. routinemäßig durchzuführender Interaktionen (z. B. Kundenbedienung von Fast-Food-Ketten, Tätigkeiten im Callcenter). So verweisen Dormann, Zapf und Isic (2002) bei der Analyse von Callcenter-Arbeitsplätzen darauf, dass insbesondere bei kürzeren Gesprächssequenzen häufiger mit vorgegebenen Skripten gearbeitet wird. Bei Kundenbefragungen leiten sich die Standardisierungsanforderungen beispielsweise aus methodischen und zeitökonomischen Gründen ab. Derartige Routinearbeit lässt sich dann auch von Personen mit geringerer Qualifikation ausführen. Im Kundenkontakt bildet dies jedoch ein Spannungsfeld mit der Kundenerwartung an eine individuelle und kompetente Beratung. Diese erfordert Emotionsarbeit.

Emotionsarbeit (emotional work) dient dem Herstellen eines sichtbaren Körper- und Gesichtsausdrucks in der beruflichen Tätigkeit und ist auf einen „situationsangemessenen Beitrag zum Gelingen des gemeinsamen Ziels" (Hochschild, 1990, S. 41) gerichtet.

Ekman (1972) prägte für den beruflichen Kontext den Begriff der *organisationalen Darstellungsregeln* und beschreibt damit den von der Organisation für die jeweilige Situation erwünschten Gefühlsausdruck. Die soziale Gestalt und die interaktive Bedeutung des Gefühlsausdrucks erschließen sich aus der wechselseitigen Situationsdefinition zwischen den Interaktionspartnern (z. B. ein freundschaftliches Gespräch, eine berufliche Verhandlungssituation) und den instrumentellen Aspekten des Gefühlsausdrucks.

Büssing und Glaser (1999) fordern eine stärkere Berücksichtigung der Bedingungen, unter denen die Arbeit zu erbringen ist (Struktur-, Situations- und Klientenmerkmale), da Gefühlsarbeit immer im direkten Kontakt zum Klienten und unter spezifischen organisationalen Rahmenbedingungen zu erbringen ist. In ihrer Argumentation stützen sich Büssing und Glaser (1999, S. 167) auf die These vom Dienstleistungsnutzer als *Ko-Produzenten* (Gartner &

Riessman, 1978), der mit seinem Handeln Einfluss auf die Ergebnisse und die Konsequenzen der Behandlung nimmt.

Im Konzept der Interaktionsarbeit kommt der Organisation der Arbeitsabläufe und der Kooperation ein relevanter Beitrag zu. Damit ist die Herstellung eines Gefühlsausdrucks nicht mehr nur ein innerpsychisches Geschehen, das dem Mitarbeiter mehr oder weniger gut gelingt, sondern liegt im Schnittfeld zwischen dem Arbeitsauftrag, der Einschätzung der eigenen Arbeitssituation (fühle ich mich überfordert oder unterfordert), der Arbeitsstruktur und den sich aus der (Gesamt-)Arbeitsorganisation ergebenden Unterstützungs- und Belastungspotenzialen.

Aus einer Befragung von Dienstleistern mit der Methode der Critical incidents (Flanagan, 1954) werden von Nerdinger (1994a) die unterschiedlichen Perspektiven der Beziehung zwischen Kunde und Verkäufer verdeutlicht: In Interviews mit Hotelempfangspersonal, Bedienungen in Restaurants und Flugbegleitern bei Linienflügen konnten zahlreiche kritische Ereignisse herausgearbeitet werden, die auf eine übersteigerte Erwartungshaltung der Kunden hindeuten: z. B. unübliche Ansprüche gegenüber dem Dienstleister, Forderungen, die gegen Unternehmungsbestimmungen verstoßen oder den Normen zwischenmenschlichen Umgangs zuwiderlaufen. Die Sicht der Bedienten dieser Branchen, befragt nach besonders zufriedenstellenden / unzufriedenstellenden Interaktionen mit dem Kundenkontaktpersonal, ergab als positives Resümee ein Lob für Reaktionen der Dienstleister auf Fehler im System. Wenn sich der Dienstleister entschuldigt, wird sich an das Erlebnis nicht so negativ erinnert. Auch spontane Handlungen von Dienstleistern, z. B. unerwartete Freundlichkeit, führen zu Zufriedenheit beim Kunden. Die Studien zeigten aber auch, dass Bediente seltener bereit sind, sich in die Rolle des Dienstleisters hineinzuversetzen. Die Interaktion wird dann zum Problem, wenn sich der Dienstleister zuwenig in den Kunden und dessen Situation einfühlt.

6.2.5 Globalisierung und Internationalisierung

Bei internationalen Verhandlungen, Entsendungen von Mitarbeitern ins Ausland, in interkultureller Gruppen- und Teamarbeit, grenzüberschreitenden Fusionen oder durch Migrationsprozesse werden kulturelle Unterschiede in der Wirtschaftspraxis zunehmend aktuell (Spieß & von Rosenstiel, 2003).

Die Auseinandersetzung mit den Folgen von Internationalisierung und Globalisierung erfolgt jedoch weniger aus psychologischer Sicht, sondern vielmehr in der Soziologie und Politologie (z. B. Beck, 1998; Menzel, 1998). Psychologen sind eher an der anglosächsischen Literatur orientiert, die besonders Erfahrungen mit Auslandseinsätzen und Trainings thematisiert hat (z. B. Berry, 1990; Adler, 2000).

Die Internationalisierung umfasst z. B. das internationale Management, den internationalen Personalaustausch, das internationale Marketing und internationale Kommunikationsprozesse. Dabei ist diese Internationalisierung nicht mit Globalisierung im Sinne der Konvergenztheorien gleichzusetzen, da ebenfalls Prozesse der Regionalisierung oder z. B. der Fundamentalismus zu beobachten sind (Wiswede, 2000).

Dimensionen der Globalisierung sind nach Beck (1998) kommunikationstechnologisch, ökologisch, ökonomisch, arbeitsorganisatorisch, kulturell und zivilgesellschaftlich. Dabei spielt die ökonomische Dimension die größte Rolle. Globalisierung gilt zudem nach Beck (1998, S. 42) als „das am meisten gebrauchte – missbrauchte – am seltensten definierte [...] nebulösestes, politisch wirkungsvollstes (Schlag-)Wort.". Die „cultural theory" nimmt Abschied von der Vorstellung einer „McDonaldisierung" der Welt, denn die Globalisierung erzwingt keine kulturelle Vereinheitlichung und die Massenproduktion kultureller Symbole führt nicht zur „globalen Kultur". Es gibt sowohl Globalisierung als auch Lokalisierung. Die Besonderheit der Internationalisierung von Unternehmen für das Personalmanagement wird von Scholz (2000) durch sechs Phänomene gekennzeichnet:

- Natürliche Gegebenheiten, wie klimatische und geografische Verhältnisse können die Wirtschaftlichkeit und auch die Arbeitsfähigkeit von Mitarbeitern beeinflussen.
- Realitätserkenntnis und Verfahrenstechnik hängen von dem Stand der gesellschaftlichen Aufklärung ab. Hier ist es vielfach notwendig, dass die einheimischen Arbeitskräfte qualifiziert werden, um mit moderner Technik effizient umgehen zu können.
- Es gibt kulturell bedingte Wertvorstellungen, die durch einen Sozialisationsprozess geprägt sind und sich in unterschiedlichen ethischen und religiösen Überzeugungen äußern können.
- Soziale Beziehungen und Bindungen existieren vor dem Hintergrund eines langen Zeitraumes.
- Rechtliche und politische Normen in den verschiedenen Ländern sind häufig sehr gegensätzlich.
- Aufgabenumwelt bzw. externe Interaktionspartner wie Behörden, Lieferanten, Kunden können ganz neuartige Fragen aufwerfen. All diese Umweltaspekte haben Konsequenzen für das internationale Personalmanagement, z. B. für die Gestaltung der Arbeitszeit und die Berücksichtigung von rechtlichen Rahmenbedingungen.

Althauser (2001) sieht einen Wandel in der Funktion des klassischen Personalwesens, das zunehmend eine unternehmerische Orientierung erfährt. Global gesehen ist vermehrte Kultur- und Führungskräfteentwicklung erforderlich. Im Kapitel 8.9 werden ausführlich die zentralen Punkte für Auslandsentsendungen behandelt.

Vertiefende Literatur:

Chhokar, J. S., Brodbeck, F. C. & House, R. J. (2008). *Culture and leadership across the world: The GLOBE Book of in-depth studies of 25 societies*. (2nd Edition). Mahwah, NJ: LEA Publishers.

Kutschker, M. & Schmid, S. (2008). *Internationales Management*. (6. Aufl.). München: Oldenbourg.

Nerdinger, F. W. (1994a). *Dienstleistungspsychologie*. Stuttgart: Schäffer-Poeschel.

7 Methoden der Organisationspsychologie

Die Methoden, die in der Organisationspsychologie angewandt werden, sind im Wesentlichen die der empirischen Sozialwissenschaften, wie sie z. B. bei Bortz und Döring (2006) oder Bühner (2009) nachzulesen und zu studieren sind. Dabei werden sowohl quantitative als auch qualitative Methoden angewandt (z. B. Flick, 2006; Lamnek, 2005; Mayring, 2007).

Im Unterschied zur Sozialpsychologie, für die das Experiment im Mittelpunkt der Forschungsmethoden steht, wird in der Organisationspsychologie häufiger die *Befragung* verwendet. Die Art der Befragung ist sehr unterschiedlich und folgt dem jeweiligen Gegenstands- und Anwendungsbereich. Zum Einsatz kommen hoch standardisierte und weniger strukturierte Fragebögen, offene und halb offene Interviews. Eine häufig verwendete Methode zur Standardisierung von Fragen ist die Entwicklung von Skalen. Darunter versteht man eine Anzahl von Items, die eine dahinter liegende Dimension erfassen. Es gibt z. B. Rangordnungen und Paarvergleiche, die Likert-Skala, die Guttman-Skala, das Polaritätsprofil oder verschiedene Multi-Attribut-Modelle. Diese Skalen dienen zur Messung von Einstellungen, Meinungen, Gefühlsintensitäten, Urteilen etc.

Ein weiteres organisationspsychologisches Verfahren ist die *Beobachtung*, die sehr aufwendig ist und von daher seltener zum Einsatz kommt. Allerdings hat sie gegenüber Befragungen den Vorteil, dass von Seiten der beobachteten Personen weniger häufig sozial erwünschtes Verhalten gezeigt wird. Bei diesem Verfahren ist es wichtig, dass die Beobachter anhand eines Kategoriensystems gut geschult werden.

Dem *Experiment* wird besonders innerhalb der psychologischen Grundlagenforschung die höchste Erklärungskraft zugesprochen, d. h. durch die Kontrolle und Manipulation der Variablen durch den Forscher sind Kausalannahmen möglich (Sarris, 1990). Besonders verbreitet sind in der Organisationspsychologie Feldexperimente. Die bekanntesten Feldexperimente sind hier die sog. Hawthornestudien (vgl. Kapitel 3).

Die *Inhaltsanalyse*, nach der kategoriengeleitet nondirektives Material ausgewertet wird (Mayring, 2007), findet im Rahmen der Organisationspsychologie bei der Analyse von Geschäftsprotokollen oder bei der Auswertung von Verhandlungen etc. Anwendung. Ein klassisches Beispiel sind die Studien von McClelland (1966), der das Leistungsmotiv in Schullesebüchern erfasste und mit dem Grad der späteren wirtschaftlichen Entwicklung in Beziehung setzte (Nerdinger, 1991).

Die *Metaanalyse*, die verschiedene empirische Studien quantitativ unter einer bestimmten Thematik zusammenfasst, um einen Überblick über den aktuellen Forschungsstand zu gewinnen, wird zunehmend auch für die Organisationspsychologie wichtig (Bortz & Döring, 2006; Hunter & Schmidt, 2004).

Die Organisationspsychologie kann wie die Wirtschaftspsychologie insgesamt als ein sehr reaktives Untersuchungsfeld angesehen werden (Wakenhut, 1993; Spieß, 2005). So ergreift sie mit auftragsgebundenen Forschungsprojekten implizit Partei für bestimmte Interessensgruppen. Deshalb ist die Vorstellung bedeutsam, dass das Verhältnis zwischen Forscher und Erforschtem sich dahingehend ändern sollte, dass Transparenz und eine dialogische Struktur wichtig werden. Dies entspricht auch dem Forschungsansatz der *Aktionsforschung* (Spieß, 1994). Aktionsforschung bedeutet, dass Forscher und Betroffene bzw. Berater und Organisationsmitglieder gemeinsam die Probleme zu klären und zu lösen versuchen. Der Anspruch der Aktionsforschung ist es, dass die Untersuchten über die Forschungsziele informiert werden, über Ziele und Auswertung mitbestimmen können und bei der praktischen Arbeit der Umsetzung mit einbezogen werden. Dabei wird die traditionelle Grenze zwischen Forscher bzw. Berater und Untersuchten zugunsten eines gemeinsamen Handlungssystems deutlich herabgesetzt. Die Lenkung des Prozesses durch die Beteiligten ist erheblich – ebenso auch die Anforderung nach Verantwortungsübernahme und Selbstreflexion. Die Aktionsforschung verwendet u. a. die Methode der teilnehmenden Beobachtung (Lamnek, 2005), deren zentrale Kennzeichnung darin besteht, dass der Forscher an der natürlichen Lebenswelt seiner Untersuchungspersonen teilnimmt und durch systematische Beobachtung deren Verhalten exploriert.

Bei der Durchführung der Forschung wechseln sich systematisch Datenerhebung und Aktion ab: Sammlung empirischer Daten – Rückmeldung der Daten an die Betroffenen – Bewertung der Daten – Aktionsplanung und -durchführung – Sammlung empirischer Daten zur Evaluation der Aktion – Rückmeldung – Bewertung – erneute Aktionsplanung und -durchführung usw. (French, Bell & Cecil, 1990). Eine breitere Resonanz fand die Aktionsforschung in Deutschland bei den Wissenschaftlern und Studenten der gesellschaftlichen Reformbewegung 1968, die das Konzept der Aktionsforschung als Handlungsanweisung für die Aufklärungsarbeit im Rahmen gesellschaftlicher Demokratisierungsprozesse diskutierten (Spieß, 1994).

Um die Anforderungen des Arbeitsplatzes zu ermitteln, ist eine *Arbeits- oder Aufgabenanalyse* (Ulich, 2005) erforderlich. Eine weitgehend subjektive Verfahrensweise, die in der Praxis hohe Akzeptanz findet, sieht wie folgt aus: Kleinere Gruppen von Stelleninhabern werden gebeten, anhand sorgfältig entwickelter Kriteriumslisten die Anforderungen an die eigene Position zu beschreiben. Die Ergebnisse lassen sich meist als Profil visualisieren. Parallel zu dieser Gruppenarbeit analysieren die Vorgesetzten dieser Stelleninhaber, welchen Anforderungen die ihnen unterstellten Personen gerecht werden müssen. Vorgesetzte und Mitarbeiter setzen sich dann zusammen und vergleichen die von ihnen erarbeiteten Anforderungsprofile. Differenzen werden sorgfältig diskutiert und wenn möglich im Konsens beseitigt. Danach werden die Vorgesetzten und Mitarbeiter mit der Zukunftsvision der Organisation konfrontiert. Sie leiten nun daraus ab, welche der analysierten derzeitigen Anforderungen künftig unverändert bleiben und welche an Bedeutung verlieren bzw. gewinnen werden. Der erarbeitete Anforderungskatalog dient dann als Basis dafür, Kriterien für die Personalauswahl oder Ziele für die Schulung bzw. Personalentwicklung zu definieren.

Über eine Vielfalt weiterer vollstandardisierter, halbstandardisierter und unstandardisierter Verfahren informieren einschlägige Lehrbücher (z.B: Frieling & Sonntag, 1999; Hacker, 2005; Ulich, 2005).

Ziel einer *psychologischen Arbeitsgestaltung* ist es, die Arbeit an den Menschen anzupassen, wobei der Zusatz „psychologisch" daran erinnert, dass diese Anpassung an die für den Menschen typischen *Erlebens- und Verhaltensweisen* erfolgen soll. Der Hinweis erscheint relevant, weil viele Formen der Arbeitsgestaltung ökonomisch orientiert sind, also der Rationalisierung dienen wie z. B. das Fließband, oder im Sinne einer Anpassung der Arbeit an den Menschen von der *Ergonomie* angeregt und an physiologischen oder anatomischen Kriterien bestimmt sind. Mit einer langen wissenschaftlichen Tradition wird in diesem Grenzgebiet zwischen Psychologie, Ergonomie, Physiologie und Arbeitsmedizin z. B. untersucht,

- wie die Verteilung von Arbeit und Pausen über die Zeit die relativ geringste Ermüdung und die relativ beste Erholung bewirkt;
- wie die Gestaltung der Arbeit (z. B. die Temporegulation des Fließbandes) an rhythmische Schwankungen der physiologisch bedingten Leistungsfähigkeit des Menschen (z. B. an die Tagesrhythmik) angepasst werden kann;
- wie Licht, Lärm, Luftfeuchtigkeit, Temperatur geregelt werden müssen, damit die Arbeitssituation das subjektive Wohlbefinden maximiert und damit positive Leistungseffekte erzielt werden;
- wie die körperliche Sicherheit am Arbeitsplatz gewährleistet werden kann.

Besonders wichtig ist jedoch auch die Wirkung der Arbeit auf die Persönlichkeitsentwicklung und die Kompetenzerweiterung, denn in der Auseinandersetzung mit ihrer Arbeitstätigkeit haben die Organisationsmitglieder die Möglichkeit, ihre Kenntnisse und Fähigkeiten zu erweitern und zu vertiefen. Durch ihre Leistungen und ihren Status erfahren sie soziale Anerkennung. Durch die Auseinandersetzung mit Arbeitsaufgabe und Berufsrolle entwickelt sich ein Gefühl persönlicher Identität und ein höheres Selbstwertgefühl.

Im Folgenden sollen exemplarisch die Mitarbeiterbefragung sowie das sich zunehmend verbreitende Coaching und die Evaluation vorgestellt werden . Diese sind nicht unbedingt „Methoden", sondern können auch als Verfahren der Diagnose und Intervention aufgefasst werden, die häufig in der organisationspsychologischen Praxis zum Einsatz kommen (vgl. Schuler, 2006).

7.1 Mitarbeiterbefragungen

Während bei der Befragung von Schlüsselpersonen oder bei Gruppeninterviews wenige Personen gezielt nach vorgegebenen Kriterien ausgewählt werden, ist die Mitarbeiterbefragung durch die Einbeziehung einer größeren Anzahl von Organisationsmitgliedern, zumeist auf verschiedenen Hierarchieebenen und aus verschiedenen Teilbereichen der Organisation gekennzeichnet. Die Mitarbeiterbefragung wird in den letzten Jahrzehnten zunehmend als ein aktuelles und strategisches Instrument der Führung von Organisationen betrachtet (Domsch & Schneble, 1991; Kraut, 2006; Borg, 2003) und stellt häufig den Ausgangspunkt für größere OE-Vorhaben dar (vgl. Kapitel 8.10). Mit Hilfe einer Mitarbeiterbefragung sollen im Auftrag der Geschäftsleitung und in Zusammenarbeit mit den Arbeitnehmervertretungen – unter Beachtung methodischer, organisatorischer und rechtlicher Rahmenbedingungen – Informationen über die Einstellungen, die Zufriedenheit und die Bedürfnisse der Mitarbeiter bezogen auf bestimmte Bereiche der betrieblichen Arbeitswelt gewonnen werden. Eine Mitarbeiterbefragung kann dabei mehrere Funktionen haben:

- Bestandsaufnahme und Schwachstellenanalyse
- Grundlage zielgerichteter Organisationsveränderung
- Unterstützung und Sicherung arbeitnehmergerechter Lösungen bei Umstrukturierungsvorhaben und Unternehmensplanungen
- Erfolgskontrolle betrieblicher Maßnahmen (Kontrolle der Effekte von Organisationsveränderungen vor und nach ihrer Realisierung, vor allem im Personalbereich)
- Führungsmaßnahme (als konkretes Führungsinstrument v.a. zur Sensibilisierung von Führungskräften für die objektive und subjektive Situation der Mitarbeiter)
- eine besondere Form von Dialogmöglichkeit im Betrieb (neben Möglichkeiten wie z. B. Gespräch mit dem Vorgesetzten, Arbeits- und Abteilungsbesprechungen, Projekt- und Produktgruppensitzungen, die meist nicht anonym und nicht repräsentativ sind)
- Entwicklung und Pflege von Betriebsklima, Organisationskultur und Unternehmensimage. Die routinemäßige Beobachtung der Verhaltens- und Erlebenstendenzen der Belegschaft, z. B. im Rahmen von Betriebsklimaanalysen, ermöglicht ein frühzeitiges Gegensteuern bei unerwünschten Tendenzen.
- strategische Funktion

Je nach Zielsetzung der Befragung und Anzahl der zu Befragenden ist einer schriftlichen Befragung oder mündlichen Einzel- oder Gruppeninterviews der Vorzug zu geben (Comelli, 1985, S. 268ff.). Es existieren eine Reihe von standardisierten Fragebögen (Neuberger & Allerbeck, 1978; von Rosenstiel et al., 1982; Domsch & Schneble, 1991; Bögel & von Rosenstiel, 1999; Connolly & Groll Connolly, 2005). Die bekannten „Standard"-Fragebögen sind meist auf acht bis zehn Kernkomplexe der Organisation ausgerichtet. Zum Inhalt zählen z. B. Arbeitsinhalt, Arbeitsanforderungen, Handlungsspielraum, Arbeitsumfeld, Arbeitsbedingungen, Arbeitssicherheit, soziale Beziehungen, Beteiligung der Mitarbeiter, Führungsverhalten, Kommunikation, Informationspolitik, Lohn und Sozialleistungen, Aus- und Weiterbildung, Karrierechancen und Unternehmenskultur (Wertesystem, Leitbild, u. Ä.). Diese Themen sind weitgehend auch Inhalte von Erhebungen der Arbeitszufriedenheit (vgl. Kapitel 6.1.2) oder des Organisationsklimas anhand von Mitarbeiterbefragungen. Unterschiede liegen in der Formulierung der Fragen (z. B. eher beschreibend oder eher bewertend) und der Ergänzung um spezifische Inhalte. Inzwischen finden viele Mitarbeiterbefragungen online statt.

In der Planungsphase einer Mitarbeiterbefragung wird der Fragenkatalog auf die aktuellen Problemstellungen des Unternehmens hin angepasst und ergänzt, um die besonders relevan-

7.1 Mitarbeiterbefragungen

ten Themenfelder zu bestimmen, z. B. Fragen der Zusammenarbeit und zum Informationsfluss. Damit sind zumeist vorbereitende (Gruppen-)Interviews verbunden. Ist das Instrument auf die Belange des Unternehmens hin „maßgeschneidert" und bezieht es sich auf die aktuelle Realität „vor Ort", so ist die Aussagekraft im Hinblick auf die problembezogene Schwachstellenanalyse höher und darüber hinaus die Akzeptanz bei den Betroffenen besser, denn der Erfolg von Mitarbeiterbefragungen hängt wesentlich vom Grad der Akzeptanz durch die beteiligten bzw. betroffenen Personengruppen ab. Die Erwartungen und Ziele der beteiligten Personengruppen – vor allem der Geschäftsführung, der Führungskräfte, des Personal- bzw. Betriebsrates und der Mitarbeiter – sowie deren Befürchtungen sind wesentliche Bestimmungsfaktoren von Mitarbeiterbefragungen.

Es gibt auch Widerstände gegen Mitarbeiterbefragungen. So sind häufige Befürchtungen der Leitung und der Führungskräfte:

- „schlafende Hunde zu wecken", d. h. Probleme zu verstärken oder erst zu schaffen,
- den eigenen Verantwortungsbereich durch steigende Mitspracherechte der Belegschaft auszuhöhlen,
- die negative Beurteilung ihrer Tätigkeit.

Befürchtungen der Mitarbeitervertretungen sind:

- bei direkter Verbindung zwischen Leitung und Arbeitnehmern überflüssig zu werden,
- Verlust ihres Einflusses auf die Arbeitnehmer,
- negative Beurteilung ihrer Tätigkeit.

Befürchtungen der Mitarbeiter sind, dass

- es weder mittelbar noch unmittelbar positive Auswirkungen der Mitarbeiterbefragung gibt,
- evtl. die Befragungsergebnisse für sie negativ ausfallen,
- die Anonymität der Befragung nicht gewährleistet ist, woraus sich negative Konsequenzen für den einzelnen Befragten ergeben könnten.

(Domsch & Schneble, 1991, S. 1383f.)

Die Widerstände der einzelnen Personengruppen hängen u. a. von der Thematik der Befragung, aber auch von deren Form und den Rahmenbedingungen ab. Um den Vorbehalten der Mitarbeiter entgegenzuwirken, ist es wichtig,

- Anonymität sicherzustellen,
- Vorteile der Mitarbeiterbefragung für die Organisationsmitglieder herauszustellen,
- die Befragung mit dem Betriebsrat abzustimmen,
- vertrauenserweckende Aktionen der Geschäftsleitung durchzuführen,
- Transparenz der Durchführung und Bekanntmachung der Ergebnisse zu zusichern.
- Information und Kommunikation im Vorfeld zu gewährleisten und
- evtl. auch das Einbauen von offenen Fragen in den Fragebogen vorzunehmen, um Widerstand oder Reaktanz abzubauen.

(Borg, 2003)

Der Interviewer als Außenstehender sollte eine Vertrauensperson darstellen, der man seine wahre Meinung anvertrauen kann. Zu einer wahrheitsgemäßen Äußerung sollte zudem die Befragungsmethode Einzelinterview mit Ankreuzen von Antwortmöglichkeiten im Fragebogen beitragen. Die Mitarbeiterbefragung ist selbst schon als Teil einer Organisationsentwicklung (vgl. Kapitel 8.10.1) zu betrachten und kann damit positive Folgen für die Mitarbeiter haben:

- Mitsprache, Beteiligung (Verbesserung der Partizipation, die Mitarbeiter werden einbezogen, indem sie die Möglichkeit zu einer anonymen und unmittelbaren Einflussnahme auf die Aspekte der Organisationswirklichkeit haben),
- die Mitarbeiter empfinden sich an den Belangen des Unternehmens direkt beteiligt, sie haben die Sicherheit, auch zu Wort zu kommen, gehört zu werden, zur Unternehmensentwicklung direkt beizutragen,
- Verringerung der sozialen Distanz im Unternehmen,
- Ermöglichung einer intensiven und offenen Kommunikation und
- Verbesserung von Zufriedenheit und Motivation der Beschäftigten und des Betriebsklimas.

Allein die Tatsache, dass Mitarbeiter befragt werden, kann einen positiven Effekt bewirken. Die Mitarbeiter fühlen sich ernst genommen, ihre Meinung ist gefragt. Sie fühlen sich wichtiger in der Organisation, es findet so etwas wie ein Kontakt von unten nach oben statt, indem der einzelne Mitarbeiter zumeist mehr zum Ausdruck bringen kann als bei Betriebsversammlungen, im direkten Gespräch mit dem Vorgesetzen, dem Personalleiter oder mit einem Geschäftsführer.

Auf der anderen Seite sollten sich die Verantwortlichen darüber bewusst sein, dass eine Mitarbeiterbefragung die Erwartungen der Belegschaft weckt, dass sich in der Folge etwas verbessert. Geschieht dies nicht, bleibt also alles beim Alten, so werden nun die objektiv unveränderten Bedingungen an einem subjektiv gesteigerten Maßstab – dem erhöhten Anspruchsniveau – gemessen. Deutlich schlechtere Ergebnisse bei Folgebefragungen sind dann das Resultat.

Die aus einer Befragung gewonnenen Erkenntnisse sollten also den Befragten mitgeteilt und Maßnahmen in die Wege geleitet werden, um die identifizierten Schwachstellen abzubauen. Mitarbeiter verzeichnen aus der Befragung abgeleitete Aktivitäten positiv – und, wenn nichts geschieht, auch negativ. Wurden keine Konsequenzen gezogen, werden nachfolgende Untersuchungen immer mit dem Vorwurf zu kämpfen haben, dass „ja doch nichts dabei herauskommt". Die Befragung selbst ist nur ein kleiner Teil des Prozesses einer Mitarbeiterbefragung, zentral ist die Arbeit mit den Ergebnissen in Form von Workshops oder Gruppendiskussionen und deren Umsetzung in Verbesserungen.

7.2 Coaching und Evaluation

Der Ansatz des *Coaching* wendet sich an den Einzelnen. Er bezeichnet einen Interaktionsprozess zwischen externem oder internem psychologisch geschulten Berater und einem Mitglied der Organisation. Diese Personalentwicklungsmaßnahme gilt noch als sehr jung (Schreyögg, 1996). Coaching bedeutet eine besondere Form der Unterstützung von – meist höher qualifizierten – Mitarbeitern und soll das Selbstmanagement vorantreiben. Schreyögg differenziert zwei Ziele von Coaching: Zum einen richtet es sich auf die Steigerung der beruflichen Qualifikation, z. B. die Erhöhung von Managementkompetenzen. Zum anderen dient es aber auch der Weiterentwicklung von selbstgestaltenden Potenzialen im Beruf. Die Methodik im Coaching lehnt sich an Psychotherapieverfahren an, wie z. B. die Gestalttherapie und das Psychodrama.

Beim „Coaching" als einer unterstützenden Prozessberatung geht es in besonderem Maße darum, Hilfestellungen zur Bewältigung von bestimmten aufgaben- oder personbedingten Problemen (z. B. Identitätsentwicklung) des Mitarbeiters zu geben (Lippmann, 2006a). Anlass bzw. Ziel kann z. B. die Übernahme anspruchsvoller Aufgaben, die Verbesserung bestimmter Arbeitstechniken, das Auftreten beruflicher Rollenkonflikte bei Problemen der Lebensführung, Arbeitsüberlastung oder ein Burn-Out-Syndrom (zum Burn-Out-Syndrom s. Kapitel. 8.12.3) sein. Effektives Coaching zwischen dem Coach und dem Mitarbeiter setzt ein besonders hohes Niveau an gegenseitigem Vertrauen, Informationsoffenheit und Interaktionsbereitschaft voraus (Künzli, 2006; Schreyögg, 1996). Einsatz finden beim Coaching vielfältige klientenzentrierte, ressourcenaktivierende, die Problemanalyse und Lösungsfindung unterstützende Beratungsmethoden und Techniken (Lippmann, 2006b; Rauen, 2008).

Die *Evaluation* gehört inzwischen zu den organisations- und wirtschaftspsychologischen Standardmethoden (von Rosenstiel, 1991b; 2003; Bortz & Döring, 2006; Wottawa & Thierau, 1998; Thierau, Wottawa & Stangel-Meseke, 2006). Bei ihr geht es darum, einerseits eine Maßnahme im Prozess zu optimieren („Formative Evaluation") und andererseits nachzuprüfen, inwieweit ein vorab definierter Soll-Zustand auch erreicht wurde („Summative Evaluation"). Es handelt sich um eine erneute Diagnostik und um die Beschreibung des Ist-Zustandes aufgrund der erfolgten Interventionen. Insofern sind es vielfach dieselben Methoden, die auch zur Erhebung des Ist-Zustandes benutzt wurden.

Eine wissenschaftlich fundierte Evaluierung verläuft systematisch, sie ist transparent in der Darlegung der verwendeten Methoden, sie offenbart Werte und Normen, zeigt Alternativen sowie Konsequenzen auf. Man kann nach den Fragepronomen vorgehen: Wer, Was, Wie, Wozu, Welche. Mit dem *Wer* sind die Subjekte angesprochen, die Betroffenen, die Nutznießer z. B. oder auch die Auftraggeber. Mit dem *Was* sind Objekte und Aufgabengebiete gemeint. Mit dem *Wie* die Methoden und der Ablauf des gesamten Evaluierungsprozesses. Das *Wozu* oder auch *Warum* bezieht sich auf Ziele, Zwecke und Hintergründe. Die Ergebnisse und Konsequenzen beschreiben dann die Folgen und Langzeitwirkungen für direkt oder indirekt Betroffene.

Grundsätzlich lassen sich bei der Evaluation zwei unterschiedliche aber sich einander keineswegs ausschließende Vorgehensweisen unterscheiden (Bortz & Döring, 2006) und zwar:

- die *summative Evaluation*, bei der nach Durchführung der Maßnahme überprüft wird, welche Wirkungen sie erbracht bzw. ob und inwieweit z. B. die Lernziele erreicht wurden, sowie die
- *formative Evaluierung*, die den Prozess der Maßnahme begleitet und diese im Verlauf zu verbessern und zu optimieren sucht.

Für beide Formen gilt, dass Evaluation als Planungs- und Entscheidungshilfe dient und somit der Bewertung von Handlungsalternativen (Thierau-Brunner, Stangel-Meseke & Wottawa, 2006). Damit hat die Evaluation eine Legitimationsfunktion (wurden die angestrebten Ziele erreicht?) und im Hinblick auf Inhalte, Methoden, Programme, Strategie eine Verbesserungs- und Entscheidungsfunktion. Sie dient der Prognose (Konzeption und Wirkungsabschätzung künftiger Maßnahmen) und der Rationalisierung z. B. durch Einsparung von Ressourcen (von Rosenstiel, 2007).

Bei der Evaluierung kann man nach Zielen und Funktionen unterscheiden. So wird bei den *Zielen* in Entwicklungs-, Entscheidungs-, System- und Theorieziele unterschieden. Bei der entwicklungsorientierten Evaluation geht es um die Verbesserung von Maßnahmen und Instrumenten. Bei der entscheidungsorientierten Evaluation werden Daten und Alternativen für eine Entscheidung bereitgestellt. Bei der systemorientierten Evaluierung geht es um die Bewertung von Systemgrenzen und bei der theorieorientierten Evaluierung, die teilweise auch als Metaevaluierung bezeichnet wird, um die Überprüfung der Konzepte, die hinter dem Prozess stehen. *Funktionen* von Evaluierungsmaßnahmen können sein: Steuerung und Optimierung, Bewertung und Beurteilung, Kontrolle und Disziplinierung, Legitimation, Verbesserung, Entscheidung und Prognose. Auch sind Fragen nach dem Zeitverlauf von Evaluation wichtig: Wird gleich zu Beginn der Maßnahme damit begonnen sie evaluierend zu begleiten oder aber wird erst im Nachhinein eine summative Evaluierung vorgenommen (Bögel, 1994; Neuberger, 1999)?

Als Methoden der Evaluation werden nahezu alle Methoden der empirischen Sozialforschung bzw. anwendungsorientierter Forschung benutzt. Am Beispiel der Evaluierung im Weiterbildungsbereich können die Reaktionen der Teilnehmer (z. B. ihre Zufriedenheit), das Verhalten im Übungsfeld (z. B. durch Beobachtungen im Rollenspiel), das Wissen über das Gelernte, das Verhalten im Praxisfeld (z. B. durch Befragen von Vorgesetzten) und die Ergebnisse (z. B. ob Verbesserungsvorschläge gemacht werden) gemessen werden (Kirkpatrick, 1987).

Für den Evaluierenden steht dessen fachliche Kompetenz an erster Stelle – insbesondere seine Methodenkenntnis. An zweiter Stelle geht es um seine Neutralität. Er muss von den Betroffenen akzeptiert sein, und schließlich sollte er sich auch bewusst sein, dass er Macht durch die Überprüfung einer Maßnahme ausüben kann. In der Praxis gibt es Widerstände gegen Evaluierungen, die teilweise auch mit bestimmten Schwachstellen zusammenhängen. So werden häufig die ermittelten Ergebnisse nicht genutzt, es wird ihre Bedeutsamkeit nicht ernst genommen und es werden Werturteile nicht reflektiert.

Vertiefende Literatur:

Borg, I. (2003). *Führungsinstrument Mitarbeiterbefragung*. Göttingen: Hogrefe Verlag.

Bortz, J. & Döring, N. (2006). *Forschungsmethoden und Evaluation*. Berlin: Springer.

Hunter, J.E: & Schmidt, F. L. (2004). *Methods of Meta-Analysis*. (2nd edition). Thousand Oaks: Sage.

Wottawa, H. & Thierau, H. (1998). *Lehrbuch Evaluation* (2. Aufl.). Göttingen: Huber.

8 Anwendungsfelder

Im Folgenden werden exemplarisch wichtige Anwendungsfelder der Organisationspsychologie wie Führung, Teamarbeit, Organisationsberatung, Organisations- und Personalentwicklung, Auslandsentsendung und Gesundheit dargestellt.

8.1 Das Konzept von Führung

Das Konzept der Führung ist Gegenstand ganz unterschiedlicher Wissenschaften: So beschäftigten sich die Theologie (z. B. die himmlische Hierarchie als Vorbild des Gottgnadentums mittelalterlicher Herrschaft), die Ethik (z. B. Welche Formen des Führungshandelns lassen sich ethisch rechtfertigen?), die Rechtswissenschaft (z. B. Wer ist Leitender Angestellter im Sinne des Gesetzes?), die Geschichtswissenschaft (z. B. Worauf beruhte der Führungserfolg des Julius Cäsar?), die Verhaltensbiologie (z. B. Wie kommt es zur Rangordnung im Wolfsrudel?), sogar die Systemlehre (z. B. Was ist eine Führungsgröße?) und natürlich die Sozial- und Verhaltenswissenschaften im engeren Sinne, wie die Soziologie, die Politologie, die Betriebswirtschaftslehre und die Psychologie intensiv mit unterschiedlichen Facetten der Führung. Beschränkt man den Forschungsgegenstand auf Führung in Organisationen – um die es in diesem Kapitel geht – , so lassen sich die Unternehmensführung (z. B. Wie kommt es zur Entscheidung in einem mittelständischen Unternehmen, die Produktion in die Ukraine zu verlagern?), die Führungssubstitute, gelegentlich als „Führung durch Papier und Technik" bezeichnet (z. B. Wie beeinflusst die Unternehmenskultur das Verhalten der Mitarbeiter?) und die personale Führung (z. B. Welches Führungsverhalten des Forschungs- und Entwicklungsleiters hat eine höhere Innovationsrate der Entwicklungsingenieure zur Folge?) voneinander unterscheiden. Mit dieser personalen Führung hat sich in besonderem Maße die Organisationspsychologie auseinandergesetzt (Schulz-Hardt & Brodbeck, 2007; Neuberger, 2006; von Rosenstiel, 2007; Wegge & von Rosenstiel, 2007; Manktelow, Brodbeck & Anand, 2005).

Kernelemente von Führung sind Gruppenphänome, die die Interaktion zwischen mehreren Personen einschließt, und intentionale soziale Einflussnahme, um durch Kommunikationsprozesse Ziele zu erreichen.

Führung wird aber nicht allein von oben nach unten betrachtet, sondern auch horizontal unter dem Begriff der „lateralen Führung" und – von unten nach oben – als „Führung durch die Geführten" analysiert. Alle diese Einflussprozesse spielen sich jedoch unter spezifischen situativen Bedingungen ab (von Rosenstiel, 2007). Führung vollzieht sich somit kommunikativ, in Interaktion mit den Strukturen der Organisation, den Persönlichkeitsmerkmalen und situativen Aspekten, d. h. Führung ist kontextabhängig.

Als eine Arbeitsdefinition für eine effektive Führungskraft in unserer gegenwärtigen Kultur (nach Manktelow, Brodbeck & Anand, 2005) gilt: Die Führungskraft entwickelt eine Vision für die Gruppe und es gelingt ihr, dass sich die Mitarbeiter dieser Vision verpflichtet fühlen. Sie kann die Mitarbeiter motivieren und spielt für diese eher die Rolle eines Coaches oder Lehrers.

Führungskräfte sind häufig die Mittler zwischen den Unternehmenszielen und den Mitarbeitern. So möchte der einzelne Mitarbeiter über sich selbst und sein Tun bestimmen, er verfolgt neben seinen beruflichen Zielen auch die privaten. Er möchte meist einen sicheren Arbeitsplatz und eine interessante Aufgabe, die ihm und seinen Neigungen entspricht. Das Unternehmen hingegen ist arbeitsteilig organisiert, was häufig Routinetätigkeiten nach sich zieht. Es muss schnell auf neue Marktanforderungen reagieren und kann von daher keine Rücksicht auf die Sicherheitsbedürfnisse seiner Mitarbeiter nehmen (Abb. 8.1). All dies muss die Führungskraft dem Mitarbeiter kommunizieren und versuchen, auf einen gerechten Interessenausgleich hinzuwirken – eine echte Herausforderung!

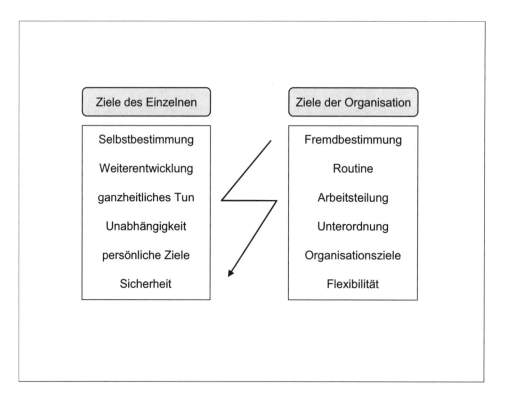

Abb. 8.1: *Dilemmata zwischen Individuum und Organisation*

Neue Technologien und schlanke Organisationen erfordern von den Mitarbeitern erhöhte kognitive und soziale Kompetenzen, das heißt die Selbststeuerung von Mitarbeitern wird immer wichtiger und damit zu einem bedeutsamen Teil des Führungsprozesses (von Rosenstiel, 2007; Spieß & Winterstein, 1999). Dies bedeutet, dass viele Führungskräfte umlernen, neue Rollen einüben sowie auf bisherige Formen der Macht und Einflussnahme verzichten müssen. Heute ist in den Organisationen weniger Planung und Lenken gefragt, sondern vielmehr Coaching und Beratung (Wiendieck, 2009; Berkel & Lochner, 2001). Aufgrund des Wertewandels (vgl. Kapitel 6.2.2) wünschen sich Mitarbeiter vielfach eine sinnvolle Tätigkeit und angemessene Handlungsspielräume.

Dennoch zeigt sich in der Praxis, dass es den Führungskräften nicht immer gelingt, das volle Leistungspotenzial ihrer Mitarbeiter zu aktivieren. Gründe dafür sind Zeitdruck und extreme Arbeitsbelastung, bürokratische Vorgaben, Beharrungstendenzen, fehlende Anreize für Innovation und Initiative sowie Angst vor Fehlern. Die Erweiterung von Handlungsspielräumen kann auch Ängste vor Überforderung und Chaos hervorrufen.

Furnham (1997) weist darauf hin, dass Führung eines der ältesten Forschungsthemen in den Sozialwissenschaften ist und zugleich auch eines der problematischsten. Liegt es an besonderen Eigenschaften, die eine Person zur Führung prädestinieren oder sind es die Umstände, die bestimmte Führungskräfte erforderlich machen?

Im Folgenden werden kurz die wichtigsten klassischen Ansätze zur Erklärung des Führungsphänomens dargestellt: die Eigenschaftstheorie der Führung, Verhaltens- und Situationstheorien sowie die neueren Entwicklungen der Führungstheorie.

8.1.1 Klassische Ansätze

Zu Beginn standen die „führerorientierten Ansätze", d. h. die Führungsforschung konzentrierte sich darauf, die Persönlichkeitsmerkmale von Führungspersonen zu untersuchen (Schulz-Hardt & Brodbeck, 2007).

Die Eigenschaftstheorie der Führung versucht, bestimmte Eigenschaften und Fähigkeiten ausfindig zu machen, die eine erfolgreiche Führungsperson kennzeichnen. Ein Forschungsüberblick von Stogdill (1948) über 124 Untersuchungen legte die Vermutung nahe, dass es nur wenige Eigenschaftsunterschiede zwischen Führungspersonen und Geführten gibt. Eine spätere Übersicht führte jedoch zu einer Revision dieser Ergebnisse (Bierhoff, 1998a): Führungspersönlichkeiten zeichnen sich durch eine Reihe von Eigenschaften aus wie z. B. Ehrgeiz und Leistungsorientierung, Durchsetzungsfähigkeit, Verlässlichkeit und Kooperationsbereitschaft, Kreativität und Intelligenz, eine flüssige Redeweise und eine gut organisierte Arbeitsweise. Allerdings mögen diese Eigenschaften lediglich die Wahrscheinlichkeit des Führungserfolges vergrößern, sie garantieren ihn jedoch keineswegs. Führungseigenschaften sind lediglich eine unter mehreren Einflussgrößen (Robbins, 1998; Weinert, 2004), die je nach Situation und je nach Kriterium unterschiedlich wirken. So ist es z. B. eine ganz andere Herausforderung, ein wirtschaftlich gesundes Unternehmen in Zentraleuropa auf Kurs zu halten, als ein von Stammeskonflikten geschütteltes, ökonomisch vor dem Aus stehendes Produktionsunternehmen in einer ostafrikanischen Krisenregion zu sanieren.

Was aber ist Führungserfolg? Die Wissenschaft kann diese Frage nicht beantworten. Was im Unternehmen als Erfolg gilt, wird in höchst unterschiedlicher Weise (unternehmungs-) politisch entschieden. Soll der Gewinn, der Marktanteil, die Exportquote, die Produktqualität durch das Führungshandeln gesteigert werden? Gilt dies kurz-, mittel- oder langfristig? Oder geht es primär darum, die Qualifikation der Mitarbeiter zu steigern, ihre Zufriedenheit zu verbessern oder ihre Bindung an das Unternehmen zu erhöhen? Vielleicht geht es dem Unternehmen aber auch primär um die Verbesserung des Ansehens in der Region oder seines Images bei den Konsumenten? Vielleicht aber misst man den Erfolg der einzelnen Führungskräfte auch am erreichten Gehaltsniveau, am Rang, an der Zahl der Unterstellten oder an der Beurteilung durch den nächsthöheren Vorgesetzten? Nimmt man auch die Analyse einschlägiger Literatur vor, so kommt man auf weit über 1000 Kriterien, die in der Wissenschaft oder in der Praxis zur Anwendung kommen (Neuberger, 2002). Welche dieser Kriterien schließlich implizit oder explizit herangezogen werden, um den Erfolg seiner Führungskräfte zu erfassen, wird im Unternehmen mehr oder weniger bewusst entschieden. Abbildung 8.2 zeigt aus betriebswirtschaftlicher Sicht Effizienzvariablen der Führung. Dabei wird zwischen einer generellen ökonomischen, einer Leistungsprozess- und einer Personaleffizienz differenziert. Bei der Leistungsprozesseffizienz unterscheidet man materielle (z. B. Planabweichungen) und immaterielle Prozesse (z. B. Problemverständnis), bei der Personaleffizienz arbeitsbezogene (z. B. Flexibilität) und individualbezogene Einstellungen (z. B. Kooperationsbereitschaft).

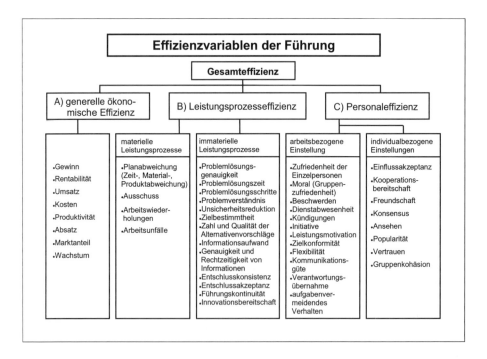

Abb. 8.2: Effizienzvariabeln der Führung nach Witte (1995)

8.1 Das Konzept von Führung

Der Beitrag des Organisationspsychologie muss sich darauf beschränken, diese Kriterien zu hinterfragen, Alternativen in die Diskussion einzubringen und schließlich – wenn die Kriterien inhaltlich festgelegt sind – Methoden zu ihrer üblichen Erfassung zu entwickeln.

Fünf zentrale nicht kognitive Persönlichkeitsmerkmalen – die sog. „Big Five" – haben in der Forschung Beachtung gefunden:

- emotionale Stabilität,
- Extraversion,
- Offenheit für Erfahrungen,
- Freundlichkeit/Verträglichkeit und
- Beharrlichkeit/Gewissenhaftigkeit (Costa & McCrae, 1992).

Die Persönlichkeitsfaktoren wurden aufgrund der Beurteilung von Beobachtern gewonnen; sie sind auch in der Organisationspsychologie hoch akzeptiert. Allerdings zeigte sich lediglich für den Faktor „Gewissenhaftigkeit", dass damit Arbeits- und Trainingsleistungen gut prognostiziert werden konnten. Daraus lässt sich schlussfolgern, dass Mitarbeiter, die sich sehr verantwortungsbewusst und zuverlässig zeigen, auch bessere Leistungen erzielen. Für den Faktor „Extraversion" zeigte sich, dass er günstige Prognosen für Verkaufsberufe ermöglichte (Weinert, 2004). Allerdings muss je nach Anforderung der jeweiligen Situation differenziert werden.

In einer Überblicksstudie und Metaanalyse von Judge, Bono, Ilies und Gerhardt (2002) zum Thema Persönlichkeit und Führung zeigte sich, dass es eine starke Beziehung zwischen dem „Big Five Modell" und dem Führungserfolg gab, wobei der Faktor „Extraversion" den höchsten Einfluss hat.

Robbins (1998) erörtert die praktischen Konsequenzen einer am Verhalten orientierten Betrachtung von Führung im Unterschied zu den Eigenschaftstheorien: Wer die Eigenschaftstheorie bevorzugt, begnügt sich damit, jeweils die „richtige" Person auszuwählen. Schließt man sich der Verhaltenstheorie an, so können Menschen zu Führungskräften trainiert werden. Der Verhaltenstheorie liegt meist ein optimistisches Menschenbild zugrunde, sie geht von der grundsätzlichen Veränderbarkeit menschlichen Verhaltens aus. Dieses gehorcht den Prinzipien der Verstärkung, d. h. erwünschtes Verhalten wird belohnt – dadurch erhöht sich die Wahrscheinlichkeit des Wiederauftretens – unerwünschtes Verhalten wird bestraft bzw. es wird ihm die Aufmerksamkeit entzogen (vgl. Kapitel 5.1.5).

Der Führungsstil gilt als ein relativ stabiles Verhaltensmuster der Führungskraft. Führungsverhaltensweisen wurden faktorenanalytisch auf der Basis von Mitarbeiterbefragungen in Organisationen der Wirtschaft ermittelt. Die Mitarbeiter sollten Führungsverhalten ihrer Vorgesetzten beurteilen (Abb. 8.3). Mit dem aufgabenorientierten Führungsstil verbanden die Befragten Verhaltensweisen wie: „Er weist seinen unterstellten Mitarbeitern spezifische Arbeitsaufgaben zu." oder: „Er legt Wert darauf, dass Termine genau eingehalten werden." Der mitarbeiterbezogene Führungsstil hingegen umfasst Aussagen wie: „Er zeigt Anerkennung, wenn einer von uns gute Arbeit leistet." oder: „Hat man persönliche Probleme, so hilft er einem."

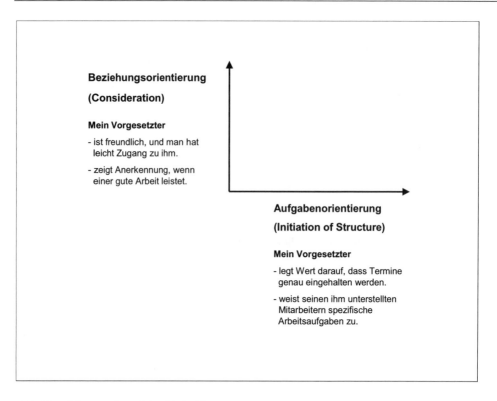

Abb. 8.3: Führungsstile nach Staehle (1999)

Die stärkere Betonung der Aufgabe bzw. die stärkere Betonung des Menschen beim Führungsverhalten sind keine Gegenpole auf einer Dimension, sondern voneinander unabhängig. Dies bedeutet, dass ein Vorgesetzter z. B. ausschließlich mitarbeiterbezogen, ausschließlich aufgabenbezogen, weder mitarbeiter- noch aufgabenbezogen, aber auch mitarbeiter- und zugleich aufgabenbezogen führen kann.

Eine in der amerikanischen Führungsliteratur stark beachtete Typologie von Führungsstilen ist die von Tannenbaum und Schmidt (1958), deren Endpunkte der autoritäre bzw. kooperative Führungsstil sind. Zwei Forschungstraditionen lassen sich hier unterscheiden (Wiswede, 1990): Die erste knüpft an die frühen Experimente von Lewin, Lippitt und White (1939) an und unterscheidet den demokratischen, den autokratischen und den laissez-faire-Führungsstil. Diese Forscher definierten den Führungsstil normativ und untersuchten dessen Effekte als abhängige Variablen. Die zweite Forschungstradition geht auf Studien von Bales und Slater (1955), die die Ausdifferenzierung von Führungsrollen in Kleingruppen untersuchten, zurück. Zum einen kristallisierte sich ein aufgaben- und zum anderen ein sozioemotionaler Spezialist heraus. Im Rahmen von militär- und industriepsychologischen Untersuchungen der Ohio-Schule wurden die Begriffe der „initiation structure" (aufgabenorientierte Führung) und der „consideration" (mitarbeiterbezogene Führung) geprägt.

8.1 Das Konzept von Führung

In weiteren Forschungen wurde versucht, die genannten Führungsdimensionen mit Kriterien des Führungserfolgs in Beziehung zu setzen. Eindeutige Gesetzmäßigkeiten fanden sich dabei nicht. Jedoch wurde relativ häufig der Nachweis geführt, dass der mitarbeiterbezogene Führungsstil positiv mit Arbeitszufriedenheit und in geringem Maße mit der Leistung, der aufgabenorientierte Führungsstil dagegen schwach positiv mit der Leistung der Gruppe korreliert (von Rosenstiel, 2007). Es ist dabei wichtig festzuhalten, dass es keinen „richtigen" Führungsstil gibt. Führung vollzieht sich vielmehr als Prozess und ist situationsabhängig.

Eine Metaanalyse von Judge, Piccolo und Illies (2004) zeigte, dass mitarbeiter- und aufgabenorientierte Verhaltensweisen in einem moderaten Zusammenhang mit dem Führungserfolg stehen. Eine weitere Metaanalyse (Burke, Stagl, Klein, Goodwin, Salas & Halpin, 2006), die die Beziehung zwischen dem Führungsverhalten in Teams und der Teamleistung untersuchte, stellte fest, dass sowohl das aufgabenorientierte als auch das mitarbeiterbezogene Verhalten mit der wahrgenommenen Teameffizienz und der Produktivität verbunden ist, das mitarbeiterbezogene Verhalten zusätzlich mit dem Teamlernen. Hierbei spielte noch das „Empowerment", d. h. das unterstützende und wertschätzende Verhalten des Teamleiters, eine bedeutsame Rolle (Kark, Shamir & Chen, 2003).

Die *Situationstheorien* der Führung sehen den Führungserfolg in Abhängigkeit von den situativen Bedingungen, in dem Führungskraft und Geführte handeln (Staehle, 1999). Die Kontingenztheorie von Fiedler (1967) ist die erste aufdifferenzierte Situationstheorie. Fiedler berücksichtigt neben der Führung (gemessen mit dem von ihm entwickelten LPC-Wert, „Least Preferred Coworker") auch drei Situationsvariablen: die Aufgabenstruktur, die Führer-Mitarbeiter-Beziehung und die Positionsmacht des Führers (ausführliche Kritik vgl. Gebert & von Rosenstiel, 2002; Neuberger, 2002; Frey & Müller, 1985). Allerdings krankt auch dieser Ansatz – wie viele andere situative Konzepte – daran, dass die Auswahl der relevanten Situationen wenig theoriegeleitet vorgenommen und vor allem auch der strukturelle Kontext der Organisationen kaum thematisiert wird. Es wird z. B. zu wenig der Umstand berücksichtigt, dass das Führungsverhalten nicht nur die Folge situativer Gegebenheiten ist, sondern auch selbst Situationen schafft und gestaltet, die wiederum das Führungsverhalten verändern können.

Hersey und Blanchard (1977) machten bei der Entwicklung ihres Modells der situationalen Führung darauf aufmerksam, dass eine Führungskraft nicht gegenüber allen Mitarbeitern und in allen Situationen denselben Führungsstil anwenden sollte (Weinert, 2004). Sie betonen, dass es wichtiger sei, einen flexiblen, adaptiven Führungsstil und eine Veränderung der Situation durch die Führungsperson zu bewirken. Die Kernvariable „Reife eines Mitarbeiters" wird als die Bereitwilligkeit des Mitarbeiters definiert, Verantwortung zu übernehmen. Dabei wird in einen arbeitsbezogenen und in einen psychologischen Reifegrad unterschieden. Bei hoher Reife des Mitarbeiters empfehlen sie die Delegation, die Übertragung der Aufgaben, d. h. eine geringe Mitarbeiter- und Aufgabenorientierung des Führenden, während bei geringer Reife des Mitarbeiters die Aufgabenorientierung des Führenden hoch, seine Mitarbeiterorientierung hingegen gering sein sollte: Dem Mitarbeiter wird schlicht gesagt („telling"), was er zu tun hat.

Die *Weg-Ziel-Theorie* der Führung lenkte als erste die Aufmerksamkeit auf die Untersuchung der Motivation der Geführten (House, 1977). Ihre Basis bildet die Erwartungstheorie der Motivation. Fünf Führungsverhaltensweisen (Schulz-Hardt & Brodbeck, 2007) werden unterschieden:

- klärendes Verhalten, z. B. in Bezug auf die Leistungsziele,
- Verhalten der Erleichterung der Arbeit, z. B. strategische Planung,
- partizipatives Verhalten, z. B. Besprechung mit den Mitarbeitern,
- unterstützendes Verhalten, z. B. die Schaffung eines guten Arbeitsklimas,
- leistungsorientriertes Verhalten, z. B. durch Setzen hoher Ziele.

Der Erfolg dieser Verhaltensweisen hängt wiederum von Personenmerkmalen der Mitarbeiter z. B. von ihrer Qualifikation, und den typischen Merkmalen der Umwelt ab.

In der anwendungsbezogenen Forschung wurden die Einflussversuche der unterstellten Mitarbeiter auf die Führungskraft lange zuwenig berücksichtigt. Besonders die Erwartungen der Geführten an die Führungskraft sind wichtig für dessen Rolle. Die Möglichkeiten der Einflussnahme auf die Führungskraft entsprechen denen des sozialen Einflusses in Gruppen. Van Knippenberg, van Knippenberg, de Cremer und Hogg (2004) haben die Rolle des Selbstkonzeptes (vgl. Kapitel 5.1.10) von Geführten bezüglich der Führungseffektivität untersucht. Sie fanden heraus, dass verschiedene Aspekte des Selbstkonstruktes wie Selbstwert oder Selbstwirksamkeit des Geführten durch die Führung beeinflusst werden und den Einfluss der Führungskraft auf den Geführten vermitteln.

Die Theorie von Vroo und Yetton (1973) stellt ein normatives Führungsmodell dar, in dem Führungsverhalten mit dem Grad der Partizipation verbunden wird. Vroom und Yetton gehen davon aus, dass Führungskräfte mehrere Führungsstile anwenden müssen, um sich an eine Situation anzupassen. Sie beschäftigen sich mit nur einem Aspekt der Führung – dem Entscheidungsstil –, und sie sind normativ, weil sie Empfehlungen für den zu praktizierenden Führungsstil geben. Ein komplexer Entscheidungsbaum enthält sieben Regeln zur Problemanalyse und fünf alternative Führungsstile, die von autoritär bis hin zur Gruppenentscheidung variieren (Robbins, 1998). Der Erfolg der Entscheidungsstrategien wird vor allem an der Qualität der Entscheidung und der Bereitschaft der Mitarbeiter bestimmt, diese zu akzeptieren (Bierhoff, 1998a). Tabelle 8.1 vergleicht die drei Situationstheorien von Fiedler, House und Vroom und Yetton anhand ihrer zentralen Aussagen, der Führungsstile, der Forschungsbasis und im Hinblick auf ihren Anwendungswert.

Tab. 8.1: *Vergleich der Situationstheorien nach Furnham (1997)*

Vergleichspunkte	Kontingenztheorie (Fiedler)	Weg-Ziel-Theorie (House)	Entscheidungstheorie (Vroom & Yetton)
zentrale Aussage	Es gibt nicht den besten Führungsstil. Der Führungserfolg hängt von der Interaktion zwischen Umwelt und Persönlichkeit ab.	Erfolgreiche Führungskräfte sind diejenigen, die die Motivation der Geführten dadurch stärken, dass sie klare Ziele setzen.	Ein erfolgreicher Führungsstil variiert mit der Situation. Die Führungskraft kann lernen, die Anforderungen der Situation zu erkennen und den Führungsstil an diese Gegebenheiten anzupassen
Führungsstile	von autokratisch bis demokratisch	hilfreich für den Aufstieg	von autokratisch bis partizipativ
Forschungsbasis	groß in den verschiedensten Bereichen: Militär, Ausbildung, Industrie; einige widersprüchliche Befunde	moderat bis niedrig, generell unterstützend	niedrig, aber generell unterstützend
Anwendungswert	moderat bis niedrig: Führungskräfte können nicht trainiert werden.	moderat	hoch, Führungskräfte können trainiert werden

Der *attributionstheoretische* Ansatz wendet die Grundlagen der Attributionstheorie auf das Verhalten in Organisationen an (Calder, 1977), d. h., dass Menschen Verhalten beobachten und versuchen, dafür Ursachen zu finden (Kapitel 5.1.4). Wenn z. B. die Führungskraft beim Mitarbeiter ungenügende Leistungen feststellt, kann sie dies unterschiedlich attribuieren, wobei dies Konsequenzen für ihr weiteres Verhalten hat. Sieht sie die Verhaltensursache in der Person (internale Attribution), kann sie von mangelnden Fähigkeiten ausgehen und den Mitarbeiter zu Weiterbildungsseminaren schicken. Vermutet sie hingegen mangelnde Anstrengung beim Mitarbeiter, wird sie versuchen, das Belohnungssystem zu modifizieren. Sieht sie die Verhaltensursache in den Umständen (externale Attribution), kann sie die Aufgabenschwierigkeit als Ursache annehmen und Maßnahmen zur Arbeitsgestaltung ergreifen. Nimmt sie den Zufall als Ursache an, wird sie eher nichts unternehmen (nach Neuberger, 2002).

8.1.2 Neuere Ansätze

Neuerdings geraten aber auch Variablen ins Blickfeld, die jenseits der Attributionen liegen, z. B. im sozialen Kontext. Welche Rolle spielt der Mitarbeiter in der Gruppe (Weinert, 2004)? Es genügt nicht, lediglich kognitive Prozesse zu berücksichtigen; Emotionen spielen z. B. auch für das Verhalten in Organisationen eine große Rolle (Brown, 1997). Dies berücksichtigt z. B. die Theorie der *charismatischen Führerschaft* von House (1977) oder Conger und Kanungo (1992), die wiederum die einzelne Person des Führers in den Mittelpunkt ihrer Betrachtung stellt. Demnach leben charismatische Führer überzeugend und mitreißend vor, wofür es sich lohnt zu leben und zu arbeiten. Damit wirken sie als Modelle für das Wertsystem, dem die Geführten nacheifern (sollen). Sie wecken neue („höhere") Motive und herausfordernde Ziele in den Geführten, vertrauen den Geführten und steigern damit deren Selbstachtung und Selbstvertrauen (House, 1977).

Die Theorie der charismatischen überschneidet sich mit jener der der transformationalen Führung (Bierhoff, 1998a). *Transformationale Führung* (Bass, 1985) geht über die Bereitstellung von Belohnungen hinaus, stattdessen kommt es zur Identifikation mit übergeordneten Zielen. Durch das Handeln des Führenden wird der Geführte so verändert, dass er bereit ist, sich auch ohne unmittelbare materielle Belohnung, ohne einen dem Marktprinzip entsprechenden Austausch (Transaktion) für seine Aufgabe und den Führenden einzusetzen. Wichtig ist, die Notwendigkeit von Veränderung zu erkennen, Widerstände zu überwinden, neue Visionen zu stiften und diese konkret in die Praxis umzusetzen. Das Konzept enthält vier Dimensionen (Bass, 1985; Schulz-Hardt & Brodbeck, 2007):

- Idealisierter Einfluss: Die Führungskraft verhält sich vorbildhaft (z. B. stehen ihre Handlungen in Einklang mit ihren Aussagen) und bringt somit die Mitarbeiter dazu, sich mit ihr zu identifizieren.
- Inspirierende Motivation: Die Führungskraft lebt die Vision, so dass sie für die Mitarbeiter attraktiv wird.
- Intellektuelle Stimulierung: Die Führungskraft regt ihre Mitarbeiter zu kreativer Arbeit an.
- Individualisierte Mitarbeiterorientierung: Die Führungskraft widmet sich jedem einzelnen Mitarbeiter, indem sie z. B. als Mentor agiert.

Im Unterschied dazu ist die *transaktionale* Führung, die letztlich vom unmittelbaren Austausch zwischen den Führenden und den Geführten ausgeht, durch drei Dimensionen gekennzeichnet:

- Kontingente Belohung: Die Führungskraft klärt Erwartungen und stellt Belohnungen in Aussicht.
- Aktive Kontrolle: Die Führungskraft überwacht und korrigiert das Verhalten der Mitarbeiter.
- Passive Kontrolle: Hier greift die Führungskraft erst ein, wenn das Verhalten des Mitarbeiters problematisch wird.

8.1 Das Konzept von Führung

Von interkulturellen Differenzen geht eines der umfangreichsten Projekte der Führungsforschung aus, das „Global Leadership and Organizational Effectiveness (GLOBE) Research Program" von House et al. (2004). Ziel dieses international vernetzten Projektes ist es, eine Theorie auf empirischer Grundlage zu entwickeln, die den Einfluss der Kultur auf Führungs- und Organisationsprozesse beschreiben, erklären und prognostizieren kann. Innerhalb des gesamten Programms sind ca. 170 Wissenschaftler engagiert, die Merkmale zu erfassen suchen, die in 62 unterschiedlichen Kulturen erfolgreichen Führungskräften zugeschrieben werden. Ausgangspunkt der Untersuchung ist die Schematheorie (Lord & Maher, 1991), die postuliert, dass ein Führender dann erfolgreich ist, wenn er dem Vorstellungsbild – dem Schema – entspricht, das die Geführten oder andere Bezugspersonen vom erfolgreich Führenden haben (Brodbeck, 2006). Es wurden neun kulturelle Dimensionen untersucht (House, Javidan, Hanges & Dorfman, 2002), wobei die ersten sechs an die Kulturdimensionen, wie sie Hofstede (1980) definiert hat, angelehnt sind:

1. Unsicherheitsvermeidung: Inwieweit vermeiden Mitglieder einer Gesellschaft oder einer Organisation Unsicherheit, indem sie sich an sozialen Normen oder bürokratischen Regeln orientieren?
2. Machtdistanz: Inwieweit erwarten Mitglieder einer Gesellschaft oder einer Organisation, dass die Macht geteilt wird?
3. Institutioneller Kollektivismus: Gesellschaftlicher Kollektivismus zeigt das Ausmaß, in welchem gesellschaftliche und organisationale Praktiken eine kollektive Ressourcenverteilung belohnen.
4. Gruppen/Familienbasierter Kollektivismus: In-group-Kollektivismus zeigt das Ausmaß, in welchem Individuen Stolz und Loyalität gegenüber ihren Organisationen oder Familien äußern.
5. Gleichberechtigung: Sie umfasst den Grad, in dem eine Organisation oder eine Gesellschaft Geschlechtsrollendifferenzen und Geschlechterdiskriminierung verringert.
6. Bestimmtheit: Sie zeigt das Ausmaß, in dem Individuen in Organisationen und Gesellschaften selbstbewusst, aggressiv und konfrontativ in sozialen Beziehungen sind.
7. Zukunftsorientierung: Umfasst den Grad, in dem Personen planen und Bedürfnisse aufschieben.
8. Leistungsorientierung: Zeigt das Ausmaß, in dem Individuen in Organisationen und Gesellschaften ermutigt werden, Leistung zu zeigen.
9. Humanorientierung: Umfasst den Grad, in dem Individuen in Organisationen und Gesellschaften für altruistisches und freundliches Verhalten belohnt werden.

Bei der Operationalisierung wurde in zwei Ausprägungen unterschieden: Zum einen in die Konstatierung der institutionellen bestehenden Praktiken und zum anderen der gewünschten Praktiken. Die Dimensionen effektiver Führung sind (Brodbeck, 2006):

- charismatisch (inwieweit Mitarbeiter auf Basis positiver Werte motiviert werden),
- teamorientiert (gemeinsame Ziele werden implementiert und Teams entwickelt),
- partizipativ (insofern andere an Entscheidungen beteiligt werden),
- humanorientiert (das Ausmaß, in dem miteinander freundlich umgegangen wird),
- autonomieorientiert (inwieweit unabhängig von anderen agiert wird) und
- defensiv (das Ausmaß, indem selbstwertschützend gehandelt wird).

Die GLOBE-Ergebnisse zeigen, dass die Vorstellungen über effektive Führung in erster Linie von der Gesellschaftskultur abhängen, erst in zweiter Linie von der Organisationskultur (vgl. Kapitel 8.6). Die individuellen Erwartungen über effektive Führung sind kulturell geprägt.

Nach GLOBE gibt es zwei Führungsdimensionen – charismatisch und teamorientiert – die nahezu universell in allen Kulturen vorhanden sind und für eine effektive Führung geschätzt werden. Wenn grenzüberschreitende und internationale Führungsstandards formuliert werden sollen, dann ist es sinnvoll, an diesen Dimensionen anzuknüpfen. Es wird jedoch darauf hingewiesen, dass die konkreten kulturellen Unterschiede vor Ort nicht unterschätzt werden sollten. Eine kulturspezifische Sichtweise kann helfen, die regional gelebten Führungspraktiken zu identifizieren und mit in Organisationsentwicklungsmaßnahmen zu integrieren. Es sollte dabei nicht nur auf kulturelle Unterschiede, sondern auch auf gemeinsame Werte eingegangen werden (Chhokar, Brodbeck & House, 2008).

Exkurs: Führung in einer anderen Kultur
Der Einfluss, den Kultur auch auf Führung hat, soll anhand von Japan dargestellt werden, als Beispiel für eine Kultur, die in ihren Wurzeln sehr weit von der westlichen Kultur entfernt ist. Das japanische Management praktiziert besondere Formen der Entscheidungsfindung, die in westlichen Ländern manchmal Verwirrung, manchmal auch Angst hervorrufen (von Keller, 1982). Der Konsens in der Gruppe steht im Vordergrund. Mit der Zurückdrängung des Individualismus (vgl. Kapitel 6.2.1) entfällt auch die Selbstdarstellung der Manager in den Gremien zur Entscheidungsfindung. Als typisch japanischer Entscheidungsprozess gilt das Ringi-System (Ringiseido). Es handelt sich um einen Bottom-up-Prozess, wobei die Ringi-Angelegenheiten meistens auf der Abteilungsleiterebene initiiert werden. Auf der untersten Ebene des Betriebs werden in Gruppen Vorschläge ausgearbeitet, die die Verbesserung der Geschäftspolitik betreffen. Die Vorschläge werden dann von unten nach oben an die jeweils höhere Betriebsebene weitergeleitet, bis sie schließlich zur formellen Entscheidung auf die höchste Ebene gelangen. Typisch ist, dass nicht der einzelne die Entscheidung trifft, sondern die Gruppe als Einheit.

Ringi besteht aus zwei Teilen: „Rin" bedeutet, seinem Vorgesetzten einen Vorschlag unterbreiten und seine Billigung abzuwarten und „gi" eine Sache abwägen. Die Reihe der informellen Gespräche, durch die ein Vorschlag entscheidungsreif wird, bezeichnet man mit dem alle Seiten gleichmäßig beachtenden Einbinden der Wurzeln eines Baumes, dem „Nemawashi" (Coulmas, 1993). An der Entscheidungsfindung sollen möglichst viele Personen teilnehmen, um so die Konsensbildung zu erleichtern. Diese Methode lässt den Ort der Entscheidung für Nicht-Japaner im Unklaren.

Der Vorteil des „ringi"-Systems wird darin gesehen, dass der Denkanstoß von unten ausgeht und eine getroffene Entscheidung von allen Mitarbeitern im Unternehmen getragen wird. Wird ein Vorschlag nicht angenommen, dann trifft es nicht den einzelnen, sondern die Gruppe. Es ist eine Form der Kommunikation von unten nach oben. Der Nachteil des Systems liegt in dem oft langen und schwerfälligen Entscheidungsprozess.

8.1 Das Konzept von Führung

Ein Großteil der japanischen Forschung hat Konstrukte übernommen, die in den Vereinigten Staaten entwickelt worden sind, und sie in Japan repliziert oder ausgeweitet. Misumi (1989) berichtet, dass kurz nach dem 2. Weltkrieg Kurt Lewin einen Brief an Professor Kanae Sakuma schrieb, in dem er auf seine gemeinsamen Studien mit Lippitt und White hinwies und vorschlug, diese Studien auch in Japan durchzuführen. Die ersten Studien über Führung fanden mit amerikanischer Unterstützung statt und begannen als gruppendynamische Untersuchungen.

In den letzten 30 Jahren hat sich ein systematisches interdisziplinäres Forschungsprogramm in Japan etabliert, das auf die frühen Studien von Lewin, Lippitt und White (1939) zurückgeht (Misumi & Peterson, 1985). Das Forschungsprogramm „Performance (P)-Maintenance (M)" (PM-Theorie der Führung) wurde in einer Serie von verschiedenen Labor- und Feldstudien entwickelt, die die Geschichte der japanischen Nachkriegsentwicklung umfasst (Misumi & Peterson, 1985; Peterson, Smith und Tayeb, 1993). Die Anwendung der PM-Theorie basiert zwar auf ausgedehnter westlicher Forschungsarbeit, gilt aber als eigenständige Entwicklung (Moriynki, 1987). Die PM-Theorie legt Wert auf die funktionale Bedeutung von Führung und darauf, dass die Geführten dem Führenden in einem speziellen Kontext den Weg zeigen. Die beiden Führungsfunktionen sind Performance (Aufgabenerfüllung innerhalb der Gruppe) und Maintenance (Erhalten und Verstärken des Guppenprozesses). Für empirische Zwecke werden normalerweise vier Führungstypen unterschieden: zum einen Führung, die beide Funktionen P und M erfüllt, dann Führung, die entweder P oder M erfüllt und schließlich die Führung, die keine der beiden Funktionen erfüllt.

Das PM-Managertraining, das Fragebögen, Falldiskussionen u. Ä. benutzt, besteht darin, dem Führenden Feedback darüber zu geben, wie ihn seine Mitarbeiter erleben. Verhaltensbeschreibungen und Einstellungsskalen werden als ungenau angesehen und eher wenig eingesetzt. Zudem ist eine weitere Charakteristik der PM-Perspektive, den Angestellten in der Arbeit und in seinem Wohlbefinden dort zu unterstützen. Die P-Funktion wird noch einmal in zwei Aspekte unterschieden: zum einen in Pressure (Druck, im Sinne von hart arbeiten) und in Planing. In Amerika tritt der Planungsfaktor gehäufter auf, in Japan der Pressure Faktor. In der PM-Theorie beeinflusst Führung die Motivation durch eine Verbindung von Druck und Unterstützung.

„Performance leadership"-Funktionen bedeuten das Formen und Erreichen von Gruppenzielen, während die „maintenance"-Funktionen besagen, dass die soziale Stabilität der Gruppe bewahrt wird. So wurden in Anlehnung an die Experimente von Lewin, Lippitt und White auch in Japan Experimente mit Jungen und Mädchen durchgeführt. Die demokratischen Gruppen in der japanischen Studie zeigten sich weniger klar der autokratischen Gruppe überlegen als die entsprechenden Gruppen in der amerikanischen Studie. Diesen Unterschied führen Misumi und Peterson (1985) jedoch teilweise auf die unterschiedlichen Aufgaben in den Experimenten zurück: in Amerika waren die Aufgaben eher spielerisch, in Japan stärker an der Schule orientiert. Ebenso wird auf einen möglichen kulturellen Unterschied zwischen amerikanischen und japanischen Führungsforschern hingewiesen: Es scheint in Japan eine größere Bereitschaft dafür zu bestehen, anzunehmen, dass sowohl „consideration" als auch „initiation structure" miteinander interagieren können. Das PM-Forschungsprogramm erbringt empirische Evidenz, dass aktuelle Führung Wert sowohl auf Mitarbeiterorientierung als auch auf Aufgabenorientierung legt und als wünschenswert für die meisten Führungsumgebungen in Japan erscheint.

Die stärkere Überlegenheit der Mitarbeiterorientierung gegenüber der Aufgabenorientierung in japanischen Feldstudien wird von Misumi und Peterson (1985) auf die typischen langfristigen Arbeitsgruppen und die Betonung der Gruppenqualität in japanischen Organisationen zurückgeführt.

Besonders für amerikanische, ebenso aber auch für die europäischen Managementforscher bildete das japanische Managementsystem eine Herausforderung, das man zum Teil mit den eigenen Maßstäben erfasste bzw. dessen Erfolge man gerne kopiert hätte, ohne sich weiter um dessen kulturelle Wurzeln zu kümmern. So betrachtet es Schein (1983) als besonders wichtig, sich darüber zu verständigen, was eigentlich Kultur bedeutet. Seine These ist, dass man eine andere Kultur nicht richtig verstehen kann, wenn man seine eigene Kultur nicht begreift. Dann ist man auch nicht in der Lage, neue Ideen aus anderen Kulturen aufzunehmen (vgl. Kapitel 6.2.1).

Das Erfolgsgeheimnis der japanischen Unternehmen sind nicht einzelne Managementtechniken, sondern es ist das Resultat einer besonderen „Philosophie" des Verhältnisses zwischen Unternehmen und Mitarbeiter, die das Kernstück des japanischen Personalmanagement ausmacht (Esser, 1994). Als prägende Elemente der Unternehmenskultur gelten Werte, die gegenseitiges Vertrauen, Fürsorge und Gemeinschaftssinn beinhalten (Erez, 1992).

8.1.3 Ein Führungsmodell

Am Beispiel des „gesundheitsförderlichen Führens" soll ein Führungsmodell dargestellt werden, das Spieß und Stadler (2003; 2007) entwickelt haben. Die Gesamtheit der Führungstechniken, -stile und -verhaltensweisen, die hier vorgestellt werden, orientiert sich am Wohlbefinden und der Gesundheit der Mitarbeiter. Diese bilden eine zentrale Voraussetzung für leistungsfähige und leistungsbereite Mitarbeiter. Gesundheitsförderliches Führen widerspricht somit nicht den betrieblichen und betriebswirtschaftlichen Zielen, die zu erreichen wichtigste Führungsaufgabe ist – im Gegenteil. Das Wohlbefinden der Mitarbeiter ist die zentrale Ressource für den Unternehmenserfolg und zumindest langfristig kann es keinen unternehmerischen Erfolg ohne gesunde Mitarbeiter geben: Qualitativ hochwertige Leistungen können auf Dauer am effektivsten von gesunden und motivierten Mitarbeitern erbracht werden.

Im Folgenden geht es darum, das gesundheitsförderliche Führen anhand eines Modells zu veranschaulichen und zu erläutern (Abb. 8.4). Es unterscheidet vier Ebenen, wobei der Kern aus der ziel- und aufgabenorientierten Führung besteht. Diese richtet den Fokus auf den Mitarbeiter. Die Gestaltung von Arbeits- und Organisationsprozessen bildet einen weiteren Rahmen. Für alle Maßnahmen ist entscheidend, dass sie in eine gesundheitsförderliche Führungs- und Unternehmenskultur eingebettet sind (Spieß & Stadler, 2007).

8.1 Das Konzept von Führung

Erste Ebene: Ziel- und aufgabenorientiert führen

Das Kernstück des Modells bildet die klassische Aufgabe von Führungskräften, die den gängigen Definitionen der Führungsliteratur entspricht. Demnach wird Führung als zielbezogene Einflussnahme verstanden, die sich kommunikativ und in Interaktion mit den Strukturen der Organisation, Persönlichkeitsmerkmalen der Personen und situativen Aspekten vollzieht.

Eine wichtige Aufgabe der Führung ist es somit, dass Ziele gesetzt bzw. – besser noch – vereinbart werden. Um dies erfolgreich umzusetzen, sind bestimmte Regeln zu berücksichtigen. So sollten die Ziele (heraus)fordern und nicht überfordern, überprüfbar, konkret und realistisch sein (vgl. Kapitel 5.1.3). Ebenso sollten die Arbeitsaufgaben und Rollen klar definiert werden, denn Rollenunklarheit ist in empirischen Studien als Belastungsfaktor identifiziert worden (Stadler & Spieß, 2003).

Die Mitarbeiter sollten immer eingebunden werden, da so eine höhere Akzeptanz bei den Mitarbeitern erzeugt werden kann. Ebenso ist dadurch eine höhere Bindung an die Ziele wahrscheinlich. Die Umsetzung der Ziele muss jedoch auch kontrolliert und in der Folge rückgemeldet werden. Dies geschieht bevorzugt dadurch, dass die Führungskraft

- sich Zeit für den Mitarbeiter nimmt,
- ihn vor Ort aufsucht,
- ihm Rückmeldung über die Arbeitsergebnisse in persönlichen Gesprächen gibt,
- positive Leistungen anerkennt,
- aber auch die Dauerleistung wertschätzt und
- konstruktive Kritik übt, wenn das Ziel nicht in dem gewünschten Umfang erreicht wurde.

Gerade für Kritikgespräche ist Einfühlungsvermögen ebenso erforderlich wie Strategien einer für alle Seiten befriedigenden Konfliktlösung (z. B. Konfliktdeeskalationsstrategien Kapitel 5.2.3).

Zweite Ebene: Mitarbeiterorientiert führen und unterstützen

Das Besondere bei der mitarbeiterorientierten Führung besteht darin, dass der Mitarbeiter durch die Führungskraft eingebunden und beteiligt sowie als Person mit eigenen Bedürfnissen und Interessen ernst genommen wird. Es müssen dem Mitarbeiter Entscheidungsspielräume zugestanden werden, aber auch zeitliche und inhaltliche Freiheitsgrade bei der Arbeit. Ebenso sollte er in Planungs- und Entscheidungsprozesse miteinbezogen werden. Das Schaffen von Partizipationsmöglichkeiten für die Mitarbeiter sollte ein zentrales Anliegen der Führungskräfte sein. Die Berücksichtigung des Erfahrungswissens und der Bedürfnisse der Mitarbeiter hilft, dass Verantwortungsgefühl und Akzeptanz steigen, weil die Mitarbeiter auf die eigenen Arbeitsbedingungen Einfluss nehmen können. Sie wissen häufig selbst am besten, was sie bei ihrer Arbeit belastet, und wie diesen Belastungen zu begegnen ist.

Die Führungskraft sollte Vorbild sein für den Mitarbeiter. Das drückt sich für die gesundheitsorientierte Führung so aus, dass sie z. B. auf die eigene Gesundheit achtet und auf die Einhaltung von Pausen bei sich ebenso wie den eigenen Mitarbeitern drängt.

Die beständige Kommunikation mit den eigenen Mitarbeitern ist auch deshalb nötig, um präventiv psychosoziale Fehlentwicklungen erkennen zu können, die im Kontext der Arbeitsanforderungen und der Zusammenarbeit in der Gruppe zu verorten sind. Dazu gehört z. B. das Erkennen der ersten Anzeichen von Burnout oder von Mobbing bei Mitarbeitern (Kapitel 8.11 und 8.12.3).

Dritte Ebene: Arbeits- und Organisationsprozesse gestalten

Die Gestaltung von Arbeits- und Organisationsprozessen ist ein weiterer wichtiger Meilenstein für eine gute Führungskultur. Dazu gehören die Optimierung der Arbeitsbedingungen und organisationellen Abläufe, z. B. durch räumliche, klimatische und ergonomische Verbesserungen, oder die Schaffung von (Zeit-)Puffern. Gerade bei eher monotonen Arbeitsaufgaben ist es wichtig, sie so zu gestalten, dass sie inhaltlich weniger ermüdend sind und die Mitarbeiter komplexere Anforderungen (mit höheren Entscheidungsspielräumen) erfüllen können.

Ebenso gehört dazu, für Transparenz und einen ungehinderten Informationsfluss zu sorgen, z. B. dadurch, dass die Mitarbeiter umfassend über betriebliche Belange und Veränderungen informiert werden und somit die betrieblichen Abläufe für alle Beschäftigten transparent sind. Dadurch wird auch das allgemeine Vertrauensklima gefördert.

Ferner sollten die Teamarbeit und der Zusammenhalt in der Arbeitsgruppe gefördert werden, wobei auch ein wichtiger Aspekt ist, zu dieser zu qualifizieren, denn für einige Mitarbeiter kann diese Form der Arbeit ungewohnt sein. Dabei gilt es, Konflikte rechtzeitig zu erkennen und zu ihrer Lösung beizutragen und z. B. zur Konfliktvermeidung die Arbeit gerecht zu verteilen. Auch angemessene Belohnungssysteme sind hier wichtig.

Vierte Ebene: Gesundheitsförderliche Führungs- und Unternehmenskultur schaffen

Die gesamten dargestellten Maßnahmen können nur wirksam werden, wenn die gesamte Führungs- und Unternehmenskultur einer Organisation darauf ausgerichtet ist. Die Gestaltung der Zusammenarbeit ist dann erfolgreich, wenn dies im Rahmen einer allgemeinen kooperativen Unternehmenskultur erfolgt. Effektive Kooperation sollte sich aber nicht nur auf deren Kundgabe in den Führungsgrundsätzen beziehen, sondern sie muss im Unternehmen auch aktiv gelebt werden, z. B. indem man sich gegenseitig unterstützt, Hilfen anbietet und auch annimmt. Dazu gehört es auch, Fehler zuzugestehen, keine Schuldigen zu suchen und aus Fehlern zu lernen ebenso wie Systeme technisch „fehlertolerant" zu entwickeln. Dazu ist eine sog. „Vision" hilfreich, in der der Wert Gesundheit für die Mitarbeiter einen hohen Stellenwert einnimmt. Wenn alle Mitarbeiter diese Vision mitentwickeln, wird sie auch zumeist von der Mehrheit mitgetragen.

Im Rahmen einer differenzierten Personalführung sollte auch auf die besonderen Bedürfnisse unterschiedlicher Zielgruppen geachtet werden: So müssen für ältere Arbeitnehmer andere gesundheitsrelevante Maßnahmen sowohl in ergonomischer also auch in sozialer Sicht getroffen werden als für jüngeres Personal. Ebenso gilt es im Sinne von „Gendering" auch die Bedürfnisse von Frauen mit Kindern zu berücksichtigen. Ein ausgeglichenes Verhältnis der Faktoren Arbeit, Familie und Freizeit ist für die Gesundheit und das Wohlbefinden der Mitarbeitenden und ihrer Familien von großer Bedeutung (Schneewind & Kupsch, 2006;

8.1 Das Konzept von Führung

Schneewind, 2009). Gerade familienfreundliche Arbeitszeit- und Teilzeitmodelle spielen hierbei eine wichtige Rolle (vgl. Kapitel 8.8).

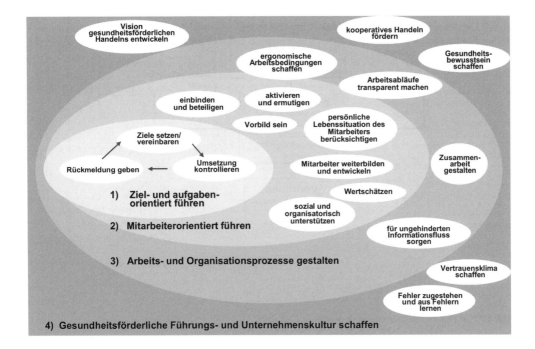

Abb. 8.4: Führungsmodell nach Stadler & Spieß (2007)

8.1.4 Die Rolle des Vertrauens

Drückt man es einfach und pointiert aus, so besteht Vertrauen darin, einem anderen freiwillig Mittel und Informationen zu überlassen, die von diesem auch missbraucht werden können (Comelli & von Rosenstiel, 2009). Vertrauen (vgl. Kapitel 5.2.6) spielt auch im Führungsprozesss eine wichtige Rolle. Fünf Dimensionen werden dem Konzept des Vertrauens zugrunde gelegt: Integrität, Kompetenz, Konsistenz, Loyalität und Offenheit. Am bedeutsamsten davon ist die Integrität (Kramer & Tylor, 1998). Die Bedingungen für vertrauensvolles Verhalten bei Managern lassen sich anhand dieser Kriterien beschreiben (Abb. 8.5):

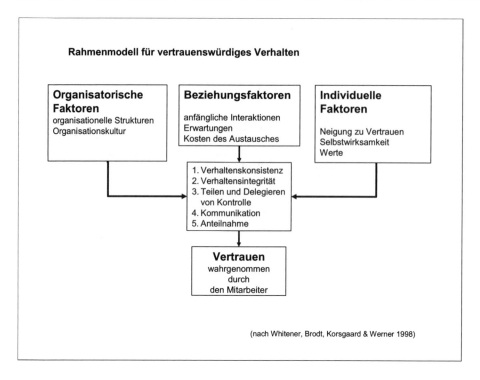

Abb. 8.5: Rahmenmodell für vertrauenswürdiges Verhalten

- Integrität bezieht sich auf das, was der/die ManagerIn sagt und was er oder sie tut. Wort und Handeln sollen nicht im Widerspruch zueinander stehen.
- Kompetenz zeigt sich im sicheren Umgang mit den Anforderungen und Problemen.
- Konsistenz des Verhaltens bedeutet, dass sich Manager über eine längere Zeit und über verschiedene Situationen hinweg immer auf die gleiche Art und Weise verhalten. So können die Mitarbeiter besser das zukünftige Verhalten des Managers vorhersagen. Dies stärkt auch ihr Vertrauen in die Beziehung.
- Loyalität signalisiert sich im Teilen und Delegieren von Kontrolle und hat einen symbolischen Wert für die Mitarbeiter: Wenn Manager Kontrolle abgeben, zeigen sie Vertrauen und Respekt gegenüber ihren Angestellten.
- Offenheit besteht aus der Kommunikation genauer Informationen, Erklärungen für Entscheidungen und Transparenz.

Schließlich ist es wichtig, Wohlwollen und Anteilnahme zu zeigen, d. h. Rücksicht zu nehmen auf die Bedürfnisse der Mitarbeiter und so zu handeln, dass die Interessen der Mitarbeiter geschützt werden. Es gilt Abstand zu nehmen von der Ausnutzung anderer zu Gunsten der eigenen Interessen.

Eine Metaanalyse zum Thema Vertrauen in der Führung von Dirks und Ferrin (2002) zeigt, dass die Rolle des direkten Vorgesetzten besonders wichtig für das Vertrauen der Mitarbeiter ist.

8.1 Das Konzept von Führung

8.1.5 Führungsinstrumente

Es gibt eine Vielzahl von Führungsinstrumenten, die ganz unterschiedlichen Zielen dienen können wie z. B. der Leistungsintensivierung, der Qualifikation, dem Aufbau von Teamgeist, der Identifikation mit den Unternehmenszielen, der Steigerung der Innovations- und Veränderungsbereitschaft etc. Hier soll in exemplarischer Weise auf jene Instrumente eingegangen werden, die vor allem zum Erhalt und zur Förderung der Gesundheit der Mitarbeiter beitragen.

In Tabelle 8.2 sind wesentliche Ansatzpunkte, Ziele und Maßnahmen für eine gesundheitsbezogene und mitarbeitergerechte Führungskultur dargestellt. Die Ansatzpunkte gliedern sich in das Entwickeln angemessener Führungsgrundsätze, in denen bereits das Gesundheitsbewusstsein als Führungsaufgabe niedergelegt ist sowie die Prinzipien der Kooperation. Als Führungsstile werden ein partizipations- und veränderungsorientierter sowie ein kooperativer Stil vorgeschlagen. Führungstechniken werden aufgelistet, die sich für das Erreichen unternehmerischer ebenso wie mitarbeiterbezogener Ziele bewährt haben: z. B. Zielvereinbarungen treffen, Vorbildfunktion, Feedback, Anerkennung. Wichtig ist auch, die Arbeitssituation – etwa durch den Einbezug der Wünsche des Mitarbeiters, durch das Einplanen von Zeitpuffern – so zu gestalten, dass Selbststeuerung und Handlungsspielräume möglich werden (Stadler & Spieß, 2005).

Tab. 8.2: Führungsinstrumente für eine gesundheitsbezogene und mitarbeitergerechte Führung

Gesundheitsbezogenes und mitarbeitergerechtes Führen: Ansatzpunkte, Ziele und Maßnahmen

Ansatzpunkte	Führungsgrundsätze entwickeln	Führungsstil	Führungstechniken	Arbeitssituation gestalten
Ziele	• Führen mit Bezug auf Unternehmens- und Mitarbeiterziele • Gesundheitsbewusstsein als Führungsaufgabe • Prinzipien der Kooperation	• mitarbeiter- und partizipationsorientierter Führungsstil • kooperativer Führungsstil • veränderungsorientierter Führungsstil • Führungscoaching • vertrauenserweckender Führungsstil • Sensibilisierung für Gesundheitsvorsorge und -probleme	• Zielvereinbarung • Einräumen von Beteiligungsmöglichkeiten • Verantwortung delegieren • Umgang mit Konflikten • Führen im Team • Vorbildfunktion • regelmäßige Mitarbeitergespräche • Feedback • Anerkennung • Entwicklung des Mitarbeiterpotenzials • Kompetenzentwicklung • Empowerment	• Wünsche der MA einbeziehen • Beeinflussbarkeit und Sinnhaftigkeit als Kriterien der Arbeitsgestaltung • Motivations-Anreizsysteme • Partizipationsmöglichkeiten geben • Zeitpuffer einplanen, um Dauerstress vorzubeugen • Selbststeuerung ermöglichen
Verankerung	Unternehmensleitbild/Unternehmensgrundsätze; Übernahme in OE-/PE-Leitlinien; Entwicklung eines Controlling-Systems	kontinuierliche Überprüfung, ob Führungsgrundsätze „gelebt" werden; „mitarbeitergerechtes Führen" als Kriterium der Führungskräfte-Auswahl und Führungskräfte-Beurteilung	Rückkopplung mit den Führungsgrundsätzen	Rückkopplung mit den Führungsgrundsätzen
Maßnahmen zur Implementierung	Einrichtung von Gesundheitszirkeln; regelmäßige Check-Ups	„mitarbeitergerechtes Führen" als Bestandteil von Führungskräfteseminaren	kontrollierte Trainings, Workshops	Kontrollierte Trainings, Workshops

All diese Ansatzpunkte müssen in Unternehmensleitbildern und in Organisations-/Personalentwicklungs-Leitlinien (OE-/PE-Leitlinien) verankert werden. Doch ebenso bedarf es der kontinuierlichen Überprüfung und Rückkoppelung mit den Führungsgrundsätzen, ob diese Leitsätze auch wirklich im Unternehmen – in den Führungstechniken und in der konkreten Arbeitssituation – gelebt werden. Die Aufnahme in die Beurteilung der Führungskräfte erscheint daher sinnvoll. Geeignete Maßnahmen zur Implementierung sind z. B. die Einrichtung von Gesundheitszirkeln, regelmäßige Gesundheits-Check-ups für alle, die Aufnahme des mitarbeitergerechten Führens in Führungskräfteseminare, Workshops sowie in kontrollierten Trainings (d. h., es wird im betrieblichen Alltag überprüft, ob eventuelle Verhaltensänderungen dort umgesetzt werden).

Wichtige Führungstechniken im Sinne einer für Mitarbeiter und Führungskraft zufriedenstellenden Arbeitsbeziehung sind:

- den richtigen Mitarbeiter für die richtige Arbeitsaufgabe auswählen (und so Über- und Unterforderungen vorbeugen);
- für die Einarbeitung neuer Mitarbeiter oder in neue Aufgaben genügend Zeit vorsehen (ggf. unter Zuhilfenahme von Tutorsystemen, d. h., Neulingen erfahrene Mitarbeiter an die Seite zu stellen);
- die persönlichen Berufsziele der Mitarbeiter berücksichtigen;
- Entwicklungsmöglichkeiten aufzeigen (z. B. in regelmäßigen Mitarbeitergesprächen);
- konkrete, realistische Arbeitsziele vereinbaren (unter Einbindung des Mitarbeiters);
- Rückmeldung über die Arbeitsergebnisse in persönlichen Gesprächen geben;
- positive Leistungen anerkennen;
- regelmäßig mit den Mitarbeitern kommunizieren;
- Mitarbeiter umfassend über betriebliche Belange und Veränderungen informieren;
- ein Vertrauensklima schaffen;
- den Zusammenhalt in der Arbeitsgruppe fördern;
- Gefühl der Wertschätzung vermitteln;
- den Sinn der Arbeit erkennen lassen;
- Konflikte rechtzeitig erkennen und zu ihrer Lösung beitragen.

Eine Maßnahme für eine motivierende Arbeitsgestaltung ist ein ergonomisch optimal gestalteter Arbeitsplatz als Voraussetzung für Gesundheit und Wohlbefinden der Beschäftigten. Darüber hinaus sollte aber auch dafür gesorgt werden, dass

- die Mitarbeiter zeitliche und inhaltliche Freiheitsgrade bei der Arbeit haben,
- die Arbeit gerecht verteilt ist,
- Arbeitsaufgaben und Rollen klar definiert sind,
- ein angemessenes Belohnungssystem existiert,
- die betrieblichen Abläufe für alle Beschäftigten transparent sind.

Um Über- bzw. Unterforderung vorzubeugen, sollten die Mitarbeiter gemäß ihren Leistungsvoraussetzungen und ihrer Qualifikationen eingesetzt werden. Gerade der direkte Vorgesetzte ist aufgrund seines ständigen Kontakts mit den Mitarbeitern am besten in der Lage, angemessene Arbeitsanforderungen zu formulieren. Besteht die Gefahr der Überforderung, muss der Vorgesetzte die notwendigen zusätzlichen Qualifizierungsschritte einleiten (oder aber die Aufgabenschwere/-fülle reduzieren).

Um die Fähigkeiten der Mitarbeiter zur Stressprävention und zum Stressmanagement zu erhöhen, gilt es, betriebliche und außerbetriebliche Weiterbildungsmaßnahmen der Mitarbeiter zu fördern. Die Teilnahme an Seminaren zur Erweiterung fachlicher Kompetenzen (z. B. EDV) und sozialer Fähigkeiten wie „Zeitmanagement", „Gesprächsführung", „Umgang mit Konflikten", „Entspannungstechniken" können dabei helfen, die individuellen Ressourcen zu erweitern. Führungskräfte, die die Qualifizierung ihrer Mitarbeiter zu ihrem Anliegen machen, Zeit und finanzielle Mittel zur Verfügung stellen, demonstrieren damit ihre Wertschätzung diesen gegenüber und machen Ernst mit der Sicht des Mitarbeiters als wichtigem Potenzial für den wirtschaftlichen Erfolg eines Unternehmens.

Jeder hat schon an seinem Arbeitsplatz die Erfahrung gemacht, dass erst durch die Hilfe von anderen – Familie, Freunde, Kollegen oder Vorgesetzten – eine Arbeitsaufgabe oder Probleme, die den eigenen Arbeitsplatz betreffen, gelöst werden konnten. In der Regel können Schwierigkeiten gemeinsam besser bewältigt werden. Die Rolle der sozialen Unterstützung (vgl. Kapitel 5.2.9) anderer hilft aber auch dabei, Belastungen besser zu ertragen (emotionale Unterstützung).
Bei Arbeitsaufgaben mit hoher Schwierigkeit ist fachliche Unterstützung erforderlich. Dagegen sollte an einem Arbeitsplatz mit überwiegend monotonen Aufgaben eher emotionale Hilfe angeboten werden. Besser ist es jedoch, die Arbeitsaufgaben so zu gestalten, dass sie inhaltlich weniger monoton sind und die Mitarbeiter komplexere Anforderungen (mit höheren Entscheidungsspielräumen) erfüllen. Gegenseitige Unterstützung kann helfen, Belastungen besser zu ertragen mit den entsprechenden Auswirkungen auf das Betriebsklima. Mitarbeiter, die in schwierigen Arbeitssituationen nicht allein gelassen werden, Fehler zugeben können, bewerten erfahrungsgemäß die an sie gestellten Anforderungen als weniger „stressend".

8.1.6 Führungskräfteentwicklung und Training

In Deutschland werden pro Jahr annähernd 60 Milliarden Euro für Maßnahmen der Fort- und Weiterbildung ausgegeben, ca. ein Drittel davon lassen sich im engeren Sinne der betrieblichen Fort- und Weiterbildung zurechnen. Tatsächlich aber liegen die Investitionen noch deutlich höher, da Personalentwicklung (Neuberger, 1991; Sonntag, 2006) mehr als Fort- und Weiterbildung umfasst, wie z. B. gezielt qualifizierende Projektarbeit, Auslandseinsätze oder andere Maßnahmen „on" oder „near" the Job. Analysiert man nun, in wen konkret die einschlägigen betrieblichen Fördermaßnahmen investiert werden, so stößt man auf beachtenswerte Selektionsmechanismen. Ein Mitarbeiter wird besonders intensiv entwickelt, wenn er jung, beruflich hoch qualifiziert, männlich und deutscher Staatsbürger ist. Dies weist auf den Kreis der akademisch ausgebildeten Absolventen von Fachhochschulen und Universitäten hin, aus denen sich dann jene im Betrieb herauskristallisieren, die in Fach- und Führungslaufbahnen einsteigen.

Gestaltet werden die Fort- und Weiterbildungsmaßnahmen mit den unterschiedlichsten inhalts- (z. B. Vorträge, Seminare, Fachschulungen, programmierte Unterweisungen, Skripte, Bücher) und prozessorientierten (z. B. Rollenspiele, Unternehmensplanspiele, gruppendynamische Übungen, „out door"-Training) Verfahrensweisen (Kaschube und von Rosenstiel, 2004). Inhaltlich wurden dabei nahezu alle nur denkbaren psychischen Kräfte und Funktionen entwickelt, wie z. B. Wissen, Fertigkeiten, planerisches, strategisches und unternehmerisches Denken, Kreativität, Lernen, (Leistungs-)Motivation, Volition, Wahrnehmungssensibilität, Rhetorik, Teamverhalten, Kommunikation und interkulturelle Kompetenz.

Allerdings dienen derartige Fort- und Weiterbildungsveranstaltungen keineswegs nur dem Aufbau von Qualifikation und Kompetenz (künftiger) Führungskräfte, sondern gelegentlich auch vielfältigen mikropolitischen Zielen (Neuberger, 2006). Man denke z. B. an Belohnungen für erbrachte Leistungen, „Sozialleistungen" mit Erholungs- und Unterhaltungswert, die Pflege zwischenmenschlicher Beziehungen, die Gelegenheit zur Präsentation von Personen, Projekten oder der Unternehmenskultur, die Personalisierung von Misserfolg, die Akzeptanzsicherung von Programmen, Initiationsriten für Beförderte, politische Verpflichtungen oder Sanktionsmechanismen bzw. Disziplinierungsmaßnahmen.

Die Gründe der Beteiligung von Unternehmen an intensiven oder externen Entwicklungsmaßnahmen sind sehr unterschiedlich: Während einige hier sehr viel investieren, betonen andere deren Dysfunktionalität. Es würden z. B. dadurch die Höherqualifikationen mit Erpressungsmacht ausgestattet und den Besten dadurch ein „Sprungbrett zur Konkurrenz" geboten. Daher sei es besser, auf Weiterbildung für Führungskräfte zu verzichten und mit den so gesparten Mitteln durch höhere Gehälter die gewünschten Personen von der Konkurrenz abzuwerben.

Abbildung 8.6 zeigt das Modell von Goldstein und Ford (2002), das Training in Organisationen beschreibt. Demnach bedarf es zunächst einer Analyse des Bedarfes, den die Organisation für die Trainingsinhalte hat. Was und wer sollen trainiert werden? Hier hat auch die klassische Arbeitsanalyse ihren Platz (vgl. Kapitel 7). Ebenso wichtig ist es, sich einen Überblick über die Mitarbeiter zu machen, für die ein Trainingsbedarf besteht. Hierbei sollte auch die Motivation der Mitarbeiter, solche Trainings wahrzunehmen, berücksichtigt werden. Daraus resultieren dann die Trainingsziele. Im nächsten Schritt erfolgt die Auswahl und das Design der Trainingsprogramme.

8.1 Das Konzept von Führung

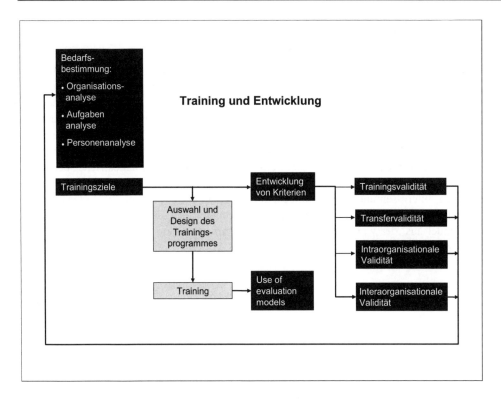

Abb. 8.6: Goldstein und Fords Trainingsmodell (2002)

Es folgt die Evaluation (vgl. Kapitel 7.2) des Trainings, wobei dafür entsprechende Kriterien und Modelle entwickelt werden müssen. Am Ende steht die Überprüfung der Validität, die sich auf das Training selbst, auf den Transfer sowie auf die intra- und die interorganisationale Relevanz bezieht (von Rosenstiel, 2009).

In einer Evaluation der Effektivität interkulturellen Trainings zeigte sich, dass Trainingsteilnehmer bezüglich ihrer interkulturellen Kompetenz sehr viel besser abschneiden als die Nicht-Teilnehmer. Die Trainingsteilnehmer können sich z. B. besser in die eigene und in die andere Kultur hineinversetzen und haben ein größeres Wissen über eigene und fremde Kulturstandards (Podsiadlowski & Spieß, 1996).

Vertiefende Literatur:

Rosenstiel, L. v., Regnet, E. & Domsch, M. (2009). *Führung von Mitarbeitern – Handbuch für erfolgreiches Personalmanagement* (6. überarb. Aufl.). Stuttgart: Schäffer-Poeschel.

Sonntag, K. H. (2006). *Personalentwicklung in Organisationen*. Göttingen: Hogrefe Verlag.

Wegge, J. & Rosenstiel, L. v. (2007). Führung. In H. Schuler (Hrsg.). *Lehrbuch Organisationspsychologie*. (4. aktual. Aufl., S. 475–512). Göttingen: Hogrefe Verlag.

8.2 Personalauswahl

Im Folgenden werden die Anpassungsprozesse des Menschen an die Arbeit durch die Berufswahl und die Phasen der Selbstselektion aufseiten des Individuums, das sich einerseits einen Beruf und ein Unternehmen auswählt und andererseits durch verschiedene Formen der Personalauswahl und Fremdselektion aufseiten des Unternehmens dargestellt. Dabei verdeutlicht Abb. 8.7 den grundlegenden organisationspsychologischen Gedanken zum Prozess der Auswahl: Es geht darum, eine Übereinstimmung von Person und Arbeitsplatz zu erzielen. Die Organisationspychologie greift dabei auf bestimmte eignungsdiagnostische Verfahren zurück (vgl. z. B. Kanning, 2004). Auf der einen Seite geht es um den Mitarbeiter, mit seinen Fertigkeiten, Interessen und Werthaltungen, auf der anderen Seite stehen die Anforderungen des Arbeitsplatzes. Die modernen Arbeitsplätze zeichnen sich zudem durch einen durchgängigen Wandel aus, der wiederum aufseiten des Mitarbeiters eine ständige Lernbereitschaft voraussetzt (vgl. auch Kapitel 6.1.4).

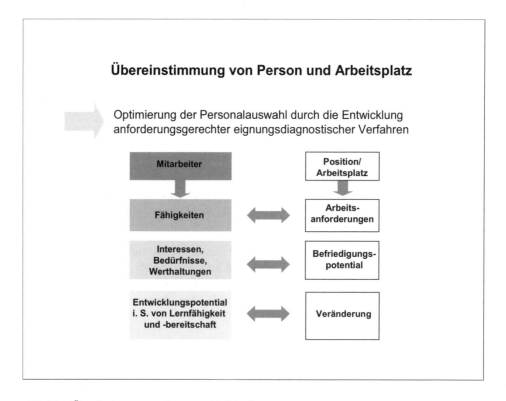

Abb. 8.7: Übereinstimmung von Person und Arbeitsplatz

8.2.1 Der Auswahlprozess

Die *Anforderungen* des Arbeitsplatzes und die *Eignung* des Arbeitenden sollten einander soweit wie möglich entsprechen. Es geht dabei darum, dass sowohl das Ziel erreicht wird, das durch die Tätigkeit der arbeitenden Person realisiert werden soll – z. B. gute Programmierung –, als auch um die Vermeidung von Über- bzw. Unterforderungen der Person. Die Anforderungen der Organisation in Bezug auf jeden einzelnen Arbeitsplatz sollten der Eignung und Neigung der für diesen Arbeitsplatz vorgesehenen Personen entsprechen. Um das Zusammenpassen – Person-Environment-Fit – (French, Rodgers & Cobb, 1974) zu sichern, kann man entweder an der *Person* oder an den *Situationsbedingungen* ansetzen und dabei jeweils wiederum entweder die geeigneten Personen *auswählen* oder aber die Arbeitsplätze entsprechend den Anforderungen *gestalten*.

Um die *Eignung* einer Person für einen bestimmten Arbeitsplatz zu ermitteln, gibt es unterschiedliche Verfahren. All diesen Verfahren ist gemeinsam, dass hier die Qualifikation des Bewerbers oder Stelleninhabers erfasst wird. Er soll über die Fähigkeiten, Fertigkeiten, Kenntnisse oder Erfahrungen verfügen, die der Arbeitsplatz fordert. Es kommt aber nicht nur darauf an, sondern auch auf die Neigung. Die Person sollte sich für die Aufgabe interessieren, die Ausführung der Tätigkeit sollte ihr Freude bereiten und Befriedigung schaffen. Auch ihre Wertorientierungen sollten dem entsprechen, was innerhalb der Organisationskultur als wichtig und wertvoll gilt.

Der Selektionsprozesse hat zwei Seiten: Zum einen stellt sich der Einzelne auf die Arbeit ein, indem er sich einen passenden Beruf bzw. eine Arbeit sucht (Selbstselektion), zum anderen suchen sich die Organisationen die zu ihnen und ihren definierten Anforderungen passenden Personen (Fremdselektion).

Die Wahl des richtigen Berufes stellt jedes Jahr zahlreiche Jugendliche und Schulabsolventen vor große Probleme, obgleich es inzwischen für sie ein reichhaltiges Beratungsangebot seitens der Bundesagentur für Arbeit und der Schulen gibt.

Dennoch ist der Wahlprozess häufig nicht einfach, da die gewünschte Ausbildung und der Traumberuf zulassungsbeschränkt sind oder sich keine Aussicht auf eine bezahlte Tätigkeit bietet. Vielfach haben auch die Jugendlichen idealistische Vorstellungen über ihre zukünftigen Tätigkeiten und Berufe, die in extremen Fällen auch zum Ausstieg und Abbruch der Ausbildung führen.

Selbstselektion ist nun ein Prozess, der sich für den einzelnen, der eine passende Arbeit für sich sucht, über einen relativ langen Zeitraum erstrecken kann und sowohl Erfahrungen am Arbeitsmarkt als auch erste Kontakte mit Organisationen beinhaltet. Soelberg (1967) hat diesen Prozess in vier Phasen gegliedert: Zuerst erfolgt die Entwicklung von Idealvorstellungen über einen Beruf, daraufhin wird die Arbeitsplatzsuche geplant. In der dritten Phase wird ein Arbeitsplatz gewählt und zuletzt erfolgt die Bestätigung der Entscheidung, sowie die Bindung an die Organisation. Hier handelt es sich um ein idealtypisches Modell der Arbeitsplatzsuche, das zudem rein kognitiv geprägt ist, denn auch in der Selektionsphase spielen Gefühle und irrationale Momente für den einzelnen eine Rolle. So wird dem Image einer

Organisation ebenso wie dem eines Berufes eine hohe Bedeutung von den Stellensuchenden zugemessen (von Rosenstiel, Nerdinger & Spieß, 1991).

Fremdselektion umfasst alle Maßnahmen, die Unternehmen ergreifen, um neue Mitarbeiter zu finden. Die Personalauswahl durch eine Organisation bedient sich häufig (Weinert, 2004; Schuler, 2004a) der folgenden Verfahren, die sich aus dem „trimodalen Ansatz" ableiten lassen:

- Bisherige Leistungen, die sich aus Bewerbungsgesprächen – z. B. durch biographiebezogene Fragen – ableiten lassen.
- Anforderungsgerechtes Verhalten, das sich bei Arbeitsproben oder beim Assessment-Center beobachten lässt.
- Eigenschaften, die sich durch psychologische Testverfahren messen lassen.

Für die psychologischen Testverfahren gibt es drei zentrale testtheoretische Qualitätsindikatoren:

Validität: Gültigkeit, d. h. die Ergebnisse, die durch einen Test erzielt werden, sollen hinreichend verlässlich sein. Misst der Test das psychische Merkmal auch wirklich? Bei der Übereinstimmungsvalidität werden die Testresultate mit einem Außenkriterium korreliert (z. B. Schulleistung und Lehrerurteil). Bei der prognostischen Validität müssen die aufgrund der Testergebnisse vorausgesagten Vergleichsdaten abgewartet werden (z. B. Berufseignung und Berufserfolg). Die Inhaltsvalidität liegt dann vor, wenn den Testaufgaben direkt zu entnehmen ist, was der Test zu messen vorgibt (z. B. Rechtschreibediktat). Die Konstruktvalidität erfasst latente Persönlichkeitsmerkmale, d. h. es ist ein ganzer Merkmalskomplex angesprochen.

Reliabilität: Sie gibt die Verlässlichkeit an, mit welcher Genauigkeit ein Merkmal gemessen wird. Der Reliabilitätskoeffizient errechnet sich als Anteil der wahren Varianz an der Gesamtvarianz einer Datenreihe, der Rest ist die Fehlervarianz. Die wichtigsten Messungen der Reliabilität sind die Bestimmung der internen Konsistenz und die Messwiederholung.

Objektivität: Die Messwerte sind unabhängig von der Person des Testanwenders.

Hinzu kommen noch Aspekte der Akzeptanz und der Ökonomie, d. h. inwieweit wird ein Verfahren in der Praxis akzeptiert und in wirtschaftlicher Weise angewendet.

Schuler (2004a) spricht von der „sozialen Validität" bei Leistungsbeurteilungen, die dann gegeben ist, wenn genügend Informationen vorliegen (z. B. über die Tätigkeit und die Ziele), wenn Partizipation und Kontrolle möglich ist (z. B. über die Situation und das eigene Verhalten), wenn das Verfahren transparent ist (z. B. wenn die Anforderungen kommuniziert werden) und wenn Feedback stattfindet (z. B. über das eigene Verhalten).

Inzwischen ist auch die DIN-Norm 33430 „Berufsbezogene Eignungsbeurteilung" für die Auswahl von Personen wichtig geworden. Auf eine Initiative des Berufsverbandes Deutscher Psychologinnen und Psychologen (BDP) hin wurde eine Norm zur berufsbezogenen Eignungsbeurteilung erstellt. Diese Norm wurde vom Deutschen Institut für Normung e. V. (DIN) im Juni 2002 als DIN-Norm 33430 publiziert. Die Norm beinhaltet Anforderungen an

Verfahren und deren Einsatz bei berufsbezogenen Eignungsbeurteilungen und stellt Qualitätskriterien und Standards für berufsbezogene Eignungsdiagnostik auf. In der Einleitung des Normtextes wird darauf hingewiesen, dass Eignungsbeurteilungen und Personalentscheidungen voneinander zu unterscheiden sind. Nur die Eignungsbeurteilung ist Gegenstand dieser Norm, nicht aber Personalentscheidungen, die nach wie vor in der Hand der Personalverantwortlichen bleiben. Die Norm dient als Richtschnur bei der Erstellung eines betrieblichen Verfahrens zur Eignungsbeurteilung, sie regelt jedoch nicht das Beurteilungsverfahren selbst. Die Verbesserung betrieblicher Auswahlverfahren für externe und interne Bewerber ist ein wichtiges Ziel betrieblicher Personalpolitik. Mit der Norm 33430 soll die Verbreitung von wissenschaftlich und fachlich fundierten Erkenntnissen über Verfahren und deren Anwendung zur Eignungsbeurteilung gefördert werden. Allerdings führt eine Normierung mit ihren detaillierten Handlungsanweisungen und Dokumentationspflichten zu geringer Flexibilität, mehr Bürokratie und höheren Kosten. Aus Sicht der Wirtschaft wäre eine Beschränkung der Norm auf den Kerngedanken, gute von schlechten Testverfahren und Anwendungsprozessen zu unterscheiden, wünschenswert gewesen. Die Norm ist für private Arbeitgeber grundsätzlich unverbindlich, solange keine individuellen oder kollektiven Vereinbarungen diesbezüglich getroffen wurden. Wird die Norm im Unternehmen eingeführt, können Mitbestimmungsrechte oder Informationsrechte des Betriebsrates tangiert sein (Kanning, 2004).

8.2.2 Instrumente der Personalauswahl

Die Bewerbungsunterlagen stellen zumeist den ersten Kontakt zwischen Bewerber und Arbeitgeber dar. Schul- und Studienleistungen gelten als valideste Einzelkomponenten, allerdings lediglich für die Prognose des Ausbildungs-, weniger für die des Berufserfolgs.

Auswahl- und *Einstellungsgespräche* sind die am häufigsten angewandten Methoden in deutschen Organisationen. Sie können in freier Gesprächsform bis hin zu standardisierten Abläufen stattfinden. Diese Methode ist jedoch mit den Problemen der sozialen Urteilsbildung behaftet. So können Fehler auf der Ebene des Verhaltens auftreten, wie z. B. die Tendenz, sozial erwünschte Antworten zu geben, es können Fehler auf der Ebene der Wahrnehmung, wie z. B. eine verzerrende Informationsverarbeitung unterlaufen und auf der Ebene der Aussage können z. B. missverständliche Formulierungen zu Fehlurteilen führen.

Prozesse des wechselseitigen Impression-Managements (Mummendey & Bolten, 1993) überlagern die Situation im Vorstellungsgespräch: Jede Seite möchte sich von der günstigsten Seite aus darstellen, der Bewerber sich selbst, der Vertreter des Unternehmens das Image der Organisation. Probleme herkömmlicher Einstellungsgespräche sind:

- mangelnder Anforderungsbezug der Fragen
- unzulängliche Verarbeitung aufgenommener Information
- geringe Beurteiler-Übereinstimmung
- dominierendes Gewicht früherer Gesprächseindrücke
- Überbewertung negativer Informationen
- emotionale Einflüsse auf die Urteilsbildung
- Beanspruchung des größten Teils der Gesprächszeit durch den Interviewer

Schuler (2001b) hat mit dem *multimodalen Interview* eine Form des Einstellungsgesprächs entwickelt und überprüft, das die genannten Schwächen überwinden soll.

Personalfragebogen sind betriebsspezifisch, manchmal auch tätigkeitsspezifisch gestaltet und stellen ein Zwischenglied in der Bewerberauswahl dar. Personalfragebogen dienen auch der Personalverwaltung, z. B. als Basis für die Personalplanung. Personalfragebogen unterscheiden sich von anderen Instrumenten der Personalauswahl durch rechtliche Regelungen. So bedürfen Personalfragebogen der Zustimmung des Betriebsrates. Auf rechtlich unzulässige Fragen muss ein Bewerber nicht wahrheitsgemäß antworten (z. B. ist die Frage nach einer Schwangerschaft nach europäischem Recht unzulässig). Allerdings gilt all dies – wenn auch in abgeschwächter Form – auch für andere Instrumente der Fremdselektion.

Bereits dem Auswahlinterview und dem Personalfragebogen liegt der Gedanke zugrunde, aus der Biographie einer Person und ihrem Verhalten in der Vergangenheit ihr zukünftiges Verhalten zu prognostizieren und damit auch ihren Berufserfolg vorherzusagen. Dieses Prinzip wurde im Verfahren des *biographischen Fragebogens* systematisiert. Zentral für dieses Verfahren ist die empirische Validierung jedes Items an der jeweiligen Stichprobe. Schuler und Funke (1991) konnten zeigen, dass mit biographischen Fragebogen ähnliche Merkmale erfasst werden wie bei Persönlichkeits-, Einstellungs- und Interessentests.

Das Problem einer solchen Vorgehensweise besteht darin, dass man sich, um Aussagen zur Gültigkeit auf empirischer Basis treffen zu können, auf in der Vergangenheit liegende Bewährungsstudien stützt. Dies ist überall dort sinnvoll, wo die Anforderungen und übergreifenden Situationsbedingungen relativ stabil bleiben. Je dynamischer jedoch die Situationen und die für die Person relevante Umwelt sich verändern, desto irrelevanter wird das, was sich in der Vergangenheit nachweislich gut bewährt hat. Eine Konsequenz daraus ist in der Praxis, dass häufig mit ad-hoc entwickelten Verfahrensweisen gearbeitet werden muss, die keine ausreichende empirische Analyse durchlaufen haben (Lang-von Wins, Maukisch & von Rosenstiel 1996).

Ein *psychologischer Test* ist definiert als ein standardisiertes, routinemäßig anwendbares Verfahren, um individuelle Verhaltensmerkmale zu messen, aus denen Schlussfolgerungen auf die Eigenschaften der Person oder ihr Verhalten gezogen werden (Bühner & Ziegler, 2009). In der psychologischen Eignungsdiagnostik sind sie die am häufigsten verwandten Instrumente. Tests haben im Vergleich zu anderen Verfahren eine hohe Objektivität, der Verfahrensablauf ist durchstrukturiert, die Untersuchungssituation standardisiert, und es gibt einen nur geringen Einfluss subjektiver Urteilsfehler. In der Berufseignungsdiagnostik finden sich vor allem Tests der allgemeinen Intelligenz, der Aufmerksamkeit und Konzentration, Tests sensorischer und motorischer Leistungen sowie sonstiger Leistungen (z. B. Wissens- und Rechtschreibprüfungen). Persönlichkeitstests sollen entweder ein umfassendes Bild der Persönlichkeit geben oder aber spezifische Merkmale erfassen.

Arbeitsproben sind standardisierte Aufgaben, die Stichproben erfolgsrelevanten beruflichen Verhaltens provozieren. Sie zeichnen sich dadurch aus, dass sie sich an der inhaltlichen Validität orientieren. Die „Drahtbiegeprobe" (Lienert, 1967) dient z. B. der Erfassung von Wahrnehmungsgenauigkeit und feinmotorischem Geschick. Der Kandidat soll aus einem Stück Draht eine vorgegebene Figur in einer etwas anderen Größe nachformen.

8.2 Personalauswahl

Das *Assessment-Center* ist eine multiple Verfahrenstechnik, die aus mehreren eignungsdiagnostischen Instrumenten und Aufgaben besteht. Es wird sowohl zur Auswahl als auch zur Förderung von Mitarbeitern benutzt. Es kann z. B. bestehen aus:

- einem zweistündigen Interview
- einer dreistündigen Bearbeitung eines Postkorbs
- einer Fabrikationsaufgabe
- einer führerlosen Gruppendiskussion
- einem biografischen Fragebogen
- einem kurzen Lebenslauf
- einer Selbstbeschreibung

Die am häufigsten eingesetzten Verfahren sind der „Postkorb" und die führerlose Gruppendiskussion. In einer Postkorbübung geht es darum, eine größere Anzahl von Dokumenten durchzuarbeiten, wie sie sich im Postfach eines Vorgesetzten befinden könnten, der nach einer längeren Dienstreise zurückkommt. Zumeist treffen mehrere unglückliche Ereignisse zusammen wie Geschäftstermine, finanzielle Probleme und private Schwierigkeiten, die unter Zeitdruck zu lösen sind.

Das Grundprogramm sieht so aus, dass anhand mehrerer dieser Verfahren verschiedene Kandidaten von etlichen Beurteilern auf erfolgsrelevanten Dimensionen hin beurteilt werden. Die Beurteiler sollen sich auf eine gemeinsame Entscheidung einigen. Da Anforderungen wie z. B. die Teamfähigkeit zugenommen haben, hat sich das Assessment-Center in den letzten Jahren in seiner Anwendung verbreitet. Dem Assessment-Center wird eine hohe „soziale Validität" zugeschrieben und es wird von den Kandidaten als fair und angemessen erlebt.

Allerdings hat sich die prognostische Validität der Assessment-Center im Laufe der letzten Jahre zunehmend verschlechtert. Mehrere Gründe sind vermutlich dafür verantwortlich:

- Immer mehr Bewerber lassen sich im Vorfeld systematisch schulen und kennen daher die üblichen Verfahren bereits gut.
- Personalberater, die im Auftrag der Unternehmen Assessment-Center durchführen, verzichten aus Kostengründen darauf, die spezifische (künftige) Anforderungssituation des Unternehmens durch die Übungen zu simulieren.
- Wegen des beschleunigten Wandels im Umfeld der Organisation, sind die „heute" entwickelten Assessment-Center für die Simulation der Anforderungen von „morgen" wenig geeignet.

Aus diesem Grunde darf man erwarten, dass die sehr aufwändigen Assessment-Center, die den Kriterien der Ökonomie kaum entsprechen, zunehmend von den strukturierten Interviews verdrängt werden.

Für alle Phasen der Verfahrensentwicklung, Durchführung, Auswertung und Interpretation kann auch der Einsatz von Computerprogrammen nützlich sein. Ihre häufigste Nutzung erfolgt bei den Tests, sowie zunehmend für komplexe dynamische Problemlösungsaufgaben.

Eine besondere Schwierigkeit für die Personalauswahl ergibt sich daraus, dass Organisationen heute jene Personen auswählen wollen, die den *künftigen* Anforderungen gerecht werden sollen. Angesichts der zunehmenden Beschleunigung des gesellschaftlichen Wandels gewinnt dieser Gesichtspunkt eine wachsende Bedeutung. Die meisten Auswahlverfahren (Schuler, 2004a) sind gegenwartsbezogen und setzen sich mit den aktuellen Herausforderungen für die Berufstätigen auseinander. Wie aber lassen sich zukünftige Anforderungen ermitteln? Zum Beispiel können *strategische Workshops* veranstaltet werden, die die Zukunftsvision der Organisation und ihrer Strategie ableiten. Ebenso lassen sich *Zukunftsszenarien* entwerfen und mit Hilfe von Experten den als besonders wahrscheinlich geltenden Entwurf zur Grundlage der Anforderungsdefinitionen machen. Ob dies freilich dann der realen Zukunft entspricht, kann nur die zukünftige Entwicklung zeigen (Comelli & von Rosenstiel, 2009).

8.2.3 Personen- und Leistungsbeurteilung

Personen- und Leistungsbeurteilungen gehören zum betrieblichen Alltag. Dennoch lässt sich hier eine eigentümliche Diskrepanz feststellen, wonach die Psychologie eine Reihe wissenschaftlich fundierter Instrumente bereitgestellt hat (Kanning, 2004; Kanning & Holling, 2002), die jedoch in der Praxis nicht immer zum Einsatz kommen. Hier wird vielfach auf wissenschaftliche Unterstützung bei den Auswahl- und Beurteilungsprozessen verzichtet (vgl. Kapitel 8.2.1).

Die Leistungsbeurteilung gehört nach Schuler (2004a) zu den wichtigsten personalpsychologischen Maßnahmen, denn der Aufstieg im Unternehmen erfolgt zumeist aufgrund einer Empfehlung durch Vorgesetzte. Dabei wird diese Aufgabe einer Führungskraft häufig von diesen in der Praxis nicht sehr geschätzt. Dabei steht nicht die Beurteilung als solche zur Disposition, sondern die Form, in der diese stattfindet, z. B. in einem von oben vorgegebenen Rhythmus, anhand unpassender Formulare oder wenig geeigneter Beurteilungsdimensionen.

Ziele von Personenbeurteilungen sind eine Leistungsverbesserung (z. B. durch Feedback im Beurteilungsgespräch), die Planung von Personalentwicklungsmaßnahmen, personelle Entscheidungen, Gestaltung von Arbeitsbedingungen, Gehalts- und Lohnbestimmung, individuelle Beratung und Förderung von Mitarbeitern und eine Verbesserung der Führungskompetenz. Somit kann man die Leistungsbeurteilung auch als Instrument betrieblicher Sozialisation betrachten. Personenbeurteilungen können aber auch als Macht- bzw. Unterwerfungsritual benutzt werden (Neuberger, 2002).

Vielfach wird zwischen zwei unterschiedlichen „Philosophien" der Beurteilung unterschieden, die nur schwer zu vereinbaren sind. Es geht einerseits um Selektion (z. B. Gehalts- oder Beförderungsentscheidungen), andererseits um Kommunikation (z. B. Beratung und Förderung des Mitarbeiters). Steht das Selektionsziel im Vordergrund, so wird kaum eine vertrauensvolle Kommunikation zwischen dem Führenden und dem Geführten möglich sein. Dieser weiß z. B., dass ihm das offene Zugeben von Schwächen Nachteile bei der Gehalts- oder Karriereentwicklung einhandeln könnte.

Wurde in der Vergangenheit besonders großen Wert auf Testverfahren bei der Beurteilung gelegt (Brandstätter, 1970), so weiß man heute, dass für das Erreichen der Beurteilungsziele die Kommunikation, das auf der Sach- und Beziehungsebene angemessen geführte Gespräch zwischen dem Vorgesetzten und dem beurteilten Mitarbeiter, wichtig ist.

Schuler (2000) unterscheidet verschiedene Ebenen der Beschreibung bzw. Beurteilung: Person (Potenzial, Eigenschaften, Fähigkeiten), Verhalten (Prozess) und Ergebnisse (Produkte). Als Quellen der Beurteilung gibt es ebenfalls Unterschiede: die Beurteilung durch Vorgesetzte, Kollegen, Kunden und Selbstbeurteilungen. So ist die Grundidee der 360-Grad-Beurteilungen – die sich allerdings in der Praxis noch wenig durchgesetzt hat –, dass die Leistung von Führungskräften aus diesen vier Quellen eingeschätzt wird. Dies wird integriert und zurückgemeldet (Marcus & Schuler, 2006). Dabei darf man nicht erwarten, dass diese unterschiedlichen Sichtweisen übereinstimmen. Es geht um eine jeweils andere Perspektive. So ist es z. B. nicht selten der Fall, dass eine Führungskraft der mittleren Ebene nach oben „buckelt", nach unten „tritt" und auf gleicher Ebene ein kooperativer Kollege ist.

Bei den Beurteilungsverfahren lässt sich eine Unterscheidung in freie Beschreibungen und in gebundene Beurteilungsverfahren treffen. Die sog. „freien Eindrucksschilderungen" werden häufig bei Führungskräften eingesetzt und beziehen sich auf Eigenschafts- und Verhaltenskriterien.

Die gebundenen Beurteilungsverfahren werden auch als „Einstufungsverfahren" bezeichnet und sind in Wirtschafts- und Verwaltungsorganisationen weit verbreitet. Die methodischen Prinzipien sind die Zuordnung von Verhaltensbeobachtungen und Ergebnis- oder Merkmalseinschätzungen zu einer mehrstufigen Skala. Die verbale Verankerung der Skalenpunkte (z. B. für Kontaktfähigkeit: Ist im Umgang mit anderen befangen – ist unkompliziert – findet auch zu schwierigen Menschen Kontakt) trägt zur Verringerung von Urteilstendenzen bei.

Bei Kennzeichnungs- und Auswahlverfahren werden die Verhaltensaussagen nicht nach Beurteilungsdimensionen vorgegeben, sondern als gemischte Aussagenlisten. Rangordnungsverfahren werden entweder als direkte Rangreihe oder als Paarvergleich gebildet.

Schuler (2004a) unterscheidet drei Ebenen der Leistungsbeurteilung: Das day-to-day-Feedback, die Regelbeurteilung und die Potenzialanalyse.

- Das *day-to-day-Feedback* bezieht sich auf das Arbeitsverhalten, so wie es täglich beobachtet werden kann. Die hier stattfindenden Leistungsrückmeldungen sind für die direkte Verhaltenssteuerung wichtig, sie haben einen klaren Verhaltensbezug und sind kurzfristig orientiert.
- Die *Regelbeurteilung* hingegen setzt Ziele über einen längeren Zeitraum und bildet die Basis für das Beurteilungsgespräch. Typisch ist auch der ausgeprägte Anforderungsbezug. Die Regelbeurteilung dient als Grundlage für die verschiedensten Personalentscheidungen. Diese beiden Formen der Beurteilung liegen in der Regel in der Hand des unmittelbaren Vorgesetzten.
- Die *Potenzialanalyse* hat eine prognostische Funktion, sie wird auch als „Potenzialbeurteilung" bezeichnet. Hier geht es darum, was in Zukunft von einer Person erwartet werden kann. Grundlage der Potenzialdiagnose ist das Leistungsverhalten in der Vergangen-

heit, das durch eignungsdiagnostische Verfahren ergänzt wird. Verbreitet ist das Assessment-Center (vgl. Kapitel 8.2.2). Die Potenzialanalyse wird meist von Personalfachleuten oder Organisationspsychologen vorgenommen.

Personenbeurteilungen ebenso wie die Auswahlprozesse (8.2.1) lassen sich psychologisch als *soziale Urteilsbildung* betrachten, wobei typische Fehlerebenen und Fehlerarten bei der Urteilsbildung auftreten können (von Rosenstiel, 2007). Die wichtigsten Quellen des Einflusses auf die soziale Urteilsbildung (nach Schuler, 2004a) sind in Tabelle 8.3 aufgelistet:

Tab. 8.3: Die wichtigsten Quellen des Einflusses auf die soziale Urteilsbildung (nach Schuler, 2004a)

Ebenen	Beurteilter	Beurteiler
Verhaltensebene:	Verhaltenstatbestand Beobachtungshäufigkeit Beobachtungsrepräsentativität	Einfluss anderer Personen Situative Einflussbedingungen
Eindrucksebene:	Erster Eindruck Informationsverarbeitungskapazität Gedächtnis Gefühle und Motive Attributionsmodus	Urteilsmaßstab Selbstbild des Beurteilers Implizite Persönlichkeitstheorie Sympathie
Aussageebene:	Sprachverständnis und Wortgebrauch Ziele und Konsequenzen der Beurteilung	Diagnoseverfahren Strategien des Beurteilers

Demnach unterscheidet Schuler (2004a) drei Ebenen: die Ebene des Verhaltens, die des Eindruckes und die der Aussage.

Auf der *Verhaltensebene* spielten neben dem Verhaltenstatbestand und der Häufigkeit der Beobachtung auch die Repräsentativität der getätigten Beobachtungen, der Einfluss anderer Personen sowie situative Einflussbedingungen eine wichtige Rolle.

Auf der Ebene des *Eindrucks* kann der erste Eindruck entscheidend sein, die Informationsverarbeitungskapazität, das Gedächtnis sowie Gefühle und Motive. Die Zuschreibung der Verantwortung (Attribution vgl. Kapitel 5.1.4) ist ebenso wichtig wie der Urteilsmaßstab, das Selbstbild des Beurteilers, die implizite Persönlichkeitstheorie und Sympathieeffekte. So können z. B. Vorerfahrungen das Urteil mitbeeinflussen.

Die Täuschung auf der Eindrucksebene kann bereits in der Informationsaufnahme stattfinden, aber auch in der weiteren Verarbeitung und Bewertung dieser Informationen. Das sei an einem Beispiel verdeutlicht: Über den zu Beurteilenden wird z. B. nicht gesagt: „Frau Maier ist im Beobachtungszeitraum viermal zu spät gekommen" (was nicht nur an konstanten

8.2 Personalauswahl

Merkmalen der Person, sondern auch an der Situation, z. B. an Umbauarbeiten einer Straßenbahnlinie liegen kann), sondern es wird gesagt: „Frau Maier ist nicht sehr pünktlich" Gründe, durch die eine derartig verzerrende Informationsverarbeitung bedingt sein kann, sind z. B.:

- das Wissen um Bedingungen, die dem beobachteten Verhalten vorausgingen,
- das Wissen um die Folgen, die das beurteilte Verhalten haben wird,
- der vorauseilende Ruf des Beurteilten,
- der erste Eindruck, der vom Beurteilten ausgeht,
- das äußere Erscheinungsbild des Beurteilten,
- auffallende Persönlichkeitsmerkmale des Beurteilten, von denen man annimmt, dass sie mit anderen verbunden sind,
- die (vielleicht nur äußerliche) Ähnlichkeit mit anderen Personen, die man im Sinne des Analogieschlusses („Wir hatten einmal eine weibliche Mitarbeiterin, die ist schwanger geworden; wir nehmen nie wieder eine!") verarbeitet,
- die Gruppenzugehörigkeit des Beurteilten (man denke hier z. B. an ethnische Vorurteile),
- motivationale oder emotionale Zustände im Beurteilenden (z. B. die „rosa Brille" der Sympathie).

Auf der Ebene der *Aussage* sind Sprachverständnis und Wortgebrauch bedeutsam, Ziele und Konsequenzen der Beurteilung, das eingesetzte Diagnoseverfahren sowie die Strategien des Beurteilers. Fehler können z. B. auf der Ebene der bewussten Symbolwahl liegen. Trotz gleichen Wort- oder Symbolverständnisses kann der Beurteilende aus taktischen Gründen („wegloben" des Mitarbeiters, Verärgerung des Mitarbeiters vermeiden etc.) tendenzielle Verzerrungen bei der Wortwahl anstreben.

Es lassen sich verschiedene Urteilstendenzen unterscheiden: *Mittelwertstendenzen* bedeuten, dass verschiedene Beurteiler zu eher milden oder strengen Urteilen neigen. Mit *Streuungstendenzen* ist gemeint, dass die Einstufungen verschiedener Beurteiler in unterschiedlichem Ausmaße streuen. *Korrelationstendenzen* entstehen häufig auf der Grundlage impliziter Persönlichkeitstheorien. Die Benennung des genannten Urteilsfehlers ergibt sich daraus, dass die Urteile über eine Person auf verschiedenen Skalen miteinander in unzutreffender Weise positiv oder negativ korrelieren. Der Beurteiler geht z. B. unzulässigerweise davon aus, dass der Intelligentere auch der Fleißigere, dass die schöne Mitarbeiterin dumm, dass der Pünktliche auch der Einsatzfreudigere sei etc.

Die Rolle des Organisationspsychologen im Rahmen der systematischen Personalbeurteilung ist insbesondere in drei Bereichen verbreitet:

- bei der Mitwirkung der Entwicklung eines brauchbaren *Beurteilungsverfahrens,*
- beim *Training* der Beurteiler, die in entsprechenden Übungen auf die geschilderten Fehlertendenzen bei der Beurteilung hingewiesen werden, Rückmeldung über ihre eigene Beurteilung und über die Beurteilung anderer erhalten und im Umgang mit dem entwickelten Verfahren bzw. mit relevanten Beurteilungskriterien geschult werden,
- das kompetente Führen der *Beurteilungsgespräche,* die in vielen Unternehmen wegen der belastenden Assoziationen des Wortes „Beurteilung" in „Mitarbeitergespräche" umbe-

nannt werden: Da vielfach sowohl bei den Vorgesetzten als auch bei den Mitarbeitern das Führen dieser Gespräche eine wenig geschätzte Aufgabe ist, gilt es besonders bei den Vorgesetzten die entsprechende Fertigkeit und Motivation zu entwickeln.

Vertiefende Literatur:

Schuler, H. (2004a). *Beurteilung und Förderung beruflicher Leistung.* (vollst. überarb. u. erweit. Aufl.). Göttingen: Verlag für angewandte Psychologie.

Kanning, U. (2004). *Standards der Personaldiagnostik.* Göttingen: Hogrefe Verlag.

Kanning, U. & Holling, H. (Hrsg.) (2002). *Handbuch personaldiagnostischer Instrumente.* Göttingen: Hogrefe Verlag.

8.3 Die klassischen Formen der Gruppenarbeit

Aufgaben werden immer anspruchsvoller und komplexer, verschiedene Wissenskomponenten sind zu ihrer Bewältigung erforderlich. Einzelne sind daher zunehmend aus quantitativen und qualitativen Gründen überfordert, weshalb diese Aufgaben in Gruppen oder Teams besser bewältigt werden können. Im Folgenden werden exemplarisch und ohne Anspruch auf Vollständigkeit klassische Formen der Gruppenarbeit wie die teilautonomen Arbeitsgruppen, Projektarbeit und Qualitätszirkel vorgestellt.

8.3.1 Teilautonome Arbeitsgruppen

In der Organisationspsychologie findet sich das Konzept der teilautonomen Arbeitsgruppe – z. T. auch als selbstregulierende Arbeitsgruppe bezeichnet (Antoni, 2000; Antoni & Bungard, 2004). Es entstand in den 1970er Jahren und wurde erstmalig in mittelständischen Unternehmen in Norwegen (Bihl, 1973) und dann in der schwedischen Automobilindustrie (Volvo; Saab) erprobt. Kontinuierlichen Arbeitsgruppen wird dabei, anders als in der sonst üblichen Fließbandarbeit mit ihren zergliederten Einzelfertigungsschritten, die Erzeugung eines kompletten Produkts oder einer Dienstleistung eigenverantwortlich übertragen. „Das Konzept der teilautonomen Arbeitsgruppen verknüpft die Gedanken der Arbeitserweiterung (job enlargement), der Arbeitsbereicherung (job enrichment) und des Arbeitswechsels (job rotation). Auf diese Weise wird versucht, den kollektiven Handlungsspielraum der Gruppe hinsichtlich des Entscheidungs-, Tätigkeits- und Interaktionsspielraums zu vergrößern" (Antoni, 2000, S. 42).

Teilautonome Arbeitsgruppen als Gegenkonzept zur Zergliederung des Arbeitsprozesses in wiederkehrende Teiltätigkeiten lassen sich von der Idee der ganzheitlichen Arbeitsausführung (Hacker, 2005) leiten. Die Integration von Planungs-, Entscheidungs-, Ausführungs- und Kontrolltätigkeiten bildet die psychologische Voraussetzung dafür, die Arbeit als sinnerfüllend zu erleben und bestehende Lernpotenziale beim Einzelnen und in der Gruppe auszuschöpfen. Damit leistet sie Beiträge zu einer persönlichkeitsfördernden Arbeit.

Aus psychologischer Sicht ist es bedauerlich, dass teilautonome Gruppen immer seltener werden. Zwar nimmt Gruppenarbeit nach wie vor zu, jedoch – nach dem Vorbild der japanischen Autormobilindustrie – als hochstandardisierte, dem Einzelnen kaum Freiraum bietende Rationalisierungsmaßnahme. Man spricht daher auch vom „Gruppentaylorismus" bzw. vom Wandel des „Volvoismus" zum „Toyotismus".

8.3.2 Projektgruppen

„Projektgruppen sind zeitlich befristete Gruppen, die aus Experten verschiedener Arbeitsbereiche zusammengesetzt werden, um neuartige, komplexe, vorgegebene Problemstellungen zu bearbeiten" (Antoni & Bungard, 2004, S. 140). Ein Projekt ist durch die Einmaligkeit der Bedingungen (z. B. zeitlich, finanziell, personell), durch die neuartige und komplexe Aufgabenstellung und durch die gegenüber anderen Vorhaben bestehende Abgrenzung charakterisiert (DIN-Norm 69901).

Der Gewinn bei der Einrichtung von Projektgruppen liegt in der Verbesserung bzw. Erleichterung der Kommunikation zwischen den Organisationseinheiten. Neue bzw. zeitlich befristete Organisationsziele werden institutionell verankert und mit Verantwortlichkeiten versehen. Für die Projektmitarbeiter bietet sie motivationale und Leistungsanreize aufgrund herausgehobener bzw. innovativer Arbeitsinhalte (Fisch, Beck & Englich, 2001).

Projekte lassen sich nach dem Ausmaß ihrer Eingebundenheit in die Gesamtorganisation und dem Ausmaß der Eigenverantwortung der Projektleitung unterscheiden. Litke (1993) differenziert zwischen der reinen Projektorganisation, der Einfluss-Projektorganisation und der Matrix-Projektorganisation. In der reinen Projektorganisation wird für die Projektdurchführung eine eigenständige Organisationseinheit gebildet, geführt durch einen Projektleiter. Für die Dauer des Projektes sind die dort beschäftigten Mitarbeiter ausschließlich im Projekt tätig.

In der *Matrix-Projektorganisation* verbleiben die Mitarbeiter in ihren Abteilungen. Die Verantwortung für das Projekt wird hier zwischen Projektleiter (Definition der Zielvorgaben und zeitliche Realisierung) und den Fachabteilungsleitern (verantwortlich für die fachliche Durchführung) aufgeteilt (Antoni, 1994, S. 33ff.). Diese Form der Projektorganisation empfiehlt sich, wenn die Projektaufgabe ein spezifisches Fachwissen beim Projektleiter voraussetzt (beispielsweise im Bereich der Qualitätsentwicklung oder bei Forschungs- und Entwicklungsaufgaben). In der Verantwortungsteilung liegt jedoch ein erhebliches Konfliktpotenzial zwischen Linien- und Projektverantwortlichen (z. B. hinsichtlich der Priorität der Ziele und der Ressourcenverteilung). Bei den Mitarbeitern besteht die Gefahr von Loyalitätsproblemen, Rollenunsicherheit und Arbeitsüberlastung (Frieling, 1999). So ist der Mitarbeiter mit zwei Aufträgen einerseits vom Vorgesetzten bzw. Kunden und andererseits vom Projektleiter konfrontiert (Metapher „Diener zweier Herren").

8.3.3 Qualitätszirkel

Bei Qualitätszirkeln handelt es sich um in Japan entwickelte Gesprächskreise von Mitarbeitern aus unteren Hierarchieebenen (im Einzelfall auch hierarchieübergreifend), die sich auf freiwilliger Basis treffen, um Lösungen für Probleme aus ihrem Tätigkeitskontext zu entwickeln (Antoni, 2000, S. 27ff.). Diese moderierten Arbeitsgruppen, in Unternehmen z. T. auch unter der Bezeichnung KVP-Gruppen (kontinuierlicher Verbesserungsprozess) geführt, umfassen etwa fünf bis zehn Mitarbeiter, die je nach Fragestellung auch bereichsübergreifend zusammengesetzt sind (Abb. 8.8). Die Mitglieder des Qualitätszirkels besitzen keine Entscheidungsbefugnis für die Umsetzung der Verbesserungsvorschläge. Die erarbeiteten Verbesserungsvorschläge – dabei kommen Moderations- und Kreativitätsmethoden zum Einsatz – werden dann in einen innerorganisatorischen Entscheidungsprozess gegeben. Ihre Wirksamkeit können Qualitätszirkel nur bei einer nachhaltigen Unterstützung durch die Organisationsleitung und einer institutionellen Verankerung auf der Führungsebene (z. B. durch einen Steuerungskreis, s. dazu Antoni, 2000, S. 32) entfalten.

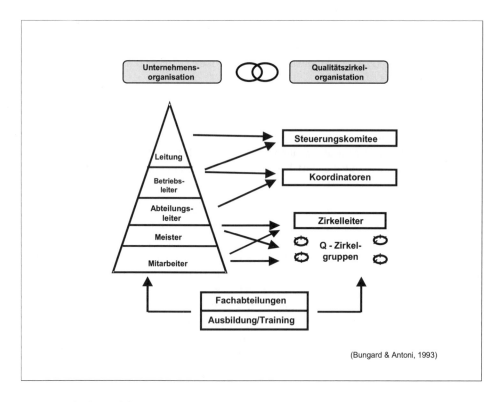

Abb. 8.8: Qualitätszirkel

8.4 Teamarbeit und Teamentwicklung

Im Folgenden sollen kurz der Begriff des Teams von dem der Gruppe abgegrenzt und wichtige Maßnahmen der Teamentwicklung sowie der Teamdiagnose vorgestellt werden.

8.4.1 Team und Teamarbeit

Auch ein *Team* ist eine Gruppe, jedoch nicht jede Gruppe ein Team (siehe Kapitel 5.2.1). Der Teambegriff hat positivere Konnotationen. In diesem Sinne wird meist eine besonders gut eingespielte Gruppe mit problemlos funktionierender Kooperation, geringer hierarchischer Binnenstruktur und intensiver Bindung der Mitglieder an das gemeinsame Ziel als Team bezeichnet (Kauffeld, 2001). Als Kernmerkmal von Teamarbeit wird auf der strukturellen Ebene die planvolle und effektive Ausführung der arbeitsteiligen Tätigkeit und die Fokussierung auf eine gemeinsame Zielsetzung genannt. Nur vereinzelt finden sich beim Teamverständnis auch sozioemotionale Aspekte, d. h. die Kennzeichnung der Kooperation im Team durch ein konstruktives Arbeitsklima, Vertrauen und Arbeitszufriedenheit. *Innovationsteams* entwickeln, planen und erproben Neuerungen in der Produktentwicklung, in der Arbeitsorganisation, bei Fertigungsmethoden, in der Kundenbetreuung, im Verkauf usw. Innovationsteams werden meist zeitlich befristet gebildet und von der Organisation mit einem Arbeitsauftrag und Ressourcen ausgestattet. Evolutionäre Teams stellen demgegenüber langfristige Projektgruppen dar, die einem permanenten Innovationsbedarf Rechnung tragen (z. B. in der Produktentwicklung) bzw. komplexe Problemstellungen bearbeiten (z. B. im Anlagenbau). Kriz und Nöbauer (2002, S. 26ff.) verweisen darauf, dass dies als eine Art „Staffelprinzip" je nach Entwicklungsstand des Projekts erfolgt und die dafür notwendige fachliche Kompetenz mit einem Wechsel der Teammitglieder sichergestellt wird.

Bei *Entscheidungsteams* denkt man zuerst an die Gremien der Leitungsebene. Derartige Konferenzen stellen ein auf Dauer angelegtes und in den meisten sozialen Organisationen etabliertes Instrument der Organisationslenkung dar. In welchem Ausmaß dieses Gremium Beratungs- und Entscheidungsfunktionen hat, oder ob hierüber eher die Weitergabe von Informationen und Entscheidungen der Einrichtungsleitung erfolgt, hängt wesentlich vom Führungsverständnis der jeweiligen Leitung ab. Führungskräfteversammlungen, die hauptsächlich für die Informationsweitergabe und das „Einschwören" auf die von der Organisationsleitung getroffenen Vorgaben (Ziele, Ressourcenverwendung, Arbeitsorganisation u. a.) dienen, können nach Katzenbach und Smith (2003, S. 126) als Pseudoteams bezeichnet werden. Sie erfüllen die Kriterien eines echten Teams jedoch nicht. Die Idee, auf der Führungsebene Teamstrukturen zu etablieren, setzt voraus, dass es unter den Führungskräften eine auf einen gemeinsamen Arbeitsgegenstand gerichtete Kooperation und eine wechselseitige Abhängigkeit in der Arbeitsstruktur über die individuellen Arbeitsleistungen hinaus gibt. Auch setzt dies einen kooperationsfördernden Gruppenkontext und die Überwindung von bereichsspezifischen Konkurrenzen bzw. Egoismen voraus.

8.4.2 Teamdiagnostik

Von Belbin und Mitarbeitern (2000) liegen teamdiagnostische Instrumente zur Teamrollenpräferenz, zur Fremdeinschätzung der Teamrolle und der objektiven Arbeitsplatzanforderungen vor. Beck und Fisch (2003) führen eine faktorenanalytische Überprüfung des von Belbin auf der Grundlage seiner Teamrollensystematik entwickelten Selbstbeschreibungsfragebogens an. Darin verglichen die Autoren Führungskräfte der Wirtschaft, der Verwaltung und führten eine Befragung bei Nachwuchsführungskräften durch. Vor dem Hintergrund der Ergebnisse wird insbesondere der Beitrag der Teamrollensystematik zur Analyse der Struktur bestehender Teams und von Teamkonflikten hervorgehoben. Demgegenüber sehen Beck und Fisch die Qualität des Selbstbeschreibungsfragebogens, hinsichtlich der in der Testentwicklung gebräuchlichen Kennwerte, kritisch.

Mit dem FAT (Fragebogen zur Arbeit im Team) von Kauffeld (2001) und dem TKI (Team Klima Index) von Brodbeck, Anderson und West (2000) liegen zwei weitere bewährte deutschsprachige Verfahren vor, die jeweils die sach- und die sozialorientierte Arbeitsweise im Team erfassen. Wegen seiner einfachen Struktur ist der FAT auch zur Diagnose von Teams, deren Mitglieder gering qualifiziert sind, geeignet, während der TKI insbesondere in Innovationsteams mit hochqualifizierten Mitgliedern zum Einsatz kommt.

Die meisten Forschungsmodelle zeichnen sich durch eine Input – Prozess – Output – Struktur aus. Deshalb soll stellvertretend das Modell von West in der Darstellung von van Dick und West (2005) herausgegriffen und etwas genauer beschrieben werden (Abb. 8.9).

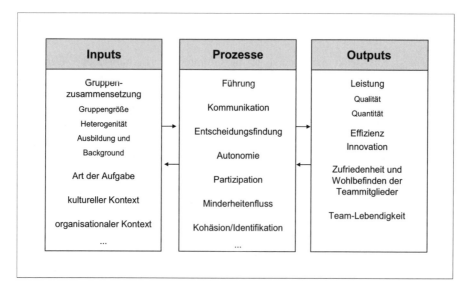

Abb. 8.9: Das Input-Outputmodell

8.4 Teamarbeit und Teamentwicklung

Als wichtige Inputfaktoren – dies sind vorauslaufende Bedingungen der Teamarbeit – werden die Gruppenzusammensetzung, die Art der Aufgabe sowie der kulturelle und der organisationale Kontext angenommen. Für die Zusammensetzung einer Gruppe ist die Anzahl ihrer Mitglieder ebenfalls bedeutsam: Wenn Teams mehr als 20 Mitglieder haben, wird es schwierig, diese zu koordinieren. Vielfach werden dann Subgruppen gebildet. Des Weiteren ist die Homogenität bzw. Heterogenität einer Gruppe wichtig. Besteht ein Team z. B. nur aus Frauen oder Männern, kommen alle aus unterschiedlichen Ländern und Nationen oder gibt es verschiedene Bildungshintergründe? Dies bildet auch in der Forschung ein wichtiges Untersuchungsthema (Podsiadlowski, 1998; Adler, 2000). Hier stellt sich die Frage, welche Teams effektiver sind – diejenigen, die homogen sind, oder solche, deren Mitglieder z. B. aus verschiedenen Ländern kommen. Es konnte gezeigt werden, dass heterogene Gruppen eine höhere Kreativität und Innovationskraft haben, weil die Mitglieder unterschiedliche Perspektiven mit in die Gruppe bringen. Es bedarf aber eines intensiveren Teambildungsprozesses, um diese verschiedenen Sichtweisen zu integrieren. Ansonsten kann Heterogenität auch zu erhöhten Konflikten sowohl auf der Beziehungs- als auch auf der Aufgabenebene führen (Podsiadlowski, 2002). Gerade hier wird die Moderation und die professionelle Führung von Gruppen wichtig (Wegge, 2004), z. B. durch die Einführung von Regeln oder die Bildung von Subgruppen.

Zur Art der Aufgabe stellt sich die Frage, ob die für die Aufgaben qualifizierten und geeigneten Mitglieder vorhanden sind, ob Weiterbildungen und Qualifikationen nötig sind oder ob noch zusätzliche neue Teammitglieder eingestellt werden müssen. Generell ist in diesem Zusammenhang zu fragen, welche Art von Aufgaben an qualifizierte Einzelne delegiert werden sollte und welche von einer Gruppe besser bewältigt werden können (von Rosenstiel, 2007).

Der *organisationale Kontext* betrifft die Rahmenbedingungen und die Unterstützung, die eine Organisation für die Teamarbeit gewährt. Drei Faktoren sind bedeutsam:

- die Belohnungssysteme, d. h. die Form, in der es für die Teamarbeit motivierende Anreize gibt,
- die Informationen, d. h. ob jedes Teammitglied gut informiert wird und auch Rückmeldung über seine Leistung sowie zur Leistung der Gruppe erhält und
- ein Training, um den Anforderungen von Teamarbeit und Teamprozessen entsprechen zu können (Wegge, 2004; 2006).

Die *kulturellen Rahmenbedingungen* (vgl. Kapitel 6.2.1) müssen ebenfalls berücksichtigt werden. Kulturell geprägte Verhaltensweisen, wie z. B. Pünktlichkeit oder der Umgang mit Autorität, können vor einem solchen Hintergrund besser verstanden werden. Als Beispiel hierfür sei darauf verwiesen, dass das Konzept der teilautonomen Gruppen, das bei Volvo im Werk von Kalmar (Schweden) erfolgreich implementiert wurde, nach einem Versuch der Einführung bei Ford in Detroit (USA) scheiterte. Dafür waren nicht nur Unterschiede in den technologischen Rahmenbedingungen und im Bildungsniveau der Arbeiter verantwortlich, sondern auch kulturelle Unterschiede.

Zentrale *Outputfaktoren* sind die Leistung und der Erfolg, sowie psychosoziale Faktoren der Teamarbeit. Es geht um die Messung sowohl der Quantität (z. B. durchgeführte Beratungen) als auch der Qualität (z. B. Güte der Pflege) und der möglichst effiziente Umgang mit den Ressourcen, so dass ohne große Reibungs- und Koordinationsverluste gearbeitet werden kann. Als psychosoziale Faktoren sind Zufriedenheit und Wohlbefinden, aber auch die Weiterqualifikation der einzelnen Teammitglieder vor allem langfristig wichtig. Arbeitsunzufriedenheit und ein negatives Teamklima können zu erhöhten Fehlzeiten und Konflikten beitragen. Wer sich hingegen nur für sein Team aufopfert, ohne daraus Gewinn zu ziehen, steht in der Gefahr von psychischer Überlastung und Burnout (vgl. Kapitel 8.12.3). In der „Teamlebendigkeit" drückt sich aus, dass alle Mitglieder längerfristig gut zusammenarbeiten und sich im Team geborgen, gefördert und unterstützt fühlen.

Die zwischen den Input- und Outputfaktoren liegenden Prozesse sind Führung, Kommunikation, Entscheidungsfindung, Autonomie, Partizipation, Minderheiteneinfluss, Kohäsion etc. So hat die Forschung zur *Teamführung* belegt (Gemünden & Högl, 2005), dass das Führungsverhalten des jeweiligen Teamleiters einen großen Einfluss auf die Teamleistung hat (Wegge, 2004). Dies trifft besonders zu, wenn der Leiter gemeinsam mit dem Team anspruchsvolle Gruppenziele vereinbart. In ähnlicher Weise wirken hohe Erwartungen seitens der Führungskraft leistungsverbessernd.

Bezogen auf Teams lassen sich fünf Aspekte, die die *Kommunikation* verbessern, hervorheben:

- Die Teammitglieder müssen motiviert sein, effektiv miteinander zu kommunizieren,
- man braucht ein gemeinsames Grundverständnis über das, was die Aufgabe ist,
- jeder sollte in der Lage sein, die Perspektive des anderen zu übernehmen,
- es muss gemeinsam vereinbarte Regeln der Kommunikation geben (z. B. mündlich oder schriftliche Absprachen) und
- Vereinbarungen über die Konsequenzen bei Regelverstößen müssen getroffen werden.

Für die *Entscheidungsfindung* zeigt die Forschung, dass Teams effektiver sind, wenn sie Entscheidungen problemorientiert anstatt lösungsorientiert angehen, wenn die Probleme in Teilaufgaben zerlegt und dann von getrennten Gruppen bearbeitet werden. Damit können zum einen verschiedene Sichtweisen eingeholt werden, zum andern kann dann in Kleingruppen effektiver gearbeitet werden. Zugleich sollten Gruppen sich stets fragen, ob sie auch am richtigen Problem arbeiten oder wegen dort auftretender Schwierigkeiten auf andere ausweichen (Dörner, 1992) bzw. dann auch die richtigen Entscheidungen treffen (Moreland & Levine, 1992).

Autonomie hat dann positive Effekte, wenn die Gruppenmitglieder motiviert sind, die ihnen gewährten Freiräume auch zu nutzen. Für die Zielerreichung ist es ganz allgemein wichtig, wenn die Mitarbeiter an der Definition und der Vereinbarung von Zielen beteiligt werden (vgl. Kapitel 5.1.3). Dies trifft auch für die Partizipation der Gruppe zu: Wenn Ziele in der Gruppe vereinbart werden, fördert dies die Identifikation mit der Gruppe und ihren Zielen.

Der Einfluss von *Minderheiten* spielt ebenfalls eine Rolle für die Gruppenleistung: Wenn einzelne Gruppenmitarbeiter abweichende Meinungen äußern, kann dadurch die Informationssuche und der -austausch angeregt werden und so können kreativere Lösungen gefunden werden. Eine hohe Gruppenkohäsion (vgl. Kapitel 5.2.1) geht nach einer metaanalytischen Studie gleichfalls mit erhöhter Leistung einher (Beal, Cohen, Burke & McLendon, 2003), obwohl sie unter bestimmten Umständen „Querdenker" in der Gruppe behindert und so die Innovationsbereitschaft reduziert (Gebert, 2002).

Greift man die von French und Bell (1990, S. 33) benutzte Metapher der Organisation als Eisberg auf, so befinden sich diese formalen Aspekte sichtbar oberhalb der Wasseroberfläche. Zahlreiche andere Phänomene bleiben jedoch verborgen, mit der Eisberg-Metapher ausgedrückt: bleiben sie unter der Wasseroberfläche. Dazu gehören informelle Aspekte wie die Einstellungen, Werte, emotionalen Bindungen zwischen den Gruppenmitgliedern, wechselseitige Vorurteile, die Identifikation der Einzelnen mit der Organisation und insgesamt das Klima und die Kultur der Gruppe.

8.4.3 Instrumente der Teamdiagnostik

Teamdiagnostik als integraler Bestandteil eines Teamentwicklungsprozesses richtet sich insbesondere auch auf die nicht sichtbaren informellen Aspekte. In Abhängigkeit von den Aufträgen der verschiedenen Akteure (Organisationsleitung, Teammitglieder u. a.), die im Vorfeld der eigentlichen Teamentwicklung formuliert wurden, und den institutionellen Gegebenheiten lässt sich Teamdiagnostik in mehreren funktionalen Zusammenhängen finden:

- als *Begründungs- und Entscheidungshilfe*, z. B. zum Beleg der Notwendigkeit einer Teamentwicklungsmaßnahme, zur Ermittlung relevanter Problembereiche bzw. (von den Teammitgliedern formulierter) Änderungsbedarfe als Grundlage für die Wahl von Interventionsmaßnahmen und deren Themenschwerpunkten,
- zur *Prozesssteuerung*, d. h. zum Messen von Veränderungen z. B. des Teamklimas, des Gruppenzusammenhalts, der Zufriedenheit mit der Teamentwicklungsmaßnahme,
- zur *Selbstreflexion*, d. h. zur Schulung der Beobachtungsfähigkeit der Gruppenmitglieder und Förderung der Konsensbildung über gemeinsame Ziele,
- zur *Motivierung* der Teammitglieder für Teamentwicklung bzw. während des laufenden Veränderungsprozesses.

Die Diagnostik dient beispielsweise den Trainern einer Teamentwicklungsmaßnahme für das Kennenlernen der Teamsituation, sie kann Teil des erweiterten Eröffnungsrituals sein und zur Förderung des Veränderungsprozesses dienen. So geht es um die Geschichte des Teams, seine (frühere) Zusammensetzung, Veränderungen in den Aufgaben und der Struktur, die Vorgeschichte des Problems u. a. Als wichtigen Teil der Diagnostikphase beschreibt Comelli (2003, S. 428) die Sensibilisierung der Mitarbeiter für eine genauere Wahrnehmung von Kommunikations- und Entscheidungsabläufen. Damit verbindet sich bereits ein Teil des angestrebten Veränderungsprozesses. In diesem Verständnis von Diagnostik gehen Diagnose- und Interventionsphase ineinander über und wechseln sich ab.

Teamdiagnostik stellt das zielgerichtete und methodisch geplante Sammeln von Informationen über die Arbeitsgruppe, die Gruppenmitglieder und ihre Beziehungen zum organisationalen Kontext dar. Sie analysiert Aspekte des Ist-Zustandes bzw. des Soll-Zustandes in der Teamarbeit. Sie dient der Begründung, der Steuerung und der Rückmeldung über geplante oder bereits durchgeführte Interventionen im Rahmen der Teamentwicklung. Dabei kommen verschiedene Methoden der Struktur- und Prozessanalyse zum Einsatz.

Als grundlegende Dimensionen der Gruppenanalyse wurden die Aufgaben- und die Beziehungsebene eingeführt. Zur Charakterisierung der Aufgabenebene gehören u. a. die Zielklarheit, die Aufgabenorientierung, die Autonomie bei der Arbeitsausführung und die Arbeitsfähigkeit. Bei der Analyse der Beziehungsebene wird u. a. nach der Kommunikations- und Beziehungsstruktur, nach dominanten Personen, nach dem Rollenverständnis und nach dem Verhältnis von formellen und informellen Führern der Gruppe gefragt.

In Abhängigkeit von ihrer professionellen bzw. theoretischen Ausrichtung fokussieren Teamentwickler auf verschiedene Bereiche. Arbeitspsychologen legen den Schwerpunkt ihrer Analyse insbesondere auf aufgabenbezogene Aspekte zur Optimierung der Teamarbeit. Angesetzt wird dabei u. a. bei der Analyse von Fehlerquellen bei der Aufgabenerledigung bzw. betrieblichen Ablaufstruktur (*critical incidents*). Hierfür können sowohl standardisierte Erhebungsbögen, die Beobachtung von Arbeitsabläufen als auch offene Befragungen zum Einsatz kommen.

Gruppendynamisch orientierte Trainer fragen vor allem nach der Entwicklungsdynamik einer Gruppe und fokussieren auf Aspekte der Koordination und Kooperation (vgl. Clausen, 2004). Hier dient Diagnostik als integraler Bestandteil der Aktualisierung des Selbstverstehens und der Gruppenbildung bzw. -entwicklung. Sie soll Prozesse der Reflexion anstoßen, die Bewusstheit über das Gruppengeschehen erhöhen und die Gemeinsamkeiten in der Entwicklungs- und Veränderungsarbeit fördern.

Das methodische Vorgehen sieht wie folgt aus: In Analogie zur Unterscheidung von Status- und Prozessdiagnostik in der Literatur zur psychologischen Diagnostik (Fisseni, 2004) findet sich in der Teamdiagnostik die Differenzierung in *struktur-* und *prozessanalytische Strategien* (Kauffeld, 2001). Das strukturanalytische Vorgehen erfasst ein „Zustandsbild" (Brauner, 1998, S. 179), beispielsweise eine Momentaufnahme der Teamsituation vor Beginn der Teamentwicklungsmaßnahme. Sie dient dann dazu, die Problemlage näher kennenzulernen und relevante Dimensionen der Teamsituation zu erfassen. Häufig kommen hier standardisierte Fragebögen, Ratingverfahren und Adjektivlisten zum Einsatz (Kauffeld, 2001, S. 56). Sie stellen Selbstauskünfte bzw. individuelle Einschätzungen der Befragten dar. Der hohe Standardisierungsgrad in der Durchführung und Auswertung gewährleistet einen zeitökonomischen Gebrauch. Werden die Erhebungsinstrumente als Vorher-Nachher-Messung eingesetzt, so sind diese auch als evaluative Elemente nutzbar.

Bei der *prozessanalytischen* Vorgehensweise handelt es sich um die differenzierte Erfassung von Gruppenprozessen. So werden beispielsweise Videoaufnahmen von Gruppendiskussionen angefertigt. Sie liefern ein verhaltensnahes und detailreiches Abbild von Mikroprozessen beispielsweise in Teambesprechungen. Die Arbeit mit Videoaufnahmen hat eine hohe Face-Validity (Fisseni, 2004), d. h. die Gültigkeit des Ergebnisses wird von den Beteiligten unmittelbar gesehen. Die Konfrontation mit den Videoaufzeichnungen kann bei den Beteiligten jedoch auch intensive Gefühle und Verunsicherung auslösen, dies insbesondere, wenn

8.4 Teamarbeit und Teamentwicklung

Selbst- und Fremdeinschätzung weit auseinandergehen. Kritisch ist der hohe Zeitaufwand für die Durchführung und Auswertung beim prozessanalytischen Vorgehen. Um die Vorzüge beider Strategien zu nutzen, sind verschiedene Integrationsmöglichkeiten denkbar. Dies gilt insbesondere für einen Methodenmix aus standardisierten und offenen, den Gruppenprozess begleitenden und zur Selbstreflexion anregenden Vorgehensweisen.

Ein häufig eingesetztes standardisiertes Verfahren der Beobachtung von Gruppenprozessen geht auf Bales und Slater (1955) zurück. Dabei werden Beiträge der Gruppenmitglieder in 12 Kategorien danach kodiert, ob sie Information erfragen oder bieten (Sachdimension) bzw. ob sie Spannung aufbauen oder zur Entspannung beitragen (Beziehungsdimension).

Eine Weiterentwicklung dieses Vorgehens ist das SYMLOG-Verfahren (System for the Multiple Level Observation of Groups, Beck & Fisch, 2003). Hiermit liegt ein theoriegeleitetes mehrstufiges Beobachtungssystem von Gruppen vor. Dieses auf der Theorie von Bales basierende Verfahren benötigt jedoch eine intensive Beobachterschulung und findet so nur eine sehr begrenzte Verbreitung in der Praxis.

In der Teamdiagnostik kommen sowohl Befragungs- und Beobachtungsmethoden als auch standardisierte Tests zum Einsatz (zu den psychodiagnostischen Grundlagen dieser Verfahren s. Fisseni, 2004). Zusätzlich finden arbeitsanalytische Instrumente und in der Gruppendynamik angesiedelte Verfahren, z. B. aus der Gruppenmoderation, Anwendung. Es handelt sich dabei z. T. um theoriebasiert entwickelte Verfahren. Eine große Anzahl der in der Praxis zur Anwendung kommenden Instrumente sind selbstentwickelte explorative Verfahren (Kauffeld, 2001, S. 56).

Befragungen werden als Gruppen- und Einzelinterviews durchgeführt. Meist sind dies themenzentrierte halbstandardisierte Interviews. Wird der Grad der Standardisierung erhöht, das Instrument aber keiner Itemanalyse unterzogen, nähert sich das methodische Vorgehen einem „Pseudotests" an. Wird die Informationssammlung als Teil des Selbstreflexionsprozess gesehen, so sind dies der Gruppenmoderation angelehnte Vorgehensweisen (zur Gruppenmoderation s. Seifert, 2002).

Fragen dieser Form könnten sein:

- Welche Erwartungen habe ich an die Teamentwicklung?
- Welche Stärken/Schwächen hat unser Team?
- Worin liegen die Ursachen für Teamkonflikte?

Zu einem späteren Zeitpunkt gilt es, den zurückliegenden Teamentwicklungsprozess zu reflektieren. Eine Übersicht über diagnostische Fragebogeninstrumente findet sich bei Kauffeld (2001, S. 58ff.).

Auf der Grundlage der 4-Faktorentheorie zur Innovation in Teams (West, 1990) wurde das Teamklimainventar (TKI) (in seiner deutschen Version von Brodbeck, Anderson & West, 2000) entwickelt. Es umfasst folgende Fragenbereiche:

- die Existenz einer Vision für die Arbeit
- das Ausmaß an Aufgabenorientierung

- partizipative Sicherheit und
- Unterstützung für Innovation in der Arbeitsgruppe

8.4.4 Teamentwicklung

Teamentwicklung stellt einen Sammelbegriff von Maßnahmen dar, die reale Arbeitsprozesse in bzw. zwischen kooperierenden Arbeitsgruppen zum Gegenstand haben. Ziel der Umgestaltung bzw. Weiterentwicklung der Kooperation ist die Verbesserung der Effektivität und die Förderung psychosozialer Faktoren der Teamarbeit.

Bei der Teamentwicklung handelt sich um einen zielgerichteten längerfristigen Veränderungsprozess, in dem sich – entsprechend des Aktionsforschungs-Ansatzes – Phasen der Informationssammlung zum IST-Zustand mit Phasen der Veränderungsarbeit abwechseln. Die Themen leiten sich aus dem Auftrag der Organisationsleitung, den institutionellen Entwicklungserfordernissen, den Aufträgen des Teams und der Teamsituation ab. Es handelt sich dabei um Fragen der Zielsetzung, der Aufgabenkoordination, der Gruppenregeln, der Gestaltung der Gruppenbeziehungen, der Förderung kommunikativer und sozialer Fähigkeiten und der Teamidentität. Von besonderer Bedeutung sind die Förderung der Selbstreflexion, der Entstehung eines gemeinsamen Grundverständnisses über Teamziele und Arbeitsweisen (mentale Modelle), von Regeln und Strukturen der Zusammenarbeit und Entwicklungsperspektiven der Teamkooperation (Nachhaltigkeit).

Als Methoden kommen dabei gruppendynamische und Selbsterfahrungsübungen, Moderationsmethoden, Rollen- und Planspiele, Kreativmethoden und andere Elemente des Verhaltenstrainings zum Einsatz.

Voraussetzungen für den Erfolg einer Teamentwicklungsmaßnahme sind neben unterstützenden institutionellen Rahmenbedingungen (insbesondere Zeit- und Personalressourcen sowie Mitwirkungsmöglichkeiten der Mitarbeiter), die Bereitschaft und Motivation der Teammitglieder und der Führung zur Entwicklung und Veränderung eigenen Verhaltens und betrieblicher Abläufe. Comelli (2003) hebt darüber hinaus die personelle Kontinuität der Teammitglieder und das Vorliegen von Vorkenntnissen, kommunikativen Fertigkeiten und einer gemeinsamen „Zeichensprache" (Comelli 2003, S. 188), d. h. begrifflicher Grundlagen zum professionellen Handeln und der Standards in der Arbeitsausführung, im Team hervor.

Stumpf und Thomas (2003) sehen bei der Reflexion der vorliegenden empirischen Ergebnisse zur Wirksamkeit einen insgesamt positiven Effekt von Teamentwicklungsmaßnahmen. Es liegen jedoch keine differenzierten Erkenntnisse darüber vor, welche spezifischen Maßnahmen erfolgreich sind. Aufgrund der sehr unterschiedlichen Ausgangslage in der Situations- und Problembeschreibung des jeweiligen Teams ist damit allerdings auch nicht zu rechnen. Für die Realisierbarkeit von experimentellen Wirksamkeitsstudien im betrieblichen Kontext sehen Bungard und Antoni (2007, S. 465) erhebliche methodische Umsetzungsschwierigkeiten und Probleme der Messbarkeit langfristiger ökonomischer Wirkungen, da diese durch Teamentwicklungsmaßnahmen lediglich indirekt beeinflussbar sind. Es bedarf weiterer empirischer Untersuchungen zu Einflussfaktoren, Interventionsmethoden und relevanten Erfolgsfaktoren in der Teamentwicklung.

In den letzten 15 Jahren fand der Begriff Teamentwicklung Eingang in zahlreiche Maßnahmen der Organisationsentwicklung. Darin drückt sich u. a. ein Zuwachs von Gestaltungsfragen in der Teamkooperation aus. Um einem Bedeutungsverlust des Begriffs vorzubeugen, empfiehlt Comelli (2003) eine engere Definition. Zur Eingrenzung des Begriffs schlägt er zwei Aspekte vor (Comelli, 2009, S. 362):

„Die Trainingsgruppe besteht aus Personen, die auch im betrieblichen Alltag wirklich und unmittelbar zusammenarbeiten bzw. zusammenarbeiten sollen. Trainingsgegenstand sind konkrete betriebliche Vorgänge, Vorkommnisse und Ereignisse, bei denen die Trainingsteilnehmer Betroffene bzw. Beteiligte sind."

Ziele der Teamentwicklung

Teamentwicklung dient dem Analysieren, Bewerten, Verändern und Ausgestalten/Umsetzen der Ziele der Arbeitsgruppe, konkreter Arbeits- und Kommunikationsabläufe, der Gruppenrollen, des Selbstverständnisses und der Außenbeziehungen (zu Klienten, Geldgebern, anderen Abteilungen in der eigenen Organisation) einer realen Arbeitsgruppe (Comelli, 2009; Kauffeld, 2001, S. 25ff.).

Als *Teambuilding* bzw. *Team-Start-Ups* werden Teamentwicklungsmaßnahmen bezeichnet, die zu Beginn einer Teamzusammenarbeit stattfinden (Comelli, 2009; West, 1994, S. 98). Start-Up-Meetings unterstützen die Gruppenbildung und beschleunigen die Entstehung einer kooperativen Zusammenarbeit. Für den Trainer gilt es eine Gruppenatmosphäre zu schaffen, die Sicherheit (über den Rahmen und Inhalt der Einstiegsphase), Vertrauen und Akzeptanz (zwischen den neuen Teammitgliedern) fördert. Die inhaltliche Arbeit beim Teambuilding richtet sich insbesondere auf den Austausch zwischen den neuen Teammitgliedern (z. B. über berufliche Vorerfahrungen, ihr berufliches Selbstverständnis, die individuellen Ziele) und die Verknüpfung der individuellen mit den Teamzielen, den zukünftigen Aufgabenfeldern und Schnittstellen zwischen den Mitarbeitern. Auch kann es um Regeln für die Zusammenarbeit, strukturelle Fragen der Teamkommunikation und der Entscheidungswege (Gremien, Konsultationen, Sitzungen u. a.), der Kompetenzen und der Teamaufgaben in ihrer Funktion für das Erreichen des Teamziels gehen.

Anlass für eine Teamentwicklungsmaßnahme können darüber hinaus akute Krisen in der Teamkooperation sein. Auf Krisen deuten vielfältige Symptome hin: Insbesondere sind dies eine akute Verschlechterung der Teamleistung, der Motivation, der Kommunikation und der Beziehungen zwischen den Teammitgliedern (Comelli, 2009). Teamentwicklung als Krisenbewältigung braucht eine differenzierte Situations- und Problemanalyse sowie eine spezifische Beratung und Intervention durch externe Fachkräfte. In Abhängigkeit von den Ursachen der Krise und dem Verlauf der Konflikte bzw. der erreichten Eskalationsstufe können sehr verschiedene Maßnahmen der Mediation, Supervision, des Konfliktmanagements, aber auch personal- und organisationsstrukturelle Interventionen (Umstrukturierung der Aufgabenfelder, Personalversetzung u. a.) notwendig sein.

Teamentwicklungsmaßnahmen lassen sich in Organisationen auch als Optimierungsstrategie zur Steigerung der Leistungsfähigkeit in der Teamarbeit und zur regelmäßigen Reflexion der Teamsituation einsetzen. Wird Teamentwicklung in diesem Sinne genutzt, so basiert dies meist auf einem besonderen Bewusstsein für die Bedeutung und die Potenziale von Kooperation und Teamarbeit bei den Entscheidungsträgern in der Organisation. Häufig verbindet sich dies auch mit einem langfristigen Organisationsentwicklungskonzept (vgl. West, 1994).

Teamentwicklung dient der Verbesserung des sozialen Dienstleistungsangebots. Die Outputvariablen von Teamarbeit sind einerseits Leistungs- bzw. Qualitätskennwerte und andererseits psychosoziale Faktoren (Gemünder & Högl, 2005, S. 25). Im Einzelnen gehören dazu:

Leistungs- bzw. Qualitätskennwerte:

- Verbesserung der Qualität der Dienstleistung
- Erhöhung der Kundenbindung und -zufriedenheit
- Verbesserung der Effizienz (Input-Output-Relation)
- Erhöhung der Mengenleistung der Gruppe

Psychosoziale Faktoren:

- Arbeitszufriedenheit
- Gruppen- bzw. Teamklima
- Gruppenbindung (Commitment)
- Rollenklarheit und -sicherheit
- Erhöhung der Reflexivität der Teammitglieder

Der Nutzen von Teamtrainings, Teamentwicklung und Teamberatung bemisst sich an diesen Dimensionen. Leistungsgesichtspunkte sind dabei meist erst mittel- und langfristig messbar, psychosoziale Aspekte, da situationssensitiv, gelegentlich bereits am Ende einer Teamentwicklungsmaßnahme. Psychosoziale Aspekte (Teamklima, Arbeitszufriedenheit u. a.) stellen die Basis für den nach einer Teamentwicklung anstehenden Transferprozess von Ergebnissen der Maßnahme in die tägliche Praxis und den langfristigen Bestand dieser Änderungen für die Zusammenarbeit dar.

Comelli (2003, S. 173) verweist auf drei Aspekte, die es zu klären gilt:

- Liegen die notwendigen Bedingungen für Teamarbeit vor? Das bedeutet, dass zu prüfen ist, ob es sich bei der Aufgabenstellung um eine für Teamarbeit geeignete bzw. Teamarbeit erfordernde Aufgabe handelt.
- Ist dies gegeben, so ist zu fragen, ob das organisationale Umfeld Teamarbeit ermöglicht. Ist Teamarbeit von der Organisationsleitung gewollt und wird sie inhaltlich und strukturell unterstützt?
- Eine weitere Voraussetzung besteht darin, dass die Mitglieder die Grundkompetenzen (Arbeitstechniken und kommunikative Kompetenzen) für die Kooperation im Teamkontext mitbringen (Gellert & Nowack, 2004, S. 141ff.).

8.4 Teamarbeit und Teamentwicklung

Eine zentrale Voraussetzung jeder Intervention, so auch der Teamentwicklung, ist die Motivation und Bereitschaft der Mitarbeiter am Lernprozess teilzunehmen und die Ergebnisse der Teamentwicklung in den Arbeitsalltag zu übertragen. In diesem Sinne muss sich die Weiterentwicklung der Teamarbeit für die Einzelnen lohnen, beispielsweise durch eine Verbesserung der Arbeitsabläufe, eine verlässlichere Kooperation und größere Klarheit der eigenen Position in der Arbeitsgruppe. Teamentwicklung verliert ihre Wirksamkeit – und widerspricht auch den Grundsätzen der Organisationsentwicklung –, wenn die Mitarbeiter sie in Zusammenhang mit Rationalisierungsmaßnahmen, Dequalifizierung und Stellenabbau sehen bzw. die Organisationsleitung sie in diesem Sinne einzusetzen sucht.

Die inhaltlichen Schwerpunkte der Teamentwicklung leiten sich aus den Aufträgen der Institutionsmitglieder (Leitung und Teammitglieder), den institutionellen Zielen, dem fachlichen Selbstverständnis der Teammitglieder und des Trainers ab (von Rosenstiel, 2007, S. 408). Häufige Inhalte sind dabei:

- die Erarbeitung und Präzisierung von bzw. Vergewisserung über gemeinsame Ziele,
- die Strukturierung der Zusammenarbeit und die Erarbeitung von Kooperationsregeln,
- die Reflexion der Beziehungen zwischen Einzelnen oder Gruppen (Konflikte),
- die Selbst- und Fremdsicht der Gruppenrollen, das Teamverständnis, die Teamidentität und die Stellung des Teams in der Organisation,
- die Weiterentwicklung kommunikativer und sozialer Fähigkeiten und Fertigkeiten,
- einzelne Arbeitstechniken (z. B. Teamsitzungsgestaltung, Problemlöse- und Entscheidungsstrategien),
- Verständnis für Analyse und Gestaltung von gruppendynamischen Prozessen.

Der methodische Ansatz der Teamentwicklung basiert auf einem längerfristigen Entwicklungsprozess. Darin wechseln sich Phasen der Informationssammlung bzw. Problemanalyse mit Phasen des praktischen Trainings, der Erprobung und Umsetzung von Workshop-Ergebnissen am Arbeitsplatz ab (Comelli, 2009). Erstere stellen Forschungsphasen (entsprechend dem Aktionsforschungsansatzes, s. French & Bell, 1990, S. 110ff.) und letztere Handlungsphasen dar. Nach jeder Handlungsphase geht es darum, die Veränderungen im System zu erfassen und dem Team zurückzumelden (Feedback). Hieraus ergeben sich für die Mitarbeiter neue Beschreibungen der Teamsituation und der Wünsche, Bedürfnisse und der Notwendigkeiten zur Weiterentwicklung der Teamkooperation. Der Prozesscharakter von Teamentwicklung leitet sich aus den sich wiederholenden Zyklen ab. In diesem Sinne lässt sie sich auch als ein Problemlöseprozess beschreiben, der in mehreren Schleifen zu einer Verbesserung der Teamarbeit beiträgt.

Methoden der Teamentwicklung

Bei den Methoden der Teamentwicklung findet sich ein besonders großes Spektrum je nach Zielsetzung und Teamkontext. In der Literatur zur Teamentwicklung sind folgende Faktoren dabei von besonderem Gewicht:

- gruppendynamische und Selbsterfahrungsmethoden (z. B. zur Einstimmung und Vertrauensbildung, zur „Aufdeckung von relevanten Themen und zur Selbstexploration und -reflexion"),

- Moderationsmethoden (z. B. zur Prozessgestaltung, zur Ideenentwicklung, Meinungsbildung und Ergebnissicherung),
- Rollen-, Planspiele und Kreativmethoden (z. B. zur Selbst- und Fremdwahrnehmung, zum Perspektivenwechsel, zur Erlebnisaktivierung, zum Probehandeln, zum sozialen Lernen),
- Verhaltenstrainings (z. B. zur Förderung der Gruppenkommunikation, zur Verbesserung der Entscheidungsprozesse und Kooperation).

Einige der Methoden sind unmittelbar aus der Gruppendynamik abgeleitet (z. B. Antons, 2000, erstmals 1973; Stahl, 2002), andere adaptieren Beratungs- bzw. Therapiemethoden (z. B. Bachmann, 1997; Furman & Ahola, 2007; Poggendorf & Spieler, 2003) und weitere stammen aus dem Methodenrepertoire der Gruppenpädagogik (Langmaack & Braune-Krickau, 2000, erstmals 1985; Schwäbisch & Siems, 1998, erstmals 1974). Andere Methoden leiten sich aus speziellen Settings ab (z. B. dem Outdoortraining; s. dazu König & König, 2005; Simmel & Uhlenbrock, 2003).

Grundsätzlich dominieren in der Teamentwicklung modular aufgebaute Abfolgen von Diagnose- und Interventionsschritten. Deren Umfang und konkrete Ausformung variieren je nach Bedarf, institutionellen Voraussetzungen (Gruppengröße, Auftrag durch die Organisationsleitung, Organisationskultur u. a.), Vorgaben und den zur Verfügung stehenden Mitteln (Zeit, Geld, Raum, Materialien u. a.).

Eine programmorientierte Durchführung bietet sich bei neu zu bildenden Teams und regelmäßigen Teamreflexionen (z. B. die halbjährige Auswertung der Teamsituation und der Teamergebnisse) an. Ein programmorientiertes Vorgehen findet sich auch im Setting der Outdoor-Trainings, da hier umfangreiche Planungen im Bereich Ausstattung und Durchführung notwendig sind. Derartig systematisch aufgebaute neuere Programme liegen beispielsweise von Francis und Young (2006), Gellert und Nowack (2004), sowie Kriz und Nöbauer (2002) vor. Der Vorteil programmorientierter Verfahren besteht darin, dass die Übungen prinzipiell ohne einen externen Trainer durchgeführt werden können. In zahlreichen Teamkonstellationen (z. B. eskalierende Konflikte, Umgestaltung der Teamorganisation) empfiehlt sich jedoch ein externer Trainer.

Einen situationsspezifischen Zuschnitt benötigt die Teamentwicklung insbesondere bei zugespitzten Problem- bzw. Konfliktsituationen. Hierbei empfiehlt sich ein externer Berater, da nur aus einer neutralen externen Position heraus konfliktvermittelnd agiert und unabhängig von bisherigen institutionellen nach neuen Lösungswegen gesucht werden kann. Der Berater sollte dabei an der Selbstorganisation des Teams anknüpfen und von Fragen der Eigenmotivation und der Entwicklungsmotive ausgehend Beziehungsveränderungen anregen und zieldienliche Strukturen fördern, z. B. Regelungen über Entscheidungswege und Ergebniskontrolle. Hier ist eine standardisierte Abfolge von Übungseinheiten wenig erfolgsversprechend. Dies könnte selbst bei der Mitwirkung der Mitarbeiter nur kurzfristige Klimaverbesserungen bewirken, mittel- und langfristig jedoch die Gefahr der Beibehaltung eines wenig produktiven Status quo in sich tragen.

Vertiefende Literatur:

Balz, H.J. & Spieß, E. (2009). *Kooperation in sozialen Organisationen – Grundlagen und Instrumente der Teamarbeit.* Stuttgart: Kohlhammer.

Brodbeck, F. C., Anderson, N. & West, M. A. (2000). *Das Teamklima-Inventar (TKI).* Göttingen: Hogrefe Verlag.

Kauffeld, S. (2001). *Teamdiagnose.* Göttingen: Verlag für Angewandte Psychologie.

8.5 Unternehmenszusammenschlüsse und ihre Folgen

Unternehmenszusammenschlüsse wurden bisher noch wenig von der psychologischen Forschung berücksichtigt (vgl. jedoch Klendauer, Frey & von Rosenstiel, 2007), obgleich besonders die Folgen für die Mitarbeiter erhebliche psychologische Konsequenzen haben können.

Unternehmenszusammenschlüsse bzw. Fusionen werden in betriebswirtschaftlichen Kontexten auch synonym für „Mergers und Acquisitions" gebraucht (Hornung, 1998). Merger sind eine auf Dauer angelegte Verbindung von mindestens zwei Unternehmungen oder auch von einer Unternehmung mit dem Teilbetrieb eines anderen Unternehmens unter einheitlicher Leitung. Der Integrationsprozess gilt als Schlüssel zum Erfolg. Erst wenn beide Firmen zusammenkommen und auf das Ziel der Fusion hinarbeiten, erfolgt Wertschöpfung (Dabui, 1998). Zentrales Motiv des Käufers ist, den Wert des Unternehmens langfristig zu steigern. Motive des Verkäufers sind häufig finanzielle, strukturelle und persönliche Probleme. Studien zu Akquisitionen zeigen eine hohe Misserfolgsquote (Hornung, 1998). Zum Beispiel waren nach der Merger Management Consulting-Studie von 1984–1994 in den USA nur 41% der Zusammenschlüsse erfolgreich (Jansen, 1999).

Die Positivpunkte bei einem Unternehmenszusammenschluss sind Synergien, Kostenreduzierung, Produkt- und Marktergänzung. Gleichzeitig bieten Fusionen Chancen für veränderungswillige und kreative Mitarbeiter. Ein häufiges Motiv für Fusionen ist auch die Angst, im Wettbewerb zu verlieren. Die neue, geplante Zusammenarbeit bedeutet eine Bedrohung der bestehenden Gruppenzugehörigkeiten und einen Kontrollverlust.

Die Integrationsprobleme in der Praxis bestehen in unterschiedlichen Unternehmenskulturen; es gibt Machtkämpfe im Topmanagement, Abwanderung von Schlüsselmitarbeitern und Imageschäden durch Entlassungen (Hornung, 1998). Besonders Großfusionen haben bislang häufig Entlassungen nach sich gezogen, die von den Mitarbeitern psychologisch bewältigt werden müssen. Probleme bei Mergers sind zusätzlich die hohen Erwartungshaltungen, die am Anfang aufgebaut und dann häufig nicht eingehalten werden.

Systematische Untersuchungen zu den Bedingungen erfolgreicher Unternehmenszusammenschlüsse und zu den Kriterien des Erfolgs sind relativ selten. Meist findet man in der Literatur die Darstellung von Einzelfällen, die im Rahmen qualitativer Untersuchungen erhoben werden. Klendauer, Frey und von Rosenstiel (2007) haben versucht, den Forschungsstand zusammenzufassen. Dabei ist die Arbeit von Hogan und Overmyer-Day (1994) besonders beachtenswert, weil die Autoren versucht haben, die Befunde in einem integrativen Modell zusammenzufassen und zu integrieren (Abb. 8.10). Neben einer Vielzahl ökonomischer, strategischer und struktureller Variablen, die für den Erfolg bzw. Misserfolg verantwortlich sind, werden auch mehrere psychologische Größen aufgeführt, die nachfolgend genannt werden sollen. Als wichtige exogene Variablen des Fusionsprozesses, die es zu beachten gilt, werden genannt:

- Merkmale des Prozesses, wie z. B. Ziele der Vereinigung oder deren – z. B. feindliche oder freundliche – Qualität,
- Erfahrungen, Erfolge und Kulturen der beteiligten Unternehmen,
- Organisationsanpassung mit Blick auf Systeme, Strukturen, Managementstile und Kultur.

Hinsichtlich der erfolgskritischen Merkmale des Integrationsprozesses werden genannt:

- Gerechtigkeit,
- wahrgenommene Kontrollierbarkeit,
- Umgang mit sozialen Identitäten,
- personalbezogene Maßnahmen, wie interne Kommunikation, Integrationsworkshops etc.

Als wichtige emotions- und verhaltensbezogene Ergebnisse werden aufgeführt:

- Stress, Angst, Kontrollverlust, Zweifel,
- positive Gefühle, wie Zufriedenheit, Arbeitsmoral, Bindung oder Vertrauen,
- Verhaltensindikation, wie Kündigungen oder Fehlzeiten, absinkende Qualität oder Quantität der Leistungen, Diebstahl, Sabotage.

Die Endergebnisse lassen sich fassen als:

- objektive ökonomische Größen, wie Aktienkurs, Wachstum, Wiederverkaufswert,
- subjektive Bewertungen durch verschieden betroffene Personengruppen innerhalb der beteiligten Unternehmen oder in deren Umfeld.

Meist wird in der Literatur berichtet, dass ca. zwei Drittel derartiger Prozesse gänzlich scheitern oder ihre Ziele nicht erreichen. Das Modell von Hogan und Overmayer-Day (1994) macht deutlich, wie schwierig derartige Aussagen zu interpretieren sind. An welchen Kriterien wurde der Erfolg gemessen? Sind es subjektive oder objektive Kriterien? Welche Dimensionen des Erfolgs sind es bei multiplen Kriterien? Wurden die Kriterien bereits vor Beginn des Prozesses festgelegt oder wurden sie nachträglich bestimmt? Wie sieht es auf der zeitlichen Dimension aus, d. h. wann wurde der Erfolg bzw. Misserfolg gemessen? Unmittelbar nach Abschluss des Prozesses, nach einem Jahr, nach fünf Jahren oder nach einem Jahrzehnt? Viele dieser oder ähnliche Fragen bleiben bei den in der Literatur berichteten Erfolgs- oder Misserfolgsgeschichten unbeantwortet.

8.5 Unternehmenszusammenschlüsse und ihre Folgen

Stress wird durch Wandel erzeugt, in Form von Unsicherheiten, Ängsten, Verlust des Gewohnten und nachlassendes Vertrauen. Die Abwanderung gilt als zentrales Problemfeld, besonders beim Management. Zum Beispiel liegt die Fluktuation innerhalb der ersten zwei Jahre bei 39%, bei feindlichen Übernahmen bei 51% (Hornung, 1998, S. 181ff.). Gründe für Ängste bei den Mitarbeitern sind Stress, Unsicherheit, die neue Kultur und wegfallende persönliche Beziehungen. Gründe für das Scheitern sind u. a., dass die Unternehmenskulturen nicht zusammenpassen.

Greitemeyer, Fischer, Nürnberg, Frey und Stahlberg (2006) haben die psychologischen Erfolgsfaktoren in einer empirischen Studie ermittelt: Die Mitarbeiter des übernommenen Unternehmens hatten ein niedrigeres emotionales Wohlbefinden, konnten sich weniger mit der neuen Organisation identifizieren und erlebten diese neue Situation für sich selbst als weniger kontrollierbar im Vergleich zu den Mitarbeitern der übernehmenden Firma. Die Befunde legen nahe, dass Mitarbeiter über die bevorstehenden Veränderungsprozesse rechtzeitig informiert werden und dass ihnen auch Möglichkeiten der Einflussnahme gegeben werden sollten (Abb. 8.10).

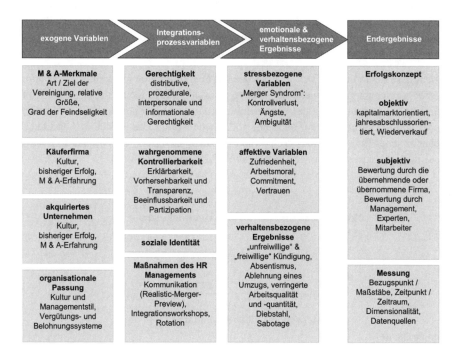

Abb. 8.10: Modell einer Unternehmensfusion nach Klendauer, Frey & Greiemeyer (2006) und Hogan & Overmyer-Day (1994)

Untersuchungen zum Erfolg von Übernahmen zeigten z. B. (Jansen, 1999), dass zwei Drittel aller Misserfolge auf die Unternehmenskultur zurückzuführen sind.

- Ein Praxisbeispiel: „Die zusammengeführten rund 40.000 Beschäftigten der neuen Hypo-Vereinsbank waren sich von Anfang an nicht grün. Jahrzehntelang hatten sie sich misstrauisch beäugt und jetzt fanden sie die gemeinsame bayerische Herkunft nicht ausreichend: wo die Vereinsbank dem Zeitgeist huldigte, klebte die Hypo am Lokalkolorit. Die Vereinsbanker galten als überheblich, die Hypoleute als verschlafen. Besonders ärgerte die Hypoangestellten, dass ihre topmoderne EDV gegen die lahme Software der Vereinsbank ausgetauscht wurde. Ein Unterfangen, das sich als so schwierig herausstellte, dass noch ein Jahr nach der Fusion nicht einmal die Kontoauszugdrucker in den Filialen funktionierten" (Fokken, 1999, S. 140).

Um diese Probleme zu vermeiden, sollte die Unternehmenskultur bereits in der Akquisitionsphase ermittelt werden. Dabei ist auch eine Diagnose der eigenen Unternehmenskultur wichtig. Sie erfolgt z. B. durch die Ermittlung von Wertorientierungen durch eine eher indirekte Methode, bei der die sog. Artefakte wie Ausdrucksformen etc. registriert werden. Nach der Kulturdiagnose der eigenen und der fremden Kultur kann dann ein Vergleich z. B. durch ein Kulturprofil stattfinden. Einflussfaktoren dabei sind die Größe des zu akquirierenden Unternehmens, Art der Positionierung im Markt, Risikoneigung, Offenheit der Kommunikation, Führungsorientierung, Produktorientierung, Dynamik und die Marktorientierung (Hornung, 1998).

Die Übernahmestrategien lassen sich in Analogie zur interkulturellen Forschung als *Akkulturationsstrategien* bezeichnen und in vier Dimensionen unterteilen: Eine Kombination beider Kulturen ist bei relativer Übereinstimmung der Unternehmenskulturen möglich, eine Kultur dominiert, es gibt eine Art von Kompromisskultur oder eine völlig neue Kultur. Das Modell in Abbildung 8.11 ist angelehnt an jenes für kulturelle Akkulturationsprozesse nach Berry (1990) und umfasst Integration, Assimilation, Separation sowie Dekulturation (Marginalisation).

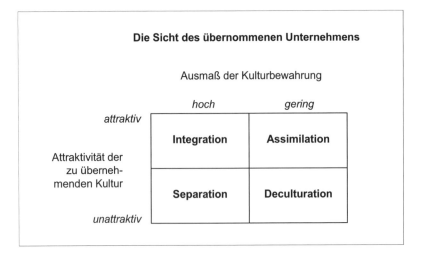

Abb. 8.11: Das Akkulturationsmodell nach Berry (1990)

8.5 Unternehmenszusammenschlüsse und ihre Folgen

- Integration bedeutet die Beibehaltung der eigenen kulturellen Identität bei gleichzeitigem Bemühen, eine neue kulturelle Identität zu praktizieren.
- Assimilation ist das Aufgeben der eigenen Herkunftskultur und der Wunsch, Mitglied der aufnehmenden Kultur zu werden.
- Separation bedeutet das Aufrechterhalten der Herkunftskultur und die Weigerung, Kontakt zu der aufnehmenden Kultur aufzunehmen.
- Marginalisation heißt, dass der Zuwanderer weder den Kontakt mit der Herkunftskultur noch mit der neuen Kultur sucht (Bierbrauer, 1996).

Dieses Modell wurde auf den Prozess der Unternehmensübernahmen übertragen (Hornung, 1998). Ein Beispiel hierfür ist das Einverleiben der Investmentbank SG Warburg durch den Schweizerischen Bankverein, die beide sehr unterschiedliche Unternehmenskulturen hatten: Der Schweizerische Bankverein legte den Fokus auf Handel und Produktverkauf, in der Investmentbank SG Warburg dominierte Bürokratie und Kontrolle. Aus der Sicht des übernehmenden Unternehmens existierten mindestens ebenso viele Negativurteile über das zu übernehmende Unternehmen (z. B. bürokratisch, autoritär, hierarchiebetont), wie umgekehrt, beim übernommenen Unternehmen gegenüber dem Übernehmer (z. B. chaotisch, unstrukturiert). Die Investmentbank SG Warburg schätzte die eigene Kultur hoch ein, während sich der Schweizerische Bankverein auf dem Weg von einer uni- zu einer multikulturellen Institution befand. Der unvermeidbar erscheinende Kulturschock wurde vermieden durch die Strategie der Gleichbehandlung der Partner, das rechtzeitige Definieren von Verantwortlichkeiten und Entscheidungsträgern und durch das Einrichten von Hotlines und Hauszeitungen. Die Akkulturationsstrategie wollte aus den verschiedenen Elementen der beiden Unternehmenskulturen eine neue entstehen lassen. Im Beispielsfall verlief der Übernahmeprozess trotz der Unterschiede und anfänglichen Vorbehalte zwar erfolgreich, jedoch gilt der Fall nicht als typisch.

Ein Negativbeispiel für die Vorgehensweisen bei Übernahmen ist die „Strategie des Bombenwurfs" (Kirsch, Esser & Gabele, 1979), wonach in kleinem Kreis unter weitgehender Geheimhaltung und Ausschluss der Betroffenen ein Grobkonzept für die neue Organisationsform entworfen wird. Dieses Grobkonzept wird schlagartig wie eine Bombe in die laufende Organisation geworfen (Kirsch, 1997). Diese Strategie wird damit begründet, dass ansonsten keine tiefgreifenden Veränderungen durchsetzbar sind, denn es besteht Handlungsbedarf in der Organisation. Es werden Konzepte erarbeitet, Papiere mit dem Siegel „streng geheim" an Expertengremien versandt. Die Perspektive der Belegschaft sieht dann nach von Rosenstiel (1997, S.197ff.) so aus:

- „Sie hört von Sondersitzungen der Geschäftsleitung oder des Vorstands, beobachtet mit Unruhe dunkel gekleidete Herren mit ledernem Aktenkoffer, die durch das Unternehmen huschen. Gerüchte [...] machen die Runde. Aus diesem nun nicht mehr ganz heiteren Himmel fällt [...] die Bombe, der neue Organisationsplan. [...] Das Maschinenmodell der Organisation in den Köpfen der Entscheider hat vergessen lassen, dass es sich nicht um Zahnräder, sondern um denkende und fühlende Menschen handelt. Diese werden sich bei Bombenwurfstrategien häufig durch den Plan überrollt vorkommen, sich als fremdbestimmt interpretieren, sich zum Widerstand formieren oder sich machtlos in einer resignativen Weise den neuen Bedingungen fügen. [...] Organisationsentwicklung hat ein anderes Bild der Organisation [...] Die Verhaltensweisen der Organisationsmitglieder sind die Struktur und der Prozess der Organisation."

Organisationen lassen sich am besten dadurch verändern, dass gezielt die Verhaltensweisen ihrer Mitglieder modifiziert werden nach dem Motto „Betroffene zu Beteiligten machen – Beteiligte zu Betroffenen machen". Dabei kann der Ansatzpunkt der Verhaltensänderung unterschiedlich sein, es wird dabei in personale, in gruppenzentrierte, in strukturzentrierte und in die integrierten Ansätze unterschieden. Ein integriertes Vorgehen wird bevorzugt empfohlen und geht auf den „Survey-Feed-Back-Ansatz" von Kurt Lewin zurück (von Rosenstiel, 1997, S. 197).

- Der Survey-Feed-Back-Ansatz von Lewin bedeutet, dass in einer standardisierten Befragung alle Mitarbeiter mit einbezogen werden. Die Befunde der Befragung werden an die Organisation zurückgespiegelt, d. h. zunächst werden die Daten der Organisationsspitze und dem Betriebsrat vorgetragen und dann auch den jeweiligen Mitarbeitern. Auf Basis dieser rückgemeldeten Ergebnisse werden dann gemeinsam Maßnahmen überlegt, um die Problemfelder zu verbessern. Über diese Technik der Datenrückkopplung wächst die Einsicht aller in die Probleme der Organisation, und es ist eine Folge davon, dass die so ermittelten Sachverhalte dann verändert werden können.

Veränderungsprozesse können *Widerstand* bei den Betroffenen auslösen (von Rosenstiel & Comelli, 2003). Vorgeschlagen wird, gezielte Informationen über bevorstehende Veränderungen zu geben, die auch sehr konkret sind. Dabei sind sowohl der Zeitpunkt der Information als auch die Glaubwürdigkeit der vorgetragenen Gründe für das Entstehen und die Überwindung der Widerstände wichtig. Es sollten Unterstützungsangebote existieren, Implementierungsanreize geschaffen und Möglichkeiten zur Beteiligung an der Gestaltung der Veränderung angeboten werden. Wichtig ist dabei die Abstimmung der Veränderungsmaßnahme mit dem Be- und Entlohnungssystem, die Berücksichtigung der Modellwirkung von Führungskräften und das Treffen von Zielvereinbarungen. Von herausragender Bedeutung ist die frühzeitige Einbeziehung der Betroffenen. Veränderungen sollten als Chance begriffen werden, Kreativität und Innovation unterstützt werden, Fehler konstruktiv genutzt werden. Konflikte sind Chancen: Bei einer konsequenten Orientierung an den Kundenbedürfnissen werden die Tätigkeiten als sinnvoll erlebt und in der Organisation herrscht Vertrauen vor (Schubert, 1998).

Dabei wird die Kommunikation als zentrales Integrationsinstrument gesehen. Sie hat vor allem vier Funktionen: Steuerung, Integration, Sozialisation (Wir-Gefühl), Koordination. Kommunikationsmedien sind Pressekonferenzen, Managementkonferenzen, Mitarbeitertreffen, Roadshows (Topmanagement besucht einzelne Regionen), Hotline, E-Mail, Video- und Telefonkonferenzen, Intranet, Mergerzeitschrift und Mitarbeiterzeitungen.

Auch ist es günstig, bereits Maßnahmen vor Abschluss des Vertrages festzulegen wie z. B. ein grobes strategisches Vorgehen und einen Zeitplan, das Involvieren von Schlüsselmitarbeitern und Integrationsverantwortlichen sowie das Erstellen eines Informationskonzeptes. Für die Bewältigung von Integrationsaufgaben erscheint besonders die Projektorganisation geeignet (Hornung, 1998).

Literatur:

Klendauer, R., Frey, D. & von Rosenstiel, L. (2007). Fusionen und Aquisitionen. In D. Frey & L. von Rosenstiel (Hrsg.), *Enzyklopädie der Psychologie*. Themenbereich D, Serie III; Organisations- und Arbeitspsychologie – Wirtschaftspsychologie. (S. 400–462). Göttingen: Hogrefe Verlag.

8.6 Unternehmenskultur

Für viele Unternehmenszusammenschlüsse hat sich die jeweilige Unternehmenskultur als eine kritische Größe herausgestellt. Deshalb soll dieses Konzept hier kurz vorgestellt werden.

Bei der Unternehmenskultur handelt sich es um einen aus der Anthropologie (Ethnologie) entliehenen Kulturbegriff, der dort auf Volksgruppen angewandt wurde und nun auf die Mikroebene des Unternehmens bezogen wird. In Organisationen bilden sich spezifische Vorstellungen und Orientierungsmuster heraus, eine stabile Sammlung von Werten, Symbolen und Ritualen, die das Verhalten am Arbeitsplatz beeinflussen. Es handelt sich um ein soziales und kollektives Phänomen, das ein Ergebnis von Entwicklungs- und Lernprozessen ist.

Dass derartige „weiche" Phänomene für das Verhalten von Menschen in Organisationen und entsprechend für deren Effektivität wichtig sind, war seit Langem bekannt. So sprach man bei den europäischen Armeen im 18. Jhd. von einem wünschenswerten „esprit de corps" und übertrug dieses Konzept zu Beginn des 19. Jhds. auf die Manufakturen in Preußen (Teuteberg, 1961). Zu Beginn des 20. Jhds. wurde in den „Wirtschaftsstilen" (Spiethoff, 1932) eine Triebfeder der wirtschaftlichen Entwicklung gesehen. Seiner Zeit deutlich voraus war ein noch heute modern erscheinendes Buch von Jaques (1951) „The culture of factory". Dort finden sich nahezu alle Argumente, die heute in der Debatte in die Organisationskultur fallen. Dennoch blieb es seiner Zeit nahezu unbeachtet.

Zum Durchbruch gelang die Kulturdiskussion erst deutlich später, als zwei Unternehmensberater, Peters und Waterman (1984), einen viel beachteten Vergleich zwischen erfolgreichen und weniger erfolgreichen Unternehmen vorlegten. Als mögliche Ursache des Erfolgs werden drei „harte S" (Strategien, Strukturen, Systeme) und drei „weiche S" (soziale Fähigkeiten, Stellenbesetzungen im Managementbereich, Stil der Führung) analysiert. Zur allgemeinen Überraschung erweisen sich die „weichen S" als die bedeutenderen Determinanten des Erfolgs. Dieser Bezug von Kultur zu Kriterien ökonomischen Erfolgs ebnete der Kulturdiskussion den Weg. Es wurden dadurch vielfältige einschlägige Untersuchungen angeregt und verschiedene Kulturmodelle entwickelt (Dierkes, von Rosenstiel & Steger, 1993).

Schein (1980, 2004) unterscheidet drei Ebenen einer Kultur: Basisannahmen, die auf einer hohen Abstraktionsebene angesiedelt sind, Werte und Normen und ein Symbolsystem, das die Oberfläche und die Artefakte der Kultur darstellt (Abb. 8.12).

Abb. 8.12: Ebenen der Unternehmenskultur (Schein, 1980)

Der Erschließungsprozess einer Unternehmenskultur kann mit diesen äußeren Erscheinungen beginnen: Räume, Gebäude, Kleidung (Tab. 8.4). Sichtbare Objekte, die als potentielle Indikatoren für die Unternehmenskultur gelten, sind z. B. die Architektur oder die Kleidung der Unternehmensmitarbeiter (Scholz, 2000).

Tab. 8.4: Indikatoren für eine Unternehmenskultur (nach Scholz, 2000)

Architektur	Baustil, Vorplatz, Parkanlagen, Trennung von Verwaltung und Produktion
Inneneinrichtung	Entrée, Farbgestaltung, Kunstgegenstände, Vorzimmer, Foyer, Möbel
Arbeitsplätze	Teppiche, Vorhänge, Wandschmuck, Pflanzen, Türschilder, ergonomische Gestaltung
Arbeitsorganisation	Größe des Arbeitsplatzes, Großraumbüro, Einzelzimmer, Gruppenzimmer, Transport- und Lagereinrichtungen
Arbeitsmittel	Telefonanlage, EDV, Maschinen, Anlagen
äußere Erscheinung der Mitarbeiter	Freizeitkleidung, Businessdress, Uniform, Arbeitskleidung
Art der Überwachung	Verzicht auf Zeitkontrolle, Stechuhren, Kontrollpersonal
Sonstiges	Titelhierarchie, Logos, Embleme, Fahnen, Visitenkarten, Briefpapier, Firmenwagen, Führungsgrundsätze, Organigramme, Veranstaltungen

Die Methoden zur Erfassung der Unternehmenskultur sind Interviews, Beobachtungen, Analysen anhand von Dokumenten oder Firmenrundgängen. Sie sind damit im Bereich der qualitativen Sozialforschung angesiedelt (Spieß & Winterstein, 1999). So können die Beobachtungen mehrdeutig sein, d. h. die Unternehmenskultur wird interpretativ abgeleitet. Die Funktionen der Unternehmenskultur sind u. a., dass diese Ordnung stiftet und Stabilität, Sinnvermittlung sowie Rationalisierung vermittelt (Hornung, 1998).

Unternehmenskultur kann auch eine Fessel für das Unternehmen darstellen, indem das Unternehmen zum Gefangenen der eigenen Vergangenheit wird, z. B. sind Topmanager „Produkte" ihrer Unternehmenskultur (Bartlett & Ghoshal, 1990). Kultur, Werte und Überzeugungen einer Organisation können meist nur in einem langwierigen Prozess verändert werden.

Ein Beispiel aus einer anderen Kultur: Die Funktionen des Topmanagements in Japan sind die Entwicklung einer Zukunftsvision, die strategische Entscheidungsfindung sowie die Führung und Kontrolle des Unternehmens. So legt die moderne Unternehmensphilosophie den Schwerpunkt sowohl auf die Gewinnerwirtschaftung als auch auf die Erfüllung sozial verantwortlicher Ziele (Shimizu, 1990). Diese Firmenphilosophien beschreiben die Firma als eine Familie, die einzigartig ist und sich von einer anderen Firma deutlich unterscheidet. Eine wichtige Norm in diesem Familienleben ist die Harmonie (Wa), die sehr oft in den Unternehmensphilosophien betont wird. Wa gilt als Stichwort, um das Gruppenbewusstsein der Angestellten zu entwickeln und um die Kooperation voranzutreiben (Hatvany & Pucik, 1983).

8.7 Die Rolle von Beratung in Organisationen

Immer mehr Lebensbereiche werden zum Gegenstand der Forschung; die Menge des verfügbaren Wissens steigt beständig, während sich die Halbwertszeit in der Folge entsprechend verkürzt. Kleine und mittlere Unternehmen können nicht auf dem Laufenden bleiben, haben z. B. keine aktuell informierten Spezialisten für Strategie, ostasiatischen Märkte, Produktionsansiedlungen in der Ukraine, Marketingstrategien im Internet, computergesteuerte Produktion, Arbeitszeitmodelle, Personalpolitik angesichts der demographischen Entwicklung, keine zielführenden Weiterbildungskonzepte etc. Auch für größere Unternehmen gilt dies in zunehmendem Maße. Entsprechend gibt es eine geradezu sprunghaft wachsende Zahl von Spezialisten, die als Berater – als „Einzelkämpfer" oder innerhalb mittlerer oder weltweit agierender Beratungsgesellschaften – ihr Wissen und ihre Erfahrung auf dem Markt anbieten (Jonas, 1999). Beratung beruht dabei auf einem subjektiv erlebten Kompetenzgefälle.Der Ratsuchende ist überzeugt, dass ihm zur Lösung des von ihm wahrgenommenen Problems Inhalts- oder Prozesswissen fehlt, das er beim Berater vermutet. Dieser verfügt nun tatsächlich über den angenommenen Wissensvorsprung oder wird mit den entsprechenden mikropolitischen Strategien dafür sorgen, beim Ratsuchenden diesen Glauben zu festigen (von Rosenstiel, 2009).

Die Rolle der Beratung in Organisationen wird zum einen von Psychologen wahrgenommen, zum anderen aber noch häufiger von Beratern mit betriebswirtschaftlichem, juristischem oder ingenieurwissenschaftlichem Hintergrund. Beratung erscheint vielfach als ein globales und grenzüberschreitend einheitlich einsetzbares Produkt (Reineke, 1992). Diesen Eindruck vermitteln vor allen Dingen die amerikanischen Beratungsunternehmen wie z. B. die Boston Consulting Group oder McKinsey. Die internationale Präsenz von Großkonzernen hat die Tendenz – nicht zuletzt auch aufgrund der neuen Technologien – eine einheitliche internationale Geschäftskultur herauszubilden. Schneider (1995) verweist jedoch darauf, dass im internationalen Kontext Rituale und Inhalte kulturgebunden sind, d. h. sie werden je nach kulturellem Hintergrund unterschiedlich gewertet und interpretiert (vgl. Kapitel 6.2.1).

Beratung lässt sich als eine Form der Dienstleistung definieren (Wagner & Reineke, 1992). Für den weltweiten Beratermarkt werden große Wachstumspotenziale prognostiziert. Fast die Hälfte der Beratungsumsätze wird in Nordamerika gemacht, ein Drittel entfällt auf Westeuropa. Der Beratungsmarkt ist in Deutschland wenig transparent. Es gibt keine amtliche Statistik für diesen Bereich; die Berufsbezeichnung des Unternehmensberaters ist nicht geschützt.

Nach einer Untersuchung von Meffert (1990) bilden Organisation und EDV den Schwerpunkt der Beratungstätigkeiten. Es folgt Marketing, in dem 60 % der befragten Unternehmensberater tätig sind. Die Bereiche Personal- und Finanzen sind weniger stark vertreten. Dies betrifft die Angebotsseite.

Taylor (1856–1915) wird in den USA als erster Unternehmensberater gesehen, der diese Tätigkeit hauptberuflich ausübte. In Deutschland begann die Unternehmensberatung um das Jahr 1920. Die Berufsbezeichnung „Unternehmensberater" gibt es jedoch erst seit 1954, seit der Gründung des Bundes Deutscher Unternehmensberater. Heute ist die externe Beratung in Form von Organisations-, Team- (z. B. Supervision) und Individualberatung (z. B. Coaching) eine selbstverständliche Dienstleistungstätigkeit (Mingers, 1996).

Allerdings unterliegt der Beruf des Beraters in Deutschland keiner gesetzlichen Berufsordnung, d. h. jeder kann sich Wirtschafts- oder Betriebsberater nennen. Es gibt auch keinen eigenständigen Studiengang, der auf diese Tätigkeit vorbereitet. Damit gehen deutliche Theoriendefizite auf der wissenschaftlichen Seite einher. Ebenfalls befindet sich die Forschung über Beratung erst am Anfang (Jonas, 1999; Groß, 2003; Jonas, Kauffeld & Frey, 2007).

In der sehr umfangreichen einschlägigen Literatur werden verschiedene Formen der Beratung erwähnt. Walger (1995) unterscheidet vier Formen der Unternehmensberatung: die gutachterliche Beratungstätigkeit, die Expertenberatung, die Organisationsentwicklung und die systemische Beratung.

- Die *gutachterliche Beratungstätigkeit* dient oft einer Entscheidungsvorbereitung. Der wissenschaftliche Gutachter soll noch fehlende Informationen beschaffen, die vorhandenen Sachverhalte analysieren und alternative Organisationsformen bewerten.

8.7 Die Rolle von Beratung in Organisationen

- Bei der *Expertenberatung* wird eine Beratungsorganisation in der Funktion eines Experten angefragt, um das Problem zu lösen. Der Berater bringt betriebs-, ingenieur- oder naturwissenschaftliches Fachwissen mit ein, um entsprechende Vorschläge zu erarbeiten und um die Problemlösung herbeizuführen. Diese Form der Beratung ist weit verbreitet und findet Anwendung in Form der Erstellung eines Marketingkonzeptes, der Verbesserung von Logistikprozessen usw.
- Das Beratungskonzept der *Organisationsentwicklung* geht von lernfähigen Menschen aus, wobei deren Verhalten und Initiative bzw. Mitwirkung die Fortschritte bestimmen (vgl. Kapitel 8.10.1). Der Berater hat hier lediglich begleitende Funktionen, denn die eigentlichen Promotoren der Veränderung sind die Mitglieder der Organisation. Das Lernen aller Betroffenen findet in der jeweilig konkreten Situation statt. Die Organisationsentwicklung verfolgt bekanntlich zwei Ziele: Einerseits ist es das Ziel, die *Effizienz* der Organisation zu steigern, zum anderen geht es aber auch darum, die *Interessen* der Organisationsmitglieder stärker zu berücksichtigen (Gebert, 1974). Die Ziele von Organisation und Mitgliedern gelten als nicht grundsätzlich unvereinbar. Es werden zwar Zielkonflikte eingestanden, man ist jedoch um Konfliktlösungen bemüht. Die Verwirklichung dieser Ziele wird nicht von außen oder von oben vorgeschrieben, sondern es ist sehr wichtig, dass die entsprechenden Organisationsmitglieder selbst aktiv mitwirken. Es geht um einen für alle Beteiligten nachzuvollziehenden Lernprozess, wobei dieser Prozess der Veränderung nicht nur vereinzelte Personen oder Arbeitsgruppen, sondern die gesamte Organisation umfasst (Spieß & Winterstein, 1999). In der Organisationsforschung gilt Organisationsentwicklung als psychologische und dynamische Vorgehensweise. Damit weist sie auch feldtheoretische Bezüge auf, z. B. im Bezug auf die Aktionsforschung oder beim Einsatz gruppendynamischer Methoden (von Rosenstiel, 2007). Abbildung 8.13 zeigt das typische Vorgehen bei der Organisationsentwicklung: Es erfolgt eine Diagnose der Situation im Sinne einer Bestandsaufnahme. In der Phase der Planung werden Lösungsansätze entwickelt, die dann in der Umsetzungsphase zum Einsatz kommen. Die Maßnahmen werden auf ihre Effizienz geprüft. Typisch für die Organisationsentwicklung ist, dass nach jedem Schritt ein Feedback stattfindet, so dass Berater und Auftraggeber in ständigem kommunikativen Kontakt stehen.

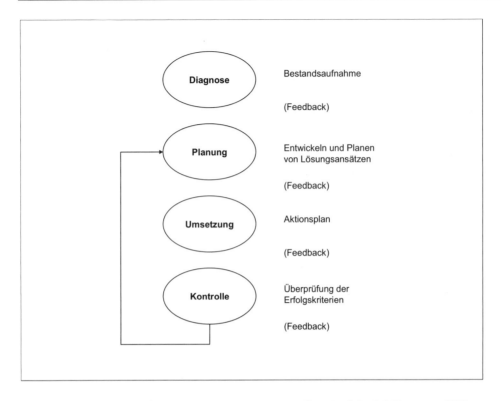

Abb. 8.13: Idealtypische Vorgehensweise der Organisationsentwicklung (nach Spieß & Winterstein, 1999)

- Die *systemische Beratung* gilt als theoretisch fundierteste Form der Unternehmensberatung. Sie hat ihre Wurzeln in der Familientherapie und in der neueren Systemtheorie (Schneewind & Schmidt, 2002). Im Unterschied zur Organisationsentwicklung, die von der Organisation als offenem System ausgeht, betrachtet die systemische Beratung die Unternehmen als autopoetische Systeme, die rekursiv geschlossen sind. Das heißt, die Organisationen orientieren sich in ihrem Handeln in erster Linie an sich selbst und sind selbstregulativ. In diesem Zusammenhang nimmt dann auch die Beratung eine andere Funktion ein. Systemische Beratung gilt als Beobachtung zweiter Ordnung: Beratung im systemischen Sinne bedeutet, dass man beobachtet, wie eine Organisation beobachtet, was in ihr geschieht und wie sich diese Beobachtungen dann zu Entscheidungen entwickeln. Im Sinne der systemischen Beratung liegt das Kernproblem darin, dass der zu Beratende selbst die Lösung für seine Probleme erarbeiten muss. Der systemische Beratungsansatz hat auch eine andere Vorstellung von *Intervention*: Im Unterschied zur klassischen Expertenberatung wird der Vorbereitung, Durchführung und Auswertung von Intervention eine große Aufmerksamkeit geschenkt. Im Sinne von Watzlawick, Beavin und Jackson (1969) wird darauf verwiesen, dass fast jedes Verhalten der Berater als eine beabsichtigte Intervention interpretiert werden kann. Dieser Beratungsansatz, der Anfang der 1980er Jahre entstand, wird auf den französischen Mathematiker Henri Poincaré zurückgeführt, nach dem es dynamische Systeme gibt, in denen sich bereits kleinste Störungen im Laufe der Zeit um ein vielfaches potenzieren können. Seit Mitte der 1970er Jahre gibt es den Begriff des „deterministischen Chaos", d. h. nichtlineare Systeme können aufgrund dynamischer Rückkoppelungen ihrer Teile spontan ein Chaos in Form kreativer Unordnung erzeugen (Mingers, 1996). Der systemische Beratungsansatz bestreitet die Möglichkeit der objektiven Wahrnehmung und geht von der Irrationalität, der Intransparenz und der Selbstorganisiertheit von Systemen aus. Während der klassische Unternehmensberatungsansatz eher *inhaltsorientiert* ist, arbeitet die systemische Beratung *prozessorientiert*.

Der Schwerpunkt einer Beratung kann somit bei den Inhalten oder bei den Prozessen liegen. Geht es um *Inhaltsberatung*, so geht man davon aus, dass die Kunden über ein bestimmtes Wissen nicht verfügen und es die Aufgabe des Beraters ist, ein solches Wissen zu vermitteln. Die *Prozessberatung* hingegen unterstellt, dass der Kunde über das entsprechende Knowhow verfügt und der Berater ihm lediglich zur Seite steht, um ihm „Hilfe zur Selbsthilfe" zu ermöglichen (Schein, 1980). Prozessberatung geht von der *Komplexität* des Problems und von der Annahme aus, dass die Kunden sich selbst am Diagnoseprozess beteiligen sollen. Die Rolle des Beraters besteht darin, dem Kunden zu helfen, die eigenen Probleme zu erkennen und selbstständig Alternativen des Handelns zu ermitteln. Der Beratende führt keine konkreten Problemlösungen durch, sondern leistet „Hilfe zur Selbsthilfe". Die Erfahrung der Prozessberater liegt dann weniger in der Bereitstellung von Fachwissen, als vielmehr von *Prozesswissen*: Es geht nicht um die Klärung inhaltlicher Fragen und Probleme, sondern um die Begleitung von Entscheidungs- und Veränderungsprozessen. Dieses Vorgehen bei der Beratung ist somit eher ressourcen- als problemorientiert. Das Klientensystem soll vorhandene Potenziale und Energien mobilisieren und entdecken. Diese Form der Beratung hat in den letzten Jahren zunehmend an Bedeutung gewonnen (Mingers, 1996). Eine weitere Unterscheidung wird danach getroffen, ob die Beratung *extern* oder *intern* erfolgt, d. h. ob von außen ein Berater geholt wird, oder ob dieser bereits im Unternehmen tätig ist.

Der *Problemlöser* gilt als der dominierende Beratertyp im deutschsprachigen Raum. Er orientiert sich an der Zielvorstellung des Kunden, erarbeitet Konzepte und gibt Empfehlungen. Wie seine Ratschläge durchgesetzt und realisiert werden, ist Sache des Kunden. Dies entspricht dem Alltagsverständnis der Manager, die Organisationen als Maschinen sehen, die nur einmal kurz erneuert werden müssen. Dieser klassische Beratungstyp wurde in den letzten Jahren ergänzt durch den Typus des *Prozessberaters*, bei dem der Berater klientenzentriert vorgeht und stärker als Katalysator und Moderator von Veränderungsprozessen gilt, die der Kunde selbst initiiert und gesteuert hat (Staehle, 1999).

Wimmer (1995) unterscheidet drei Ebenen im Beratungsprozess:
- Es geht darum, den Kunden bei der Erarbeitung von Informationen über sich selbst zu unterstützen, um ihm zu einer entsprechenden Problemsicht zu verhelfen.
- Auf Grundlage einer gemeinsam erarbeiteten veränderten Sichtweise auf eigene Probleme geht es dann darum, Varianten im Umgang mit den Problemen wiederum mit den Kunden zusammen herauszuarbeiten. Im Idealfall entsteht dann ein beratergestützter Problembearbeitungsprozess.
- Es ist dann Ziel der Beratung, einen organisationsinternen Prozess zu fördern.

Der systemische Ansatz der Beratung hat eine gewisse Nähe zur Vorgehensweise bei Organisationsentwicklungsmaßnahmen. Auch spielen die *Werte* der zu beratenden Menschen hier eine sehr große Rolle. Werden diese Personen nicht mit einbezogen, ist es schwierig, neues Verhalten zu zeigen. Werden Normen, Werte und Einstellungen nicht hinterfragt, dann behalten sie ihre – mitunter auch fehlsteuernde – Wirkung auf das Handeln. Ein weiterer wichtiger Gesichtspunkt ist die aktive Mitarbeit des Kunden. Neutralität, Offenheit, Objektivität und Distanz sind weitere wichtige Tugenden eines guten Beraters, die auch für die Unternehmensberatung gelten sollten.

Nach der humanistisch orientierten Gesprächspsychotherapie von Carl Rogers (1985) gibt es vier Grundprinzipien der Beziehungsgestaltung, die auch Berater beherzigen sollten:

- die Förderung der Selbstexploration des Klienten (spiegelnde Methode),
- die Praktizierung von einfühlendem Verstehen (Empathie) für das, was der Klient mitteilt und wie er handelt,
- die Wertschätzung des anderen,
- die Vermittlung von Echtheit, Selbstkongruenz und Transparenz.

In ihrem Buch „Hinter den Kulissen der Organisation" beschreiben italienische Psychologen unter der Leitung von Mara Selvini-Palazzoli (1985) ihre Arbeit in einem Industriebetrieb, wobei sie von einem systemischen Ansatz ausgehen. Die von dieser Gruppe angewandte Methode der *paradoxen Intervention* stellt ein Instrumentarium der systemischen Beratung dar. Wenn das Klientensystem eine externe Beratung beansprucht, so ist es damit automatisch in einer paradoxen Situation: Einerseits sucht man Unterstützung beim Beratersystem, um Symptome zu beseitigen, andererseits leistet man Widerstand gegen Versuche, Veränderungen zu bewirken, da die Symptome auch zugleich den Zusammenhalt des Systems garantiert haben.

Dies zeigt eine von Selvini-Palazzoli (1985) berichtete Fallgeschichte: Ein Psychologe wird vom Präsidenten eines Betriebes gebeten, die Ursachen für die hohe Fluktuation der führenden Mitarbeiter zu erkunden. Der Psychologe macht eine eingehende Untersuchung der innerbetrieblichen Situation, die er der Geschäftsleitung, die aus dem Präsidenten und seinem Stellvertreter besteht, in Form eines schriftlichen Berichtes zuleitet. Der Präsident lässt den Psychologen wissen, dass er den Arbeitsbericht aufmerksam gelesen habe, nimmt aber keinen Bezug auf den Inhalt der Berichte. Der Vizepräsident wiederum gibt dem Psychologen zu verstehen, dass er die Berichte sowieso nicht lesen wird. In einem Kommentar des Psychologen an die Geschäftsleitung werden die häufigen Änderungsvorschläge der führenden Mitarbeiter als gefährlich für die Autorität der Geschäftsleitung beschrieben. Nach außen hin möchte man zwar einen innovativen Eindruck erwecken, deshalb stellt der Präsident höher qualifizierte Leute ein. Der Vizepräsident hingegen blockiert all diese Projekte, weil sie die Stabilität der Organisation in Gefahr bringen. Die beiden scheinbar unterschiedlichen unternehmenspolitischen Standpunkte passen somit durchaus zusammen und dienen der ungestörten Lenkung und Kontrolle der Organisation. Statt die negativen Aspekte des Symptoms herauszustellen – am Fallbeispiel die hohe Mitarbeiterfluktuation – werden die positiven Aspekte vom Berater hervorgehoben: Nach außen wirkt das Unternehmen durch Neueinstel-

8.7 Die Rolle von Beratung in Organisationen

lungen innovativ, im Grunde sind aber Veränderungen nicht erwünscht. Dies führt dann zu Enttäuschungen aufseiten der Mitarbeiter. Das System selbst bleibt jedoch stabil.

Zu Beginn eines Beratungsprozesses steht die Beschreibung des *Ist-Zustandes* (von Rosenstiel, 1991b). Die Zielvorstellung ist hierbei eine valide Diagnostik von menschlichem Erleben und Verhalten in Organisationen. Es geht in einem ersten Schritt darum, den Problembereich entsprechend abzugrenzen, um dann mit entsprechenden Methoden, wie z. B. Interviewleitfäden, Einstellungsskalen, Beobachtungskategorien oder Testverfahren, die Beschreibung zu vervollständigen. Ist der Ist-Zustand diagnostiziert, geht es darum, den *Soll-Zustand* festzulegen.

Hier gibt es zwei mögliche Konflikte, die auch die ethische Stellungnahme des Beraters implizieren: Zum einen kann der Auftraggeber alleine den Soll-Zustand bestimmen; der Berater ist lediglich Mittel zum Zweck. Zum anderen kann der Auftraggeber die Rolle des Beraters sehr stark ausweiten und den Berater überfordern (von Rosenstiel, 1991b).

Um vom Ist zum Soll zu gelangen, bedarf es des Bereitstellens von Veränderungswissen (Kaminski, 1970). Dann erfolgt – vermittelt über das Veränderungswissen, das den Handlungsentwurf darstellt – die Intervention selbst. Am Ende steht dann die Evaluation.

Nerdinger (1994b) stellt die Beratung als einen Prozess des Problemlösens dar und entwickelt ein phasenorientiertes Beratungsmodell:

- *Allgemeine Orientierung*: In dieser Phase werden die Erwartungen und Einstellungen bezüglich des Problems aufgeworfen und diskutiert.
- *Problemanalyse*: Anschließend wird die Situation analysiert einschließlich der von allen Beteiligten angestrebten Ziele.
- *Erzeugung und Bewertung von Alternativen*: In dieser Phase wird versucht, möglichst viele Lösungsalternativen zu sammeln, z. B. durch „Brainstorming". Diese Lösungsalternativen werden dann bezüglich der vorab getroffenen Zielsetzungen genauer analysiert.
- *Entscheidung und Planung*: Jetzt werden die Lösungsalternativen im Hinblick auf die Konsequenzen miteinander verglichen. Hierbei geht es darum, dass der Kunde selbst zu einer Entscheidung für eine Lösungsstrategie kommt. Insofern werden dann gemeinsam Schritte zur Realisierung geplant.
- *Durchführung* der konkretisierten Lösungsstrategie: In dieser Phase wird die gemeinsam erarbeitete Strategie umgesetzt.
- *Evaluierung*: In der letzten Phase werden die erzielten Resultate bezüglich der zu Anfang getroffenen Zielvereinbarungen analysiert und bewertet.

Die Phasen des Beratungsprozesses entsprechen wiederum dem Vorgehen bei der Organisationsentwicklung. Für die Phase der Intervention gibt es verschiedene Techniken, die Staehle (1999) nach drei Ebenen untergliedert: die Ebene des Individuums, die Ebene der Gruppe und die Ebene der Organisation.

Techniken auf der Ebene des *Individuums* beziehen sich auf die Intervention im zwischenmenschlichen Bereich. Hier sind persönliche Gefühle und Gedanken wichtig. Die Techniken entsprechen vielfach denen der Personalentwicklung und der Weiterbildung.

Das *Sensitivity-Training* geht zurück auf Lewin (1963). Das klassische Lewin-Modell gliedert sich in drei Phasen:

- *Unfreezing*, d. h. das alte Verhalten wird grundsätzlich in Frage gestellt,
- *Moving*, das Verhalten wird geändert und
- *Refreezing*, es wird neues Verhalten konsolidiert.

In der Praxis des Sensitivity-Trainings gilt der erfolgreiche Abschluss der ersten Phase des Unfreezing als sehr wichtig. Die Treffen werden zumeist in von der normalen Arbeitswelt abgeschiedenen Orten durchgeführt, d. h. es wird eine künstliche Umwelt geschaffen, die die Gruppenmitglieder in erster Linie mit sich selbst konfrontiert. Es nehmen zwischen 6 und 15 Personen an solchen Trainings teil. Sie dauern zwischen einem Wochenende und bis zu vier Wochen. Es gibt einen Trainer, der vor allen Dingen die erste schwierige Phase des Auftauens bewerkstelligen muss. Er übernimmt dabei keine Führungsrolle, sondern hält der Gruppe einen Spiegel vor. In der zweiten Phase sind dann die Teilnehmer im Idealfall bereit, ihre Einstellung und ihr Verhalten zu ändern. In der dritten Phase werden sie wieder auf den Alltag vorbereitet. Das Sensitivity-Training kann Veränderungen zur Folge haben, z. B. die Verbesserung der Fähigkeit, zuzuhören, hilfreiches Feedback zu geben oder sich stärker jemand anderem gegenüber zu öffnen. Allerdings besteht das Problem dabei, dass oft die neu erworbenen Verhaltensweisen in dem Alltag der Organisation nur unzureichend umgesetzt werden können (Gebert, 1972).

In den *Encountergruppen* geht es um individuelles Wachstum und Persönlichkeitsentwicklung. Sie verbinden sich vor allen Dingen mit dem Namen von Carl Rogers (1985), der die Methode der Gesprächspsychotherapie entwickelt hat.

Bei den Techniken auf der Ebene der *Gruppe* gibt es die *Drittparteiintervention*, die eine Form der Konflikthandhabung ist (vgl. Kapitel 5.2.3), wobei interpersonale Konflikte Ausgangspunkt für Veränderungen sind. An den Berater werden folgende Anforderungen gestellt: Er muss profunde Kenntnisse der sozialen Prozesse, eine geringe Macht über das Schicksal der Beteiligten, einen starken Einfluss auf den Ablauf der Konfrontation, ein hinreichendes Wissen über die Beteiligten und ihre Hintergründe sowie Neutralität besitzen.

Intergruppeninterventionen beziehen sich auf Schnittstellen zwischen bestehenden Arbeitsgruppen. Hierbei gilt es, die Besonderheiten des Intergruppenverhaltens (vgl. Kapitel 5.2.1) zu berücksichtigen. Eine mögliche Vorgehensweise einer solchen Intervention wäre (Staehle, 1999):

- Ein neutraler Berater gewinnt die Akzeptanz beider Gruppen zur Problembearbeitung.
- Man trifft sich außerhalb des beruflichen Alltags.
- Es werden die Ziele der Veranstaltung festgelegt. Man bemüht sich darum herauszufinden, welche Eigenschaften die jeweilige Gruppe kennzeichnen und auch wie man selber die andere Gruppe wahrnimmt (Fremdbild).
- Die aufgetretenen Beurteilungsunterschiede werden bearbeitet.
- Es gibt eine gemeinsame Sitzung, in der der jeweilige Gruppensprecher die Antworten vorträgt. Es sind keine Wertungen oder Rechtfertigungen erlaubt. Danach erfolgt wieder die Trennung der beiden Gruppen.

- In der weiteren gemeinsamen Sitzung werden Unterschiede und Gemeinsamkeiten erörtert, und es werden Lösungsstrategien diskutiert.
- Beide Gruppen beschließen nun konkrete Aktionen.
- Es wird ein Termin für eine gemeinsame Evaluationssitzung vereinbart.

Die Techniken auf der Ebene der *Organisation* (Kühlmann, 1994) bestehen zunächst in einer Bestandsaufnahme. Bei einer *Statusdiagnose* erfolgt eine Momentaufnahme des Status quo, während die *Verlaufsdiagnose* das Ziel hat, mögliche Veränderungen von bestimmten Merkmalen im Zeitverlauf zu erfassen, indem diese wiederholt zu verschiedenen Zeitpunkten über einen längeren Zeitraum hinweg erhoben werden. Weiterhin wird in objektive und in subjektive Erhebungsverfahren unterschieden. Eine objektive Erhebung bezieht sich auf Dokumente, z. B. Stellenbeschreibungen und Statistiken sowie auf Befragungen. Die *subjektiven* Erhebungsmethoden erfragen Merkmale der Organisation über die Wahrnehmung der Mitglieder. Auf der Ebene der Organisation kommen bei der Intervention die Methoden der Organisationsentwicklung zum Einsatz (vgl. Kapitel 8.10.1).

Evaluationen der Maßnahmen zur Organisationsentwicklung zeigen, dass soziotechnische Vorgehensweisen, also Maßnahmen, die auf der Ebene der Organisationsgestaltung liegen, die stärksten Wirkungen hatten. Doch auch gruppendynamische Training erweisen sich als effektiv (von Rosenstiel, 2007), wenn die Rahmenbedingungen in der Organisation den Transfer des Gelernten in die Praxis erlauben.

Vertiefende Literatur:

Jonas, E. Kauffeld, S. & Frey, D. (2007). Psychologie der Beratung. In D. Frey & L. von Rosenstiel (Hrsg.), *Enzyklopädie der Psychologie*. Themenbereich D, Serie III; Organisations- und Arbeitspsychologie – Wirtschaftspsychologie. (S. 283–324). Göttingen: Hogrefe Verlag.

8.8 Work-Life-Balance

Blicken wir zurück in die Geschichte, so gilt für unsere Gesellschaft, dass „Arbeit und Leben" phasenweise näher beieinander lagen, als dies heute der Fall ist. Auf dem Bauernhof beobachteten z. B. die Kinder, wie die Mutter die Mahlzeiten für die Familie vorbereitete, Früchte und Gemüse für den Winter einkochte, die Kleidung nähte, Verletzungen, die bei der Arbeit vorkamen, behandelte und vielfältige andere anspruchsvolle Aufgaben bewältigte. Frau und Kinder erlebten, wie der Vater z. B. das schwere Ochsengespann beherrschte, der Kuh bei der schwierigen Geburt eines Kalbes half und Reparaturen an Haus und Stallungen gemeinsam mit den Knechten vornahm. Im Handwerksbetrieb sahen alle, wie der Meister den Schrank fertigte, die Mutter die Rechnungen schrieb und das Einkommen verwaltete. Privates und berufliches Leben gingen ineinander über.

Dies änderte sich nachhaltig mit der Industrialisierung und der sich im großen Stil durchsetzenden Arbeitsteilung. Die Welt der Arbeit und die der privaten Lebensführung wurden für immer mehr Menschen nachhaltig getrennt. Dennoch beeinflussen sich diese Welten wechselseitig in zum Teil nachhaltiger Weise (Scheewind, Kupsch & Dillitzer, 2008, Gloger, 2008). So gibt es Konflikte zwischen diesen Bereichen, aber auch solche, die aus der Arbeit in die Familien- und Freundeskreise getragen werden oder aus der Privatwelt in jene der organisierten Berufstätigkeit.

An solchen Konflikten leiden Wohlbefinden und Gesundheit der Betroffenen und ihrer Angehörigen. Sie schaden aber auch den Interessen der Organisationen, da sie die Leistungsfähigkeit und Produktivität ihrer Mitarbeiter schmälern. Als Konsequenz gibt es in nicht wenigen Unternehmen Versuche, eine „familiengerechte Personalpolitik" zu betreiben und – aus übergeordneter Sicht – in der Gesellschaft das Bemühen, ein Gleichgewicht zwischen Arbeit und Leben – „Work-Life-Balance" – zu schaffen.

Die rasanten Entwicklungen auf dem Arbeitsmarkt – z. B. die zunehmende Kluft zwischen Stammarbeitern und befristet Beschäftigen (Pialoux & Beaud, 1997) – tangieren das Verhältnis Familie und Arbeit. Helfermann (2003) hat Chancen und Risiken täglich verkürzter Erwerbsarbeit für Gesundheit und Familie untersucht. Es zeigte sich, dass für ihre Analyse die bewährten arbeitspsychologischen Messverfahren nicht mehr ausreichen. Es wurde eine allgemeine Tätigkeitsklassifikation zur beanspruchungsrelevanten Beschreibung der 24-Stunden-Belastungsstruktur entwickelt. Zusätzlich zur Analyse der Erwerbsarbeitszeit wurden auch der individuelle Tag und die Belastungsverteilung im Haushalt erhoben. Diese sich teilweise ergänzenden Ergebnisse ermöglichen differenzierte Aussagen über die verkürzte Erwerbsarbeit.

Zunehmend werden Konflikte zwischen der Familienrolle und den Arbeitsanforderungen (Adams, King & King, 1996; Kossek & Ozeki, 1998) berichtet: Arbeiter, die Arbeitsdruck ohne Unterstützung in der Arbeit erfahren, berichten häufiger von ehelichen Auseinandersetzungen (Hughes & Galinsky, 1994). Es gibt noch wenig Informationen darüber, wie spezifische Arbeitsplatzmerkmale das Familienleben beeinflussen, allerdings gibt es inzwischen eine Reihe von Studien über Arbeitsplatzmerkmale, die einen Konflikt zwischen Arbeit und Familie vorhersagen, wie z. B. die Häufigkeit von Überstunden und Schichtarbeit (Pleck, Staines & Lang, 1980). Empirische Befunde zeigen, dass für die befragten Mitarbeiter Familie und Karriere möglichst integriert werden sollten (Sanders, Lengnick-Hall, Lengick-Hall & Steele-Clapp, 1998).

„Work-Life-Balance" (Titze, 2003; Resch, 2003) ist inzwischen auch ein Schlagwort in den Management-Magazinen geworden, wobei damit ein im Grunde „altes" Thema, die nicht immer einfache Vereinbarkeit von Familie und Beruf, gemeint ist (Schneewind, Kupsch & Dillitzer, 2008). Veränderte Anforderungen und Belastungen im Beruf beeinflussen gleichfalls das Verhältnis von Arbeit und Freizeit bzw. Familien- und Arbeitszeit (Gottschall & Voß, 2003). So führen die flexiblen Arbeitszeitmodelle unter Umständen zu Zeitproblemen im Privatleben. Hohe Mobilität hat ihren Preis, denn soziale Beziehungen können so weniger gepflegt werden. Betriebe führen flexible und familienfreundliche Arbeitszeiten oder eine Unterstützung bei der Kinderbetreuung ein als ihren Beitrag zur „Work-Life-Balance". Allerdings sind die Effekte solcher Einzelmaßnahmen umstritten (Resch, 2003).

In der älteren Forschungstradition wurde besonders die Vereinbarkeit von Erwerbstätigkeit bei Müttern und deren Betreuungspflichten gegenüber jüngeren Kindern thematisiert, während inzwischen das Zusammenspiel der verschiedenen Bereiche für Frauen und Männer im Vordergrund steht. Dadurch wird die Schwierigkeit der Vereinbarung von Familien- und Berufsleben nicht mehr nur als Aufgabe der Frauen angesehen.

Eine Berufsgruppe, die besonders stark von Reisetätigkeiten geprägt ist und von daher Probleme hat, Arbeit und Freizeit bzw. Familie zu vereinbaren, sind Außendienstmitarbeiter. Weißgerber und Strobel (2003) haben die Situation von Beschäftigten im Außendienst untersucht. Es wurden zum einen Pharmareferenten und zum anderen Servicetechniker in der IT-Branche anhand von 47 qualitativen Interviews befragt. Im Fokus der Untersuchung stand der Aspekt der Auswirkungen von flexiblen Arbeitsbedingungen. Vorteile dieser Tätigkeiten werden darin gesehen, dass es ein hohes Maß an Handlungsspielraum gibt, dass die Tätigkeit psychologisch vollständig erscheint und dass sie vielfältige Kontakte und Abwechslungsreichtum bietet. Kritisch wird das Verschwimmen der Grenzen zwischen Arbeit und Freizeit gesehen, das die sozialen Beziehungen sehr stark beeinträchtigt. Als unzureichend wird auch die Beteiligung an den Planungs- und Entscheidungsprozessen im Unternehmen beurteilt. Belastungen entstehen auch durch Konfliktsituationen mit den Kunden und der Fahrtätigkeit.

Vertiefende Literatur:

Schneewind, K. A. (2009). Work-Life-Balance. In L. von Rosenstiel, E. Regnet & M. Domsch (Hrsg.), *Führung von Mitarbeitern – Handbuch für erfolgreiches Personalmanagement* (6. überarb. Aufl., S. 81–87). Stuttgart: Schäffer-Poeschel.

8.9 Auslandsentsendungen

Zentrales Merkmal der Globalisierung ist die „Entgrenzung" (Beck, 1998; Steger, 1996) auf eine Vielzahl von Gebieten, von den geplanten und begrenzten Berufsverläufen oder die mehr und mehr verschwimmenden Grenzen der Unternehmen, die mit „just in time"-Zulieferern, ausgelagerten EDV- und Entwicklungszentren, exklusiv für sie arbeitenden „Ich-AGs" etc. neue lockere Einheiten bilden bis hin zur Verwischung nationaler, sprachlicher und kultureller Grenzlinien (vgl. Kapitel 6.2.5). Als Folge strömen immer mehr arbeitssuchende Menschen aus fremden Ländern nach Deutschland; in den Produktionshallen arbeiten Personen aus unterschiedlichen Kulturen nebeneinander, viele deutsche Unternehmen haben einen Großteil ihrer Wertschöpfung jenseits der heimischen Grenzen, gelegentlich sogar außerhalb Europas, und exportieren weit mehr als die Hälfte der von ihnen gefertigten Güter. Das hat u. a. zur Konsequenz, dass die Mutterhäuser in Deutschland mehr und mehr Fachspezialisten und Führungskräfte für kürzere oder längere Phasen ins Ausland entsenden.

8.9.1 Besonderheiten einer Tätigkeit im Ausland

In den folgenden Abschnitten wird die psychologische Besonderheit einer Tätigkeit im Ausland beschrieben, der Prozess, der eine Entsendung ins Ausland umfasst sowie die Bedeutung der interkulturellen Kompetenz, die dabei besonders wichtig erscheint.

Aus psychologischer Sicht besteht die Besonderheit einer Tätigkeit im Ausland bzw. der Interaktion mit Angehörigen anderer Kulturen darin, dass es sich um eine sog. „Überschneidungssituation" handelt (vgl. Abb. 8.13): Man befindet sich sowohl in der eigenen als auch in der anderen Kultur. Es entsteht das Paradox, eine Anpassungsleistung in einer Situation zu erbringen, in der man sich der Zugehörigkeit zur eigenen Kultur besonders bewusst wird (Lewin, 1963). Bei interkulturellen Begegnungen sind Missverständnisse und Irritationen die Folge, wenn das eigene kulturspezifische innere Abbild der Umwelt nicht mit dem Modell des Interaktionspartners übereinstimmt. Die vertrauten psychologischen Mechanismen werden durch fremde und unverständliche ersetzt. Es kann dadurch ein „Kulturschock" ausgelöst werden. Unter Kulturschock wird ganz allgemein verstanden, dass es zu Anpassungsschwierigkeiten kommt. Die Ursachen können sowohl in Merkmalen der Person als auch in der Situation liegen (Kühlmann, 1995).

Neben der allgemeinen Tendenz zur Abgrenzung von Außengruppen wird eine interkulturelle Anpassung an Gruppen anderer Kulturzugehörigkeit dadurch erschwert, dass Kultur ein relativ stabiles System ist, das im Zuge der Enkulturation ganz selbstverständlich übernommen wurde. Die eigenen kulturellen Orientierungsmuster und Werte werden erst durch die Konfrontation mit einer anderen Kultur bewusst (Thomas, 1994; 1996; vgl. Kapitel 2.1.3). Für Unternehmensvertreter kommt zudem noch eine weitere Aufgabe hinzu: Sie müssen im Rahmen einer fremden Kultur und gegenüber kulturfremden Mitarbeitern die Ziele ihrer Unternehmen vertreten und ihre Arbeitsaufgabe wahrnehmen.

Eine Tätigkeit im Ausland beinhaltet in verschiedenen Bereichen gravierende Veränderungen: im Beruf (z. B. neue Arbeitsaufgaben), in der Umwelt (z. B. Klima, Ernährung, Lebensrhythmus, Wohnsituation, Freizeitmöglichkeiten), soziale und kulturelle Rahmenbedingungen (z. B. soziale Regeln, Normen, Werte, Denk- und Verhaltensweisen des Gastlandes) sowie psychologische Belastungen (z. B. Arbeitsbelastung, mögliche negative psychische Konsequenzen, Einsamkeit, Heimweh). Auf alle diese Aspekte müssen Unternehmensmitarbeiter vorbereitet und dann auf diesen Feldern während des Aufenthaltes im Ausland betreut werden (Spieß & von Rosenstiel, 2003).

Grosch, Groß und Leenen (2000) haben die Bereiche der interkulturellen Irritationen zusammengestellt. Sie beziehen sich auf das Welt- und Menschenbild, auf Glaubenssysteme und Wertkonzepte, kognitive Stile, auf die Wahrnehmung sowie den Umgang mit Raum und Zeit, auf Verhaltensmuster, Sitten und Gebräuche, Symbole, verbale und nonverbale Kommunikation und auf die Verschiedenheit der sozialen Institutionen und Rollen (Abb. 8.14).

8.9 Auslandsentsendungen

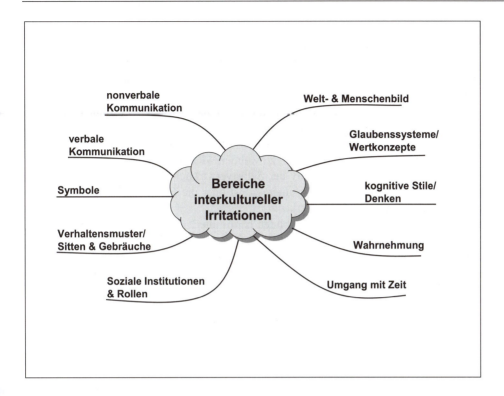

Abb. 8.14: Bereiche der interkulturellen Irritationen (Grosch, Groß & Leenen, 2000)

Die wichtigsten Gründe für interkulturelle Schwierigkeiten bestehen darin, dass es erforderlich ist, Sprache, Wertorientierungen und nonverbales Verhalten mit den in der Gastkultur geltenden Gepflogenheiten abzustimmen. Ethnozentrische Denk- und Handlungsweisen führen zu einer negativen Bewertung typischer Denk- und Handlungsweisen von Mitgliedern der Gastkultur, da die aus der (eigenen) Heimatkultur bekannten Orientierungsmuster als einzig richtig angenommen werden. Das sich hieraus ergebende Streben nach Dominanz verhindert eine echte Kooperation. Erfolgt aufgrund von Unsicherheit oder zu geringer Informationen ein zu starker Rückgriff auf Stereotype, d. h. vereinfachte Urteilsbildungen, können individuelle Unterschiede zwischen Personen nicht mehr wahrgenommen werden. Dies verhindert flexibles situations- oder personenbezogenes Verhalten. Eine fehlende Metakommunikation führt dann bei fehlendem Bewusstsein der kulturellen Ursachen zu Missverständnissen.

Problembereiche interkultureller Begegnungen im Arbeitsleben sind Unterschiede in der Führung von Mitarbeitern, der Arbeitsmotivation, bei Verhandlungsstilen, Zeitkonzepten und Raumverhalten in unterschiedlichen kulturellen Kontexten (Hall, 1998; Kühlmann & Stahl, 2006).

- *Unterschiede in der Führung von Mitarbeitern* bestehen darin, dass sich der Führungsstil als kulturabhängig erweist. So vertreten beispielsweise Manager aus Nordeuropa und den USA seltener die Auffassung, sich ihren Mitarbeitern als überlegen darzustellen als Führungskräfte aus Südostasien und Südeuropa, bei denen ein eher patriarchalischer Führungsstil dominiert. Unterschiede gibt es auch in Hinblick auf das Ausmaß der Aufgabendelegation, der Mitarbeiterpartizipation, der Art und Weise wie Leistung rückgemeldet wird oder in der Eindeutigkeit von Anweisungen.
- Auch die *Arbeitsmotivation* variiert von Kultur zu Kultur: So ist für kollektivistisch geprägte Kulturen das Motiv, sein Gesicht zu wahren, wichtiger als das in den individualistischen Ländern dominierende Motiv der Selbstverwirklichung. Nicht für alle Kulturen gilt, dass Arbeit das zentrale Lebensinteresse ist oder die Erfüllung der Arbeitsaufgabe als persönlicher Erfolgsmaßstab anerkannt ist.
- Unterschiede bei *Verhandlungsstilen* bilden häufig die Ursache für interkulturelle Missverständnisse und Konflikte. In Japan wird z. B.eher indirekt kommuniziert und in Verhandlungen kaum Ablehnung geäußert. Dies wird dann von den ausländischen Verhandlungspartnern irrtümlich als Zustimmung gedeutet. Usunier und Walliser (1993) nehmen einen indirekten Einfluss der Kultur auf das Ergebnis einer Verhandlung an: So beeinflusst die Kultur sowohl die Teilnehmer einer Verhandlung, indem sie sowohl unterschiedliche Werthaltungen oder Vorstellungen von der Zeit haben, als auch von der Situation, in der die Verhandlung stattfindet. Beides bestimmt den Verlauf und das Ergebnis einer Verhandlung (Abb. 8.15).

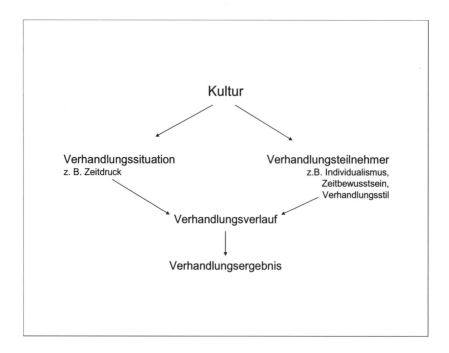

Abb. 8.15: *Der Einfluss der Kultur auf das Verhandlungsergebnis nach Usunier und Walliser (1993)*

8.9 Auslandsentsendungen

- Zwischen den Kulturen bestehen Unterschiede in den jeweiligen Zeitkonzepten, die sich auf die Planung und die Pünktlichkeit auswirken. In „monochronen" Kulturen dominiert ein lineares Zeitkonzept, Zeit wird als ein knappes Gut betrachtet. Ein „polychrones" Zeitverständnis dagegen, das in Lateinamerika, im Nahen Osten oder im Mittelmeerraum vorherrscht, ist eher zirkulär; Zeit erscheint unbegrenzt.
- Auch das *Verhalten im Raum* differiert in den unterschiedlichen kulturellen Kontexten: So werden körperliche Berührungen oder ein zu intensiver Blickkontakt in „Nicht-Kontakt-Kulturen" wie Nordamerika als Eingriff in die Privatsphäre gedeutet.

Aus all diesen Unterschieden ergeben sich hohe Anforderungen an Mitarbeiter in Unternehmen, die ins Ausland entsandt werden, die in geschäftlichen Verhandlungen stehen oder die in multikulturellen Arbeitsgruppen (Podsiadlowski, 2002) tätig sind.

Die Bereitschaft, eine Tätigkeit im Ausland aufzunehmen, ist Teil eines langwierigen Sozialisationsprozesses. Wenn frühzeitig Begegnungen mit anderen Kulturen und Auslandserfahrungen ermöglicht werden, erhöht dies deutlich die Bereitschaft, wieder ins Ausland zu gehen. Dies zeigen auch verschiedene empirische Studien mit Führungsnachwuchskräften, Studierenden in alten und neuen Bundesländern und entsandten Unternehmensmitarbeitern.

In einer an Studierenden in den alten und neuen Bundesländern durchgeführten Befragung zu interkulturellen Kontakten und der Bereitschaft, künftig einmal beruflich bedingt ins Ausland zu gehen, stellte sich heraus, dass interkulturelle Kontakte in Form längerer Reisen, von Auslandsaufenthalten und mit Ausländern verbrachter Freizeit ebenfalls die Motivation, beruflich bedingt ins Ausland zu gehen, positiv beeinflusst. Eine Schlussfolgerung der Studie besteht darin, frühzeitige Förderung interkultureller und internationaler Erfahrungen zu vermitteln, um Fähigkeiten zu interkulturellem Handeln zu entwickeln. In Erweiterung der sozialpsychologischen Kontakthypothese sollten weitere Bedingungen ermittelt werden, um interkulturelle Kontakte positiv erleben zu können und eine Motivation zu fördern, nicht nur aus Karrieregründen ins Ausland zu gehen, sondern auch aus dem Wunsch heraus, andere Kulturen kennen und wertschätzen zu lernen (Spieß & Brüch, 2002a).

So konnte Brüch (2001) in seiner Studie über entsandte Unternehmensmitarbeiter in vier verschiedenen Kulturen (USA, Kanada, Korea und Japan) ermitteln, dass die intrinsische Motivation zur Entsendung für eine erfolgreiche Anpassung im Auslandseinsatz entscheidend war. Dies bestätigen auch die Befunde einer empirischen Studie über die Stahl (1995) berichtet, in der Auslandsentsandte mit starken Aufstiegsambitionen größere Anpassungsschwierigkeiten hatten als Mitarbeiter, die Interesse am jeweiligen Land zeigten. Eine einseitige Karriereorientierung, die nur das eigene Vorankommen im Unternehmen im Auge hat und einen Auslandsaufenthalt als Mittel für eine schnelle Karriere ansieht, läuft Gefahr, die interkulturellen Besonderheiten zu unterschätzen.

Um einen Auslandseinsatz effektiv zu bewältigen, spielt somit die Motivation eine große Rolle. Es gibt Motive, die für eine erfolgreiche Tätigkeit im Ausland eher hinderlich sind. Dazu zählen z. B. Unzufriedenheit mit der politischen Situation im Heimatland, fehlende berufliche Perspektiven im Inland, eine unsichere Arbeitsmarktsituation, private Beziehungsprobleme, beruflich-finanzielle sowie psychische Probleme, Alkohol- bzw. Drogenmissbrauch und unrealistische Erwartungen oder gar eine Romantisierung des neuen Landes. Motive, die eine Auslandstätigkeit erfolgreich werden lassen, sind das Bedürfnis, sich neuen Herausforderungen zu stellen, den Horizont zu erweitern, Routine zu vermeiden und Erwartungen, die sich mit einem bestimmten Land oder einer bestimmten Position zu verbinden (Bittner, 1996; Spieß & Brüch, 2002b).

Es gibt unterschiedliche Unternehmensstrategien (z. B. Kammel & Teichelmann, 1994; Kühlmann, 1995; Scherm, 1995), wie eine Entsendung gehandhabt wird: Ein *ethnozentrischer* Ansatz besetzt Schlüsselpositionen in Auslandsniederlassungen und ist geprägt durch das Stammhaus, während man sich bei der geozentrischen Ausrichtung an weltweit gültige Standards anpasst. Beide Unternehmenskulturtypen sind durch eine weltweit einheitliche Unternehmenskultur gekennzeichnet. Während jedoch bei einer ethnozentrischen Unternehmenskultur ein starker Einfluss der Landeskultur des Stammlandes spürbar ist, sind nationale Einflüsse bei einer geozentrischen Unternehmenskultur weitgehend zurückgedrängt worden.

Bei der *polyzentrischen* Strategie dominiert die Anpassung an das jeweilige Gastland. Der *regiozentrischen* Ansatz gilt als „Mischform", in dem sich regionale Besonderheiten niederschlagen (Kammel & Teichelmann, 1994; Kühlmann, 1995). Scherm (1995) betont jedoch, dass es keine universell gültige Strategie gibt. Offensichtlich sind die jeweiligen Maßnahmen kontextabhängig.

8.9.2 Der Prozess einer Entsendung

Kühlmann (1995) hat den Prozess einer Auslandsentsendung deskriptiv in vier Phasen unterteilt: Auswahl, Training und Vorbereitung, Aufenthalt und Rückkehr. Jede Phase weist psychologische Besonderheiten auf, die es zu berücksichtigen gilt.

Wichtige Einflussgrößen auf den Erfolg einer Entsendung sind Position, Alter, Familienstand, fachlicher Einsatz und Kosten (z. B. Wirth, 1992; Kammel & Teichelmann, 1994; Scherm, 1995). Um einer Fehlbesetzung von Auslandspositionen vorzubeugen, wird empfohlen, möglichst Mitarbeiter mit mehrjähriger Bewährung im Unternehmen einzusetzen. Die Befragung von 29 Entsandten im Jahre 1989 in einem deutschen Unternehmen zeigte den „typischen Entsandten" als männlich, verheiratet, mittleren Alters und in Begleitung der Ehefrau (Kumar & Karlshaus 1992). Diese „Typologie" wird auch von US-amerikanischen Firmen berichtet (Gregersen, 1992). Für einen Einsatz zu Berufsbeginn können jedoch die Mobilität des Mitarbeiters und die geringeren Kosten sprechen. Allerdings hat sich ein junger Mitarbeiter im Unternehmen meist noch nicht bewährt und fühlt sich eventuell kaum den Unternehmenszielen verbunden (Wirth, 1992).

Die Auswahlentscheidungen für einen Auslandsaufenthalt werden von Seiten der Unternehmen hauptsächlich anhand der technischen, sprachlichen und fachlichen Kompetenz des auszuwählenden Kandidaten getroffen. Interkulturelle und soziale Kompetenzen werden dagegen eher ignoriert. Es herrscht häufig die Annahme vor, dass eine erfolgreiche Fach- und Führungskraft im Heimatland weltweit problemlos einsetzbar und erfolgreich ist (Kühlmann & Stahl, 2006). Doch mit einem Auslandsaufenthalt erfolgt auch ein Wechsel in eine andere Kultur, und es bedarf spezifisch interkultureller Kompetenzen, um dort erfolgreich handeln zu können. Die bislang vorherrschenden Auswahlinstrumente sind insofern oft defizitär, da häufig immer noch unstandardisierte Interviews oder ausschließlich Vorgesetztenbeurteilungen verwendet werden. Aus psychologischer Sicht ist hier auf eine Entwicklung geeigneter Auswahlverfahren mit höherer Prognosegüte zu drängen, wie z. B. ein internationales Assessment-Center (Bolten, 2001).

Kühlmann und Stahl (1998) haben in ihren Studien zu Auswahlentscheidungen für Auslandspositionen sieben erfolgskritische Anforderungsmerkmale eruiert:

- Ambiguitätstoleranz, d. h. die Fähigkeit in unsicheren und komplexen Situationen kompetent zu handeln,
- Verhaltensflexibilität, d. h. sich schnell auf geänderte Bedingungen einzustellen,
- Zielorientierung,
- Kontaktfreudigkeit,
- Einfühlungsvermögen,
- Polyzentrismus, d. h. Vorurteilsfreiheit,
- metakommunikative Kompetenz.

Oft wird auch die familiäre Situation des zu Entsendenden nicht berücksichtigt. In der Forschung hat sich jedoch die Familie als die kritische Größe für ein Scheitern eines Auslandsaufenthaltes herausgestellt: Wenn die Familienangehörigen im Ausland nicht zurechtkommen, wird am häufigsten der Aufenthalt vorzeitig abgebrochen (Adler, 1997).

- *Vorbereitung und Training* für einen Auslandsaufenthalt: Trainingsinhalte zur Vorbereitung auf einen Auslandsaufenthalt sind Fachwissen, Problemlöse- und Entscheidungstechniken, Einstellungen, Selbstbild und Sprachkompetenz. Relativ neu in der Personalentwicklung sind Maßnahmen zur Verbesserung der Kommunikation, Kooperation und Teamarbeit zwischen Mitgliedern verschiedener Kulturkreise (Kammel & Teichelmann, 1994). Die Ziele speziell interkultureller Trainings sind vor allem die Sensibilisierung für eine fremde Kultur, Förderung des gegenseitigen Kennenlernens, Fähigkeit zum Umgang mit Konflikten und Aneignung angemessener Handlungsstrategien. Diese Trainings werden im Allgemeinen als effektiv beurteilt (Black & Mendenhall, 1990), wobei dringend empfohlen wird, mit diesen so früh wie möglich zu beginnen (Mendenhall & Oddou, 1985).

Neben der Auswahl geeigneter Mitarbeiter ist die Vorbereitung und das Training für einen Auslandsaufenthalt eine wichtige Aufgabe für die Unternehmen. Nicht zuletzt geht es darum, den richtigen Umgang mit einem möglicherweise auftretenden Kulturschock zu lernen und effektives Kooperieren zu ermöglichen (Bolten, 1999).

In einer Längsschnittuntersuchung an Führungsnachwuchskräften konnte ermittelt werden, dass diejenigen motivierter waren ins Ausland zu gehen, die bereits im Studium Auslandserfahrungen gesammelt hatten (Spieß & Wittmann, 1996). In dieser Studie zeigte sich weiterhin (Spieß & Wittmann, 1999), dass Führungsnachwuchskräfte, die Bereitschaft zeigten ins Ausland zu gehen, den Wert „technischer Fortschritt" stark betonten, während ihnen Werte wie „Führung" und „Umweltschutz" weniger wichtig waren. Dieser Befund wird als Signal für den Bedarf an entsprechenden Trainings gewertet.

Interkulturelle Trainings lassen sich nach Bolten (1999) in vier Typen unterscheiden:

- kulturübergreifend-informatorische,
- kulturspezifisch-informatorische Trainings (z. B. Culture Assimilator, Fallstudien), kulturübergreifend-interaktionsorientierte und
- kulturspezifisch-interaktionsorientierte Trainings (z. B. Rollenspiele, Sensitivity-Trainings).

Der Nachteil der informatorisch ausgerichteten Trainings besteht darin, dass Interkulturalität nicht erfahrbar gemacht wird, während interaktionsorientierte Trainings häufig die Berufspraxis der zu Entsendenden ausblenden. Integrierte Trainings, die Interaktionsorientierung und Information miteinander verbinden, stehen erst am Beginn der Entwicklung. Bisher liegen noch wenige Evaluationen interkultureller Trainings vor, wobei die verwendeten Kriterien nur in einer subjektiven Einschätzung des Trainingserfolges bestehen (Konradt, Hertel & Behr, 2002).

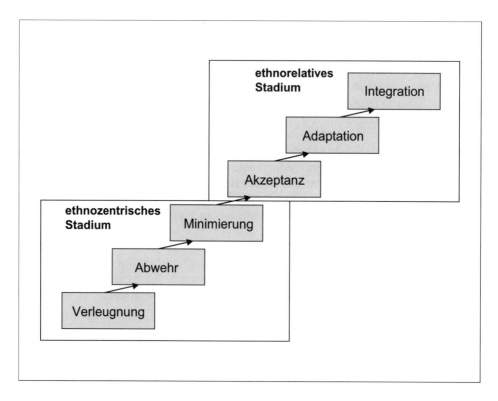

Abb. 8.16: *Stufenmodell des interkulturellen Lernprozesses nach Bennett (1998)*

8.9 Auslandsentsendungen

Bennett (1998) hat ein phänomenologisches Stufenmodell des interkulturellen Lernprozesses entworfen, das allerdings noch nicht empirisch fundiert ist (Abb. 8.16). Demnach erfolgt die Entwicklung einer interkulturellen Sensitivität über sechs Stufen, die sich wiederum in ein ethnozentrisches und in ein ethnorelatives Stadium unterteilen lassen. Auf der ersten Stufe werden kulturelle Unterschiede verleugnet, es erfolgt eine Abwehr dieser Unterschiede und auf der dritten Stufe werden sie zwar wahrgenommen, jedoch eher minimiert. Hier befinden sich die Menschen noch im ethnozentrischen Stadium, nach dem die eigene Kultur der einzige Maßstab für die Beurteilung menschlichen Verhaltens ist. Mit Beginn des ethnorelativen Stadiums kommt es auf der vierten Stufe zu einer ersten Akzeptanz der kulturellen Unterschiede, sie werden adaptiert, und auf der höchsten Stufe erfolgt die Integration der Unterschiede. Dies bedeutet, es herrschen Verständnis, Akzeptanz und Wertschätzung für fremde Kulturen vor, man findet sich in unterschiedlichen Kulturen zurecht und kann problemlos mit kulturfremden Interaktionspartnern kooperieren.

Zwar sollten die Mitarbeiter idealerweise schon im Heimatland gut auf ihre Auslandstätigkeit vorbereitet werden, jedoch ist auch im Ausland eine weitere, gezielte Betreuung nötig. Deshalb ist in der Phase des Aufenthaltes die ständige Kontaktnahme mit dem entsandten Mitarbeiter z. B. durch Mentoren wichtig. Personalentwicklungsmaßnahmen, die interkulturelle Trainings on-the-job und eine permanente Betreuung vor Ort anbieten, werden hier als zukünftige Perspektive gesehen (Bolten, 1999). Einigkeit besteht in der betreffenden Literatur darin, dass der Entsandte und seine Familie sich auch im Ausland dem Stammhaus zugehörig fühlen sollten (Schröder, 1995). Es wird dabei in eine fachliche, eine administrative und eine psychologische Betreuung unterschieden. Defizite sind die Ausblendung familiärer Probleme, mangelnde Weiterführung der Vorbereitung vor Ort und fehlende Hilfe bei unvorhergesehenen Schwierigkeiten.

Die Wiedereingliederung bzw. Reintegration eines im Ausland tätig gewesenen Mitarbeiters bildet den schwierigsten Teil der Auslandsentsendung (Kammel & Teichelmann, 1994). Als ein Hauptproblem gilt die Identifikation mit der neuen Position im alten Unternehmen, denn in der Regel hat der Mitarbeiter im Ausland selbstständiger gearbeitet. Idealtypische Beschreibungen der Wiedereingliederungen werden zumeist in Phasenmodellen dargestellt (Kühlmann, 1995). Demnach kehren die Entsandten in einem Stimmungshoch zurück, danach kommt es jedoch zu einem zweiten Kulturschock („Rückkehrschock"), weil man erkannt hat, dass sich in der Zwischenzeit auch einiges in der Heimat geändert hat. Es gibt hierzu aber noch wenig systematische empirische Forschung im deutschen Sprachraum. Bislang wird auch die gemachte Auslandserfahrung der Entsandten wenig genutzt.

Der Rückkehr wird häufig von den Unternehmen wenig Beachtung beigemessen. Dabei bringen die Mitarbeiter wertvolle Erfahrungen mit, die es zu verarbeiten und weiterzugeben gilt. Probleme der Integration nach der Rückkehr werden häufig berichtet: So sind viele Rückkehrer darüber enttäuscht, dass in den Unternehmen häufig nicht auf ihre im Ausland erworbene Expertise zurückgegriffen wird und es einen Mangel an Karrieremöglichkeiten gibt. Die Defizite der Rückkehrerintegration werden als eine der Ursachen für eine gewisse „Auslandsmüdigkeit" gesehen. Als geeignete Maßnahmen der Wiedereingliederung werden bereits während des Aufenthaltes die Betreuung durch einen Mentor gesehen sowie bei der

Rückkehr Transferworkshops, um die Auslandserfahrungen weiterzuvermitteln (Kühlmann & Stahl, 2006).

Kriterien für eine erfolgreiche Auslandstätigkeit sind die Zufriedenheit mit dem Gastland, die Güte der sozialen Kontakte zu den Angehörigen der Gastkultur und die der beruflichen Kooperation, die Effektivität bei der Erfüllung fachlicher Aufgaben und das geringe Ausmaß an Stress. Nicht immer sind diese Kriterien jedoch leicht zu erfüllen.

In der folgenden Abbildung 8.17 sind die Ergebnisse einer qualitativen Studie zu Netzwerkpartnern bei einer Auslandsentsendung (Spieß, Schaaf & Stroppa, 2009; Spieß & Stroppa, 2008) in den verschiedenen Phasen einer Auslandsentsendung in ihrer Bedeutung für die Befragten dargestellt. Dabei ist die Gruppierung das Ergebnis der Auswertung der Interviewaussagen.

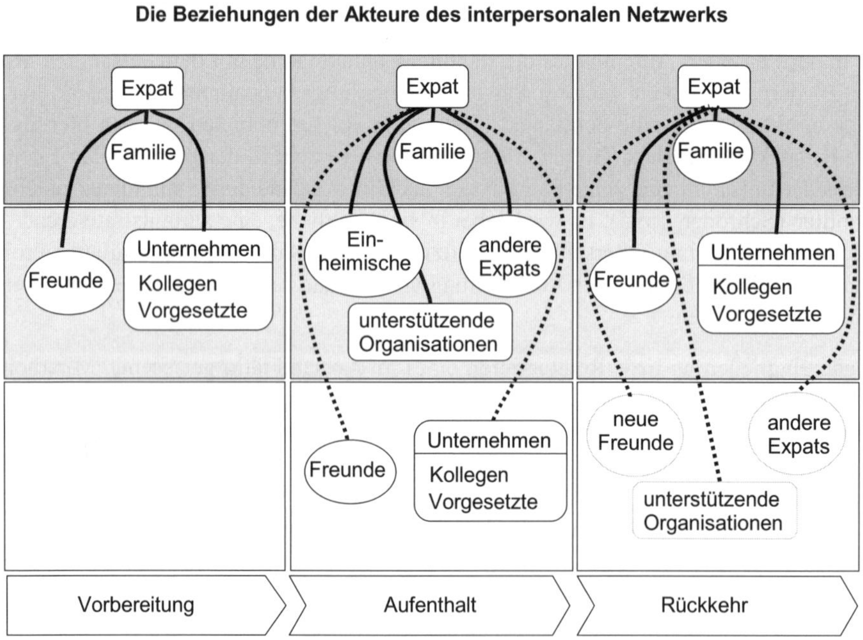

Die Beziehungen der Akteure des interpersonalen Netzwerks

Abb. 8.17: Netzwerkpartner in der Auslandsentsendung nach Spieß, Schaaf & Stroppa, (2009)

Die Familie stellt in jeder Phase einen hohen Wert dar. Deshalb ist sie in der Grafik ganz nah am Expatriate angesiedelt. Das bedeutet nicht, dass sie ihm dann immer zur Seite steht. Es ist vielmehr der ideelle Wert, der ihr beigemessen wird und der gerade bei einer Trennung als noch höher angesehen wird. Es folgen Freunde, Kollegen, Vorgesetzte und Unternehmen in der Vorbereitungsphase, in der Phase des Aufenthaltes kommen dann neue Kollegen, andere Expatriates und Einheimische sowie die unterstützenden Organisationen hinzu, die Beziehung zu den heimischen Freunden tritt in den Hintergrund (gestrichelte Linie). In der Rückkehrphase wiederum sind es die Netzwerkpartner aus der Vorbereitungsphase sowie die inzwischen im Aufenthalt neu geknüpften Beziehungen, zu denen versucht wird, Kontakt zu halten, die aber auch wieder etwas in den Hintergrund rücken. Als Ergebnis ist hervorzuheben, dass es kaum Vernetzungen der Netzwerkpartner untereinander gibt: In der Grafik verlaufen die Pfeile nur vom Expatriate zu den Netzwerkpartnern, es gibt aber zwischen diesen kaum Verbindungen.

Tabelle 8.5 zeigt die Perspektiven auf, die für den Prozess eines beruflich bedingten Auslandsaufenthaltes gelten: So gilt es für die Phase der Auswahl valide Auswahlinstrumente zu entwickeln, wie beispielsweise ein internationales Assessment-Center. Für die Phase der Vorbereitung und des Trainings ist es wichtig, Konzepte zu erarbeiten und die Trainings zu evaluieren. Bereits in dieser Phase ist auf eine für die Entsendung wichtige Netzwerkbildung der verschiedenen Akteure der Entsendung wie Familie, Unternehmen, Freunde zu verweisen. Für den Aufenthalt selbst ist ein kontinuierliches Mentoring bedeutsam sowie die Rolle der mitreisenden Familienmitglieder und ihrer Vernetzung zu bedenken. Auch die Rückkehr muss stärker berücksichtigt werden, z. B. durch die systematische Aufarbeitung der gemachten Auslandserfahrungen.

Tab. 8.5: *Perspektiven der Auslandsentsendung*

Phasen:	Zu fordernde Maßnahmen:
Auswahl	• valide Auswahlinstrumente • z. B. Assessment-Center
Vorbereitung und Training	• Konzepterarbeitung • Evaluierung von Trainings • Netzwerkbildung
Aufenthalt	• Mentoring • die Rolle der Frauen berücksichtigen • Vernetzung
Rückkehr	• systematische Aufarbeitung der Auslandserfahrungen • Transferworkshops

8.9.3 Die Bedeutung der interkulturellen Kompetenz

Interkulturelle Kompetenz bedeutet, bei der Zusammenarbeit mit Menschen aus anderen Kulturen in der Lage zu sein, deren spezifische Konzepte der Wahrnehmung, des Denkens, Fühlens und Handelns nachzuvollziehen und in das eigene Denken und Verhalten zu integrieren. Die Person kann sowohl die eigene kulturelle Geprägtheit kritisch reflektieren als auch versuchen, sich in die Lage der Angehörigen einer fremden Kulturen hineinzuversetzen.

Dieses erhöhte Verständnis für die andere Kultur wird von der interkulturell kompetenten Person dann in ein – dieser Kultur angemessenes – Denken, Fühlen und Handeln umgesetzt. Interkulturelle Kompetenz ist daher eine besondere Form sozialer Kompetenz, deren hohe Relevanz im Umgang mit Menschen aus anderen Kulturen deutlich wird und interkulturelle Kooperation erleichtert. Sie gilt es zu trainieren und gezielt an Unternehmensmitarbeiter weiterzuvermitteln.

Interkulturelle Kompetenz lässt sich in affektive (z. B. Ambiguitäts- und Frustrationstoleranz, Flexibilität, Empathie, Toleranz, kein Ethnozentrismus), kognitive (z. B. Verständnis von fremd- und eigenkulturellen Handlungszusammenhängen, Metakommunikationsfähigkeit) und verhaltensbezogene (z. B. Fähigkeit zur Kommunikation und soziale Kompetenz) Dimensionen differenzieren (Bolten, 1999). Insgesamt ist die interkulturelle Kompetenz in vier Kompetenzfelder – Fachkompetenz, strategische, individuelle und soziale Kompetenz – eingebettet, wobei auf die Interdependenz dieser Felder hingewiesen wird (Abb. 8.18).

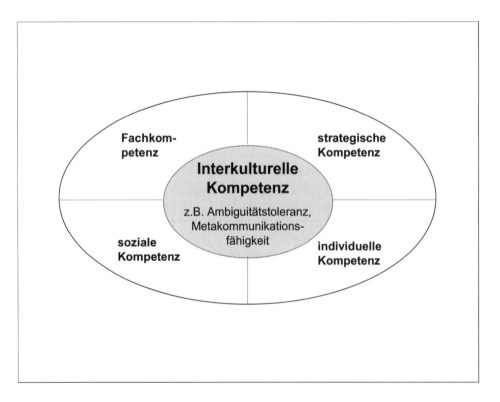

Abb. 8.18: Komponenten internationaler Managementkompetenz (Bolten, 1999)

Im Falle interkultureller Zusammenarbeit können kulturelle Divergenzen als Handlungsbarrieren wirken und die gegenseitige Verständigung erschweren, sie können aber auch als leistungsförderliches Potenzial erkannt werden und synergetische Effekte bewirken. Für eine effiziente Auslandsentsendung bedarf es motivierter und interkulturell kompetenter Fach- und Führungskräfte, die sich ihrer kulturellen Gebundenheit bewusst sind und die es verstehen, mit den Ambivalenzen zwischen heimischen Unternehmenszielen und fremdkulturellen Anforderungen effizient umzugehen (Spieß, 1997). Dabei ist es auch wichtig, dass eine Auslandsentsendung ebenso wie die Betreuung ausländischer Mitarbeiter in ein stimmiges Personal- und Organisationsentwicklungsprogramm des Unternehmens eingebettet sind (Freimuth & Thiel, 1997).

In der Anfangszeit des Auslandseinsatzes stellt sich als Hauptaufgabe, von den inländischen Mitarbeitern vor Ort akzeptiert zu werden. Gerade dies erfordert einen kultursensiblen Führungsstil. Problematisch ist sowohl ein ethnozentrischer Führungsstil, der unreflektiert die Führungsgrundsätze des Stammhauses auf die Auslandsniederlassungen überträgt, als auch eine kritiklose Anpassung an die Führungsverhaltensweisen des Gastlandes. Es gilt hier, eine Ausgewogenheit und Situationsangepasstheit zu finden.

Vertiefende Literatur:
Kühlmann, T. M. (2004). *Auslandseinsatz von Mitarbeitern.* Stuttgart: Hogrefe Verlag.

8.10 Organisations- und Personalentwicklung

Organisations- und Personalentwicklung sind eng miteinander verflochten (siehe Abb. 8.19), denn vielfach ziehen Änderungen der Rahmenbedingungen durch eine Organisationsentwicklungsmaßnahme die Notwendigkeit von Personalentwicklungsmaßnahmen nach sich. Aber auch die Personalentwicklungsmaßnahmen müssen von organisatorischen Veränderungen unterstützt werden.

Akzentuierend lassen sich drei Interventionsebenen unterscheiden: Individuum, soziale Beziehungen und Gruppe sowie das Gesamtsystem (Schanz, 1994, S. 417ff.). Die Organisationsentwicklung als „ganzheitlicher" Prozess umfasst stets Veränderungen auf allen Ebenen einer Organisation, auch wenn deutliche Unterschiede in der Gewichtung möglich sind. Durch Verhaltens- und Einstellungsänderungen allein lassen sich die strukturellen Bedingungen, die das Verhalten und die Einstellungen maßgeblich beeinflussen, nicht verändern. Strukturelle Änderungen auf der anderen Seite müssen durch individuelle Maßnahmen (z. B. Training) vorbereitet und gestützt werden. Durch solche Vorgehensweisen können die Organisationsmitglieder in die Lage versetzt werden, die Strukturen zu analysieren, Veränderungen vorzuschlagen und schließlich eine positive Einstellung zu solchen Änderungen zu entwickeln. Die einzelnen Interventionsmethoden sind nur im Kontext des Gesamtansatzes zu verstehen und in ihrer Wirkung abzuschätzen.

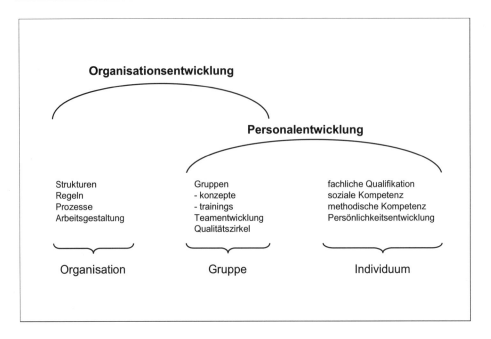

Abb. 8.19: *Organisations- und Personalentwicklung (nach Spieß & Winterstein, 1999)*

8.10.1 Organisationsentwicklung

Organisationsentwicklung (OE) ist ein geplanter, gelenkter und systematischer Prozess, der zur Veränderung von Verhaltensweisen und Strukturen in der Organisation beitragen soll, mit dem Auftrag, die Effektivität der Organisation bei der Lösung ihrer Probleme und dem Erreichen ihrer Ziele zu verbessern (Comelli, 1985, S. 96). Durch langfristige Veränderung personeller und situativer Faktoren soll nicht nur die Produktivität, sondern auch die Lebensqualität innerhalb einer Organisation erhöht werden (French & Bell, 1990). Die Verbindung von *Effektivität und Humanisierung des Arbeitslebens* wird häufig als Oberziel der Organisationsentwicklung angeführt (vgl. auch Kapitel 8.6 und 8.7).

Konzepte zur Organisationsentwicklung basieren auf Theorien und Technologien der angewandten Sozialwissenschaften. Interdisziplinäre Ansätze beziehen weitere psychologische sowie soziologische und betriebs- bzw. personalwirtschaftliche Sichtweisen ein und ermöglichen eine ganzheitliche Betrachtung. So können Zusammenhänge verschiedener Problemstellungen und komplexer Prozesse verstanden und neue Sichtweisen erschlossen werden.

Nicht jede Art von Veränderungsmaßnahmen in Organisationen kann als Organisationsentwicklung bezeichnet werden. Vielmehr wird unter einem „klassischen" Konzept der Organisationsentwicklung nur eine ganz spezielle Vorgehensweise verstanden, die durch bestimmte typische Grundannahmen bzw. Grundüberzeugungen gekennzeichnet ist. Comelli (1985, S. 143ff.) nennt in diesem Zusammenhang fünf Grundpositionen:

8.10 Organisations- und Personalentwicklung

- die möglichst weitgehende und transparente Beteiligung der betroffenen Mitarbeiter bei der Planung, Durchführung und Bewertung des Veränderungsprozesses (Betroffene werden Beteiligte),
- die Betonung des Prozesses (Das „Wie" ist mindestens so wichtig wie das „Was"),
- die Orientierung an einem aus der Humanistischen Psychologie stammenden Menschenbild,
- der hohe Stellenwert der Entfaltung von Lernprozessen unter Betonung des Erfahrungslernens und
- die Betonung des Systemdenkens (Berücksichtigung komplexer Zusammenhänge).

Die Beteiligung der Mitarbeiter während der Problemlösetätigkeit selbst, aber auch beim Überprüfen der Maßnahmen bei der Erfolgskontrolle, soll zu einem höheren Problemlösungspotenzial in der Organisation führen. Organisationsentwicklung ist dabei als offener Problemlösungsprozess konzipiert. Problemdefinition und -lösung sind nicht durch Experten vorgegeben, sondern werden im Prozess entwickelt.

Wandlungsprozesse in Organisationen sind immer Teil des gesamten organisatorischen Geschehens und werden deshalb auch von vielen anderen parallel laufenden Organisationsprozessen überlagert. Erfolgreiche organisatorische Prozesse zeichnen sich durch ein Bündel von Maßnahmen auf verschiedenen Ebenen aus. Seit den ersten Ansätzen, wie etwa der Entwicklung der Laboratoriumsmethode durch Lewin (1947) und dem Vorgehen der Datenrückkopplung (vgl. Kapitel 8.7) – die einige der heute dominierenden Vorgehensweisen maßgeblich beeinflusst haben – wurden zahlreiche Erhebungs- und Interventionsmethoden ausgearbeitet. Diesen Methoden ist gemeinsam, dass sie eine Verbesserung der Problemlösefähigkeit der Organisationsmitglieder und deren erhöhte Beteiligung sowie organisationsumgreifende Lernprozesse intendieren. Häufig werden sie in „personelle" und „strukturelle" Verfahren unterteilt, also in Methoden, die bei den Personen und ihrem Handeln ansetzen, und in solche, die in erster Linie die Regeln, Strukturen und Technologien der Organisation betreffen. Maßnahmen der Personalentwicklung, in denen Individuen lernen, ohne dass die organisatorischen Strukturen, in denen sie sich bewegen, berücksichtigt werden, werden oft zu Unrecht zur Organisationsentwicklung gezählt (Becker & Langosch, 1995).

Im Idealfall ist Organisationsentwicklung ein organisationsumfassender Lern- und Veränderungsprozess, der sich sowohl auf die Strukturen, Aufgaben und Technologien der Organisation als auch auf die Qualifikationen der Organisationsmitglieder bezieht.

In der Diagnosephase von Organisationsentwicklungsprojekten können je nach Zielsetzung verschiedene Methoden eingesetzt werden, um ein genaues Bild der Schwachstellen und Ansatzpunkte für Verbesserungsmaßnahmen zu gewinnen. Eine wesentliche Quelle sind die betroffenen Mitarbeiter. Weitere Verfahren sind die Beobachtung betrieblicher Vorgänge, die Dokumentenanalyse, aber auch Kundenbefragungen. Dazu werden bekannte Methoden der Sozialforschung, vor allem die Befragung, herangezogen („Survey-research"). Ziel ist es letztlich, hierbei eine valide Diagnostik von menschlichem Erleben und Verhalten in Organisationen durchzuführen. Dabei sind zunächst Problembereiche abzugrenzen, um dann mit entsprechenden Methoden wie Interviews, Einstellungsskalen, Beobachtungskategorien oder Testverfahren, die Beschreibung des Ist-Zustandes zu vervollständigen.

Feedback ist ein wesentliches Element von Organisationsentwicklungsprozessen: die Ergebnisse der Bestandsaufnahme werden den betroffenen Organisationsmitgliedern mitgeteilt (Rückkopplung). Auf diesem Feedback können nun weitere Maßnahmen basieren. So werden die Ergebnisse zumindest mit den Führungskräften, bei partizipativeren Herangehensweisen auch mit allen Mitarbeitern – zumeist in Gruppen – diskutiert. In mehreren Sitzungen können die Veränderungsnotwendigkeiten und -möglichkeiten herausgefiltert und auf dieser Grundlage Lösungsvorschläge in den Gruppen entwickelt werden. So werden Führungskräfte und alle Mitarbeiter in die Lage versetzt, Probleme der Organisation zu erkennen und zu lösen.

Im Anschluss an die Analyse der Bestandsaufnahme folgt der zumeist umfangreichste Teil von Organisationsentwicklungsprojekten: die Ableitung, Planung und Ausführung von Maßnahmen. Die Koordination des Vorgehens kann dabei einer Projektgruppe obliegen, in der Mitarbeiter der betroffenen Bereiche mitarbeiten. Initiative und Verantwortung für die einzelnen Maßnahmen oder deren Teilschritte können aber auch einzelnen Mitarbeitern zugeteilt werden.

Zur Erfolgskontrolle gehört die Entwicklung von messbaren Erfolgskriterien, die Durchführung geeigneter Messungen und deren Auswertung und Analyse. In vielen Unternehmen werden Maßnahmen, Kontroll- und Feedbackprozesse nach zwei oder drei Durchgängen abgebrochen. Mitunter lässt das Engagement bei der Umsetzung der Organisationsentwicklungsmaßnahmen schon im Verlauf des ersten Jahres spürbar nach.

Ein weiteres wichtiges Element im Prozess der Organisationsentwicklung ist der Berater (vgl. Kapitel 8.7). Hierbei kann es sich um ein Organisationsmitglied mit spezieller Funktion oder (häufiger) um einen externen Berater mit Erfahrung in der Organisationsentwicklung handeln. Optimal ist die Zusammenarbeit zwischen einem internen und einem externen Berater: Der Interne kennt die Bedingungen vor Ort, der Externe hat meist das höhere Ansehen, verfügt über Erfahrungen in anderen Organisationen, die breitere Perspektive und kennt Handlungsalternativen.

8.10.2 Personalentwicklung

Der Begriff der Personalentwicklung hat sich in Anlehnung an jenen der Organisationsentwicklung gebildet. Tatsächlich besteht zwischen beiden Konzepten eine enge Verbindung: Sich entwickelnde Organisationen bedürfen Menschen, die in ihrer Qualifikation und Kompetenz entsprechend weitergebildet werden; diese Personen benötigen aber auch veränderter Strukturen und Prozesse in der Organisation.

Personalentwicklung wird unterschiedlich definiert (Sonntag, 2006): Viele Begriffsbestimmungen betonen sowohl die Interessen und Ziele der Organisation als auch die des betroffenen individuellen Mitarbeiters. Andere gehen ausschließlich von den Organisationsinteressen aus und betrachten die Mitarbeiter nur als Aggregat, als Personal, als Arbeitsvermögen, wie z. B. Neuberger (1999; Sonntag, 2006). Viele Begriffsbestimmungen betonen sowohl die Interessen und Ziele der Organisation als auch die des betroffenen individuellen Mitarbeiters. Andere gehen ausschließlich von den Organisationsinteressen aus und betrachten die Mitar-

8.10 Organisations- und Personalentwicklung

beiter nur als Aggregat, als Personal, als Arbeitsvermögen, wie z. B. Neuberger, der schreibt (1994, S. 3): „Personalentwicklung ist die Umformung des unter Verwertungsabsicht zusammengefassten Arbeitsvermögens." In diesem Sinne wäre also eine Personalpolitik des „hire und fire" ebenfalls der Personalentwicklung zuzurechnen.

Eine weitere begriffliche Unterscheidung besteht darin, dass einerseits nur institutionalisierte und formalisierte Maßnahmen des expliziten Lernens als Personalentwicklung verstanden werden, während andere auch das implizite Lernen im Prozess der Arbeit und im sozialen Umfeld mit einschließen (Staudt & Kriegesmann, 1999; Heyse & Erpenbeck, 2004). Nachfolgend soll der Schwerpunkt auf die expliziten und institutionalisierten Vorgehensweisen, die sich auf den einzelnen Mitarbeiter richten, gelegt werden.

In Abgrenzung zur Organisationsentwicklung stellt die Personalentwicklung als wesentliche Faktoren des Verhaltens die individuellen Kenntnisse und Fertigkeiten, aber auch die Motivation und die Einstellungen der Mitarbeiter in den Mittelpunkt (Spieß & Winterstein, 1999; von Rosenstiel, 2007).

Der idealtypische Ablauf einer Personalentwicklungs- bzw. Weiterbildungsmaßnahme umfasst die (Sonntag, 1996):

- Bedarfsanalyse (Anforderungsprofil, Personalbedarfsfestlegung),
- Potenzialeinschätzung der Mitarbeiter,
- Festlegung von Entwicklungszielen bzw. Lernzielen,
- Planung und Durchführung von Maßnahmen,
- Erfolgskontrolle und Feedback.

Gelegentlich wird als Schritt vor der Erfolgskontrolle noch die Einleitung transfersichernder Maßnahmen genannt. Eine Bedarfsanalyse liefert die für die Ableitung und Planung von Maßnahmen entscheidenden Informationen. Im Folgenden werden fünf Aspekte aufgezählt: Organisation, Tätigkeit, Anforderungen, Personen und Leistungen. Auf die Organisation bezogen gilt es, aus Führungsgrundsätzen, strategischen Planungen und weiteren organisationsdiagnostischen Konzepten, wie z. B. Betriebsklima und Transparenz, Zielvorgaben und erste Ansatzpunkte abzuleiten (Büssing, 1993). Aufgaben- und Anforderungsanalysen ermitteln die zur Aufgabenerfüllung notwendigen Kenntnisse und Fähigkeiten. Stellenbeschreibungen, ergänzt durch Tätigkeitsanalysen auf der Basis von Beobachtungen und Befragungen, fließen in die Entwicklung eines Anforderungsprofils ein.

Potenzialeinschätzungen versuchen, die persönlichen Voraussetzungen, die individuellen Defizite und Entwicklungsmöglichkeiten der Mitarbeiter zu klären. Das Entwicklungspotenzial eines Mitarbeiters wird häufig in Mitarbeitergesprächen, mit Tests, durch Arbeitsproben oder Assessment-Center abgeschätzt (Holling & Liepmann, 2007).

Bei der Entwicklung eines Aus-, Fort- oder Weiterbildungsprogrammes ist vor allem das Festlegen der Lernziele wichtig (von Rosenstiel, 2007): Es müssen der Ist-Zustand des Lernenden und sein Entwicklungspotenzial ermittelt sowie der Soll-Zustand präzisiert werden. Probleme bei der SOLL-Festlegung ergeben sich daraus, dass zwischen den Interessen der Organisation und den Bedürfnissen des Individuums abgestimmt werden muss. Bei dieser

Interessenabwägung sind auch künftige Anforderungen von Seiten der Organisation und ihrer Strategie sowie der zu erwartenden Bedürfnisse der Individuen zu berücksichtigen. Daraufhin erfolgt die Entwicklung eines auf die Lernziele abgestimmten zeitlichen, inhaltlichen und methodischen Lernprogramms.

Viele Maßnahmen der Personalentwicklung finden außerhalb des Arbeitsplatzes (off the job) statt. Methoden, die am Arbeitsplatz (into, on, near the job) durchgeführt werden, sind z. B. Unterweisungen, Schulungen, Trainings, arbeitsplatznahe Formen der Gruppenarbeit oder Coaching. Allgemein lassen sich Methoden der Personalentwicklung danach unterscheiden, ob sie eher beim Individuum ansetzen, sich an Gruppen wenden oder Verhalten eher durch Gestaltung der Arbeitsbedingungen beeinflussen wollen.

Insgesamt sind Fort- und Weiterbildungsmaßnahmen – insbesondere wenn diese off the job erfolgen – in jüngerer Zeit Gegenstand heftiger Zweifel geworden. Stellvertretend sei dafür die provozierende Arbeit von Staudt und Kriegesmann (1999) mit dem Titel: „Weiterbildung – ein Mythos zerbricht" genannt. Dort wird der Forschungsstand so interpretiert, dass nur 20 % des Wissens in den Kompetenzen, die künftig bei veränderten Aufgaben gefordert werden, in der formalisierten und institutionalisierten Fort- und Weiterbildung erlernt werden und 80 % auf informelle Weise durch implizites Lernen im Prozess der Arbeit und im sozialen Umfeld. Selbst wenn man über diese Prozentverteilung streiten könnte, wird doch offensichtlich, dass Personalentwicklung mehr ist als Fort- und Weiterbildung. Es gilt also – neben der Optimierung von Workshops, Kursen, Trainings und Seminaren – auch das Lernen „on the job" und „near the job" zu fördern und die Arbeitsinhalte in den sozialen Kontakten und Netzen lernförderlich zu gestalten (Erpenbeck & Sauter, 2007).

Vertiefende Literatur:

Gebert, D. (2007). Organisationsentwicklung. In H. Schuler (Hrsg.), *Lehrbuch Organisationspsychologie* (4. aktual. Aufl., S. 601–616). Bern: Huber.

Holling, H. & Liepmann, D. (2007). Personalentwicklung. In H. Schuler (Hrsg.), *Lehrbuch Organisationspsychologie* (S. 345–384). Bern: Huber.

8.11 Kontraproduktives Verhalten

In der Organisationspsychologie ist das Thema von unternehmensschädigendem Verhalten, das die legitimen Interessen einer Organisation verletzt, wobei es prinzipiell deren Mitglieder oder die Organisation als Ganzes schädigen kann, bislang kaum untersucht worden. Dies gilt besonders im deutschsprachigen Bereich (Marcus, 2000; Nerdinger, 2008). Wichtig für die Definition derartigen Handelns ist, dass dem Verhalten eine Absicht zur Schädigung zugrunde liegt. Beispiele dafür sind z. B. Diebstahl, die Weitergabe vertraulicher Informationen, die Abwicklung von Privatangelegenheiten während der Arbeitszeit, unentschuldigte Abwesen-

8.11 Kontraproduktives Verhalten

heit vom Arbeitsplatz, aber auch Alkoholmissbrauch und unangemessenes verbales Verhalten bis hin zu Aggressionen und sexuellen Belästigungen.

Es gibt in der Literatur verschiedene Modelle der Erklärung: Das Phänomen wird aus der Perspektive der Informationsverarbeitung und der Theorie des kausalen Schlussfolgerns betrachtet, aus der Stressperspektive, d. h. als Stressreaktion und als ein – vorwiegend durch das Erleben von Ungerechtigkeit – motiviertes Verhalten analysiert.

Mögliche Bedingungen kontraproduktiven Verhaltens sind in der folgenden Abbildung 8.20 dargestellt:

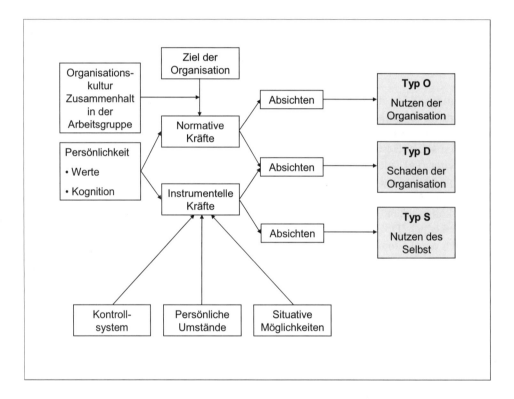

Abb. 8.20: *Modell der Motivation des Fehlverhaltens in Organisationen nach Nerdinger (2008)*

Diesem Modell gemäß gibt es instrumentelle und normative Kräfte in Organisationen. Die instrumentellen Kräfte bestehen aus Persönlichkeitsmerkmalen und verschiedenen Merkmalen der Umwelt. Dabei hat das erreichte moralische Niveau, das sich im Zuge des Erziehungsprozesses beim Mitarbeiter ausbildet, starken Einfluss, wobei es hier interindividuelle Unterschiede gibt. So gibt es z. B. Personen mit „soziopathischen Tendenzen", die beinhalten, dass bestehende soziale Normen missachtet werden, ohne darüber Schuldgefühle zu empfinden. Zu den Merkmalen der Umwelt werden die Kontrollsysteme, die persönlichen Verhältnisse und situative Möglichkeiten gezählt. So beinhalten persönliche Umstände, dass sich Personen in extremen Notsituationen befinden können, so dass sie dann zu Fehlverhalten neigen. Umgekehrt kann aber auch die Angst, durch Fehlverhalten den Arbeitsplatz zu verlieren, dazu führen, dass dieses nicht gezeigt wird. Hierbei spielen die in Organisationen vorhandenen Kontrollsysteme eine Rolle, die zum einen helfen können, kontraproduktives Verhalten zu vermeiden, die aber zum anderen auch als Misstrauen in die eigene Leistung verstanden werden können und so die Motivation vermindern können (vgl. Kapitel Vertrauen 5.2.6).

Auf die normativen Kräfte haben in diesem Modell vor allem die Ziele der Organisation einen Einfluss, wobei dieser durch die Wirkung der Organisationskultur und dem Zusammenhalt in der Arbeitsgruppe moderiert wird.

In Anlehnung an das Modell von Fishbein und Ajzen (1975) (vgl. auch Kapitel 5.1.1) beeinflusst alles dies die Verhaltensabsichten, die dann je nach Einstellung und Umweltbedingungen zum Schaden oder zum Nutzen der Organsation eingesetzt werden können (Nerdinger, 2008).

Zur Prävention zählen die gezielte Gestaltung der Organisation durch z. B. die Erstellung von Richtlinien für ethisches Verhalten, Betriebsvereinbarungen oder entsprechende Kontrollsysteme. Für die Führenden gilt, dass deren Verhalten als Rollenmodell für die Geführten fungieren sollte. Besonders wichtig ist die Rücksichtnahme auf das Gerechtigkeitsgefühl der Mitarbeiter (vgl. auch Kapitel 5.2.8). Transparenz in Belohnungsfragen stellt ebenfalls eine wichtige Bedingung dafür dar, um Gefühle von Ungerechtigkeit zu vermeiden. Empfehlenswert ist die Auswahl von Mitarbeitern durch sog. Integrity Tests, doch lassen sich auch in den herkömmlichen Einstellungsinterviews Hinweise für mögliches kontraproduktives Verhalten erkennen. Doch nicht nur geeignete Auswahlverfahren helfen, das kontraproduktive Verhalten einzudämmen: Durch gezielt zu entwickelnde Trainings lässt sich die entsprechende Neigung erkennen und bekämpfen.

Diesem bislang vernachlässigten Gebiet in der Organisationspsychologie sollte künftig mehr Aufmerksamkeit von Seiten der Forschung gewidmet wird. Dabei sollten alle Akteure, der das Fehlverhalten zeigende Mitarbeiter, Führungskräfte, die Organisation und externe Einflussfaktoren berücksichtigt werden.

Dineen, Lewicki und Tomlinson (2006) untersuchten den Zusammmenhang zwischen erklärendem Führungsverhalten und Integrität des Verhaltens auf das OCB der Mitarbeiter und auf deren kontraproduktives Verhalten. Es zeigten sich Interaktionseffekte, die eine positive Beziehung zwischen erklärendem Führungsverhalten und OCB zeigten, wenn die Integrität hoch war. Aber ebenso zeigte sich eine positive Beziehung zwischen erklärendem Führungsverhalten und kontraproduktivem Verhalten, wenn die Verhaltensintegrität niedrig war. Für die zukünftige Forschung halten die Autoren fest, dass es wichtig ist herauszufinden, wie Vorgesetzte Mitarbeiter zu OCB-Verhalten bringen können und wie kontraproduktives Verhalten verhindert werden kann.

Das Beispiel Mobbing

Der Begriff „Mobbing" stammt von „to mob" („anpöbeln", über jemanden herfallen) und wird als systematische Angriffe auf eine Person über einen längeren Zeitraum hinweg defi-

8.11 Kontraproduktives Verhalten

niert. Ursprünglich stammt der Ausdruck „Mobbing" aus der biologischen Verhaltensforschung und bezeichnet Angriffe, die Gruppen von Tieren auf ein einzelnes Gruppenmitglied ausüben, um es zu vertreiben. In den USA und Skandinavien gibt es eine eigenständige Forschungstradition, die sich ausschließlich mit feindseligem Verhalten am Arbeitsplatz beschäftigt. Empirische Untersuchungen und theoretische Erklärungsansätze insbesondere im deutschen Sprachraum sind rar, verbreitet ist populärwissenschaftliche Literatur.

Die qualitativen Untersuchungen des in Schweden arbeitenden Psychiaters Leymann (1995) über von Mobbing betroffene Arbeitnehmer ergaben 45 „Mobbing"-Handlungen. Sie gliedern sich in fünf Bereiche:

- Behinderungen in den Möglichkeiten, sich mitzuteilen (z. B. werden Kontakte unterbunden)
- Angriffe auf zwischenmenschliche Beziehungen (z. B. wird das Opfer systematisch isoliert)
- Bedrohung der Qualität von Berufs- und Lebenssituation (z. B. durch Veränderung der Arbeitsaufgaben, die einer Bestrafung gleichkommt)
- Herabsetzen des persönlichen Ansehens (z. B. durch das Verbreiten von üblen Gerüchten und Verdächtigungen)
- Angriffe auf die seelische und körperliche Gesundheit (z. B. durch physische Gewaltanwendung).

Leymann beschreibt fünf typische Mobbingsituationen: Es kommt zu Übergriffen durch die Kollegen, Untergebene richten sich gegen ihren Vorgesetzten, Vorgesetzte greifen ihre Untergebenen an, es kommt zu sog. „Rechthabereien". Hier versuchen sich Mobbingopfer oft über Jahre gegen eine erlittene Ungerechtigkeit zu wehren. In Folge dieser Auseinandersetzung kommt es zu einer Art von Besessenheit, die psychiatrischen Stellenwert erreichen kann. Übermäßig lange bürokratische Verfahren – z. B. wenn es um die Bearbeitung und Anerkennung einer Berufskrankheit geht – die die Opfer wie Mobbing empfinden und die sie zermürben, zeigen die Schwierigkeit bei der Abgrenzung des Phänomens auf. Viele Mobbingopfer erkranken an „PTSD" (posttraumatic stress disorder).

Mobbing hat einen stresstheoretischer Hintergrund, kann als extreme Form sozialer Stressoren aufgefasst werden, der einen jahrelangen zermürbenden Prozess beinhaltet. Mobbing beginnt häufig kurz nach Antritt einer neuen Stelle, zwei Drittel der Mobbingopfer sind Frauen, und es ist häufig das Problem von Angestellten, Beamten und Führungskräften (Knorz & Zapf, 1996; Zapf, 1999).

Häufige Mobbingstrategien sind:

- organisationale Maßnahmen (Arbeitsaufgaben, Entzug von Entscheidungskompetenzen),
- soziale Isolierung,
- Angriff auf Person und Privatsphäre,
- verbale Drohungen bzw. Aggressionen,
- Androhung oder Ausübung körperlicher Gewalt.

Ursachen, die in der Organisation liegen, sind: Mobbingbetroffene haben geringere Einflussmöglichkeiten auf Dinge, die sie selbst betreffen, es gibt einen schlechteren Informationsfluss, wenig Diskussion über Aufgaben und Ziele, weniger Handlungsspielräume und eine stressreiche Arbeit. Ursachen, die im Opfer liegen, sind eine höhere Gewissenhaftigkeit/Naivität, Selbstunsicherheit, geringere Selbstwirksamkeit, höhere Neurotizismuswerte. Mobbingbetroffene beschreiben sich selbst als abweichend bezüglich des unsicheren und vermeidenden Verhaltens, der Leistungsorientierung und der Gewissenhaftigkeit. Das Problem ist, dass häufig Ursache und Wirkung eng beieinanderliegen. Ursachen, die im Täter liegen, sind Mikropolitik, persönliche Gründe, z. B. Rache und Selbstunsicherheit. Das Mobbingrisiko bei leistungsstarken Mitarbeitern und einer nicht souveränen Führungskraft ist gelegentlich ein zu hoher Selbstwert (Perfektionismus, Arroganz). Häufig sind diese Vorgänge nicht bewusst.

Es gibt acht Bewältigungsfaktoren, einen Mobbingprozess zu überstehen: eine gute physische und psychische Konstitution, Selbstvertrauen, Ansehen bei anderen, soziale Unterstützung, stabile wirtschaftliche Verhältnisse, Handlungsspielraum, die Fähigkeit, Probleme zu lösen und sich in der Gesellschaft zu orientieren.

Erfolgreiche Strategien, sich gegen Mobbing zur Wehr zu setzen, sind: Möglichst frühzeitig Grenzen zu ziehen, zu versuchen, sich persönlich zu stabilisieren und sich um eine einschneidende Veränderung der Arbeitssituation zu bemühen. Wichtig ist die Vermeidung der Eskalation und eine konstruktive Herangehensweise an den Konflikt. Das Thema Mobbing ist auch eine wichtige Führungsaufgabe (Neuberger, 1999; Niedl, 1995).

Studien zeigen (z. B. Willingstorfer, Schaper & Sonntag, 2002), dass Mobbing einen Konflikt am Arbeitsplatz zum Ausdruck bringt, der sowohl die Betroffenen belastet als auch eine Auswirkung auf die gesamte Arbeitssituation mit sich bringt. Das bedeutet, dass sich Lösungsansätze für Mobbing nicht nur mit individuellen Handlungsmöglichkeiten auseinandersetzen sollten, sondern auch Maßnahmen von der Unternehmensseite erfordern.

Vertiefende Literatur:

Nerdinger, F. W. (2008). *Unternehmensschädigendes Verhalten erkennen und verhindern.* Göttingen: Hogrefe Verlag.

8.12 Gesundheit in Organisationen

Der Einsatz hochentwickelter Technik, neue Technologien, eine verstärkte Arbeitsteiligkeit, Rationalisierung und Flexibilisierung betrieblicher Prozesse sowie massiver Zeitdruck prägen den Arbeitsalltag vieler Menschen und stellen immer höhere Anforderungen an die Bewältigung von Arbeitsaufgaben. Neue Beschäftigungsmodelle (z. B. Telearbeit, Leiharbeit) und bislang nicht bekannte Arbeitsformen (z. B. Callcenter) führen zu neuen Belastungen.

8.12 Gesundheit in Organisationen

Erkenntnisse aus der Forschung, meist aus Befragungsstudien, belegen die massive Zunahme an psychischen Belastungen (Spieß & Stadler, 2003).

Als Folge von psychischen Fehlbelastungen sinken Leistungsfähigkeit, Leistungsbereitschaft und Arbeitszufriedenheit mit negativen Auswirkungen auf die erfolgreiche Bewältigung von Arbeitsaufgaben, auf die Arbeitssicherheit sowie auf die Gesundheit und das Wohlbefinden von Beschäftigten (z. B. Richter, 1997).

In der folgenden Abbildung 8.21 wird ein umfassendes Gesundheitsmodell vorgestellt, das einen Rahmen für die Betrachtung von Gesundheit in Unternehmen bilden kann.

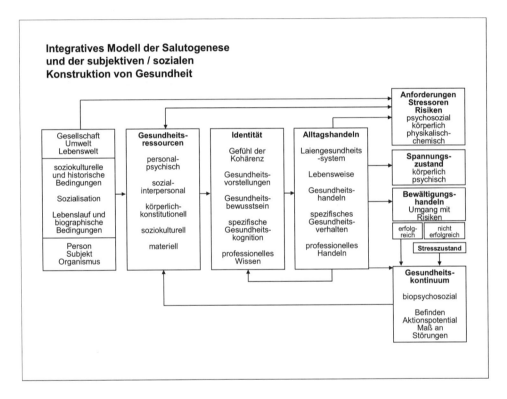

Abb. 8.21: *Gesundheitsmodell nach Faltermaier (2005)*

Dieses umfassende Modell nimmt als Ausgangspunkt die Gesellschaft, die Umwelt und die Lebenswelt als Einflussfaktoren für die Anforderungen, Stressoren und Risiken. Einen weiteren Einflussfaktor bilden die soziokulturellen Bedingungen, die Sozialisation und die individuelle Biographie der Menschen, die die Gesundheitsressourcen beeinflussen, ebenso wie die Person als Subjekt und Organismus. Faltermaier (2005) nimmt in seinem Modell die Arbeiten von Antonovsky (1987) zur Salutogenese auf (Bauer & Jenny, 2007). Dieses legt den Fokus auf die individuellen Gesundheitsdeterminanten, die es in Gesundheitsressourcen (persönliche wie interpersonale), Identität (Gefühl der Kohärenz, Vorstellungen über Gesundheit) und das Alltagshandeln (Lebensweise wie spezifisches Gesundheitsverhalten) unterteilt. All dies wirkt auf den individuellen Spannungszustand und das Bewältigungshandeln. Ist dieses Vorgehen nicht erfolgreich, führt dies den Einzelnen in einen Stresszustand. Das Gesundheitskontinuum ist der Gesundheitszustand, der aus dem Aktionspotenzial (der Handlungs- und Leistungsfähigkeit), dem Befinden (Wohlbefinden/Stärke) und dem Ausmaß an Störungen (Beschwerden, Schmerzen, Krankheiten) besteht. Die Bewältigungshandlung erfolgt im Salutogenesemodell analog dem transaktionalen Stressmodell von Lazarus (1991) (vgl. Kapitel 5.1.9).

8.12.1 Die Rolle des Arbeitsschutzes

Arbeitsschutz war über viele Jahrhunderte kein Thema. Erkrankte oder verunglückte jemand bei der Arbeit, so war das seine „Schuld". Erst vor knapp 200 Jahren begann man damit, sich ernsthaft von staatlicher und betrieblicher Seite darum zu kümmern. Der nachfolgende knappe Exkurs zeigt dies exemplarisch an einigen wichtigen Entwicklungsschritten (nach Hentschel, 1983).

1818: Der preußische Kulturminister wird über das Problem der Kinderarbeit informiert.

1828: Die Rekrutierungsvorgaben in Preußen können aufgrund des schlechten gesundheitlichen Zustandes der Rekruten nicht mehr eingehalten werden.

1839: Kronprinz Friedrich Wilhelm erlässt ein Regulativ über Beschäftigung von Kindern im Bergbau mit folgenden Bestimmungen: nicht vor dem 9. Lebensjahr; Jugendliche unter 16 Jahren nur bis zu 10 Stunden pro Tag; Verbot der Beschäftigung zwischen 21 und 5 Uhr.

Ab 1872 gibt es auf Landesebenen erste Fabrikinspektoren, wobei es weiterhin keinerlei Überwachung oder Prävention für Unfälle oder Arbeitserkrankungen gab. Im Deutschen Reich (1871–1914) unterstützten folgende Strömungen der damaligen Zeit den Arbeitskampf:

- Humanismus (Teilhabe breiterer Schichten an den Kulturgütern)
- moralische und sittliche Gedanken aus der Religion (christliche Grundsätze)
- medizinische Reform (öffentliche Gesundheitspflege – Gewerbehygiene)
- Marxscher Sozialismus (Arbeiterschutz als Teil des Klassenkampfes)

Es stellte sich die Frage der Legitimation, und der Gedanke des Arbeiterschutzes geriet unter erheblichen Legitimationsdruck. Es ergab sich die Notwendigkeit seitens der Arbeiter, den Arbeiterschutz als Gemeinwillen in die Diskussion einzubringen. Der Staat befand sich zwischen den Fronten von Befürwortern, die aus der sozialistischen Arbeiterbewegung, den christlich-sozialen Kräften und den Sozialreformern der Ministerialbürokratie bestand, und Gegnern aus der Industrie, die die Existenz einer „Arbeiterfrage" zumeist verleugnete und den Arbeiterschutz als ruinöse Schikane für die Wirtschaft bezeichnete. Sie sah eine Intervention des Staates als einen Eingriff in ihr Hoheitsgebiet an. Der Wendepunkt erfolgte mit der Sozialpolitik des „Neuen Kurses" von Kaiser Wilhelm II., der sogleich wieder auf heftigen Widerstand der Industrievertreter prallte. Es kam zur Gewerbeordnungsnovelle von

8.12 Gesundheit in Organisationen

1891, die das Verbot industrieller Kinderarbeit, Nachtarbeit von Frauen und der Sonntagsarbeit beinhaltete, Regelungen zur Festlegung von Höchstarbeitszeiten traf und für eine Erweiterung der Fabrik- und Gewerbeaufsicht sorgte.

Vom Ende des Ersten Weltkrieges bis heute erfolgte:

1920: Einführung des Betriebsrätegesetzes

1925: Berufskrankheiten werden in den Schutz der Unfallversicherung einbezogen

1964: Unfallversicherungsträger erhalten den Auftrag, Unfallverhütungsvorschriften zu erlassen

1974: Berufsgenossenschaften können im staatlichen Auftrag hoheitlich tätig werden / größere Betriebe müssen Betriebsärzte und Sicherheitsingenieure beschäftigen

1997: Das VII. Sozialgesetzbuch tritt in Kraft (Regelung des gesamten Bereiches der Unfallversicherung)

Der Arbeitsschutz heute gliedert sich in vier Bereiche:

- Sozialer Arbeitsschutz (Sonntagsarbeit, besondere Regelungen für Kinder, Mütter, gewerbliche Kraftfahrer, Ladenschluss)
- Technischer Arbeitsschutz (Unfallschutz und Berufskrankheiten)
- Arbeitsstättenrecht und Ergonomie (Anpassung des Arbeitsplatzes an den Menschen)
- Arbeitsmedizin (Beratung zum Schutz vor berufsbedingten Krankheiten)

Die Bedeutung des lebenslangen Lernens (vgl. Kapitel 6.1.4) kann am Beispiel des Arbeitsschutzes gezeigt werden: Das traditionelle Ziel des Arbeits,- Gesundheits- und Umweltschutzes besteht darin, schädigende Auswirkungen der Arbeit innerhalb und außerhalb einer Organisation zu vermeiden. Mit Hilfe von traditionellen Arbeits- und Gesundheitsschutzvorschriften sollen kurz- und langfristige Gesundheitsschäden vermieden werden. In dieser traditionellen Sichtweise stehen die negativen Folgen wie Unfälle und Berufskrankheiten im Vordergrund. Wichtig ist es jedoch, in diesem Bereich verstärkt präventiv tätig zu werden. Dafür ist eine Sichtweise bedeutsam, die Sicherheit, Gesundheit und eine intakte Umwelt als primäre Ziele ansieht und Unfälle und Berufskrankheiten als Folge von Defiziten (Wenninger, 1999). Um diese Ziele zu erreichen, müssen sich auch das Verhalten der Akteure und die Verhaltensbedingungen ändern.

Zielvorstellung ist es daher, diese verschiedenen Bereiche in das Konzept eines lebenslangen Lernprozesses zu integrieren. Künftig genügt es z. B. im Bereich des Arbeits- und Gesundheitsschutzes nicht mehr, nur eine einmalige Qualifizierung – eine Unterweisung am Arbeitsplatz – durchzuführen. Vielmehr sollen arbeitswissenschaftliche und arbeitspsychologische Erkenntnisse in den Bereichen von Sicherheit und Gesundheitsschutz in alle Lebensphasen übernommen werden. Dazu zählt auch die Sensibilisierung für entsprechende Fragestellungen, d. h. dass man ein Bewusstsein für die Themen von Sicherheit und Gesundheit schafft. Zielvorstellungen sind ganzheitliche Qualifizierungsmodelle, die das gesamte Lebensumfeld – Lernorte, Lehrende und Lernende – miteinbeziehen (Große-Jäger, Sieker & Graat, 2003).

8.12.2 Psychische Fehlbelastungen

In der Psychologie sind es vor allem Stressoren und Ressourcen bei der Arbeit, die als relevant für die psychische und physische Gesundheit angesehen werden (Semmer & Udris, 2007). Als typische, häufig krankmachende Stressoren dürfen z. B. gelten:

- qualitative und/oder quantitative Überforderung,
- qualitative und/oder quantitative Unterforderung,
- Rollenkonflikte und Uneindeutigkeit der zugewiesenen Rolle,
- Störungen des Arbeitsablaufs,
- Arbeitsumgebungsfaktoren, z. B. subjektiv beeinträchtigende Außenreize wie Lärm, Hitze, Schmutz, Gestank,
- langandauernde Nacht- und Schichtarbeit,
- soziale Belastungen durch Vorgesetzte, Kollegen, Mitarbeiter, Kunden, die bis zum Mobbing reichen können,
- Umorganisierung am Arbeitsplatz,
- Angst vor Arbeitsplatzverlust.

Als wichtige Entlastungsfaktoren und gesundheitsschützende Ressourcen können situations- und personenbezogene Bedingungen unterschieden werden. Beispiele für situationsbezogene Ressourcen sind:

- Handlungsspielraum bei der Arbeit,
- Zeitspielraum,
- soziale Unterstützung (z. B. durch Kollegen, die Familie oder den Personalrat bzw. Betriebsrat),
- angemessene Arbeitsmittel.

Als typisch personenbezogene Ressourcen dürfen Merkmale gelten wie z. B.:

- Qualifikationsniveau,
- intellektuelle Kapazität,
- soziale Kompetenz,
- emotionale Stabilität.

Wird die arbeitende Person intensiven und langanhaltenden Stressoren ausgesetzt, ohne über ausreichende situative und personale Ressourcen zu verfügen, so ist eine massive Schädigung des psychischen Wohlbefindens und in vielen Fällen auch der physischen Gesundheit wahrscheinlich (Zapf & Frese, 1991).

8.12.3 Burnout

Unter *Burnout* wird im Allgemeinen ein Syndrom aus emotionaler Erschöpfung und reduzierter Leistungsfähigkeit verstanden (Maslach & Jackson, 1984, S. 134). Erschöpfung geht mit dem subjektiven Erleben, „kraftlos, ohnmächtig, nicht verstanden, am Ende zu sein" (Jüptner, 1993, S. 95) einher. Diese Reaktionen wurden zu Beginn in den letzten zwei Jahrzehnten vor allem bei Mitarbeitern in sozialen und pflegerischen Berufen festgestellt. Mittlerweile bezieht sich die Diskussion aber auf eine Vielzahl von Berufen, die interpersonale Kontakte beinhalten. „Depersonalisation" als ein weiteres Symptom des Burnouts beschreibt dabei die gefühllose, „abgestumpfte" Reaktion auf Menschen, die gewöhnlich Empfänger der Dienstleistung sind (Maslach & Jackson, 1984).

Burnout entwickelt sich langsam über einen Zeitraum von andauerndem Stress und Energieeinsatz (Freudenberger & North 1992, S. 26). Es kann sich im Berufsleben entwickeln, aber auch aus einer Überbelastung im Bestreben nach Vereinbarung von privaten und beruflichen Zielen resultieren (Burisch, 2006). Phasen des Burnout im Burnout-Zyklus werden von Freudenberger und North (1992, S. 121ff.) beschrieben.

Häufiger Einstiegsfaktor in den Burnout-Zyklus ist Ehrgeiz: Man stellt an sich selber hohe Maßstäbe, will alles perfekt machen und hegt z. T. übertriebene Erwartungen. Der Wunsch, sich zu beweisen, verwandelt sich in Zwang und Verbissenheit (Stadium 1). Um den sich selbst gesetzten, hohen Anforderungen zu genügen, wird der Einsatz im Unternehmen gesteigert (Stadium 2). Angesichts dieser Einsatzbereitschaft kommt die Befriedigung der eigenen Bedürfnisse immer mehr zu kurz (Stadium 3).

Der Betroffene wird sich dieser Konflikte bewusst, beginnt sie jedoch zu verdrängen, die privaten Bedürfnisse auf später zu verschieben, zu verleugnen (Stadium 4). Die nichtberuflichen Bedürfnisse verlieren weiter an Bedeutung, für sie kann keine Zeit mehr aufgebracht werden (Stadium 5). Dieser Verzicht wird häufig gar nicht mehr wahrgenommen, die Überarbeitung und Überlastung zunehmend verleugnet. Intoleranz und abnehmende Flexibilität prägen zunehmend das Denken und Verhalten (Stadium 6). Orientierungslosigkeit stellt sich ein, kann aber verdeckt werden durch eine zynische, nach außen scheinbar unveränderte Haltung (Stadium 7).

Erst in der weiteren Phase des Burnout-Zyklus werden Verhaltensänderungen unübersehbar, wie etwa die Abwehrhaltung gegenüber Kritik, der zunehmende emotionale Rückzug vom Arbeitsgeschehen, das Fehlen von Flexibilität (Stadium 8). Folge davon kann ein Wahrnehmungsverlust der eigenen Person sein, frühere Bedürfnisse werden nicht mehr erkannt (Stadium 9). Man fühlt sich nutzlos und „am Ende"; Angstgefühle oder Suchtverhalten treten auf (Stadium 10). Eine zunehmende Sinnlosigkeit und Desinteresse prägen die letzten Stadien, Initiative und Motivation sind auf dem Nullpunkt angelangt (Stadium 11). Den absoluten Endpunkt bildet die totale Erschöpfung, die lebensbedrohend sein kann (Stadium 12).

Das geschilderte Verhalten des von Burnout Betroffenen beeinträchtigt die sozialen Beziehungen innerhalb der Organisation zum Teil beträchtlich und hat deutlich negative Effekte auf das Erreichen der Organisationsziele. Die einseitige Verfolgung eigener Ziele sowie mangelnde Flexibilität, zunehmende Intoleranz und die Zurückweisung jeglicher Kritik wirkt sich auf die Tätigkeitserfüllung und insbesondere auf die Zusammenarbeit, auf Team- bzw. Gruppenarbeit aus. Mangelndes Selbstvertrauen und Orientierungslosigkeit beeinträchtigen vor allem die Interaktionen mit internen oder externen Kunden bzw. Klienten. Sind in den letzten Stadien des Burnout Initiative und Motivation kaum noch vorhanden, ist von dem Betroffenen kein Arbeitsbeitrag über das absolute Minimum hinaus zu erwarten.

Die mit Burnout zusammenhängenden Überlastungen führen häufig zu psychosomatischen bzw. psychischen Krankheiten (Linneweh, 1996; Nienhaus, 2006). Dabei gehen vielfältige körperliche Beschwerden mit massiven Konzentrationsstörungen, allgemeiner Leistungs- und Antriebsschwäche und einer ständigen starken Müdigkeit einher.

Gerade weil Burnout vor allem leistungsfähige und ehrgeizige Mitarbeiter trifft und deren positiv bewertetes Verhalten in den Anfangsphasen des Burnout dominiert, ist das schleichende Abgleiten eines Menschen in den Burnout oft nicht leicht erkennbar. Ein entsprechend vorausschauendes Führungsverhalten (z. B. durch Feedback, Mitarbeitergespräche, realistische und erreichbare Zielsetzungen) kann zur Verhinderung von Burnout beitragen.

Sanz (2008) stellt Burnout als Gruppenphänomen dar (vgl. Kapitel 5.2.1). Der kontinuierliche Wandel in der Arbeitswelt führt in Organisationen zu einem Verlust von dauerhafter Zugehörigkeit. Wenn Menschen dem neuen Leitbild einer „unternehmerischen Persönlichkeit" folgen, strengen sie sich besonders an. Erfolgt nun keine Anerkennung für das Engagement, sind Erschöpfungszustände die Folge. Dies gilt für Einzelne wie für Gruppen, die als „ausgebrannte Teams" untersucht wurden. Diese Teams befinden sich in einem Zustand der dauerhaften Überforderung. Es wird ein Perspektivenwechsel vorgeschlagen, wonach Burnout eine „legitime Belastungsstörung" darstellt, mit der auf die gestiegenen Anforderungen in der Arbeitswelt reagiert wird.

Vertiefende Literatur:

Ludborzs, B. & Nold, H. (Hrsg.), (2009). *Psychologie der Arbeitssicherheit und Gesundheit. Entwicklungen und Visionen 1980–2008–2020.* Kröning: Asanger.

8.13 Organisationswechsel, Outplacement, Ruhestand

Die Mitgliedschaft in Organisationen ist immer auf einen bestimmten Zeitraum bezogen. Der Wechsel der Organisation kann von Seiten der Organisation oder vom einzelnen Mitglied ausgehen und in beiden Fällen verschiedene Ursachen haben. Sieht man einmal von dem Ausscheiden durch Tod oder Arbeitsunfähigkeit des Mitglieds ab, so lassen sich drei große Formen unterscheiden: Wechsel der Organisation aus diversen Gründen, Outplacement und der Übertritt in den Ruhestand.

8.13.1 Organisationswechsel

Die Möglichkeit, den Arbeitsplatz zu wechseln ist im Grundgesetz verbrieft (Artikel 12) und bietet Arbeitnehmern die Möglichkeit, sich ihren Vorstellungen und Fähigkeiten entsprechend zu entwickeln. Aus der Sicht des Individuums gehört ein Stellenwechsel immer mehr zu einem selbstverständlichen Karriereschritt, der neue Lernfelder eröffnet. Mit zunehmendem Alter wird allerdings in den meisten Berufsfeldern die Möglichkeit zur Verbesserung der beruflichen Situation durch einen Organisationswechsel geringer eingeschätzt.

Aus Sicht der Organisation kann der Personalwechsel ein Mittel zum Personalabbau sein, Raum für die Aufstiegsplanung verbleibender Mitarbeiter bieten, Anlass für Neueinstellungen sein und so zu fachlichen Verbesserungen und zu einer „Auffrischung" durch neue Ideen und Ansichten führen. Auf der anderen Seite bringt ein Personalwechsel erhebliche Kosten und eventuell einen Verlust an Know-how mit sich. „Ausstieg" auf eigene Initiative betrifft zudem vor allem die eher für das Unternehmen „wertvollen" Mitarbeiter. Im Allgemeinen streben Unternehmensleitungen daher eine möglichst geringe Fluktuation an.

Der Erhalt des Arbeitsplatzes ist auch im Sinne der meisten Arbeitnehmer, die angesichts der aktuellen Arbeitsmarktlage in vielen Tätigkeitsfeldern kaum Alternativen zu ihrem Arbeitsplatz sehen. Eine höhere freiwillige Fluktuation zwischen Unternehmen ist nur in wenigen Tätigkeitsbereichen, vor allem bei qualifizierten Fachkräften, festzustellen (Harlander et al., 1994, S. 458).

Motive für einen vom Mitglied initiierten Organisationswechsel können folgende sein:

Überbetriebliche Ursachen

- Anziehungskraft des Wohnumfeldes (Gemeinde, Infrastruktur u. a.)
- Anziehungskraft bestimmter Branchen

Persönliche Ursachen

- Berufswechsel, Fortbildung, Selbständigkeit
- Krankheit
- Veränderung der Lebensverhältnisse (Heirat, Geburt)
- individuelle Präferenzen (Verkehrsanbindung, soziales Umfeld, Gesundheit, Natur usw.)

Betriebliche Ursachen

- Arbeitstätigkeit, Arbeitszeit, Urlaubsregelung
- Entgelt, Entwicklungsmöglichkeiten
- Zusammenarbeit, Organisationsklima
- Führung, Struktur, Kultur, Image
- bessere Bedingungen in einem anderen Unternehmen (nach Stopp, 1976, S. 234f.)

Lang-von Wins und Kaschube (1998) haben im Rahmen einer Längsschnittstudie von Hochschulabsolventen die Gründe derjenigen untersucht, die aufgrund eigener Intention ihre Stelle gewechselt haben. Der Wunsch nach beruflicher Weiterentwicklung war der wichtigste

Faktor. Die Befragten zeigten die relativ höchste Unzufriedenheit mit der Organisation und der Leitung, den Arbeitsbedingungen und der Tätigkeit. Im Unterschied zu dieser Zielgruppe nennen arrivierte Führungskräfte eine zu geringe Bezahlung als Grund für einen Wechsel (Jochmann, 1990).

Mehrere Studien konnten einen Zusammenhang zwischen der Absicht, das Unternehmen zu verlassen und den in den Unternehmen vorherrschenden Arbeitsbedingen, wie z. B. Stress, nachweisen:

Loi, Hang-yue und Foley (2006) konnten zeigen, dass das Commitment (Bindung) (vgl. Kapitel 6.1.3) mit der Organisation negativ mit der Absicht, das Unternehmen zu verlassen, korreliert, d. h. je stärker sich Mitarbeiter ihrem Unternehmen verbunden fühlen, desto geringer ist der Wunsch, zu kündigen.

Villanueva und Djurkovic (2009) haben die Beziehung zwischen Stress in kleinen und mittleren Unternehmen und die Absicht, das Unternehmen zu verlassen, untersucht. Etliche Studien zu dieser Beziehung belegen, dass hier ein negativer Zusammenhang besteht. Arbeitszufriedenheit, das affektive Commitment und die wahrgenommene Unterstützung durch das Unternehmen waren die Mediatoren in der Beziehung zwischen Stress und der Absicht, das Unternehmen zu verlassen.

In einer Studie an Sozialarbeitern im Gesundheitsbereich konnte Acker (2004) zeigen, dass die Bedingungen in der Organisation, wie z. B. soziale Unterstützung und das Ausmaß an Rollenkonflikten, Prädiktoren der Arbeitszufriedenheit und der Absicht, das Unternehmen zu verlassen, waren.

Eine Metaanalyse von Fried, Shirom, Gilboa und Cooper (2008) untersuchte die Beziehung zwischen Rollenstress, Arbeitszufriedenheit, die Absicht, das Unternehmen zu verlassen und Leistung. Es zeigte sich, dass sich Rollenstress sowohl direkt wie auch indirekt über die Arbeitszufriedenheit und die Absicht das Unternehmen zu wechseln, negativ auf die Leistung auswirkte.

8.13.2 Outplacement

Outplacement versucht, bei einer Entlassung den unterschiedlichen Interessen Rechnung zu tragen, indem z. B. ausscheidende Mitarbeiter beraten werden und Unternehmen Entlassungen unter sozial verantwortlichen Gesichtspunkten durchführen. Durch die Einschaltung eines Outplacement-Beraters wird eine einvernehmliche Trennung zwischen betroffenen Mitarbeitern und Unternehmen angestrebt. Die Kosten trägt das Unternehmen (Mayrhofer, 1989; Stoebe, 1989; Sauer, 1991; Smith, 1993).

Das Konzept des Outplacements wurde in den USA Ende der 1960er Jahre entwickelt. Insbesondere in der Rezessionsphase von 1973 bis 1975 setzte es sich als Instrument der Personalfreisetzung in der betrieblichen Praxis durch. Das Beratungsangebot richtete sich zunächst nur an ausscheidende Führungskräfte der mittleren und oberen Ebenen. Inzwischen hat sich aber das Konzept auf andere Anwendungsfelder ausgedehnt. In der Bundesrepublik Deutschland haben sich seit Beginn der 1980er Jahre einige Beratungsunternehmen auf Outplacement als eine spezielle Dienstleistung spezialisiert. Wissenschaftlich hat man sich noch nicht sehr intensiv mit diesem Thema befasst. Das Outplacement hat sich in Deutschland relativ spät etabliert (Hofmann, 2001). Erst Anfang der 1980er Jahre fasste es in Deutschland Fuß, da die rechtlichen Voraussetzungen aufgrund des damaligen Vermittlungsmonopols der Bundesanstalt für Arbeit umstritten waren.

Die Motive, Outplacement zu betreiben, bzw. einen Outplacementberater zu bestellen sind vielfältig: Aus der Sicht des Unternehmens können dies die Veränderung der Unternehmensphilosophie, Einführung eines neuen Führungsstils, technischer Wandel, Neuorganisation, Verbesserung der Mitarbeiterstruktur sowie Betriebsstillegungen und Fusionen sein. Nach Smith (1993) ist der Zusammenschluss von Unternehmen der häufigste Auslöser von Personalabbau, wobei dieser für viele Organisationen dann das letzte Mittel bei der Kostensanierung ist. Hier wird deutlich, dass letztlich sehr viele äußerliche Faktoren wie z, B. Veränderungen der Marktverhältnisse, technologischer Wandel, Internationalisierung ebenso wie gesellschaftliche Entwicklungen mit hineinspielen. Ursachen auf Seiten der Mitarbeiter können in menschlichem Versagen liegen, in einem gestörten Vertrauensverhältnis zum Vorgesetzten und zur Organisation, im Verlust der Leistungsmotivation und im Nachlassen der Leistungsfähigkeit (Sauer, 1991).

Ziele und Ursachen des Outplacement

Outplacement hat für das Unternehmen und seine Mitarbeiter zunächst eine unterschiedliche Bedeutung: Für das Unternehmen, seine Sicht und seine Ziele, sind Entlassungen mit finanziellen Konsequenzen verbunden (z. B. Zahlung von Abfindungen, Lohnfortzahlung, organisatorische Abwicklung, Rechtsstreitigkeiten). Beim Mitarbeiter jedoch können Entlassungen psychische Probleme und eine Störung des Selbstwertgefühles auslösen, denn die berufliche Arbeit bildet einen großen Teil der persönlichen Identität. Typische Reaktionen auf Kündigungsnachrichten sind z. B. Schock, Verleugnung der Nachricht, Aggression und Depression.

Den Ausgangspunkt von Outplacement bildet die systematische Analyse oftmals negativer Auswirkungen von Entlassungen, die sowohl die Mitarbeiter als auch das Unternehmen berühren. Daraus werden Ansatzpunkte für eine effiziente Gestaltung des Trennungsprozesses abgeleitet. Outplacement versucht, den bei einer Entlassung unterschiedlichen Interessen Rechnung zu tragen: So werden z. B. ausscheidende Mitarbeiter persönlich und beruflich beraten, dem Unternehmen werden Entlassungen unter sozial verantwortlichen Gesichtspunkten empfohlen.

Ziele von Outplacement sind daher für das Unternehmen eine Kostensenkung bei Entlassungen durch eine Senkung der direkten Entlassungskosten, Qualifizierung des direkten Vorgesetzten und eine Verbesserung des internen Personalimages. Dadurch soll ganz allgemein auch eine Optimierung der Beziehungen des Unternehmens zu seiner Umwelt erreicht werden.

Für die Mitarbeiter kann Outplacement eine Unterstützung bei der beruflichen Neuorientierung bedeuten, ebenso eine Unterstützung bei der Verarbeitung der durch die Entlassung ausgelösten psychischen und sozialen Probleme und eine Beratung bei der beruflichen Neuorientierung (Mayrhofer, 1989; Sauer, 1991). So wurde z. B. die Bedeutung von Kündigungsgesprächen für den Ablauf eines Trennungsprozesses bislang weitgehend unterschätzt, obgleich diese Information für den betroffenen Mitarbeiter von existentieller Bedeutung ist. Es gibt wenig spezielle Richtlinien für den direkten Vorgesetzten und kaum Schulungen zur Durchführung eines solchen Gespräches. Dabei können Entlassungen auch negative Auswirkungen auf die im Unternehmen verbleibenden Mitarbeiter haben: Angst und Unsicherheit bezüglich des eigenen Arbeitsplatzes verbreiten sich, es gibt Veränderungen im sozialen Gefüge von Arbeitsgruppen, und die Beobachtung der Abwicklung von Entlassungen gibt den verbleibenden Mitarbeitern ein Bild von den im Unternehmen vorherrschenden Werten und Normen. In negativen Fällen kann dies zu externen Imageverlusten führen. Dann kann es z. B. schwierig werden, qualifizierte Mitarbeiter zu gewinnen.

Konsequenzen und Maßnahmen des Outplacement

Entlassungen können bei dem betroffenen Mitarbeiter psychische Probleme und eine Störung seines Selbstwertgefühles auslösen, denn die berufliche Arbeit ist Bestandteil der persönlichen Identität. Typische Reaktionen auf Kündigungsnachrichten sind z. B. Schock, Verleugnung der Nachricht, Aggression und Depression.

Will man gezielte Maßnahmen zur Verringerung von Fluktuation einführen, so sind zunächst die wahren Motive zu analysieren. Die wichtigste Maßnahme ist hierbei, systematisch die jeweiligen Gründe eines Wechsels durch Austrittsbefragungen und Rückfragen beim Vorgesetzten und bei Kollegen zu ermitteln.

Mayrhofer (1991) hat – in Anlehnung an das Verhalten bei Erlebnissen von Verlust oder z. B. bei Tod des Partners oder Scheidung – ein Phasenmodell der Trennung entworfen. Über die allgemeinen Bedingungen der menschlichen Trauerverarbeitung Bescheid zu wissen, kann auch für einen Vorgesetzten von unschätzbarem Werte sein, wenn er einen Mitarbeiter hat, von dem er sich trennen will (oder muss).

Phase 1 ist durch einen Schock und ein Nichtwahrhabenwollen gekennzeichnet. Der Betroffene erfährt die Nachricht vom Verlust, er will ihn nicht wahrhaben, ist entweder wie gelähmt oder aber wird hyperaktiv. Dieses Verleugnen der Realität hat eine Abwehrfunktion und schützt das Ich zunächst auch vor einem totalen Kontrollverlust. In dieser Situation herrscht Bedarf an starker und sensibler Unterstützung. Es geht sowohl darum, den psychischen Zustand nach Empfang der Botschaft aufzufangen, als auch zugleich auf die Erledigung praktischer Fragen zu drängen.

Phase 2 besteht darin, dass man das verlorene Objekt wiedergewinnen möchte. Die Endgültigkeit des Verlustes wird nicht akzeptiert. Durch unterschiedlichste Strategien versucht der Betroffene, das Verlorengegangene wiederzugewinnen, indem er sich z. B. so verhält, als ob nichts passiert wäre. Mancher versucht, den alten Zustand durch Wiederverhandeln herzustellen, andere werten das verlorene Objekt ab: Z. B. „Die Arbeit war sowieso nichts für mich." Hierbei werden aber auch wichtige Erfahrungen gemacht: Man handelt, wenn auch nicht immer mit Erfolg. Damit wird jedoch eine Basis geschaffen für eine Neuorientierung und für eine aktive Bewältigung des Verlustes.

8.13 Organisationswechsel, Outplacement, Ruhestand

In der 3. Phase kommt es dann – aufgrund der Veränderungen am Ende von Phase 2 – zu einer inneren Neuordnung. Eine bewusste Distanzierung vom Verlustobjekt bewirkt, dass man sich von diesem löst und eine Neugestaltung seiner inneren Welt vornimmt. Darunter fällt auch eine veränderte Wahrnehmung der eigenen Berufsrolle und Identität. In dieser Phase ist die Außenorientierung des Betroffenen noch gering. Kontakt mit ihm zu halten und eine positive Atmosphäre zu schaffen, können helfen.

In der letzten, der 4. Phase schließlich wird der Verlust akzeptiert. Es kommt zu einer Neuorientierung des Verhaltens und einer wiedererwachten, aktiven Einflussnahme auf die Umwelt. Jetzt wird auch der Helfer überflüssig.

Im Unterschied zu einem normalen Kündigungsgespräch sollte deshalb eine psychologisch geschulte Outplacement-Beratung dem Betroffenen Gelegenheit zur Trauerverarbeitung geben und ihn in den verschiedenen Trauerphasen kompetent zu unterstützen. Es geht dabei auch darum, die in einem Trennungsprozess liegenden Lernchancen zu nutzen.

Beim Outplacement wird – ebenso wie bei Organisationsberatung allgemein (vgl. Kapitel 8.7) – in interne und externe Beratungsformen unterschieden: Bei der *internen Outplacement-Beratung* ist der Berater in das Unternehmen integriert. Die interne Beratung stellt einen speziellen Stellentyp neben den Linien- und Stabsstellen dar. Sie verfügen aber nicht über Entscheidungs- und Weisungsbefugnisse. Es wird jedoch empfohlen, den Beratern eine hohe hierarchische Stellung zu geben, um Unabhängigkeit zu demonstrieren und die innerbetriebliche Akzeptanz zu erhöhen (Sauer, 1991). Bei der *externen Outplacement-Beratung* ist der Berater entweder selbständig und auf Freisetzungsfragen spezialisiert oder aber Mitglied einer Beratungsgesellschaft.

Für beide Varianten gibt es Vor- und Nachteile: Bei der externen Beratung stellt sich für das Unternehmen das Problem, den geeigneten Berater zu finden. Oftmals entsteht Bedarf nach Koordination, die die Personalabteilung übernehmen muss. Im Falle der internen Beratung können Synergieeffekte der Outplacement-Beratung mit den Personalfunktionen zur Gewinnung und Entwicklung von Mitarbeitern auftreten. Als ideale Form wird eine kombinierte Outplacement-Beratung angesehen: Entweder übernimmt ein externer Berater die unternehmensbezogene Beratung vor der Durchführung des Kündigungsgespräches, während der interne Berater den Mitarbeiter über die Kündigung informiert. Oder umgekehrt, der interne Berater übernimmt die unternehmensbezogene Beratung und der externe die des Mitarbeiters.

Es gibt hierbei auch einen Unterschied zwischen größeren sowie Klein- und mittleren Unternehmen: Für große Unternehmen scheint es mitunter sinnvoll, eine interne Beratungsabteilung einzurichten, denn mit zunehmender Unternehmensgröße und steigender Komplexität wächst auch der Beratungsbedarf. Für kleine und mittlere Unternehmungen hingegen gibt es den Beratungsbedarf lediglich sporadisch. Deshalb erscheint hier eher der Rückgriff auf eine externe Beratung sinnvoll.

Weitere Unterschiede der Outplacementberatung beziehen sich auf das Einzel- bzw. das Gruppenoutplacement:

Zur *Einzel-Outplacementberatung*: Der Ablauf einer Outplacementberatung kann in verschiedene Phasen eingeteilt werden. Hierfür gibt es in der Literatur unterschiedliche Benennungen (vgl. z. B. Schmook oder Berg-Peer, 2003), denen jedoch allen die Auffassung gemein ist, dass es sich hier um einen Entwicklungsprozess für die jeweilige Person handelt, der dazu dient, das Selbstbewusstein der Betroffenen zu stärken. Schmook (2001, S. 600) unterscheidet z. B. zehn Phasen:

1. Analyse der Situation
2. Aufbau einer positiven Grundeinstellung für die berufliche Veränderung
3. Beurteilung der vermarktbaren beruflichen Qualifikation
4. Definition der beruflichen Zielsetzung
5. Entwicklung einer Marketing- und Suchstrategie
6. Erstellung aussagefähiger Unterlagen, Vorbereitung auf Kontaktgespräche und Interviews
7. Durchführung entsprechender Marketingaktionen
8. Gespräche und Interviews
9. Bewertung von Angeboten
10. Abschluss eines neuen Arbeitsvertrages

Der Prozess beginnt mit einer ausführlichen Situationsanalyse, an die sich der Aufbau einer positiven Grundeinstellung für die kommende berufliche Veränderung anschließt. Auch die Beurteilung der aktuellen beruflichen Qualifikation gehört in diese Phase. Es folgen eine Neudefinition der beruflichen Zielvorstellungen und darauf aufbauend eine Neukonzeption der eigenen Marketing- und Suchstrategie. Auf dieser Basis können aussagefähige Unterlagen erarbeitet und Vorbereitungen für Einstellungsinterviews getroffen werden. Dann beginnt die Handlungsphase, d. h. es werden die angezielten Aktionen, Gespräche und Interviews durchgeführt und evt. Angebote werden anschließend ausgewertet. Im besten Falle führt dies dann zum Abschluss eines neuen Arbeitsvertrages.

Berg-Peer (2003) hat für diesen Prozess ein Baustein-Konzept entwickelt:

Baustein 1: Was kann ich für mich tun?
Hierbei werden vor allem die existenziellen Fragen thematisiert, wie z. B. die Klärung der Finanzen mit dem Betroffenen. Man ist auch darum bemüht, die Familienmitglieder mit einzubeziehen, da für den Betroffenen die soziale Unterstützung sehr wichtig ist. Ebenso bedeutsam ist hier die Zusammenstellung der Bewerbungsunterlagen.

Baustein 2: Wie erkenne ich meine beruflichen Stärken?
Um diese beruflichen Stärken festzustellen, gibt es verschiedene Methoden, z. B. das biographische Interview, in dem wichtige biographische Daten über das Elternhaus, die Jugend und Schule aber auch Hobbys herausgearbeitet werden.

Baustein 3: Wie entdecke ich meine persönlichen Stärken?
Um die persönlichen Stärken der Mitarbeiter herauszufinden, können auch standardisierte Testverfahren angewendet werden, z. B. das BIP (Bochumer Inventar zur Persönlichkeitsbe-

schreibung). Dieser Persönlichkeitstest erhebt u. a. Eigenschaften wie Leistungsmotivation, Arbeitsverhalten und Gewissenhaftigkeit.

Baustein 4: Wie gestalte ich meine Zukunft neu?
Hierbei geht es darum, mit dem Mitarbeiter künftige berufliche Ziele festzulegen.

Baustein 5: Wie präsentiere ich mich selbst?
Hier soll der Mitarbeiter nicht nur bei der Erstellung seines Lebenslaufes oder bei der Formulierung von Anschreiben unterstützt werden, sondern es sollen ihm auch z. B. in Form von Rollenspielen ein Feedback über sein Auftreten und evtl. Verbesserungsstrategien vermittelt werden.

Baustein 6: Wie finde ich einen passenden Arbeitsplatz?
Mit den Betroffenen werden die Strategien erarbeitet, wie sie an einen passenden Arbeitsplatz gelangen. Dies kann zum einen über einen Personalberater erfolgen oder aber über die Schaltung von Stellenanzeigen oder durch Direktbewerbungen.

Baustein 7: Wie präsentiere ich mich mündlich?
Auch hierbei kann z. B. mit Hilfe von Rollenspielen die Präsentation des Mitarbeiters vor einem Publikum geübt werden. Das Problem vieler vor der Entlassung stehender Mitarbeiter besteht häufig darin, dass ihr Selbstbewusstsein durch die Trennung vom Unternehmen gelitten hat. Mit der Entwicklung eines mündlichen Lebenslaufes, in der auf berufliche Erfolge aber auch Misserfolge eingegangen wird, kann auf mögliche Fragen selbstbewusster eingegangen werden.

Baustein 8: Wie plane ich eine Marketingkampagne?
In dieser Phase entwickelt der Mitarbeiter für sich eine ganz persönliche Marketingkampagne, d. h. er erarbeitet, mit welchen Argumenten er in welcher Form einem potenziellen neuen Arbeitgeber deutlich machen kann, welche Vorteile diesem die Einstellung des Bewerbers bringen würde.

Baustein 9: Die Bewerbungskampagne
Bei dem Bewerbungsprozess kann es immer wieder zu Rückschlägen für den Mitarbeiter kommen. Deshalb ist es wichtig, dass ihm hier der Outplacementberater zur Seite steht.

Baustein 10: Vertragsabschluss
Hierbei hilft der Outplacementberater zum einen bei der Auswahl zwischen möglichen Stellenangeboten und achtet auch darauf, dass sich der Bewerber nicht „unter Wert verkauft." Zum anderen bereitet der ihn auf effektive Vertragsverhandlungen vor.

Beim *Gruppen-Outplacement* werden im Wesentlichen die gleichen Inhalte wie beim Einzel-Outplacement behandelt. Das Gruppen-Outplacement ist für große Mitarbeiterzahlen geeignet, die aufgrund von Umstrukturierungen im Unternehmen dieses verlassen müssen. Empfohlen wird, dass nicht nur eine einmalige Beratung (z. B. in Form von Kompaktseminaren) stattfindet, sondern dass in regelmäßigen Abständen sog. Auffrischungstage stattfinden, so dass die Mitarbeiter die Möglichkeit haben Probleme darzustellen und Lösungswege zu diskutieren. Eine längerfristige Betreuung der Mitarbeiter ist eine wichtige Voraussetzung für den weiteren Vermittlungserfolg.

Ein weiterer wichtiger Punkt bei der Gruppen-Outplacementberatung besteht darin, dass möglichst homogene Gruppen gebildet werden. Wenn die Qualifikation, die Berufserfahrung und auch das Alter vergleichbar sind, können die Inhalte besser auf diese Zielgruppen zugeschnitten werden. Vorteile des Gruppen-Outplacement sind (Hofmann, 2001):

- Abmilderung der Auswirkungen von Entlassungen durch soziale Unterstützung,
- Vermittlung eines Gemeinschaftsgefühls durch Betroffenheit,
- gegenseitiges Ermuntern und die Möglichkeit zum Ideenaustausch,
- Gruppendruck; dieser kann zu einem aktiven Verhalten im Arbeitsmarkt führen.

Erfolgskritische Faktoren von Outplacementprozessen sind:

- die Betriebsparteien (Personalleitung und Betriebsräte) müssen das Konzept gemeinsam tragen und mit externen Bildungsträgern sowie mit der Arbeitsverwaltung abklären. Nur so ist die Akzeptanz durch den Mitarbeiter und eine professionelle Umsetzung gewährleistet.
- die Auswahl von entsprechenden Beratern ist sehr wichtig, da das Vertrauen der Mitarbeiter in einer angespannten Situation gewonnen werden muss.
- der Prozess muss kontinuierlich begleitet werden.
- frühe Erfolge sollten schnell bekannt gemacht werden, da dies zu einer hohen Akzeptanz in der Belegschaft führt.
- aktuelle ökonomische Entwicklungen deuten an, dass es zunehmend weniger sichere Arbeitsplätze gibt und dass der Einzelne dafür sorgen muss, seine persönlichen Fähigkeiten und Kenntnisse weiter zu entwickeln.
- es geht um einen zeitlichen Vorlauf von ca. 9 bis12 Monaten, um so den Mitarbeitern eine optimale Beratung zu gewährleisten.
- ebenso ist die organisatorische Unterstützung für ein erfolgreiches Outplacementprojekt sehr wichtig.

Outplacement ist eine Dienstleistung für Unternehmen, die Entlassungen planen, wobei der Gedanke der Einvernehmlichkeit im Mittelpunkt steht (Stoebe, 1989). Unternehmen und Mitarbeiter sollen von einer kompetenten Beratung profitieren: Das Unternehmen, indem es sein Image wahrt und Kosten spart, der Mitarbeiter, indem ihm psychologisch Beistand geleistet und dadurch Hilfe zur Selbsthilfe gewährt wird. Martin und Lekan (2008) weisen darauf hin, dass in diesem Outplacementprozess nicht nur auf die Kostensenkung geschaut werden sollte, sondern dass auch die individuellen Bedürfnisse berücksichtigt werden müssen. Andrzejewski (2009) sieht den Trennungsvorgang vom Mitarbeiter auch als Teilbestand der Mitarbeiterbindung und der Organisations- und Personalentwicklung (vgl. Kapitel 8.10) an.

In einer Längsschnittstudie mit 1 880 entlassenen Managern, die durch eine Outplacementberatungsfirma betreut wurden (Westaby, 2004), zeigte sich, dass diese Unterstützung die Wiederbeschäftigungschancen der Manager verbesserte. Es ist hierbei auch wichtig, dass der gesamte beschriebene Outplacmentprozess auch von Psychologen und ihrem Wissen um Verluste und Trennungen begleitet wird.

8.13.3 Vorbereitung auf den Ruhestand

Die Mehrzahl der älteren Mitarbeiter verließ in den vergangenen Jahren ein Unternehmen weit vor dem Erreichen der Regelaltersgrenze. Ab dem 45. Lebensjahr werden Mitarbeiter bereits zu den älteren Arbeitnehmern gezählt, über 50-jährige sehen sich beim Arbeitsplatzwechsel erheblichen Schwierigkeiten gegenüber, als Arbeitslose haben sie nur noch geringe Chancen auf einen Wiedereinstieg ins Berufsleben. Allerdings darf man erwarten, dass dieser Trend sich bald umkehren wird. Wenn aufgrund des demographischen Wandels ein Mangel an jüngeren Arbeitskräften sichtbar wird, werden die Älteren – für die dann auch zunehmend das Geld für Renten- und Pensionszahlungen fehlt – länger als bisher arbeiten müssen. Die gesetzliche Erhöhung der Regelalterszeit kann hier als erster Schritt interpretiert werden.

Inzwischen müssen auch die Unternehmen umdenken: Die demographischen Veränderungen in der EU z. B. zeigen, dass die Anzahl der über 50-Jährigen steigt, während die Anzahl der Angehörigen der jüngeren Generation (25–39 Jahre) sinkt (Lehr & Kruse, 2006). Angesichts der wachsenden Komplexität der Berufs- und Arbeitswelt erscheint es zunehmend wichtig, dass mehr empirische Forschung betrieben wird, um die Faktoren herauszufinden, die ältere Mitarbeiter an einer Weiterverfolgung ihrer Karrierepläne hindern oder die sie befördern. So gilt es als erwiesen, dass die älteren Mitarbeiter einen stärkeren sog. „psychologischen" Arbeitsvertrag haben, d. h. sie fühlen sich ihrer Arbeit und ihrem Unternehmen mehr verbunden als jüngere Mitarbeiter (Heijden, Schalk & van Veldkoven, 2008).

Der Übergang von der langjährigen Tätigkeit in einer Organisation in einen zumeist noch unstrukturierten „dritten Lebensabschnitt" ohne regelmäßige Erwerbstätigkeit stellte viele Betroffene vor Probleme, z. B. gehen soziale Kontakte verloren. In Bezug auf das Erleben und Verhalten in der beruflichen Situation unterscheidet Maier (1998) zwischen drei Gruppen älterer Mitarbeiter: (1) erfolgsorientierte, sozial integrierte, (2) passive, sich anpassende und (3) kritisierende, beruflich wenig zufriedene Arbeitnehmer. Sie stellt einen Zusammenhang zwischen Aspekten der Gestaltung der Arbeitssituation, der beruflichen Weiterbildung und der Innovationsfähigkeit heraus und zeigt somit eine Perspektive für Personalentwicklungsstrategien auf.

Zahlreiche Großbetriebe unterhalten derartige Einrichtungen. Inhalte der Maßnahmen für ältere Arbeitnehmer ab dem 55. oder 57. Lebensjahr sind Informationen über alle Variationen des Rentenübergangs, die finanziellen, psychischen, physischen und sozialen Aspekte des Ruhestandes. In manchen Unternehmen werden ehemalige Mitarbeiter („unsere Ruheständler") zu Versammlungen und Feiern regelmäßig eingeladen und so der Gedanke einer Unternehmensfamilie gestärkt sowie eine Verbindung zwischen den Lebensabschnitten geschaffen.

Eine Reihe von Personalmaßnahmen zielen auf eine Vorbereitung des Übergangs in den Ruhestand. Methoden der Vorbereitung sind vor allem Einzelgespräche, Gesprächskreise, Schulungskurse, Wochenendseminare, Kontaktabende, Streckung der Übergangsphase (flexible Ruhestandsregelung, Teilzeitbeschäftigung), Kontakt mit Ruheständlern. Damit können mehrere Ziele verfolgt werden (Spieß & Winterstein, 1999):

- Fürsorge für langjährige Mitarbeiter
- Erhöhung der Identifikation mit dem Unternehmen
- Vorbeugung vor vorzeitigem Leistungsabbau
- Reduzierung von Motivation und interpersonellen Konflikten
- Vorbeugung von Konflikten mit anderen Mitarbeitern
- Aufbau eines positiven Images und einer mitarbeiterorientierten Unternehmenskultur

Eine repräsentative Befragung von mehr als 1000 Personen zwischen 50 und 69 Jahren zeigt einige auch überraschende Ergebnisse (Bertelsmann Stiftung, 1996):

- Eine große Mehrheit lehnt Teilzeitbeschäftigung für ältere Mitarbeiter ab. Nur 11% befürworten diese.
- 50% sind für einen abrupten Übergang, 31 % finden ein „Ausgleiten" besser.
- Das Wunschalter für den Ausstieg aus dem Arbeitsleben liegt bei 60 Jahren.
- Fast alle Befragten beurteilten das Organisationsklima zum Ende ihrer Arbeitszeit als gut (90%), 70 % gaben an, ihr Wissen sei im Betrieb immer noch gefragt gewesen.
- Nur ein Viertel äußerte Probleme bei der Zusammenarbeit mit jüngeren Kollegen.
- Partnerschaftliche Unternehmenskultur, Respekt und Unterstützung vermitteln soziale Fähigkeiten, die Ruheständlern auch in der nachberuflichen Phase zugute kommen: sie sind seltener krank und engagieren sich häufiger ehrenamtlich.

Derartige Umfrageergebnisse sind allerdings mit Vorsicht zu interpretieren, denn wenn sich Selbstverständlichkeiten oder gesetzliche Grundlagen ändern, der Einzelne direkt oder indirekt Handlungsalternativen kennenlernt oder er für eine längere Berufstätigkeit geschult wird und dann auf altersspezifisch gestaltete Arbeitsbedingungen trifft, dann dürfte es auch zu veränderten Antworten kommen (Regnet, 2009).

Eine Studie mit italienischen älteren Arbeitnehmern (Zappala, Depolo, Fraccaroli, Guglielmi & Sarchielli, 2008) zeigte, dass es eine signifikante Präferenz gab, sich drei Jahre vor dem eigentlichen Rentenalter aus dem Beruf zurückzuziehen, wobei diese Absicht vom Einkommen, der Firmenpolitik und der Bedeutung, die die Arbeit für den Einzelnen hat, abhängt. Das bedeutet, dass es bei entsprechenden Arbeitsbedingungen möglich ist, Mitarbeiter auch dazu zu motivieren, länger zu arbeiten.

Neben den skizzierten betrieblichen Angeboten bieten auch Institutionen der Erwachsenenbildung im Rahmen ihrer allgemeinen Bildungsarbeit Spezialprogramme für ältere Mitarbeiter an. Dazu gehört auch die aktive Einführung in „neue" Lebensinhalte bzw. Tätigkeiten wie z. B. die Vermittlung neuer Kompetenzen mit der Betonung von Gruppenarbeit, Erfahrungs- und Meinungsaustausch (von Rosenstiel, 1994; Wegge, Frieling & Schmidt, 2008).

Desmette und Gaillard (2008) kommen aufgrund ihrer Studien an belgischen Arbeitern zu der Schlussfolgerung, dass die Kategorisierung als „älterer Arbeitnehmer" dazu führt, dass diese Menschen auch häufiger Opfer von Vorurteilen und Diskriminierung werden (vgl. Kapitel 5.1.1) bzw. wenn sie sich selbst so kategorisieren, dann auch eine negativere Arbeitseinstellung haben. Wenn dagegen der Eindruck vorherrscht, dass das Unternehmen das Alter nicht als Unterscheidungskriterium benutzt, haben diese Mitarbeiter eine positivere

Arbeitseinstellung. Lehr und Kruse (2006) machen deutlich, dass das Altern der Gesellschaft nicht mit einem Rückgang an Innovationsfähigkeit gleichgesetzt werden darf. Viele ältere Menschen verfügen über Wissens- und Erfahrungsschätze, die es ihnen erlauben, sich mit den neuen Herausforderungen kreativ auseinanderzusetzen. Insofern kann eine alternde Gesellschaft auch als Chance begriffen werden.

Vertiefende Literatur:

Berg-Peer, J. (2003). *Outplacement in der Praxis.* Wiesbaden: Gabler.

Lehr, U. & Kruse, A. (2006). Verlängerung der Lebensarbeitszeit – eine realistische Perspektive? *Zeitschrift für Arbeits- und Organisationspsychologie, 4,* 240–247.

8.14 Ethik in Organisationen

Ethik in Organisationen ist noch wenig erforscht, ebensowenig wie Ethik und Führung (Brown, Trevino & Harrison, 2005; Brown & Trevino, 2006). Dies erstaunt insofern, als immer wieder von Skandalen, Korruptionen usw. aus den Chefetagen und aus dem Alltag von Organisationen zu hören ist. Brown und Trevino (2006) betonen, dass sehr viel aus einer normativen ethischen Perspektive geschrieben wurde, was z. B. Führungskräfte alles tun sollten. Aber ein eher deskriptiver und prognostischer sozialwissenschaftlicher Ansatz für Ethik und Führung ist noch kaum entwickelt.

Berkel (1998) spricht gar davon, dass die Organisationspsychologie als ganzes ein Problem mit der Ethik habe und dabei Gefahr läuft, eine zu individualistische Perspektive einzunehmen, die sich einseitig auf die Seite des Managements oder des Einzelnen schlägt. Er verweist auf eine Sichtweise, die die Institution als gruppenunabhängige Partei thematisiert.

Blickle (2003) gibt einen knappen Überblick über für Organisationen wesentliche Theorien der normativen Ethik:

- Die Vertragstheorie der Ethik stellt die Norm des „Verträge müssen eingehalten werden" in den Mittelpunkt. So ist nach Abschluss eines Arbeitsvertrages ein Rahmen von nicht ausschließlich juristischen Rechten und Pflichten abgesteckt. Vieles wird Teil des sog. „psychologischen Vertrages" (Raeder & Grote, 2005).
- Nach Auffassung des Utilitarismus ist jeder dazu verpflichtet, so zu handeln, dass daraus das größtmögliche Glück der größtmöglichen Zahl von Menschen entspringt. Aus der Sozialpsychologie ist jedoch bekannt, dass – im Gegensatz zu den Behauptungen der klassischen ökonomischen Theorien des Marktes – das individuelle Vorteilsstreben aller nicht zwingend zum Vorteil aller führt, wie die sozialen Dilemmata (vgl. Kapitel 5.2.2) belegen.
- Die Respektierung von Grundrechten, die auch für Organisationen gilt, geht auf den Kategorischen Imperativ von Kant (1785/1968) zurück, der fordert: „Handle nur nach derje-

nigen Maxime, durch die du zugleich wollen kannst, dass sie ein allgemeines Gesetz werde."
- In der Diskursethik (Habermas, 1983) geht es um die Gerechtigkeit und den Ausgleich unterschiedlicher Interessen.
- Der hermeneutische Ansatz der Ethik besagt, dass moralische Normen als Abstraktionen von konkreten Situationen verstanden werden, die sich in einem ständigen Prüf- und Korrekturprozess befinden (Gadamer, 1968). Für Blickle integriert dieser Ansatz alle anderen Ethikkonzeptionen, wobei das Ziel darin liegt, für eine konkrete moralische Entscheidungssituation zu einer rationalen Empfehlung zu kommen.

Blickle erläutert den ethischen Aspekt an exemplarischen Problemfeldern in Organisationen. So werden beim Eintritt in Organisationen häufig Personalauswahlverfahren eingesetzt (vgl. Kapitel 8.2). Diese sollten möglichst tranparent sein und das Recht auf Selbstbestimmung nicht verletzen. Hier stellt sich auch die Frage nach der Gerechtigkeit (vgl. Kapitel 5.2.8), inwieweit Personen lediglich aufgrund ihres erfolgreichen Abschneidens in einem diagnostischen Verfahren eingestellt werden sollten oder auch aufgrund anderer Kriterien, wie z. B. dem Geschlecht.

Vorgesetzte haben eine Fürsorgepflicht gegenüber ihren Mitarbeitern, die beinhaltet, dass die Situationsbedingungen transparent gestaltet werden sollen und etwaige Disziplinarmaßnahmen nicht der Willkür entspringen, sondern im Einklang mit den Regeln der Organisation. So gilt Mikropolitik (Neuberger, 2006) aus ethischer Perspektive als unakzeptabel. Aus diskursethischer Sicht ergibt sich die Forderung, Strukturen in Organisationen so zu gestalten, dass offene Konfliktlösungen (vgl. Kapitel 5.2.3) möglich sind.

Die Forderung nach humangerechter Gestaltung (z. B. schädigungslos, ausführbar, erträglich und beeinträchtigungsfrei) von Arbeitsbedingungen kommt traditionell aus der Arbeitspsychologie (Ulich, 2005), ebenso wie die Forderung nach Handlungs- und Tätigkeitsspielräumen.

Häufig unterscheidet man zwischen Moral und Ethik (Berkel, 1998), wobei Moral auf der Ebene des praktischen Lebensvollzugs angesiedelt ist, Ethik dagegen die wissenschaftliche Reflexion darüber darstellt. Ethik stellt Moral dreifach in Frage:

- kritisch-unterscheidend, indem gängige Moralvorstellungen hinterfragt werden, z. B.: Gibt es eine Erfolgsethik?
- konstruktiv-gestaltend fragt sie danach, welche Regeln für heutige Konflikte in Organisationen angeboten werden können.
- prospektiv-entwerfend fragt sie nach den Normen des Umgangs mit anderen Kulturen. Angesichts einer zunehmend „pluralen Welt" gilt nicht mehr nur eine allein gültige Moralvorstellung, sondern eine Vielzahl moralischer Vorstellungen.

Jede Ethik legt ein spezifisches Menschenbild, ein anthropologisches Modell, zugrunde. In Abb. 8.22 stellt Berkel ein derartiges Modell der Organisationspsychologie vor. Ziele, Aufgaben, Personen und Beziehungen sind für Organisationen wichtig. Die sog. „Leitidee" stellt die institutionelle Dimension einer Organisation dar. An der Dreieckspitze steht die Gesamt-

8.14 Ethik in Organisationen

richtung, an der sich die Menschen ausrichten. In der Leitidee werden Werte, Visionen repräsentiert, die der Zusammenarbeit Sinn verleihen. Dieser Sinn wird von der geschichtlich-kulturellen Umwelt mitgetragen. Das Organisationsmitglied selbst nimmt in der Institution bestimmte Rollen und Beziehungen wahr, die durch die soziale und gesellschaftliche Umwelt geprägt sind; die zu erledigenden Aufgaben wiederum hängen vom technischen Stand der Umwelt ab.

Abb. 8.22: Anthropologisches Modell der Organisationspsychologie nach Berkel (1998)

In Abbildung 8.23 wird diese anthropologische Idee auf den Führenden übertragen, der die Verantwortung trägt. Verantwortlichkeit wird hier so verstanden, dass sie gegenüber Personen wahrgenommen wird und von diesen als „Glaubwürdigkeit" erlebt wird. Die Verantwortlichkeit wird auch gegenüber der Sache gezeigt, indem fachkundig gehandelt und z. B. ein rationaler Umgang mit Ressourcen zur Zielerreichung angestrebt wird. Ebenso ist die Führungskraft der gesamten Leitidee des Unternehmens verpflichtet, die sie aktiv mitgestaltet. Dieses Modell gilt nach Berkel auch für die Mitarbeiter, die sich zwar in ihren funktionalen Beiträgen unterschieden, jedoch nicht in ihrem ethischen Verhalten. Er sieht die ethische Verantwortung der Führungskräfte darin, dass sie die Rahmenbedingungen in den Organisationen so gestalten, dass die Mitarbeiter die für die Institution relevanten Tugenden erwerben und leben können.

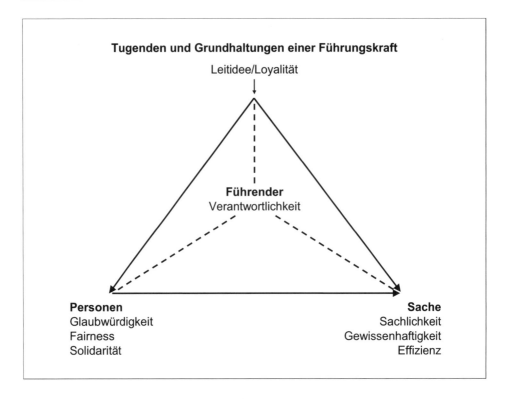

Abb. 8.23: *Führung im Spannungsfeld nach Berkel (1998)*

Brown, Trevino und Harrison (2005) betrachten ethische Führung aus der Perspektive der sozialen Lerntheorie heraus und haben ein neues Instrument (ELS, ethical leadership) entwickelt, um ethische Führung empirisch zu untersuchen. Sie definieren ethische Führung als Demonstration normativ angemessener Führung durch entsprechende Handlungen und interpersonale Beziehungen sowie die Förderung solchen Verhaltens bei den Mitarbeitern durch wechselseitige Kommunikation, Verstärkung und Entscheidung.

Ethische Führung korreliert eng mit Beziehungsorientierung, Ehrlichkeit, Vertrauen in die Führungskraft, Fairness und transformationaler Führung. Ethische Führung bedingt eine wahrgenommene Effektivität der Führung, Arbeitszufriedenheit der Mitarbeiter und deren Bereitschaft, dem Management Probleme mitzuteilen.

Rowold, Borgmann und Heinitz (2009) haben für diese Ethical Leadership Scale (ELS) von Brown et al. (2005) ethische Führungs- und Gütekriterien in einer deutschen Adaptation ermittelt. Sie fanden positive Korrelationen zwischen ethischer und transformationaler Führung und transaktionaler mit aufgabenorientierter Führung sowie eine negative Korrelation mit der Laissez-faire-Führung.

Brown und Trevino (2006) weisen darauf hin, dass bisheriger unethischer Führung wenig Beachtung geschenkt wurde. Sie nehmen an, dass gering ausgebildete ethische Führung jedoch nicht automatisch unethisches Führungshandeln zur Folge hat.

Vertiefende Literatur:

Blickle, G. (Hrsg.). *Ethik in Organisationen*. Göttingen: Stuttgart.

Neuberger, O. (2006). *Mikropolitik und Moral*. Stuttgart: Lucius & Lucius.

9 Ausblick

Für nahezu jede anwendungsorientierte Wissenschaft – und die Organisationspsychologie zählt dazu – gilt ein mehrstufiger Ablauf des wissenschaftlich-praktischen Handelns (Schneewind, 1973, von Rosenstiel, 2007):

1. Feststellung des Ist-Zustandes, was als Person- oder Situationsdiagnostik interpretierbar ist;
2. Bestimmung des Soll-Zustandes; hier handelt es sich um normativ-politische Entscheidungen, an denen eine empirische Wissenschaft nur bedingt mitwirken kann;
3. Erarbeitung von Veränderungswissen, d. h. Erprobung theoretischer Konzepte in der empirischen Forschung, um vom Ist- zum Soll-Zustand zu gelangen;
4. Intervention, d. h. Anwendung des erarbeiteten Veränderungswissens in der einschlägigen Praxis;
5. Evaluation, d. h. erneute Personen- oder Situationsdiagnostik um zu prüfen, ob der jetzt gegebene Ist-Zustand dem zuvor angestrebten Soll-Zustand entspricht.

Machen wir dies nun am Beispiel des in der Organisationspsychologie häufig untersuchten Konzepts der Arbeitszufriedenheit (vgl. Kapitel 6.1.2) deutlich:

1. Um den *Ist-Zustand* zu erfassen ist zunächst der Begriff der Arbeitszufriedenheit klar zu bestimmen und von anderen – wie z. B. Organisationsklima oder Arbeitsmoral – abzugrenzen und zu operationalisieren. Das heißt, das Instrument – z. B. ein standardisierter Fragebogen zur Messung der Arbeitszufriedenheit – ist zu entwickeln. Dieser kann nun in einer Organisation eingesetzt werden, um dort den Ist-Zustand bei der der Belegschaft gegebenen Arbeitszufriedenheit zu messen.
2. Bei der Festlegung des *Soll-Zustandes* kann der Organisationspsychologe – wenn ihm die Möglichkeit geboten wird – als einer von vielen mitwirken. Die Entscheidung aber hat er denen zu überlassen, die dafür bestimmt sind (Münsterberg, 1912), also der Geschäftsleitung und dem Betriebs- bzw. dem Personalrat. Meist dürfte bei der Arbeitszufriedenheit kaum ein Dissens bestehen, d. h. man wird sehr schnell einig, wieder eine zuvor diagnostizierte hohe Arbeitszufriedenheit zu stabilisieren bzw. eine niedrige zu verbessern. Es ist allerdings denkbar, dass die Geschäftsleitung die – vermeintlich meist unzutreffende – Auffassung vertritt, dass derjenige, der zufrieden ist, zugleich „satt, faul und nicht motivierbar" sei und ihr daher die Steigerung der Arbeitszufriedenheit gar nicht wünschenswert erscheint. Zwar hat der Organisationspsychologe hier nicht das Recht, aufgrund seiner Fachkompetenz anderen zu sagen, was sie wollen sollen (Irle, 1975), er kann aber seine Argumente in die Diskussion einbringen, auf eine Vielzahl positiver Folgen einer hohen Arbeitszufriedenheit, die durch empirische Forschung belegt sind, verweisen und

den Wert der Zufriedenheit der Mitarbeiter, die einen Großteil ihrer Lebenszeit in der Arbeit verbringen, aus menschlichen und ethischen Gründen betonen.
3. In der Erarbeitung des *Veränderungswissens* ist als das wichtigste Feld der organisationspsychologischen Forschung zu sehen. In unserem Beispiel wird Arbeitszufriedenheit zum einen als abhängige, zum anderen als unabhängige Variable gesehen und entsprechend untersucht, von welchen Bedingungen die Arbeitszufriedenheit abhängig ist und zu welchen Konsequenzen sie führt.
4. Die *Intervention* ist das Herzstück des wissenschaftlich fundierten praktischen Handelns. Die durch das Veränderungswissen bereitgestellten Maßnahmen werden nun umgesetzt, und es werden jene Bedingungen gezielt modifiziert, von denen die Arbeitszufriedenheit abhängig ist, d. h. zum Beispiel wird der Handlungsspielraum bei der Arbeit erweitert, das Klima in der Gruppe durch ein Teamentwicklungstraining verbessert und das Verhalten der Führenden in Richtung auf höhere Mitarbeiterorientierung geschult.
5. Die *Evaluation* ist nun die erneute Erfassung des Ist-Zustandes – so wird man z. B. mit dem gleichen Verfahren wie zu Beginn – am besten innerhalb eines Kontrollgruppendesigns – prüfen, ob sich die Arbeitszufriedenheit aufgrund der Intervention verbessert, sich also dem Soll-Zustand angenähert hat.

Hier gibt es eine Parallele zum „evidenzbasiertem (Veränderungs-)Management" (EbM) (Brodbeck, 2008; Pfeffer, & Sutton, 2006). Dieser Begriff kennzeichnet eine Bewegung führender Managementforscher aus den USA (z. B. Jeffrey Pfeffer, Dennise Rousseau). Entscheidungen, die das Management trifft, sollten durch die Anwendung bestmöglicher wissenschaftlicher Methoden gestützt werden. Wird EbM durch die Manager praktiziert, entwickeln sie sich zu Experten, die ihre Entscheidungen auf der Basis sozialwissenschaftlicher Erkenntnisse treffen. So ist es z. B. vor Beginn einer Veränderungsmaßnahme wichtig, umfassende Evidenz zu sammeln, um das Pro und Contra dieses Prozesses abzuwägen.

Was heißt das nun für einen Blick nach vorn? Viele Forschungsgegenstände und Handlungsfelder der Organisationspsychologie – wie z. B. die Arbeitszufriedenheit – werden auch künftig wichtig sein. Nach wie vor werden die Analyse, die Bewertung und Gestaltung, von Arbeitsbedingungen, die Auswahl, Beurteilung und Entwicklung der Mitarbeiter sowie deren Motivierung bei der täglichen Arbeit, die Zusammenstellung, Entwicklung und Führung von Teams, das Organisationsklima, die Unternehmenskultur oder die Organisationsentwicklung zentrale Themen der Organisationspsychologie sein. Sie werden sowohl wissenschaftlich als auch praktisch bearbeitet.

Da sich jedoch die Arbeit in Organisationen ändert, werden neue Felder hinzukommen, wie z. B. die Gefahr von Stress und Burnout im Callcenter, Gefühlsarbeit bei der personenbezogenen Dienstleistung (Nerdinger & Röper, 1999), die (Re-)Integration der Älteren in die Arbeitswelt, Kooperation in interkulturell zusammengesetzten Teams, Führung virtueller Arbeitsgruppen (Hertel & Konradt, 2004), Folgen von Internationalisierung, Globalisierung (Steger, 1996) und von Wirtschaftskrisen. So gibt es zum Thema Krise und Insolvenzen noch wenig psychologische wissenschaftliche Literatur und Forschungsarbeiten. Die meisten Studien dazu sind Fallgeschichten, Erfahrungsberichte oder Beraterpublikationen, die Eigenwerbung betreiben (Schiffer, 2005). Zur Krisenbewältigung kann aber auch auf Bewährtes aus der Konfliktforschung (Kapitel 5.2.3) oder den Untersuchungen zu den Unternehmensfusionen (Kapitel 8.5) als theoretische Erklärungsansätze zurückgegriffen werden.

Andere Theorien werden an Bedeutung verlieren oder ganz verschwinden. Wenn z. B. zunehmend die klassische tayloristische Fließbandarbeit aus der Produktion aufgrund der Automatisierung einerseits und durch verschiedene Formen von Gruppenarbeit andererseits verdrängt wird, so verlieren viele der seinerzeit bedeutsamen Forschungsergebnisse zur Fließbandarbeit an Relevanz und Interesse.

Man erkennt an diesen Beispielen, dass die Organisationspsychologie eine *Kontextwissenschaft* ist. Ihr Gegenstand ist nicht – wie dies für die Psychologie als theoriezentrierte Grundlagenwissenschaft gilt – menschliches Erleben und Verhalten schlechthin, sondern spezifisch menschliches Erleben und Verhalten im Kontext einer Organisation. Dies hat Konsequenzen für das Selbstverständnis der Wissenschaftler und der von ihnen erarbeiteten Forschungsergebnisse.

Die Mühlen der Evolution malen langsam. Entsprechend darf der Wahrnehmungspsychologe, der sich mit optisch-geometrische Täuschungen beschäftigt, hoffen, dass seine Befunde – falls sie methodisch sauber erhoben werden – noch in Jahrhunderten gelten werden, auch wenn er damit rechnen muss, dass sie dann aufgrund von Fortschritten in der Methodik in der Theorie vertieft und differenziert sein werden. Anders der Organisationspsychologe: Für ihn gilt, dass mit dem Wandel von Aufbau- und Ablauforganisationen, mit der Globalisierung, der Elektronisierung von Informations- und Kommunikationsprozessen, mit dem Aufkommen veränderter Kundenbedürfnisse, mit Novellierungen des Arbeits- und Betriebsverfassungsrechts etc. die Halbwertszeit einschlägiger wissenschaftlicher Erkenntnisse sinkt und Forschungsbefunde rasch veralten. Das mag frustrierend erscheinen, ist aber auch eine Chance und Herausforderung für das Fach. Mit dem Wandel ergeben sich neue Handlungsfelder, akute Probleme und innovative, relevante Forschungsfragen. Diese Relevanz weist auf einen weiteren, für die Organisationspsychologie zentralen Punkt hin, den Anwendungsbezug. Bert Brecht lässt seinen Helden in „Das Leben des Galilei" sagen: „Ich halte dafür, dass das einzige Ziel der Wissenschaft darin besteht, die Mühseligkeit der menschlichen Existenz zu erleichtern". Zwar ist Erkenntnis um ihrer selbst willen auch ein legitimes Ziel, für die Organisationspsychologie, einem anwendungsorientierten Teilgebiet der Psychologie, gilt die Forderung des Brechtschen Galilei allemal (von Rosenstiel, 2004).

Angewandte Psychologie wird meist als eine Forschungsdisziplin verstanden, die Fragen oder Probleme der Praxis aufnimmt, um durch entsprechende Forschung eine Antwort bzw. Lösung zu finden. Eine derartige Fragestellung könnte z. B. lauten: Wie sollte die Struktur der Organisation, die interne Kommunikation, die Zusammensetzung der Teams und das Verhalten der Führenden gestaltet bzw. entwickelt werden, um möglichst viele Innovationen in Unternehmen zu generieren? (Gebert, 2007). Die praktische Psychologie wäre demgegenüber wissenschaftlich fundiertes Alltagshandeln von Psychologen, die – meist gestützt durch das von der Organisationspsychologie erarbeitete Veränderungswissen – konkrete Fragestellungen eines Auftraggebers zu beantworten suchen (von Rosenstiel, 2007).

Die Organisationspsychologie betreibt also Forschung nicht nur mit dem Ziel, zu neuen Erkenntnissen zu gelangen, sondern darüber hinaus mit der weiteren Absicht, dass diese Erkenntnis auch nützlich ist. Hier aber können sich für den anwendungsorientiert Forschenden, aber auch für den in der Praxis handelnden Psychologen, Probleme, Zweifel und Konflikte ergeben, denn was heißt nützlich (Kanning, von Rosenstiel und Schuler, 2010)? Da es in der Gesellschaft unterschiedliche Interessen, ja, gelegentlich auch Interessensgegensätze gibt, gilt es, die Forschungsergebnisse der Organisationspsychologie – wie bei anderen anwendungsorientierten Wissenschaften auch – zu hinterfragen: Z. B. nützlich für wen? Damit wird die Organisationspsychologie – ob sie es will oder nicht – stets auch politisch. Was einer bestimmten Interessengruppe nutzt, kann für eine anderen durchaus Schaden bringen. Motivationsförderliche Arbeitsgestaltungen, durch die die Produktivität erhöht wird, liegen im Interesse der Aktionäre, vermutlich auch des Managements, sie dürften aber, da sie mit Arbeitsverdichtung und Stress verbunden sein könnten, die Interessen der Mitarbeiter vernachlässigen oder gar tief greifend schädigen.

Was heißt das nun für die organisationspsychologische Forschung?

- Der Wissenschaftler sollte in intensivem Kontakt mit der Praxis stehen, in kooperative Projekte eingebunden sein, um die konkret sich in den Organisationen stellenden Probleme authentisch kennenzulernen.
- Aus dieser Sicht sollte er beantwortbare Fragestellungen für die Forschung ableiten oder proaktiv solche entwickeln, die in der Praxis noch gar nicht bewusst sind, sich aber vermutlich bald stellen werden.
- Bevor er mit der einschlägigen Forschung beginnt, sollte er abwägen und sich fragen, welchen Nutzen die Antwort wem bringen könnte und wer möglicherweise dadurch geschädigt wird. Kurz: Die Neben- und Folgewirkungen gilt es differenziert zu reflektieren, was gelegentlich zur Konsequenz führen dürfte, auf die einschlägigen Untersuchungen zu verzichten.
- Wird die Forschung nach einer verantwortbaren Entscheidung begonnen, so sollte sie in der Regel als empirische Feldforschung in enger Kooperation mit der Praxis durchgeführt werden. Dabei kann es – im Sinne der praxisnahen Ausbildung der Studierenden und der Förderung des wissenschaftlichen Nachwuchses – empfehlenswert sein, Studierende und Doktoranden in das Projekt einzubinden. Selbstverständlich schließt die Priorisierung der Feldforschung laborexperimentelle Untersuchungen begleitend oder im Vorfeld nicht aus, um z. B. Hypothesen zu testen oder Kausalbeziehungen zu klären.
- Die Forschungsergebnisse sollten dann der wissenschaftlichen Öffentlichkeit zugänglich gemacht werden. Dazu gehört zum einen die Publikation in führenden – häufig englischsprachigen (Dormann, Sonnentag & van Dick, 2007) – Zeitschriften, um durch die kritische Diskussion mit den Gutachtern und mit Fachkollegen, die Qualität zu steigern und internationale Präsenz zu erlangen. Zum anderen gehört dazu aber auch das Zugänglichmachen der Befunde in deutscher, leicht verständlicher Sprache für diejenigen, die die Befunde in die Praxis umsetzen, die die Absolventen der Lehreinheit künftig einstellen und so in Brot und Arbeit setzen (von Rosenstiel, 2004). Nur so erfüllt letztlich die Organisationspsychologie ihre zentrale Aufgabe, für Menschen in Organisationen Nutzen zu stiften.

Der Anwendungsbezug der Organisationspsychologie – auch das Studium dieses Faches – ist mit einer weiteren Herausforderung verbunden: Die sich in der Praxis stellenden Probleme, die es zu lösen gilt, sind meist komplex. Ein Studium bereitet darauf häufig schlecht vor, da Universitäten und Fachhochschulen nach Gesichtspunkten der Aspektspezialisierung organisiert sind. Bildlich gesprochen: Das Problem ist eine Torte, die Fakultäten repräsentieren jeweils lediglich ein Tortenstück; sie schneiden aus dem Ganzen z. B. nur den medizinischen, den juristischen, den technischen oder den psychologischen Teil heraus.

Mit dem Menschen in Organisationen beschäftigen sich viele Fachdisziplinen, etwa die Theologie und Ethik – z. B. die katholische Soziallehre – , die Rechtswissenschaft – man denke an den Arbeits- und Gesundheitsschutz –, die Ingenieurswissenschaften – z. B. die einschlägige Arbeitswissenschaft – und natürlich die Betriebswirtschaftslehre, die Soziologie und die Psychologie.

Als Folge davon ist die Organisationspsychologie auf Kooperation und Teamarbeit angelegt. Der Organisationspsychologe muss – je nach Problemstellung – mit Vertretern anderer einschlägiger Nachbardisziplinen zusammenarbeiten. Entsprechend ist es bereits für die Studierenden ratsam, in Übungen, Projekten und Seminaren an der Hochschule mit Kommilitonen aus anderen Fakultäten gemeinsam zu lernen, Studienprojekte zu bearbeiten und fachliche Fragen zu diskutieren, um so Herangehensweisen und Denkansätze anderer Fächer kennenzulernen. Die Notwendigkeit zur Kooperation gilt nicht nur angesichts der Heterogenität der fachlichen Sichtweisen. In Organisationen gibt es auch Interessensgegensätze. Entsprechend muss der Organisationspsychologe – insbesondere, wenn er in der Praxis tätig ist – lernen, einerseits mit Betriebsratsmitgliedern und gewerkschaftlichen Vertrauensleuten, andererseits mit Vertretern der Eigner und des Managements zu kooperieren. Derartig verschiedene Formen der Zusammenarbeit dienen nicht nur der Qualität der Forschung und Lehre an den Hochschulen sowie den Problemlösungen in der Praxis, sondern sie erweitern auch die Kompetenz der Organisationspsychologen durch ein Lernen in der sozialen Interaktion und im Prozess der Arbeit.

In jeder Wissenschaft gibt es Veränderung, Innovation und Fortschritt. Ist der Gegenstand des Faches ein Phänomen der Natur, wie dies für die Physik, für die Chemie etc. gilt, dann beruht dies auf veränderten Perspektiven weiterentwickelter Theorien und verfeinerter Methoden. Der Gegenstand selbst jedoch bleibt – gemessen an menschlicher Zeitperspektive – unverändert. Dies sieht anders aus, wenn das Erkenntnisobjekt vom Menschen gemacht ist, wie es auch für Organisationen gilt. Veränderungen im Fach sind dann auch darauf zurückzuführen, dass dessen Gegenstand – häufig in einer geradezu erschreckenden Geschwindigkeit – sich wandelte. Dies gilt auch und im besonderen Maße für die Organisationspsychologie. Sich mit diesem Fach im Studium, in Forschung und Lehre sowie in der Praxis auseinanderzusetzen, ist somit eine ständige Herausforderung, wobei niemand mit Sicherheit zu sagen weiß, wohin die Reise geht.

10 Literaturverzeichnis

Acker, G. M. (2004). The effect of organizational conditions on job satisfaction and intention to leave among social workers in mental health care. *Community Mental Health Journal, 40, 1*, 65–73.

Adams, J. S. (1965). Inequity in social exchange. In L. Berkowitz (Ed.), *Advances in experimental social psychology* (pp. 267–299). New York: Academic Press.

Adams, G. A., King, L.A. & King, W. D. (1996). Relationships of job and family involvement, family social support, and work-family conflict with job and life satisfaction. *Journal of Applied Psychology, 4*, 411–420.

Adler, N. (1997). *International dimensions of organizational behavior* (2nd ed.). Cincinnati: South Western College Publishing.

Adler, N. (2000). *International dimensions of organizational behavior* (3rd ed). Boston: Kent Publishers.

Ajzen, I. & Madden, T. J. (1986). Prediction of goal-directed behavior: Attitudes, intentions, and perceived behavioral control. *Journal of Experimental Social Psychologie, 22*, 453–474.

Althauser, U. (2001). Human-Ressources-Management in der Globalisierung – Hindernis oder Treiber? In P. Friedrichs & U. Althauser (Hrsg.), *Personalentwicklung in der Globalisierung – Strategien der Insider* (S. 70–113). Neuwied: Luchterhand.

Altmann, G., Fiebiger, H. & Müller, R. (1999). *Mediation: Konfliktmanagement für moderne Unternehmen.* Weinheim und Basel: Beltz-Verlag.

Andrzejewski, L. (2009). Trennungs-Kultur und Mitarbeiterbindung als zukunftssichernder Teil der Organisations- und Personalentwicklung. In L. von Rosenstiel, E. Regnet & M. Domsch (Hrsg.), *Führung von Mitarbeitern – Handbuch für erfolgreiches Personalmanagement* (6. überarb. Aufl., S. 699–716). Stuttgart: Schäffer-Poeschel.

Antonovsky, A. (1987). *Unraveling the mystery of health. How people manage stress and stay well.* San Francisco: Jossey-Bass.

Antoni, C. H. (2000). *Teamarbeit gestalten – Grundlagen, Analysen, Lösungen.* Weinheim: Beltz.

Antoni, C. H. (2004). Gruppen- und Teamarbeit in der Industrie. Erfahrungen und Konsequenzen für die Gestaltung. In C. O. Velmerig, K. Schattenhofer & Ch. Schrapper (Hrsg.).

Teamarbeit. Konzepte und Erfahrungen – eine gruppendynamische Zwischenbilanz (S. 45–58). Weinheim: Juventa.

Antoni, C. H. (Hrsg.) (1994). *Gruppenarbeit in Unternehmen: Konzepte, Erfahrungen, Perspektiven.* Weinheim: Beltz.

Antoni, C. H. & Bungard, W. (2004). Arbeitsgruppen. In H. Schuler (Hrsg.), *Organisationspsychologie – Gruppe und Organisation. Enzyklopädie der Psychologie. Band 4.* (S. 123–191). Göttingen: Hogrefe Verlag.

Ardelt-Gattinger, E. & Gattinger, E. (1998). Gruppenarten und Gruppenphasen. In E. Ardelt-Gattinger, H. Lechner & W. Schlögl (Hrsg.), *Gruppendynamik: Anspruch und Wirklichkeit der Arbeit in Gruppen* (S. 2–10). Göttingen: Verlag für Angewandte Psychologie.

Argyle, M. (1991). *Cooperation, the basis of sociability.* London: Routledge.

Argyris, C. (1964). *Integrating the individual and the organization.* New York: Wiley.

Argyris, C. (1975). Das Individuum und die Organisation. In K. Türk (Hrsg.), *Organisationstheorie* (S. 215–233). Hamburg: Hoffmann & Campe.

Argyris, C. & Schön, D. A. (1978). *Organizational learning: A. theory of action perspective.* Reading. MA: Addison-Wesely.

Aronson, E. Wilson, T. D. & Akert, R. M. (2004). *Sozialpsychologie* (4. Aufl.). München: Pearson.

Asanger, R. & Wenninger, G. (1992). *Handwörterbuch der Psychologie.* München: Psychologie Verlags Union.

Axelrod, R. (1987). *Die Evolution der Kooperation.* München: Oldenbourg.

Baldwin, T. T. & Ford, J. K. (1988). Transfer of training: A review and directions for future research. *Personnel Psychology, 41,* 63–105.

Bales, R. F. & Slater, P. E. (1955). Role differentiation in small decision making groups. In T. Parsons & R. F. Bales (Eds.), *Family, socialization and the interaction process* (pp. 259–306). Glencoe: Bartlett, CA & Ghoshal.

Bandura, A. (1969). *Principles in behavior modification.* New York: Holt, Rhinehart & Winston.

Bandura, A. (1977). Self-efficacy: Toward a unifying theory of behavioral change. *Psychological Review, 84,* 191–215.

Bartlett, C. A. & Ghoshal, S. (1990). *Internationale Unternehmensführung.* Frankfurt/M.: Campus.

Bartram, P. (1969). Die innerbetriebliche Kommunikation. Ihre formale Regelung und informale Ausprägung. Unveröffentlichte Dissertation, Freie Universität Berlin.

Bass, B. M. (1965). *Organizational Psychology.* Boston: Allyn & Bacon.

Bass, B. M. (1985). *Leadership and performance beyond expectation.* New York: Free Press.

Bauer, G. & Jenny, G. (2007). Gesundheit in Wirtschaft und Gesellschaft. In K. Moser (Hrsg.), *Wirtschaftspsychologie* (S. 222–241). Göttingen: Hogrefe Verlag.

Bayard, N. (1997). *Unternehmens- und personalpolitische Relevanz der Arbeitszufriedenheit.* Bern u. Stuttgart: Haupt.

Bazerman, M. H., Curhan, J. R., Moore, D. A. & Valley, K. L. (2000). Negotiation. *Annual Rview of Psychology, 51,* 279–314.

Beal, D. J., Cohen, R. R., Burke, M. J. & McLendon, C. L. (2003). Cohesion and performance in groups: A meta-analytic clarification of construct relations. *Journal of Applied Psychology, 88,* 989–1004.

Beck, U. (1998). *Was ist Globalisierung?* Frankfurt/M.: Suhrkamp.

Beck, D. & Fisch, R. (2003). Entwicklung der Zusammenarbeit in Teams mit Hilfe des Teamrollenansatzes von Belbin. In S. Stumpf & A. Thomas (Hrsg.), *Teamarbeit und Teamentwicklung* (S. 317–355). Göttingen: Hogrefe Verlag.

Becker, H. & Langosch, I. (1995). *Produktivität und Menschlichkeit – Organisationsentwicklung und ihre Anwendung in der Praxis.* Stuttgart: Enke.

Bennett, M. J. (1998). Intercultural Communication: A current perspective. In M. Bennett (Eds.), *Basic concepts of intercultural communication: Selected Readings* (pp. 1–34). Yarmouth, Maine: Intercultural Press.

Berg-Peer, J. (2003). *Outplacement in der Praxis.* Wiesbaden: Gabler.

Berkel, K. (1990). *Konflikttraining: Konflikte verstehen und bewältigen.* Heidelberg: Sauer.

Berkel, K. (1998). Führungsethik: Organisationspsychologische Perspektiven. In G. Blickle (Hrsg.), *Ethik in Organisationen* (S. 117–136) Göttingen: Stuttgart.

Berkowitz, L. (1990). On the formation and regulation of anger and aggression: A cognitive-neoassociationistic analysis. *American Psychologist, 45,* 494–503.

Berkowitz, L.& LePage, A. (1967). Weapons as aggression-eliciting stimuli. *Journal of Personality and Social Psychology, 7,* 202–207.

Berry, J. W. (1990). Psychology of acculturation. In R. W. Brislin (Ed.), *Applied Cross-Cultural Psychology* (pp. 232–253). Newbury Park: Sage.

Berry, L. L. & Parasuraman, A. (1995). Dienstleistungsmarketing fängt beim Mitarbeiter an. In M. Bruhn (Hrsg.), *Internes Marketing. Integration der Kunden- und Mitarbeiterorientierung.* Grundlagen – Implementierung – Praxisbeispiele (S. 87–110). Wiesbaden: Gabler.

Bertelsmann Stiftung (1996). *Teilzeit wenig populär.* Untersuchungen der Bertelsmann Stiftung zum Übergang in den Ruhestand. Pressemitteilung vom 04.04.1996.

Bettenhausen, K. L. (1991). Five years of groups research: What we have learned and what needs to be addressed. *Journal of Management, 17*, 345–381.

Betz, N. (1994). Basic issues and concepts in career counseling for women. In W. Bruce Walsh & S. H. Osipow (Eds.), *Career counseling for women* (pp. 1–43). Hillsdale, NJ: Erlbaum.

Bierbrauer, G. (1996). *Sozialpsychologie*. Stuttgart: Kohlhammer.

Bierhoff, H. W. (1998a). *Sozialpsychologie: ein Lehrbuch* (4. Aufl.). Stuttgart: Kohlhammer.

Bierhoff, H. W. (1998). Sozialpsychologische Aspekte der Kooperation. In E. Spieß (Hrsg.), *Formen der Kooperation – Bedingungen und Perspektiven* (S. 21–36). Göttingen: Hogrefe Verlag.

Bierhoff (2006). *Sozialpsychologie. Ein Lehrbuch* (6. überarb. u. erw. Aufl.). Stuttgart: Kohlhammer.

Bierhoff, H. W. & Müller, F. G. (1993). Kooperation in Organisationen. *Zeitschrift für Arbeits- und Organisationspsychologie, 37*, 42–51.

Bierhoff, H. W. & Herner, M. J. (2002). *Begriffswörterbuch Sozialpsychologie*. Stuttgart: Kohlhammer.

Bihl, G. (1973). Von der Mitbestimmung zur Selbstbestimmung. München: Goldmann.

Bischof, N. (1989). Emotionale Verwirrungen oder: Von den Schwierigkeiten im Umgang mit der Biologie. *Psychologische Rundschau, 40*, 188–205.

Bischof, N. (1993). Untersuchungen zur Systemanalyse der sozialen Motivation I: Die Regulation der sozialen Distanz – von der Feldtheorie zur Systemtheorie. *Zeitschrift für Psychologie, 201*, 5–43.

Bischof-Köhler, D. (2006). *Von Natur aus anders*. Stuttgart: Kohlhammer

Bittner, A. (1996). Psychologische Aspekte der Vorbereitung und des Trainings von Fach- und Führungskräften auf einen Auslandseinsatz. In A. Thomas (Hrsg.), *Psychologie interkulturellen Handelns* (S. 317–339). Göttingen: Hogrefe Verlag.

Bitzer, B. (2002). *Betriebliche Konfliktlösung durch Mediation*. Heidelberg: Sauer.

Black, J. S. & Mendenhall, M. (1990). Cross-cultural training effectiveness: A review and a theoretical framework for future research. *Academy of Management Review, 15, 1,* 113–136.

Blickle, G. (2003). Ethik in Organisationen In E. Auhagen & H. W. Bierhoff (Hrsg.), *Angewandte Sozialpsychologie* (S. 380–390). Weinheim: Beltz.

Bögel, R. (1994). Evaluierung. In L. von Rosenstiel, C. M. Hockel & W. Molt (Hrsg.), *Handbuch der Angewandten Psychologie* (VI-6, S. 1–9). Landsberg/Lech: ecomed.

Bögel, R. & Rosenstiel, L. von (1999). Mitarbeiterbefragung im Qualitätsmanagement. In H. D. Zollondz (Hrsg.), *Lexikon des Qualitätsmanagement*. (S. 842–856). München: Oldenbourg.

Böhle, F. (1994). Negation und Nutzung subjektivierenden Arbeitshandelns bei neuen Formen qualifizierter Produktionsarbeit. In N. Beckenbach & W. van Treeck, *Umbrüche gesellschaftlicher Arbeit* (S. 183–208). Göttingen: Schwartz.

Bohner, G. (2002). Einstellungen. In W. Stroebe, K. Jonas & M. Hewstone (Hrsg.), *Sozialpsychologie. Eine Einführung* (4. Aufl., S. 266–318). Heidelberg: Springer.

Bolten, J. (1999). Interkultureller Trainingsbedarf aus der Perspektive der Problemerfahrungen entsandter Führungskräfte. In K. Götz (Hrsg.), *Interkulturelles Lernen/Interkulturelles Training* (S. 61–80). München und Mering: Hampp-Verlag.

Bolten, J. (2001). Interkulturelle Assessment Center. In W. Sarges (Hrsg.), *Weiterentwicklungen der Assessment Center Methode* (S. 213–218). Göttingen: Verlag für Angewandte Psychologie.

Bono, Y. E. & Judge, T. A. (2003). Core self-evaluations: A review of the trait and its role in job satisfaction and job performance. *European Journal of Personality, 17*, 5–18.

Borg, I. (2003). *Führungsinstrument Mitarbeiterbefragung*. Göttingen: Hogrefe Verlag.

Borgatti, S. P., and Foster, P. C. (2003). The network paradigm in organizational research: A review and typology. *Journal of Management, 29*, 991–1013.

Bortz, J., & Döring, N. (2006). *Forschungsmethoden und Evaluation*. Berlin: Springer.

Bourdieu, P. (1982). *Die feinen Unterschiede*. Frankfurt/M.: Suhrkamp.

Brandstätter, H. (1970). *Leistungsprognose und Erfolgskontrolle*. Bern: Huber.

Brandstätter, H. (1990). Emotionen im sozialen Verhalten. In K. R. Scherer (Hrsg.), *Enzyklopädie der Psychologie, Psychologie der Emotion* (Themenbereich C; Serie IV, Bd.3.). (S.423–468). Göttingen: Hogrefe Verlag.

Breaugh, J. A. & Billings, R. S. (1988). The realistic job preview: Five key elements and their importance for research and pratice. *Journal of Business and Psychology, 2*, 291–305.

Brockhaus (2001). *Psychologie*. Mannheim: F. A. Brockhaus.

Brodbeck, F. (2006). Navigationshilfe für internationales Change Management. *OrganisationsEntwicklung 3*, 16–31.

Brodbeck, F. (2008). Evidenzbasiertes (Veränderungs-) Management. *OrganisationsEntwicklung 1*, 4–9.

Brodbeck, F. C., Anderson, N. & West, M. A. (2000). *Das Teamklima-Inventar (TKI)*. Göttingen: Hogrefe Verlag.

Brown, R. B. (1997). Emotion in organizations. *Journal of applied behavioral science, 33(2)*, 247–262.

Brown, R. (2002). Beziehungen zwischen Gruppen. In W. Stroebe, K. Jonas & M. Hewstone (Hrsg.), *Sozialpsychologie* (4. Aufl., S. 537–575). Heidelberg. Springer

Brown, M. E., Trevino, L. K.& Harrison, D. A. (2005). Ethical leadership: A social learning perspective for construct development and testing. *Organizational Behavior and Human Decision Processes, 97*, 117–134.

Brown, M. E. & Trevino, L. (2006). Ethical leadership: A review and future directions. *The Leadership Quarterly 17*, 595–616.

Brüch, A. (2001). *Kulturelle Anpassung deutscher Unternehmensmitarbeiter bei Auslandsentsendungen.* Frankfurt/M.: Peter Lang.

Bruggemann, A., Groskurth, P. & Ulich, E. (1975). *Arbeitszufriedenheit.* Bern: Huber.

Brunstein, J. C. & Maier, G. W. (1996). Persönliche Ziele: Ein Überblick zum Stand der Forschung. *Psychologische Rundschau, 47*, 146–161.

Bühler, K. (1965) (Erstauflage 1934). *Sprachtheorie.* Stuttgart: Fischer.

Bühner, M. (2009). *Einführung in die Test- und Fragebogenkonstruktion.* (2. aktual. u. erw. Aufl.). München: Pearson Studium.

Bühner, M. & Ziegler, M. (2009). *Statistik für Psychologen und Sozialwissenschaftler.* München: Pearson Studium.

Bungard, W. & Antoni, C. H. (2007). Gruppenorientierte Interventionstechniken. In H. Schuler (Hrsg.), *Lehrbuch Organisationspsychologie* (4. aktual. Aufl., S. 439–473). Bern: Huber.

Bungard, W. & Jöns, I. (Hrsg.). (1997). *Mitarbeiterbefragungen. Ein Instrument des Qualitäts- und Innnovationsmanagement.* Weinheim: PVU.

Burke, C. S., Stagl, K.C., Klein, C., Goodwin, G.F., Salas, E. & Halpin, S.M. (2006). What type of leadership behaviors are functional in teams? A meta-analysis. *The leadership Quarterly, 17*, 288–307.

Burisch, M. (2006). *Das Burnout-Syndrom* (3. überarb. Aufl.). Berlin: Springer.

Büssing, A. (1992). Subjektive Vorstellungen und Vorstellungsmuster zum Verhältnis von Arbeit und Freizeit: Konzept und Methode. *Zeitschrift für Arbeits- und Organisationspsychologie, Themenheft: Arbeit und Freizeit, 2*, 63–76.

Büssing, A. & Glaser, J. (1999). Interaktionsarbeit. Konzept und Methode der Erfassung im Krankenhaus. *Zeitschrift für Arbeitswissenschaft, 53 (3)*, 164–173.

Calder, B. J. (1977). An attribution theory of leadership. In B. M. Staw & G. R. Salancik (Eds.), *New directions in organizational behavior* (pp. 179–204). Chicago: St. Clair Press.

Cartwright, S. & Cooper, C. L. (1996). Public policy and occupational health psychology in Europe. *Journal of Occupational Health Psychology, 1,* 349–361.

Cartwright, D. & Zander, A. (Eds.) (1968). *Group dynamics* (3rd ed.). New York: Harper & Row.

Chen, C. C., Chen, X. P. & Meindl, J. R. (1998). How can cooperation be fostered? The cultural effects of individualism-collectivism. *Academy of Management Review, 23,* 285–304.

Chhokar, J. S., Brodbeck, F. C. & House, R. J. (2008). *Culture and leadership across the world: The GLOBE Book of in-depth studies of 25 societies.* (2nd Edition). Mahwah, NJ: LEA Publishers.

Christie, R. & Geis, F. L. (1970). *Studies in machiavellism.* New York: Academic Press.

Cohen, S. & Wills, T. A. (1985). Stress, social support, and the buffering hypothesis. *Psychological Bulletin, 98,* 310–357.

Comelli, G. (1985). *Training als Beitrag zur Organisationsentwicklung.* München und Wien: Hanser.

Comelli, G. (2003). Anlässe und Ziele von Teamentwicklungsprozessen. In S. Stumpf & A. Thomas (Hrsg.), *Teamarbeit und Teamentwicklung* (S. 169–189). Göttingen: Hogrefe.

Comelli, G. (2009). Qualifizierung für Gruppenarbeit: Teamentwicklungstraining. In L. von Rosenstiel, E. Regnet & M. Domsch (Hrsg.), *Führung von Mitarbeitern – Handbuch für erfolgreiches Personalmanagement* (6. überarb. Aufl.; S. 360–387). Stuttgart: Schäffer-Poeschel.

Comelli, G. & von Rosenstiel, L. (2009). *Führung durch Motivation* (4. erw. u. überarb. Aufl.), München: Vahlen.

Conradi, W. (1983). *Personalentwicklung.* Stuttgart: Enke.

Connolly, P. M. & Groll Connolly, K. (2005). *Employee Opinion Questionnaires. 20 Ready-to-Use Surveys That Work.* San Francisco: Pfeiffer.

Cooper, C. L. & Cartwright, S. (1994). Healthy mind; healthy organization – A proactive approach to occupational stress. *Human Relations, 4,* 455–471.

Coulmas, F. (1993). *Das Land der rituellen Harmonie.* Frankfurt/M: Campus.

Cohn, R. C. (1993). *Es geht ums Anteilnehmen.* Freiburg im Breisgau: Herder.

Costa, P. T. & Maccrae, R.R. (1992). Four ways five factors are basic. *Personality and Individual Differences, 13,* 653–665.

Dabui, M. (1998). *Postmerger-Management: Zielgerichtete Integration bei Aquisitionen und Fusionen.* Wiesbaden: Gabler.

Dahrendorf, R. (1959). *Sozialstruktur des Betriebes.* Wiesbaden: Gabler.

Darwin, C. (1872). *The expression of the emotions in man and animals*. London: John Murray.

De Dreu, C. K. W., Beersma, B., Steinel, W. & Van Kleef, G. A. (2007). The Psychology of Negotiation. In A. W. Kruglanski & E. T. Higgins (Eds.) *Social Psychology. Handbook of basic principles* (2nd Edition) (pp 608–629). New York, London: The Guilford Press.

De Dreu, C. K. W., Weingart, L.R. & Kwon, S. (2000). Influence of social motives on integrative negotiation: A meta-analytic review and test of two theories. *Journal of Personality and Social Psychologiy, 78,* 889–905.

Delhees, K. H. (1994). *Soziale Kommunikation.* Opladen: Westdeutscher Verlag.

De Man, H. (1927). *Der Kampf um die Arbeitsfreude.* Jena.

Desmette, D. & Gaillard, M. (2008). When a "worker" becomes an "older worker". *Career Development International, 13, 2,* 168–185.

Deutsch, M. (1949). A theory of cooperation and competition. *Human Relations, 2,* 129–151.

Deutsch, M., Coleman, P.J. & Marcus, E. C. (2006). *The handbook of conflict resolution.* San Francisco: Jossey.

Dierkes, M., Rosenstiel, L. v, & Steger, U. (Hrsg). (1993). *Unternehmenskultur in Theorie und Praxis. Konzepte aus Ökonomie, Psychologie und Ethnologie.* Frankfurt: Campus.

Dineen, B. R., Lewicki, R. J. & Tomlinson, E. C. (2006). Supervisory guidance and behavioral integrity: Relationships with employee citizenship and deviant behavior. *Journal of Applied Psychology, 91,3,* 622–635.

Dion, K. L. (1985). Sex, gender and groups: Selected issues. In V. E. O'Leary, R. Kesler, B. Unger & W. Strudler (Eds.), *Women, gender, and social psychology* (pp. 293–347). Hillsdale, N.J.: Lawrence Earlbaum.

Dirks, K. T., & Ferrin, D. L. (2002). Trust in leadership: Meta-analytic findings and implications for research and practice. *Journal of Applied Psychology, 87(4),* 611–628.

Doerner, D. (1992). *Die Logik des Misslingens.* Hamburg: Rowohlt.

Dollard, J., Doob, L., Miller, N., Mowrer, O. & Sears, R.R. (1939). *Frustration and aggression.* New Haven, CT: Yale University Press.

Domsch, M.& Schneble, A. (1991). *Mitarbeiterbefragungen.* Heidelberg: Physica-Verlag.

Dormann, C., Zapf, D. & Isic, A. (2002). Emotionale Arbeitsanforderungen und ihre Konsequenzen bei Call Center-Arbeitsplätzen. *Zeitschrift für Arbeits- und Organisationspsychologie, 46* (4), 201 – 215.

Dormann, C., Sonnentag, S. & van Dick, R. (2007). Zur Notwendigkeit des internationalen Publizierens angewandter psychologischer Forschung. *Psychologische Rundschau 3,* 169–174.

Dubs, R. (2000). Selbstorganisation des Lernens. In C. Harteis, H. Heid & S. Kraft (Hrsg.), *Kompendium Weiterbildung* (S. 97–109). Opladen: Westdeutscher Verlag.

Dücker, B. (1995). *Stress, Kontrolle und soziale Unterstützung im industriellen Bereich.* Bonn: Holos Verlag.

Durkheim, E. (1983). *Der Selbstmord.* Frankfurt/M.: Suhrkamp.

Eagly, A. H. & Carli, L.L. (2003). The female leadership advantage: An evaluation of the evidence. *The Leadership Quarterly, 14*, 807–834.

Eagly, A. H. & Johnson, B. T. (1990). Gender and leadership style: A meta-analysis. *Psychological Bulletin, 108*, 233–256.

Ekman, P. (1994). Strong evidence for universals in facial expressions: A reply to Russells mistaken critique. *Psychological Bulletin, 17*, 124–129.

Erez, M. (1992). Interpersonal communication systems in organisations, and their relationships to cultural Values, productivity and innovation: The case of japanese corporations. *Applied Psychology: An International Review, 41* (1), 43–64.

Erpenbeck J. & Heyse V. (1996). Berufliche Weiterbildung und berufliche Kompetenzentwicklung, In B. Bergmann et al., *Kompetenzentwicklung 1996.* Münster: Waxmann.

Erpenbeck J. & Heyse V. (1999). *Die Kompetenzbiographie. Strategien der Kompetenzentwicklung durch selbstorganisiertes Lernen und multimediale Kommunikation.* Münster: Waxmann.

Erpenbeck, J. & von Rosenstiel, L. (2007). *Handbuch Kompetenzmessung.* (2. Aufl.). Stuttgart: Schäffer-Poeschel.

Erpenbeck, J. (2004). Stutenbissig?! – Frauen und Konkurrenz: Ursachen und Folgen eines missachteten Störfalls. *Wirtschaftspsychologie, 1*, 20–25.

Erpenbeck, J. & Sauter, W. (2007). Eine Lernrevolution bahnt sich ihren Weg. *Personalwirtschaft, 2*, 22–24.

Esser, M. (1994). Kaishain – der Japaner und sein Unternehmen. In M. Esser & K. Kobayashi (Hrsg.), *Kaishain – Personalmanagement in Japan* (S.1–18). Göttingen: Verlag für Angewandte Psychologie.

Erez, M. (1992). Interpersonal communication systems in organisations, and their relationships to cultural values, productivity and innovation: The case of japanese corporations. *Applied Psychology: An International Review, 41 (1)*, 43–64.

Faltermaier, T. (2005). *Gesundheitspsychologie.* Stuttgart: Kohlhammer.

Feather, N. T. (1988). The meaning and importance of values: Research with the rokeach value survey. *Australian Journal of Psychology, 40*, 377–390.

Feger, H. (1987). Netzwerkanalyse in Kleingruppen: Datenarten, Strukturregeln und Strukturmodelle. In F. U. Pappi (Hrsg.), *Methoden der Netzwerkanalyse*. Bd. 1 der Techniken der empirischen Sozialforschung (S. 203–252).Berlin: de Gruyter.

Felser, G. (2007). *Werbe- und Konsumentenpsychologie*. Stuttgart: Schäffer-Poeschel.

Festinger, L. (1957). *A theory of cognitive dissonance*. Stanford: University Press.

Fiedler, F. E. (1967). *A theory of leadership effectiveness*. New York: McGraw-Hill.

Fiedler, K. & Bless, H. (2002). Soziale Kognition. In W. Stroebe, K. Jonas & M. Hewstone (Hrsg.), *Sozialpsychologie* (4. Aufl., S.125–161). Heidelberg: Springer.

Fisch, R., Beck, D. & Englich, B. (2001). *Projektgruppen in Organisationen*. Göttingen: Verlag für Angewandte Psychologie.

Fishbein, M. & Ajzen, I. (1975). *Belief, attitude, intention, and behavior*. Reading, MA: Addison-Wesley.

Fisseni, H.-J. (2004). *Lehrbuch der psychologischen Diagnostik* (3. überarb. u. erw. Aufl.). Göttingen: Hogrefe Verlag.

Flanagan, J. G. (1954). The Critical Incident Technique. *Psychological Bulletin, 51,* 327–358.

Fleishman, E. (1973). Twenty years of consideration and structure. In E. A. Fleishman & J. G. Hunt (Eds.), *Current developments in the study of leadership* (pp. 1–37). Carbondale: Southern Illinois University Press.

Florian, V., Mikulincer, M. & Taubman, O. (1995). Does hardiness contribute to mental health during the stressful real-life situation? *Journal of Personality and Social Psychology, 55,* 687–695.

Flick, U. (Hrsg.). (2006). *Qualitative Evaluationsforschung. Konzepte – Methoden - Umsetzung*. Reinbek: Rowohlt Verlag.

Fokken, U. (1999). *Die Welt AG*. München: Heyne.

Frank, E. & Frey, D. (2002). Theoretische Modelle zu Kooperation, Kompetition und Verhandeln bei interpersonalen Konflikten. In D. Frey & M. Irle (Hrsg.), *Theorien der Sozialpsychologie* (2. Aufl.,S. 120–155). Bern: Huber.

Freimuth, J. & Thiel, M. (1997). Babel und kein Ende? – Multikulturelle Kompetenz als Leitbild von internationaler Personal- und Organisationsentwicklung. In J. Freimuth, J. Haritz & B. U. Kiefer (Hrsg.), *Auf dem Wege zum Wissensmanagement* (S. 205–233). Göttingen: Verlag für Angewandte Psychologie.

French, J. R. P. & Raven, B. H. (1959). The bases of social power. In D. Cartwright (Ed.), *Studies in social power* (pp. 150–167). Ann Arbor: University of Michigan.

French, J. R. P. jr., Rodgers, W. & Cobb, S. (1974). Adjustment as person-environment fit. In G. V. Coelho, D. A. Hamburg & J. E. Adams (Eds.), *Coping and adaption* (pp. 316–333). New York: Basic Books.

French, W. L., Bell, C. H. & Cecil, H. jr. (1990). *Organisationsentwicklung. Sozialwissenschaftliche Strategien zur Organisationsveränderung* (3. Aufl.). Bern u. Stuttgart: Haupt.

Frese, M. (1990). Arbeit und Emotion – Ein Essay. In F. Frei & I. Udris (Hrsg.), *Das Bild der Arbeit* (S. 285–301). Bern: Huber.

Frese, M., Fay, D., Hilburger, T., Leng, K. & Tag, A. (1997). The concept of personal initiative. *Journal of Occupational and Organizational Psychologie, 70*, 139–161.

Frese, M., Garman, G., Garmeister, K., Halemba, K., Hortig, A., Paulwitt, T. & Schildbach, S. (2002). Training zur Erhöhung der Eigeninitiative bei Arbeitslosen: Bericht über einen Pilotversuch. *Zeitschrift für Arbeits- und Organisationspsychologie, 2*, 89–97.

Frese, M. & Semmer, N. (1991). Stressfolgen in Abhängigkeit von Moderatorvariablen: Der Einfluss von Kontrolle und sozialer Unterstützung. In S. Greif, E. Bamberg & N. Semmer (Hrsg.), *Psychischer Stress am Arbeitsplatz* (S. 135–153). Göttingen: Hogrefe. Verlag für Psychologie.

Freudenberger, H. & North, G. (1992). *Burn-out bei Frauen. Über das Gefühl des Ausgebranntseins*. Frankfurt a.M.: Krüger.

Frey, D. (1997). Einige kritische Anmerkungen zur psychologischen Forschung zum „Selbst". *Zeitschrift für Sozialpsychologie, 28*, 129–157.

Frey, D. & Gaska, D. (1993). Die Theorie der kognitiven Dissonanz. In D. Frey & M. Irle (Hrsg.), *Theorien der Sozialpsychologie* (Band 1, S. 275–326). Bern: Huber.

Frey, D. & Müller, G. F. (1985). Führungstheorien. In D. Frey & M. Irle (Hrsg.), Theorien der Sozialpsychologie, Band. 2 (S. 159–182). Bern: Huber.

Fried, Y., Shirom, A., Gilboa, S. & Cooper, G. L. (2008). The mediating effects of job satisfaction and propensity to leave on role stress-job performance relationships: Combining meta-analysis and structural equation modelling. *International Journal of Stress Management, 15,4*, 305–328.

Friedel-Howe, H. (1990). Ergebnisse und offene Fragen der geschlechtsvergleichenden Führungsforschung. *Zeitschrift für Arbeits- und Organisationspsychologie, 34 (N.F.8)*, 3–16.

Frieling, E. & Sonntag, K. H. (1999). *Arbeitspsychologie*. Bern: Huber.

Fürstenberg, F. (1986). Japanische und europäische Organisationen im kulturspezifischen Vergleich. In W. Bungard & G. Wiendieck (Hrsg.), *Qualitätszirkel als Instrument zeitgemäßer Betriebsführung*. (S.117–128). Landsberg/Lech: Verlag Moderne Industrie.

Furnham, A. (1997). *The psychology of behaviour at work: The individual in the organization*. Hove: Psychology Press.

Gartner, A. & Riessman, F. (1978). *Der aktive Konsument in der Dienstleistungsgesellschaft: Zur politischen Ökonomie des tertiären Sektors*. Frankfurt: Suhrkamp.

Gasteiger, R. M. (2007). *Selbstverantwortliches Laufbahnmanagement: Das proteische Erfoglskonzept*. Göttingen: Hogrefe Verlag.

Gebert, D. (1972). *Die Gruppendynamik in der betrieblichen Führungsschulung*. Berlin: Duncker & Humblot.

Gebert, D. (1974). *Organisationsentwicklung*. Stuttgart: Kohlhammer.

Gebert, D. (2002). *Innovation und Führung*. Stuttgart: Kohlhammer.

Gebert, D. (2007). Organisationsentwicklung. In Heinz Schuler (Hrsg.), *Lehrbuch Organisationspsychologie* (4. Aufl., S. 601–616). Bern: Huber.

Gebert, D. & Rosenstiel, L. von (2002). *Organisationspsychologie*. Stuttgart: Kohlhammer.

Gelade, G. A., Dobson, P. & Auer, K. (2008). Individualism, masculinity, and the sources of organizational commitment. *Journal of Cross-Cultural Psychology, 39*, 599–617.

Geldermann, B. & Spieß, E. (2001). Selbstorganisiertes Lernen und Selbstevaluation als Elemente einer lernenden Organisation und die Rolle der Führung. In H. Loebe & E. Severing (Hrsg.), *Zukunft der betrieblichen Bildung* (S. 57–72). Bielefeld: W. Bertelsmann Verlag.

Gerrig, R. & Zimbardo, P. (2008). *Psychologie*. (18. Aufl.) Berlin: Springer.

Glasl, F. (1994). *Konfliktmanagement*. Bern: Haupt.

Gemünden, H. G. & Högl, M. (2005). Teamarbeit in innovativen Projekten. In M. Högl & H. G. Gemünden (Hrsg.), *Management von Teams* (3. vollst. überarb. u. erg. Aufl., S. 1–31). Wiesbaden: Gabler.

Gensicke, T. (1994). Wertewandel und Familie. Auf dem Weg zu „egoistischem" oder „kooperativem" Individualismus? *Aus Politik und Zeitgeschichte. Beilage zur Wochenzeitung Das Parlament, B 29–30*, 36–47.

Goldman, B. M., Cropanzano, R., Stein, J.& Benson, L. (2008). The role of third parties/mediation in managing conflict in organizations. In C. K. W. De Dreu & M. J. Gelfand (Eds.), *The psychology of conflict and conflict management in organizations* (pp.291–320). New York: Taylor & Francis Group.

Goldstein, I.L. & Ford, J.K. (2002). *Training in work organizations* (4th edition). Belmont: Wadsworth.

Gottschall, K. & Voß, G. G. (2003). *Entgrenzung von Arbeit und Leben. Zum Wandel der Beziehung von Erwerbstätigkeit und Privatsphäre im Alltag*. München und Mering: Hampp-Verlag.

Graumann, C. F. (1969). *Einführung in die Psychologie*. Band. I: Motivation. Bern: Huber.

Granovetter, H. (1973). The strength of weak ties. *American Journal of Sociology, 78 (6)*, 1360–1380.

Graumann, C. F. & Willig, R. (1983). Wert, Wertung, Werthaltung. In H. Thomae (Hrsg.), *Enzyklopädie der Psychologie, Theorien und Formen der Motivation* (Themenbereich C, Serie IV, Bd. 1). (S. 312–396). Göttingen: Hogrefe Verlag.

Gregersen, H. B. (1992). Commitments to a parent company and a local work unit during repatriation. *Personnel Psychology, 45*, 29–54.

Greitemeyer, T., Fischer, P., Nürnberg, C., Frey, D. & Stahlberg, D. (2006). Psychologische Erfolgsfaktoren bei Unternehmensfusionen. *Zeitschrift für Arbeits- und Organisationspsychologie, 1,* 9–16.

Groeben, N. & Erb, E. (1998). Menschenbilder. In J. Straub, W. Kempf & H. Werbik (Hrsg.), *Psychologie – Eine Einführung* (S. 17–41). München: Deutscher Taschenbuchverlag.

Große-Jäger, A., Sieker A. & Graat, T. (2003). Lebenslanges Lernen über Sicherheit und Gesundheit. *Bundesarbeitsblatt 5*, 15–19.

Grosch, H., Groß, A. & Leenen, W. R. (2000). *Methoden interkulturellen Lehrens und Lernens*. Saarbrücken: Asko-Europa-Stiftung.

Habermas, J. (1983). Diskursethik – Notizen zu einem Begründungsprogramm. In J. Habermas (Hrsg.), *Moralbewusstsein und kommunikatives Handeln* (S. 53–125). Frankfurt/M.: Suhrkamp.

Hacker, W. (1986). *Arbeitspsychologie. Psychische Regulation von Arbeitstätigkeiten*. Bern: Huber.

Hacker, W. (2005). *Allgemeine Arbeitspsychologie*. (2. vollst. Überarb.u. erg. Aufl.). Bern: Huber.

Haddock, G. & Maio, G. R. (2007). Einstellungen: Inhalt, Struktur und Funktionen. In K. Jonas, W. Stroebe & M. Hewstone (Hrsg.), *Sozialpsychologie*. (5.Aufl., S. 187–214) Heidelberg: Springer.

Hall, E. T. (1998). The power of hidden Dimensions. In M. Bennett (Eds.), *Basic concepts of intercultural communication: Selected readings* (pp. 53–67). Yarmouth, Maine: Intercultural Press.

Harlander, N., Heidack, C., Köpfler, F. & Müller, K. D. (1994). *Personalwirtschaft.* (3. Aufl.). Landsberg/Lech: verlag moderne industrie.

Harquail, C. (1998). Organizational identification and the „whole person": Integrating affect, behavior, and cognition. In D. A. Whetten (Ed.), *Identity in organizations. Building theory through conversations* (pp. 223–231). Oaks: Sage.

Harris, T. E. (1993). *Applied organizational communication: Perspectives, principles and pragmatics*. Hillsdale, N.J.: Lawrence Erlbaum.

Haslam, S. A., Eggins, R. A. & Reynolds, K. J. (2003). The ASPIRe model: Actualizing social and personal identity resources to enhance organizational outcomes. *Journal of Occoupational and Organizational Psychology, 76*, 83–113.

Hatvany N. & Pucik, V. (1983). An integrated management system: Lessons from the japanese experience. In R. M. Steers & L. W. Porter (Eds.), *Motivation and work behavior.* (pp.592–605). New York: McGraw-Hill.

Hechanova, R., Beehr, T. A. & Christiansen, N. D. (2003). Antecedents and consequences of employees` adjustment to overseas assignment: A meta-analytic review. *Applied Psychology: An International Review, 52*, 213–236.

Heckhausen, H. (1989). *Motivation und Handeln.* Göttingen: Hogrefe Verlag.

Henninger, M. & Mandl, H. (2002). *Zuhören – Verstehen – Miteinander reden.* Bern: Huber.

Van der Heijden, B., Schalk, R. & van Velkoven, M. (2008). Aging and careers: European research on long-term career development and early retirement. *Career Development International, 13(2), 85*–94.

Helfermann, B. (2003). *Chancen und Risiken täglich verkürzter Erwerbsarbeit für Gesundheit und Familie.* München und Mering: Hampp-Verlag.

Hentschel, V. (1983). *Soziale Sicherung und kollektives Arbeitsrecht.* Frankfurt: Suhrkamp.

Hersey, P. & Blanchard, K. H. (1977). *Management of organizational behavior: Utilizing human resources.* Englewood Cliffs, N.J.: Prentice-Hall.

Hertel, G. & Scholl, W. (2004). Grundlagen der Gruppenarbeit in Organisationen. In U. Konradt & B. Zimolong (Hrsg.), *Enzyklopädie der Psychologie, Ingenieurpsychologie* (Serie III, Band 2). (S. 181–216). Göttingen: Hogrefe Verlag.

Hertel, G. & Konradt, U. (2004). *Human Resource Management im Intra- und Internet.* Göttingen. Hogrefe Verlag.

Herzberg, F., Mausner, B. & Snyderman, B. (1959). *The motivation to work.* New York u. London: Wiley.

Heyse, V. & Erpenbeck, J. (1997). *Der Sprung über die Kompetenzbarriere. Kommunikation, selbstorganisiertes Lernen und Kompetenzentwicklung von und in Unternehmen.* Bielefeld: W. Bertelsmann.

Hobfoll, St. E. & Buchwald, P. (2004). Die Theorie der Ressourcenerhaltung und das multitaxiale Copingmodell – eine innovative Stresstheorie. In P. Buchwald, Ch. Schwarzer & St. E. Hobfoll (Hrsg.), *Stress gemeinsam bewältigen* (S. 11–26). Göttingen: Hogrefe Verlag.

Hochschild, A. R. (1990). *Das gekaufte Herz. Zur Kommerzialisierung der Gefühl.* Frankfurt: Campus.

Hofmann, W. (2001). Outplacement – Chancen und Potenziale eines Konzeptes gegen drohende Erwerbslosigkeit. In J. Zempel, J. Bacher & K. Moser (Hrsg.), *Erwerbslosigkeit – Ursachen, Auswirkungen und Interventionen* (S. 321–344). Opladen: Leske + Budrich.

Hofstede, G. (1980). *Cultures's consequences – international differences in work-related values.* Beverly Hills, London: Sage Publications.

Hofstede, G. (2009). *Lokales Denken, globales Handeln.* (4. durchges. Aufl.). München: Beck.

Hogan, E. A. & Overmyer-Day, L. (1994). The Psychology of mergers and acquisitions. *International Review of Industrial and Organizational Psychology,* (pp. 247–281). Chichester: John Wiley & Sons.

Holling, H. & Liepmann, D. (2007). Personalentwicklung. In H. Schuler (Hrsg.), *Lehrbuch Organisationspsychologie* (4. aktual. Aufl., S. 345–383). Bern: Huber.

Homans, G. C. (1961). *Social Behavior: Its Elementary Forms.* New York: Hartcourt.

Hormuth, S. E. & Otto, S. (1996). Das Selbstkonzept: Konzeptualisierung und Messung. In M. Amelang (Hrsg.), *Temperaments- und Persönlichkeitsunterschiede* (S. 257–300). Göttingen: Hogrefe Verlag.

Hornung, F. A. (1998). *Integrationsmanagement.* Bern: Haupt.

House, R. J. (1977). A 1976-theory of charismatic leadership. In J. G. Hunt & L. L. Larson (Eds.), *Leadership, the cutting edge* (pp. 189–207). London: Southern Illinois University Press.

House, R. H., Hanges, P. J. & Javidan, M. (2004) (Eds.). *Culture, leadership and organizations: The Globe study of 62 societies.* Thousand Oakes, CA: Sage.

House, R. H., Javidan, M., Hanges, P. J & Dorfman, P. (2002). Understanding cultures and implicit leadership theories across the globe: an introduction to project GLOBE. *Journal of World Business, 37,* 3–10.

Hughes, D. & Galinsky, E. (1994). Work experiences and marital interactions: elaborating the complexity of work. *Journal of Organizational Behavior, 15,* 423–438.

Inglehart, R. (1977). *The silent revolution. Changing values and political styles among western politics.* Princeton (N.J.): Princeton University Press.

Inglehart, R. (1989). *Kultureller Umbruch.* Frankfurt: Campus.

Irle, M. (1963). *Soziale Systeme.* Göttingen: Hogrefe Verlag.

Irle, M. (1975). *Lehrbuch der Sozialpsychologie.* Göttingen: Hogrefe Verlag.

Jaques, E. (1951). *The changing culture of a factory.* London: Tavistock.

James, W. (1890). *The principles of psychology.* New York: Holt.

Jansen, D. (2003). *Einführung in die Netzwerkanalyse. Grundlagen, Methoden, Anwendungen.* Opladen: Leske & Budrich.

Jansen, S. A. (1999). *Mergers & acquisitions: Unternehmensaquisitionen und -kooperationen.* Wiesbaden: Gabler.

Jochmann, W. (1990). *Berufliche Veränderung von Führungskräften.* Stuttgart: Verlag für Angewandte Psychologie.

Jonas, E. (1999). *Beraten und Entscheiden.* München: unveröffentlichte Dissertation der LMU.

Jonas, K. & Brömer, P. (2002). Die sozial-kognitive Theorie von Bandura. In D. Frey & M. Irle (Hrsg.), *Theorien der Sozialpsychologie* (4. Aufl., S. 277–299). Heidelberg: Springer.

Jonas, K., Stroebe, W. & Hewstone, W. (Hrsg.), (2007). *Sozialpsychologie.* (5.Aufl.). Heidelberg: Springer.

Jonas, E. Kauffeld, S. & Frey, D. (2007). Psychologie der Beratung. In D. Frey & L. von Rosenstiel (Hrsg*.), Enzyklopädie der Psychologie.Themenbereich D, Serie III; Organisations- und Arbeitspsychologie – Wirtschaftspsychologie* (S. 283–324). Göttingen: Hogrefe Verlag.

Judge, T. A., Bono, J. E., Ilies, R: & Gerhardt, M. W. (2002). Personality and leadership: A qualitative and quantitative review. *Journal of Applied Psychology, 87,4,* 765–780.

Judge, T. A. & Hurst, C. (2008). How the rich (and happy) get richer (and happier): Relationship of core self-evaluations to trajectories in attaining work success. *Journal of Applied Psychology, 93(4),* 849–863).

Judge, T.A., Piccolo, R. F. & Illies, R. (2004). The forgotten ones? The validity of consideration and initiating structure in leadership research. *Journal of Applied Psychology, 89,* 36–51.

Jüngling, C. (1992). Geschlechterpolitik in Organisationen – Machtspiele um Chancengleichheit bei ungleichen Bedingungen und männlichen Spielregeln. In G. Krell & M. Osterloh (Hrsg.), *Personalpolitik aus der Sicht von Frauen, Frauen aus der Sicht der Personalpolitik. Sonderheft der Zeitschrift für Personalforschung* (S. 173–206). München u. Mering: Hampp.

Jüptner, H. (1993). Burnout: Gesundheitsbildung durch physische und psychische Aktivierung und Entspannung. *Zeitschrift für Arbeitswissenschaft, 2,* 93–97.

Jungermann, H., Pfister, H. R. & Fischer, K. (1998*). Die Psychologie der Entscheidung. Eine Einführung.* Heidelberg: Spektrum.

Kahneman, D. & Tversky, A. (1973). On the psychology of prediction. *Psychological Review, 80,* 237–251.

Kannheiser, W. (1992). *Arbeit und Emotion.* München: Quintessenz.

Kals, E. & Webers, T. (2001). Wirtschaftsmediation als alternative Konfliktlösung. *Wirtschaftspsychologie, 2*, 10–16.

Kaminski, G. (1970). *Verhaltenstheorie und Verhaltensmodifikation. Entwurf einer integrativen Theorie psychologischer Praxis am Individuum.* Stuttgart: Klett.

Kammel, A. & Teichelmann, D. (1994). *Internationaler Personaleinsatz: Konzeptionelle und instrumentelle Grundlagen.* München: Oldenbourg Verlag.

Kanning, U. (2004). *Standards der Personaldiagnostik.* Göttingen: Hogrefe Verlag.

Kanning, U. & Holling, H. (Hrsg.), (2002). *Handbuch personaldiagnostischer Instrumente.* Göttingen: Hogrefe Verlag.

Kanning, U., von Rosenstiel, L. & Schuler, H. (Hrsg.) (2010). *Jenseits des Elfenbeinturms.* Göttingen: Vandenhoeck & Ruprecht.

Kant, I. (1785/1968). *Grundlegung zur Metaphysik der Sitten.* Kants Werke. Akademie Textausgabe, Bd. IV (S. 385–463). Berlin: DeGruyter.

Kanter, R. M. (1977). *Men and women of the corporation.* New York: Basic Books.

Karau, S. J., Markus, M. J. & Williams, K. D. (2000). On the elusive search for motivation gains in groups: Insights from the collective effort model. *Zeitschrift für Sozialpsychologie, 31*, 179–190.

Kark, R. Shamir, B. & Chen, G. (2003). The two faces of transformational leadership: empowerment and dependency. *Journal of Applied Psychology, 8* (2), 246–255.

Kastner, M. (1999*). Erfolgreich mit sozialer Kompetenz.* Freiburg: Herder.

Kaschube, J. & von Rosenstiel, L. (2004). Training von Führungskräften. In H. Schuler (Hrsg.), *Enzyklopädie für Psychologie. Grundlagen der Personalpsychologie.* (S. 559–602) Göttingen. Hogrefe Verlag.

Kaschube, J., Wittmann, A. & von Rosenstiel, L. (1996). Identification and goal choice of managerial candidates – organizational and individual perspectives. *European Journal of Work and Organizational Psychology, 5* (4), 521–540.

Katona, G. (1960). *Das Verhalten der Verbraucher und Unternehmer.* Tübingen: Mohr.

Katzenbach, J. R. & Smith, D. K. (2003). *Teams: Der Schlüssel zur Hochleistungsorganisation.* Frankfurt: Ueberreuter.

Kauffeld, S. (2001). *Teamdiagnose.* Göttingen: Verlag für Angewandte Psychologie.

Kauffeld, S., Grote, S. & Frieling, E. (2000). Diagnose der beruflichen Handlungskompetenz bei der Bewältigung von Optimierungsaufgaben in Gruppen. *Zeitschrift für Arbeitswissenschaft, 3–4*, 211–219.

Kehr. H. M. (2002). *Souveränes Selbstmanagement.* Weinheim: Beltz.

Kehr, H. (2004). *Motivation und Volition.* Göttingen: Hogrefe Verlag.

Keller, E. von (1982). *Management in fremden Kulturen.* Bern: Paul Haupt.

Kieser, A., Nagel, R., Krüger, K. H. & Hippler, G. (1990). *Die Einführung neuer Mitarbeiter ins Unternehmen.* (2. Aufl.). Neuwied: Kommentator.

Kipnis, D. (1972). Does power corrupt? *Journal of Personality and Social Psychology, 24,* 33–41.

Kipnis, D. & Schmidt, S. M. (1988). Upward-influence styles: Relationship with performance evaluations, salary, and stress. *Administrative Science Quarterly 33 (4),* 528–542.

Kirchler, E. M. (1999). *Wirtschaftspsychologie: Grundlagen und Anwendungsfelder der Ökonomischen Psychologie.* Göttingen: Hogrefe Verlag.

Kirkpatrick, D. (1987). Evaluation of training. In R. L. Craig (Eds), *Training and development handbook: A guide to human resource development* (pp. 301–319). New York: McGraw-Hill.

Kirsch, W. (1997). *Strategisches Management: Die geplante Evolution von Unternehmen.* München: Kirsch.

Kirsch, W., Esser, W. M. & Gabele, E. (1979). *Das Management des geplanten Wandels von Organisationen.* Stuttgart: Poeschel.

Klages, H. (1984). *Wertorientierungen im Wandel: Rückblick, Gegenwartsanalyse, Prognosen.* Frankfurt/M.: Campus.

Klendauer, R., Frey, D. & Greitemeyer, T. (2006). Ein psychologisches Rahmenkonzept zur Analyse von Fusions- und Aquisitionsprozessen. *Psychologische Rundschau, 57, 2,* 87–95.

Klendauer, R., Frey, D.& von Rosenstiel, L. (2007). Fusionen und Aquisitionen. In D. Frey & L. von Rosenstiel (Hrsg.), *Enzyklopädie der Psychologie. Themenbereich D, Serie III; Organisations- und Arbeitspsychologie –Wirtschaftspsychologie* (S. 400–462). Göttingen: Hogrefe Verlag.

Kluckhohn, C. (1951). Values and value orientations in the theory of action. An exploration in definition and classification. In T. Parsons & E. A. Shils (Eds.), *Toward a general theory of action* (pp. 388–433). Cambridge/Mass.: University Press.

van Knippenberg, D., van Knippenberg, B., de Cremer, D. & Hogg, M.A. (2004). Leadership, self, and identity: A review and research agenda. *The Leadership Quarterly, 15,* 825–856.

Knorz, C. & Zapf, D. (1996). Mobbing – eine extreme Form sozialer Stressoren am Arbeitsplatz. *Zeitschrift für Arbeits- und Organisationspsychologie, 40,* 12–21.

Kobasa, S.C. (1979). Stressfull life events, personality, and health: An inquiry into hardiness. *Journal of Personality and Social Psychology, 37, 1,* 1–11.

König, St. & König, A. (2005). *Outdoor-Teamtrainings. Von der Gruppe zum Hochleistungsteam* (2. übearb. Aufl.). Augsburg: Ziel.

König, O. & Schattenhofer, K. (2006). *Einführung in die Gruppendynamik*. Heidelberg: Carl-Auer.

Kohlhoff, L., Beck, R., Engelhardt, H. D., Hege, M. & Sandmann, J. (2005). *Sozial Wirtschaft Diskurs – Zwischen Ökonomie und sozialer Verantwortung*. Augsburg: Ziel.

Konradt, U., Hertel, G. & Behr, B. (2002). Interkulturelle Managementtrainings: Eine Bestandsaufnahme von Konzepten, Methoden und Modalitäten in Deutschland. *Zeitschrift für Sozialpsychologie, 4,* 197–208.

Kossek, E. & Ozeki, C. (1998). Work-family conflict, politics, and the job-life satisfaction relationship: A review and directions for organizational behaviour-human ressources research. *Journal of Applied Psychology, 2,* 139–149.

Korsgaard, M. A., Meglino, B. M. & Lester, S. W. (1997). Beyond helping: Do other-oriented values have broader implications in organizations? *Journal of Applied Psychology, 82,* 160–177.

Krahé, B. (2007). Aggression. In K. Jonas, W. Stroebe & M. Hewstone (Hrsg.), *Sozialpsychologie* (5.Aufl.). (S. 265–290). Heidelberg: Springer.

Kraus, R. & Woschée, R. (2009). Commitment und Identifikation mit Projekten. In M. Wastian, I. Braumandl & L. von Rosenstiel (Hrsg.), *Angewandte Psychologie für Projektmanager*. (S. 187–206). Heidelberg: Springer.

Kraut, A. (2006). *Getting Action from Organizational Surveys*. San Francisco: Jossey-Bass.

Kramer, R. M., Tyler, T. R. (1998). Trust in organizations: Frontiers of theory and research. *Administrative Science Quarterly, 43,* 186–188.

Kriz, W. C. (2000). *Lernziel: Systemkompetenz*. Göttingen: Vandenhoeck & Ruprecht.

Kriz, W. Ch. & Nöbauer, B. (2002). *Teamkompetenz: Konzepte, Trainingsmethoden, Praxis*. Göttingen: Vandenhoeck & Ruprecht.

Krücken, G. & Meier, F. (2003). Wir sind alle überzeugte Netzwerktäter. *Soziale Welt, 54,* 71–92.

Kuhl, J. (1996). Wille und Freiheitserleben: Formen der Selbststeuerung. In J. Kuhl & H. Heckhausen (Hrsg.), *Enzyklopädie der Psychologie, Serie IV, Motivation, Volition und Handlung* (Bd. 4). (S. 665–765). Göttingen: Hogrefe Verlag.

Kühlmann, T. M. (1994). Organisationsstrukturen in Wirtschaft und Verwaltung. In L. von Rosenstiel, C. M. Hockel & W. Molt (Hrsg.), *Handbuch der Angewandten Psychologie* (VI–4). (S. 1–24). Landsberg/Lech: ecomed.

Kühlmann, T. M. (1995). Die Auswahl von Mitarbeitern für den Auslandseinsatz. *Mitarbeiterentsendung ins Ausland. Auswahl, Vorbereitung, Betreuung und Wiedereingliederung.* Göttingen: Verlag für Angewandte Psychologie.

Kühlmann, T. M. & Stahl G. K. (1998). Diagnose interkultureller Kompetenz: Entwicklung und Evaluierung eines Assessment Center. In C. Barmeyer & J. Bolten (Hrsg.), *Interkulturelle Personalorganisation*. Berlin: Wissenschaft & Praxis.

Kühlmann, T. M. & Stahl G. K. (2006). Problemfelder des internationalen Personaleinsatzes. In H. Schuler (Hrsg.), *Lehrbuch der Personalpsychologie* (2.überar. u. erw. Aufl., S. 533–558). Göttingen: Hogrefe Verlag.

Künzli, H. (2006). Wirksamkeitsforschung im Führungscoaching. In E. Lippmann (Hrsg.), *Coaching. Angewandte Psychologie für die Beratungspraxis* (S. 280–323). Berlin: Springer.

Kumar B. N. & Karlshaus, M. (1992). Auslandseinsatz und Personalentwicklung. *Zeitschrift für Personalentwicklung, 1, 59–74.*

Kupsch, M. & Schneewind, K.A. (2006). Adaptive strategies in balancing work and familiy life. A multi-level analysis. In A. Fontaine & M. Matias (Eds.), *Family, work and parenting – International perspec*tives (pp. 95–106). Porto: Legis Editoria.

Kutschker, M. & Schmid, S. (2008). *Internationales Management.* (6.Aufl.) München: Oldenbourg.

Laireiter, A. (Hrsg.). (1993). *Soziales Netzwerk und Soziale Unterstützung.* Bern: Huber.

Lamnek, S. (2005). *Qualitative Sozialforschung. Lehrbuch.* (3. Aufl.). Weinheim: Beltz.

Landy, F. J. & Conte, J. (2007). *Work in the 21th century* (2nd ed). Oxford: Blackwell Publishing.

Langmaack, B. & Braune-Krickau, M (2000). *Wie die Gruppe laufen lernt* (7. vollst. überarb. Aufl.). Weinheim: Beltz.

Lang-von Wins, T. (2004). *Der Unternehmer.* Berlin: Springer.

Lang-von Wins, T. & Kaschube, J. (1998). Der Organisationswechsel. In L. von Rosenstiel, F. W. Nerdinger & E. Spieß (Hrsg.), *Von der Hochschule in den Beruf* (S. 185–200). Göttingen: Verlag für Angewandte Psychologie.

Lang-von Wins, T., Maukisch, H. & Rosenstiel, L. von (1998). *Abschlußbericht des LEONARDO-Projekts CLEVER an die Europäische Union.* München: Institut für Psychologie der LMU, Arbeitsbericht.

Lasswell, H. D. (1948). The structure and function of communication in society. In C. Byrson (Ed.), *The communication of ideas* (pp. 37–51). New York.

Lazarus, R. S. (1991). Cognition and motivation in emotion. *American Psychologist, 46,* 352–367.

Lazarus, R. S. & Folkman, S. (1984). *Stress, appraisal and coping.* New York: Springer.

Lazarus, R. S.; Launier, R. (1981). Stressbezogene Transaktionen zwischen Person und Umwelt. In J. Nitsch (Hrsg.), *Stress, Theorien, Untersuchungen, Maßnahmen* (S. 213–260). Bern, Stuttgart, Wien: Huber.

Leavitt, H. J. & Bass, B. M. (1964). Organizational psychology. In P. H. Mussen & M. R. Rosenzweig (Hrsg.), *Annual Review of Psychology, Vol. 15., 371–398*, Palo Alto, Cal.: Annual Reviews.

Lehr, U. & Kruse, A. (2006). Verlängerung der Lebensarbeitszeit – eine realistische Perspektive? *Zeitschrift für Arbeits- und Organisationspsychologie, 4*, 240–247.

Leymann, H. (1995). *Der neue Mobbing-Bericht*. Reinbek: Rowohlt.

Lewicki, R. J. & Bunker, B. B. (1995). Developing and maintaining trust in work relationships. In R. M. Kramer & T. R. Tyler (Eds.), *Trust in organizations: Frontiers of theory and research* (pp. 114–139).Thousand Oaks: Sage.

Lindsay, J. A.& Anderson, C. A. (2000). From antecedent conditions to violent actions: A general affective aggression model. *Personality and Social Psychology Bulletin, 26*, 533–547.

Lewin, K. (1947). Frontiers in group dynamics. Concept, method and reality in social science. *Human Relations, 1*, 5–41.

Lewin, K. (1963). *Feldtheorie in den Sozialwissenschaften*. Bern: Hans Huber Verlag.

Lewin, K. (1982a). Formalisierung und Fortschritt in der Psychologie. In C. F. Graumann (Hrsg.), *Kurt-Lewin-Werkausgabe* (Band 4, S. 41–72). Bern: Huber.

Lewin, K. (1982b). Konstrukte in der Feldtheorie. In C. F. Graumann (Hrsg.), *Kurt-Lewin-Werkausgabe* (Band 4, S. 73–86). Bern: Huber.

Lewin, K. (1982c). Feldtheorie des Lernens. In C. F. Graumann (Hrsg.), *Kurt-Lewin-Werkausgabe* (Band 4, S. 157–186). Bern: Huber.

Lewin, K., Lippitt, R. & White, R. K. (1939). Patterns of aggressive behavior in experimentally created „social climates". *The Journal of Social Psychology, S.P.S S.I. Bulletin, 10*, 271–299.

Lienert, G. A. (1967). *Die Drahtbiegeprobe als standardisierter Test*. Göttingen: Hogrefe.

Lippmann, E. (Hrsg.), (2006a). *Coaching. Angewandte Psychologie für die Beratungspraxis*. Berlin: Springer.

Lippmann, E. (2006b). Methoden im Coaching. In E. Lippmann (Hrsg.), *Coaching. Angewandte Psychologie für die Beratungspraxis* (S. 325–351). Berlin: Springer.

Linneweh, K. (1996). Streß. In M. Hofmann, K. Linneweh & R. K. Streich (Hrsg.), *Erfolgsfaktor Persönlichkeit. Managementerfolg durch Persönlichkeitsentwicklung* (S. 6–22). München: Beck.

Locke, E. A. & Latham, G. P. (1990). *A theory of goal setting and task performance.* Englewood Cliffs, N.J.: Prentice Hall.

Locke, E.A. & Latham, G. P. (2002). Building a practical useful theory of goal setting and task motivation. *American Psychologist, 57,* 705–717.

Loi, R., Hang-yue, N. & Foley, S. (2006). Linking employees' justice perceptions to organizational commitment and intention to leave: The mediating role of perceived organizational support. *Journal of Occupational and Organizational Psychology, 79,* 101–120.

Lord, R. G. & Maher, K. J. (1991). *Leadership and information processing: Linking perceptions and performances.* London: Routledge.

Lu, L. & Argyle, M. (1991). Happiness and cooperation. *Personality and Individual Differences, 12* (10), 1019–1030.

Lück, H. E. (1996). *Kurt Lewin.* Weinheim: Psychologische Verlags Union.

Lück, H. E., Miller, R. & Sewz-Vosshenrich, G. (2000). *Klassiker der Psychologie.* Stuttgart: Kohlhammer.

Lüders, E. & Resch, M. (1995). Betriebliche Frauenförderung durch Arbeitsgestaltung. *Zeitschrift für Arbeitswissenschaft, 49,* 197–204.

Luhmann, N. (1964). *Funktionen und Folgen formaler Organisation.* Berlin: Duncker & Humblot.

Machiavelli, N. (1963). *Il Principe* (zuerst 1513). Stuttgart: Kröner.

Machiavelli, N. (1966). *Discorsi* (zuerst 1522). Stuttgart: Kröner.

Maier, G. (1998). Formen des Erlebens der Arbeitssituation: ein Beitrag zur Innovationsfähigkeit älterer Arbeitnehmer. *Zeitschrift für Gerontologie und Geriatrie, 2,* 127–137.

Maier, G. W. & Spieß, E. (1994). Einführung von Führungsnachwuchskräften in das Unternehmen. Formen der Unterstützung und erlebte Hilfestellung. In L. von Rosenstiel, T. Lang & E. Sigl (Hrsg.), *Fach- und Führungsnachwuchs finden und fördern* (S. 254–266). Stuttgart: Poeschel.

Maier, G. W., Streicher, B., Jonas, E. & Woschée, R. (2007). Gerechtigkeitseinschätzungen in Organisationen. *Diagnostica, 53,* 97–108.

Mahnkopf, B. (1994). Markt, Hierarchie und soziale Beziehungen. Zur Bedeutung reziproker Beziehungsnetzwerke in modernen Marktgesellschaften. In N. Beckenbach & W. van Treeck (Hrsg.), *Umbrüche gesellschaftlicher Arbeit* (S. 65–84). Göttingen: Schwartz.

Mandl, H. & Reinmann-Rothmeier, G. (1997). Wissensmanagement: Phänomene-Analyse-Forschung-Bildung. *Forschungsbericht Nr.83 der Ludwigs-Maximilians-Universität München.*

Manktelow, J. Brodbeck, F. C. & Anand, N. (2005). *How to lead: Discover the leader within you.* Swindon: Mind Tools.

Marcus, B. (2002). *Kontraproduktives Verhalten im Betrieb*. Göttingen: Verlag für Angewandte Psychologie.

Marcus, B. & Schuler H. (2006). Leistungsbeurteilung. In H. Schuler (Hrsg.), *Lehrbuch der Personalpsychologie* (2.überarb. u. erw. Aufl., S. 433–470). Göttingen: Hogrefe.

Markus, H. R. & Kitayama, S. (1991). Culture and self: Implications for cognition, emotion, and motivation. *Psychological Review, 98 (2)*, 224–253.

Martin, H.J. & Lekan, D. F. (2008). Reforming executive outplacement. *Organizational Dynamics, 37, 1*, 35–46.

Maslach, C. & Jackson, S. E. (1984). Burnout in organizational settings. In S. Oskamp (Ed.), *Applied Social Psychology Annual* (pp. 133–153). Beverly Hills, Ca: Sage.

Maslow, A. H. (1954). *Motivation and personality*. New York: Harper.

Matsumoto, D. & Kupperbusch, C. (2001). Ideocentric and allocentric differences in emotional expression, experience, and the coherence betweeen expression and experience. *Asian Journal of Social Psychology, 4*, 113–131.

Matsumoto, D., Takeuchi, S., Andayani, S., Kouznetsova, N. & Krupp, D. (1998). The constibution of individualism vs. collectivism to cross-national differences in display rules. *Asian Journal of Social Psychology, 1*, 147–165.

Matthews, K. A. & Rodin, J. (1989). Women's changing work roles. *American Psychologist, 44*, 1389–1393.

Maturana, H. R. & Varela, F. (1987). *Der Baum der Erkenntnis. Die biologischen Wurzeln menschlichen Erkennens* (3. Aufl.). Bern: Huber.

Mayer, A. & Herwig, B. (1963). *Handbuch der Psychologie. Bd. 9: Betriebspsychologie.* Göttingen: Hogrefe Verlag.

Mayer, A. & Herwig, B. (1970). *Handbuch der Psychologie. Bd. 9: Betriebspsychologie* (2. Aufl.). Göttingen: Hogrefe Verlag.

Mayrhofer, W. (1989). Trennung von der Organisation: *Vom Outplacement zur Trennungsberatung*. Wiesbaden: Deutscher Universitätsverlag.

Mayring, P. (2007). *Qualitative Inhaltsanalyse.* (9. Aufl.). Stuttgart: UTB-Taschenbuch.

McClelland, D. C. (1966). *Die Leistungsgesellschaft. Psychologische Analyse der Voraussetzungen wirtschaftlicher Entwicklung*. Stuttgart: Kohlhammer.

McClelland, D. C. (1973). Testing for competence rather than for intelligence. *American Psychologist, 28*, 1–14.

McClelland, D. C. & Winter, D. G. (1969). *Motivating economic achievement*. New York: Free Press.

McDougall, W. (1908). *Introduction to social psychology*. London: Methuen.

McGregor, D. (1970). *Der Mensch im Unternehmen.* Düsseldorf: Econ.

Meffert, H. (1990). Unternehmensberatung und Unternehmensführung. *Deutsche Betriebswirtschaft, 50* (2), 181–197.

Mehrabian, A. (1972). *Nonverbal communication.* Chicago, New York: Aldine.

Mendenhall, M. & Oddou, G. (1985). The dimensions of expatriate acculturation: a review. *Academy of Management Review, 10,* 39–47.

Menzel, U. (1998). *Globalisierung versus Fragmentierung.* Frankfurt/M.: Suhrkamp.

Merten, K. (1977). *Kommunikation. Eine Begriffs- und Prozeßanalyse.* Opladen: Westdeutscher Verlag.

Meyer, J.P. & Allen, N.J. (1997). *Commitment in the workplace.* Thousand Oakes, CA: Sage.

Mingers, S. (1996). *Systemische Organisationsberatung. Eine Konfrontation von Theorie und Praxis.* Frankfurt/M.: Campus Verlag.

Misumi, J. (1989). Research on leadership and group decision in japanese organisations. *International Association of Applied Psychology, 38,* 321–336.

Misumi, J. & Peterson, M. F. (1985). The performance maintenance (PM) theory of leadership: Review of a japanese research program. *Administrative Science Quarterly, 30,* 198–223.

Mohr, G. (2000). The changing significance of different stressors after the announcement of bankruptcy: a longitudinal investigation with special emphasis on job insecurity. *Journal of Organizational Behavior, 21,* 337–359.

Mohr, G. & Semmer, N. K. (2002). Arbeit und Gesundheit: Kontroversen zu Person und Gesundheit. *Psychologische Rundschau, 53,* 77–84.

Money, R. B., Gilly, M. C. & Graham, J. L. (1998). Explorations of national culture and word-of-mouth refferal behavior the purchase of industrial services in the United States and Japan. *Journal of Marketing, 62,* 76–87.

Montada, L. & Kals, E. (2001). *Mediation.* Psychologie Verlags Union.

Moreland, R. L. & Levine, J. M. (1992). Problem identification by groups. In S. Worchel, W. Wood & J.A. Simpson (Eds.), *Group process and productivity* (pp. 17–48). Newbury Park: Sage.

Morgan, G. (1997). *Bilder der Organisation.* Stuttgart: Klett-Cotta.

Moriynki, T. (1987). Führungsforschung/Führung in Japan. In A. Kieser, G. Reber & R. Wunderer (Hrsg.), *Handwörterbuch der Führung* Band. 10. (S. 484–492). Stuttgart: Poeschel.

Moser, K., Hahn, T. & Galais, N. (2000). Expertentum und eskalierendes Commitment. *Gruppendynamik und Organisationsberatung, 4*, 439–449.

Münsterberg, H. (1912). *Psychologie und Wirtschaftsleben*. Leipzig: Barth.

Mummendey, A. & Otten, S. (2002). Aggressives Verhalten. In W. Stroebe, K. Jonas & M. Hewstone (Hrsg*.), Sozialpsychologie. Eine Einführung* (4. Aufl., S. 353–380). Heidelberg: Springer.

Mummendey, H. D. (1995). *Die Psychologie der Selbstdarstellung*. Göttingen: Hogrefe Verlag.

Mummendey, H. D. & Bolten, H. G. (1993). Die Impression-Management-Theorie. In D. Frey & M. Irle (Hrsg.), *Theorien der Sozialpsychologie* (Band 3, S. 57–78). Bern: Huber.

Myers, D.G. (2008). *Psychologie.* (2.erw. u. aktualisierte Aufl.). Heidelberg: Springer.

Nerdinger, F. W. (1991). David McClelland: Die Motivationsstudien. In U. Flick, E. von Kardorff, H. Keupp, L. von Rosenstiel & S. Wolff (Hrsg.), *Handbuch Qualitative Sozialforschung* (S. 131–134). München: Psychologie Verlags Union.

Nerdinger, F. W. (1994a). *Dienstleistungspsychologie*. Stuttgart: Schäffer-Poeschel.

Nerdinger, F. W. (1994b). Nutzung des Änderungswissens. In L. von Rosenstiel, C. M. Hockel & W. Molt (Hrsg.), *Handbuch der Angewandten Psychologie* (III–11, S. 1–11). Landsberg/Lech: ecomed.

Nerdinger, F. W. (1995). *Motivation und Handeln in Organisationen*. Stuttgart: Kohlhammer.

Nerdinger, F. W. (2001). *Psychologie des persönlichen Verkaufs*. München: Oldenbourg.

Nerdinger, F. W. (2005). Dienstleistung. In D. Frey, L. von Rosenstiel & K. Graf Hoyos (Hrsg.), *Wirtschaftspsychologie* (S. 41–49). Weinheim: Beltz.

Nerdinger, F. W. (2008). *Unternehmensschädigendes Verhalten erkennen und verhindern.* Göttingen: Hogrefe Verlag.

Nerdinger, F. W., Blickle, G. & Schaper, N. (2008). *Arbeits- und Organisationspsychologie*. Heidelberg: Springer.

Nerdinger, F. W. & Röper, M. (1999). Emotionale Dissonanz und Burnout. Eine empirische Untersuchung im Pflegebereich eines Universitätskrankenhauses. *Zeitschrift für Arbeitswissenschaft. 53*, S. 187–193.

Neuberger, O. (1985). *Arbeit. Begriff, Gestaltung, Motivation, Zufriedenheit*. Stuttgart: Enke.

Neuberger, O. (1989). Organisationstheorien. In E. Roth (Hrsg.), *Organisationspsychologie* (Enzyklopädie der Psychologie; Bd. 3, Bd. 3, S. 205–250). Göttingen: Hogrefe Verlag.

Neuberger, O. (1991). *Personalentwicklung*. Stuttgart: Enke.

Neuberger, O. (1995). *Mikropolitik*. Stuttgart: Enke.

Neuberger, O. (1999). *Mobbing. Übel mitspielen in Organisationen*. München: Hampp.

Neuberger, O. (2002). *Führen und führen lassen*. Stuttgart: Lucius & Lucius.

Neuberger, O. (2006). *Mikropolitik und Moral.* Stuttgart: Lucius & Lucius.

Neuberger, O., Conradi, W. & Maier, W. (1985). *Individuelles Handeln und sozialer Einfluß.* Opladen: Westdeutscher Verlag.

Niedl, K. (1995). *Mobbing/Bullying am Arbeitsplatz.* München u. Mering: Hampp.

Noelle-Neumann, E. & Strümpel, B. (1984). *Macht Arbeit krank? Macht Arbeit glücklich?* München: Piper.

Organ, D. W. (1988). *Organizational citizenship behavior. The good soldier syndrome.* Massachusetts: D.C. Heath and Company.

Organ, D. W. (1997). Organizational Citizenship Behavior: It's Construct Clean-up time. *Human Performance, 10* (2) 85–97.

Oyserman, D., Coon H. M. & Kemmelmeier, M. (2002). Rethinking individualism and collectivism: Evaluation of theoretical assumptions and meta-analyses. *Psychological Bulletin, 12* (1) 3–72.

Pappi, F. (1987). Die Netzwerkanalyse aus soziologischer Perspektive. In F. Pappi (Hrsg.), *Methoden der Netzwerkanalyse* (Band 1 , S. 11–37).Berlin: de Gruyter.

Peters, T. J. & Waterman, R. H. (1984). *Auf der Suche nach Spitzenleistungen. Was man von den bestgeführten US-Unternehmen lernen kann.* Landsberg: Moderne Industrie.

Peterson, M. F., Smith, P. B. & Tayeb, M. H. (1993). Development and use of english versions of japanese PM leadership measures in electronic plants. *Journal of Organizational Behavior, 14,* 251–267.

Pettigrew, T. F. & Meertens, R. W. (1995). Subtle and blatant prejudice in western Europe. *European Journal of Social Psychology, 25,* 57–75.

Piepenburg, U. (1991). Ein Konzept von Kooperation und die technische Unterstützung kooperativer Prozesse. In H. Oberquelle (Hrsg.), *Kooperative Arbeit und Computerunterstützung. Stand und Perspektiven* (S. 79–98). Göttingen: Verlag für Angewandte Psychologie.

Pfaff, H. (1989). *Stressbewältigung und soziale Unterstützung. Zur sozialen Regulierung individuellen Wohlbefindens.* Weinheim: Deutscher Studien Verlag.

Piaget, J. (1984). *Psychologie der Intelligenz.* Stuttgart: Klett-Cotta.

Pialoux, M. & Beaud, S. (1997). Stammarbeiter und befristet Beschäftige. In P. Bourdieu (Hrsg.), *Das Elend der Welt: Zeugnisse und Diagnosen alltäglichen Leidens an der Gesellschaft* (S. 307–320). Konstanz: Universitäts-Verlag.

Pleck, J. H., Staines, G. L. & Lang, L. (1980). Conflict between work and familiy life. *Monthly Labor Review, 3,* 29–32.

Podsiadlowski, A. (1998). Zusammenarbeit in interkulturellen Teams. In E. Spieß (Hrsg.), *Formen der Kooperation – Bedingungen und Perspektiven* (S. 193–210). Göttingen: Hogrefe Verlag.

Podsiadlowski, A. (2002). *Multikulturelle Arbeitsgruppen in Unternehmen*. Münster: Waxmann.

Podsiadlowski, A. & Spieß, E. (1996). Evaluation eines Trainings für interkulturelle Zusammenarbeit. *Zeitschrift für Personalforschung, 1,* 48–66.

Porter, L. W. & Lawler, E. E. (1968). *Managerial attitudes and performance*. Homewood, Ill.: Irwin-Dorsey.

Powell, W. W. (1990). Neither market nor hierarchy: Network forms of organizations. *Research in Organizational Behavior, 12,* 295–336.

Pruitt, D. G. & Carnevale, P. J. (1993). *Negotiation in social conflict*. Buckingham: Open University Press.

Pruitt, D. G. & Rubin, Z. J. (1986). *Social conflict: Escalation, stalemate, and settlement*. New York: Random House.

Raeder, S. & Grote, G. (2005). Psychologische Verträge. In D. Frey, L. von Rosenstiel & C. Graf Hoyos (Hrsg.), *Wirtschaftspsychologie* (S. 304–309). Weinheim, Basel: Beltz PVU.

Rappensperger, G. (1996). *Berufseinstieg, Integration und Förderung von Führungsnachwuchskräften*. München: Univ. München, unveröffentlichte Dissertation.

Rawls, J. (1993). Gerechtigkeit als Fairness: politisch und nicht metaphysisch. In A. Honneth (Hrsg.), *Kommunitarismus: eine Debatte um die moralischen Grundlagen moderner Gesellschaften* (S. 36–67). Frankfurt/M.: Campus.

Regnet, E. (2009). Ageing workforce – Herausforderung für die Unternehmen. In L. von Rosenstiel, E. Regnet & M. Domsch (Hrsg.), *Führung von Mitarbeitern – Handbuch für erfolgreiches Personalmanagement* (6. überarb. Aufl., S. 686–698). Stuttgart: Schäffer-Poeschel.

Reiß, M., Rosenstiel, L. von & Lanz, A. (Hrsg.), (1997). *Change Management*. Stuttgart: Schäffer-Poeschel.

Resch, M. (2003). Work-Life-Balance – neue Wege der Vereinbarkeit von Berufs- und Privatleben? In H. Luczak (Hrsg.), *Kooperation und Arbeit in vernetzten Welten* (S. 125–132). Stuttgart: ergonomia-Verlag.

Richter, P. & Hacker, W. (1998). *Belastung und Beanspruchung: Streß, Ermüdung und Burnout im Arbeitsleben*. Heidelberg: Asanger.

Rippberger, T. (1998). *Ökonomik des Vertrauens*. Tübingen: Mohr Siebeck.

Robbins, S. (1998). *Organizational behavior: concepts, controversies, applications*. New Jersey: Prentice Hall.

Röhrle, B. (1994). *Soziale Netzwerke und soziale Unterstützung*. Weinheim: Psychologie Verlags Union.

Roetlisberger, F.J. & Dickson, W. J. (1950). *Management and the worker*. Cambridge, Mass.: Harvard University Press.

Rosenstiel, L. von (1991a). Fritz J. Roethlisberger & William J. Dickson: „Management and the Worker" In U. Flick, E. von Kardorff, H. Keupp, L. von Rosenstiel & S. Wolff (Hrsg.), *Handbuch Qualitative Sozialforschung* (S. 126–130). München: Psychologie Verlags Union.

Rosenstiel, L. von (1991b). Die organisationspsychologische Perspektive der Beratung. In M. Hofmann, L. von Rosenstiel & K. Zapotoczky (Hrsg.), *Die sozio-kulturellen Rahmenbedingungen für* Unternehmensberater (S. 167–278). Stuttgart: Kohlhammer.

Rosenstiel, L. von (1997). Verhaltenswissenschaftliche Grundlagen von Veränderungsprozessen. In M. Reiß, L. von Rosenstiel & A. Lanz (Hrsg.), *Change Management: Programme, Projekte und Prozesse* (S. 191–212). Stuttgart: Schäffer-Poeschel.

Rosenstiel, L. von (1998). Wertewandel und Kooperation. In E. Spieß (Hrsg.), *Formen der Kooperation – Bedingungen und Perspektiven* (S. 279–294). Göttingen: Hogrefe Verlag.

Rosenstiel, L. von (2004). Arbeits- und Organisationspsychologie – Wo bleibt der Anwendungsbezug? *Zeitschrift für Arbeits- und Organisationspsychologie, 48*, 87–94.

Rosenstiel, L. von (2007). *Grundlagen der Organisationspsychologie* (6. Aufl.). Stuttgart: Schäffer-Poeschel.

Rosenstiel, L. von (2009). *Beratung – ihre mikropolitische Einbindung und ihre Dynamik aus organisationspsychologischer Sicht*. In H. Möller & B. Hausinger (Hrsg.) Quo vadis – Beratungswissenschaft? (S. 105-117). Wiesbaden: VS Verlag.

Rosenstiel, L. von (2009). Entwicklung und Training von Führungskräften In L. von Rosenstiel, E. Regnet & M. Domsch (Hrsg.), *Führung von Mitarbeitern – Handbuch für erfolgreiches Personalmanagement* (6. überarb. Aufl., S. 51–67). Stuttgart: Schäffer-Poeschel.

Rosenstiel, L. von & Comelli, G. (2003). *Führung zwischen Stabilität und Wandel*. München: Vahlen.

Rosenstiel, L. von, Molt & Rüttinger, B. (1972). *Organisationspsychologie* (1. Aufl. 9. Aufl. 2005). Stuttgart: Kohlhammer.

Rosenstiel, L. von, Molt & Rüttinger, B. (2005). *Organisationspsychologie* (9. Aufl.). Stuttgart: Kohlhammer.

Rosenstiel, L. von, Nerdinger, F., Spieß, E. & Stengel, M. (1989). *Führungsnachwuchs im Unternehmen*. München: Beck.

Rosenstiel, L. von, Nerdinger, F. W. & Spieß, E. (1991). Was morgen alles anders läuft. Düsseldorf: Econ.

Rosenstiel, L. von, Nerdinger, F. W. & Spieß, E. (1998). (Hrsg.), *Von der Hochschule in den Beruf – Wechsel der Welten in Ost und West*. Göttingen: Hogrefe Verlag.

Rosenstiel, L. von & Neumann, P. (2002). *Marktpsychologie*. Darmstadt: Wissenschaftl. Buchgesellschaft.

Rosenstiel, L. von, Regnet, E. & Domsch, M. (Hrsg.), (2009). *Führung von Mitarbeitern – Handbuch für erfolgreiches Personalmanagement* (6. überarb. Aufl.). Stuttgart: Schäffer-Poeschel.

Rosenstiel, L. von & Spieß, E. (1995). Die Motivation von Mitarbeitern im Handwerk. In B. W. Dornach (Hrsg.), *Handwerks-Marketing – Ideen und Visionen für Erfolgsstrategien im Handwerk. Bd.1 Innenmarketing* (S. 83–96). Bad Wörishofen: Holzmann Buchverlag.

Rosenstiel, L. von & Stengel, M. (1987*). Identifikationskrise? Zum Engagement in betrieblichen Führungspositionen*. Bern: Huber.

Rowold, J., Borgmann, L. & Heinitz, K. (2009). Ethische Führungs- und Gütekriterien einer deutschen Adaptation der Ethical Leadership Scale (ELS-D) von Brown et al (2005). *Zeitschrift für Arbeits- und Organisationspsychologie, 2*, 57–69.

Rüttinger, B. & Sauer, J. (2000). *Konflikt und Konfliktlösen*. Leonberg: Rosenberger.

Saavedra, R., Earley, P. C. & Van Dyne, L. (1993). Complex interdependence in task-performing groups. *Journal of Applied Psychology, 78*, 61–72.

Sader, M. (1991). *Psychologie der Gruppe*. Weinheim: Juventa.

Sanders, M. M., Lengnick-Hall, M. L., Lengnick-Hall, C. A. & Steele-Clapp, L. (1998). Love and work: Career-Family attitudes of new entrants into labor force. *Journal of Organizational Behavior, 19 (6)*, 603–619.

Sarris, V. (1990). *Methodische Grundlagen der Experimentalpsychologie*. München: Reinhardt.

Sauer, M. (1991). *Outplacement-Beratung: Konzeption und organisatorische Gestaltung*. Wiesbaden: Gabler.

Schein, E. H. (1965). *Organizational psychology*. New York: Prentice Hall.

Schein, E. H. (1980). *Organisationspsychologie*. Wiesbaden: Gabler.

Scherm, E. (1995). *Internationales Personalmanagement*. München: Oldenbourg.

Schiffer, P. (2005). Wenn Insolvenz droht – zur Rolle von Entscheidungsträgern in Unternehmenssanierungen. *Wirtschaftspsychologie aktuell, 2*, 47–50.

Schmidt-Atzert, L. (1996). *Lehrbuch der Emotionspsychologie*. Stuttgart: Kohlhammer.

Schneewind, K. A. (2009). Work-Life-Balance In L. von Rosenstiel, E. Regnet & M. Domsch (Hrsg.), *Führung von Mitarbeitern – Handbuch für erfolgreiches Personalmanagement* (6. überarb. Aufl., S. 81–87). Stuttgart: Schäffer-Poeschel.

Schneewind, K.A., Kupsch, M. & Dillitzer, S. (2008). Familie und Arbeit. In D. Frey & C. Graf Hoyos (Hrsg.), *Psychologie in Gesellschaft, Kultur und Umwelt.* (S. 114–120). Weinheim, PVU.

Schneewind, K. A. & Schmidt, M. (2002). Systemtheorie in der Sozialpsychologie. In D. Frey & M. Irle (Hrsg.), *Theorien der Sozialpsychologie* (2. Aufl., S. 127–156). Bern: Huber.

Schneider, U. (1995). Experten zwischen verschiedenen Kulturen: Ist Beratung ein globales Produkt? In G. Walger (Hrsg.), *Formen der Unternehmensberatung* (S. 139–157). Köln: Schmidt.

Scholl, W. (2007). Grundkonzepte der Organisation. In H. Schuler (Hrsg.), *Lehrbuch Organisationpsychologie* (4. aktual. Aufl., S. 515–556). Bern: Huber.

Scholz, C. (2000). *Personalmanagement.* (5. Aufl.). München: Vahlen.

Schreyögg, A. (1996). *Coaching. Eine Einführung für Praxis und Ausbildung.* Frankfurt/M.: Campus.

Schröder, A. (1995). Die Betreuung von Mitarbeitern während ihres Auslandsaufenthaltes. In T. M. Kühlmann (Hrsg.), *Mitarbeiterentsendung ins Ausland. Auswahl, Vorbereitung, Betreuung und Wiedereingliederung* (S. 143–158). Göttingen: Verlag für Angewandte Psychologie.

Schubert, H. J. (1998). *Change Management.* Studienbrief Total Quality Management. Kaiserslautern: Zentrum für Fernstudien und universitäre Weiterbildung.

Schütz, A. (2003). *Psychologie des Selbstwertgefühls.* Stuttgart: Kohlhammer.

Schütz, A. & Laux, L. (2000). Selbst und Emotion. In J. H. Otto, H. A. Euler & H. Mandl (Hrsg.), *Emotionspsychologie* (S. 519–531). Weinheim: Psychologie Verlags Union.

Schuler, H. (2000). *Psychologische Personalauswahl* Göttingen: Verlag für angewandte Psychologie.

Schuler, H. (2004a). *Beurteilung und Förderung beruflicher Leistung.* (vollst. überarb. u. erweiterte Aufl). Göttingen: Verlag für Angewandte Psychologie.

Schuler, H. (Hrsg.). (2004b). *Enzyklopädie der Psychologie Organisationspsychologie – Grundlagen und Personalpsychologie* (Band I). Göttingen: Hogrefe Verlag.

Schuler, H. (Hrsg.). (2004c). *Enzyklopädie der Psychologie. Band II: Organisationspsychologie – Gruppe und Organisation.* Göttingen: Hogrefe Verlag.

Schuler, H. (2006). *Lehrbuch der Personalpsychologie* (2. überarb. U. erw. Aufl.). Göttingen: Hogrefe Verlag.

Schuler, H. (2007). *Lehrbuch Organisationpsychologie* (4.aktual. Aufl.). Bern: Huber.

Schuler, H. & Funke, U. (1991). *Eignungsdiagnostik in Forschung und Praxis.* Göttingen: Verlag für Angewandte Psychologie.

Schulz-Hardt, S. & Brodbeck, F. C. (2007). Gruppenleistung und Führung. In K. Jonas, W. Stroebe & M. Hewstone (Hrsg.), *Sozialpsychologie* (5.Aufl., S. 443–479). Heidelberg: Springer.

Schulz von Thun, F. (1999). *Miteinander reden 3*. Reinbek: Rowohlt.

Schumpeter, J. (1911, Neuauflage 1977). *Theorie der wirtschaftlichen Entwicklung.* Berlin (München, 1935): Duncker & Humblot.

Schwartz, S. H. & Bilsky, W. (1990). Toward a theory of the universal content and structure of values. *Journal of Personality and Social Psychology, 58*, 878–891.

Selvini-Palazzoli, M., Boscolo, L., Cecchin, G. & Prata, G. (1985). *Paradox und Gegenparadox* (4. Aufl.). Stuttgart: Klett-Cotta.

Semmer, N. K. & Mohr, G. (2001). Arbeit und Gesundheit: Konzepte und Ergebnisse der arbeitspsychologischen Stressforschung. *Psychologische Rundschau, 52*, 150–158.

Semmer, N. & Udris, I. (2007). Bedeutung und Wirkung von Arbeit. In H. Schuler (Hrsg.), *Lehrbuch Organisationspsychologie* (4. aktual. Aufl., S. 157–195). Bern: Huber.

Senge, P. (2001). *Die fünfte Disziplin. Kunst und Praxis der lernenden Organisation.* Stuttgart: Klett-Cotta.

Senior, C. & Butler, M. (2007). Towards an organizational cognitive neuroscience. *Annals of New York Academy of Science, 1118 (4)*, 1–17.

Sennett, R. (2000). *Der flexible Mensch.* Berlin: Siedler.

Shannon, C. E. & Weaver, W. (1959). *The mathematical theory of communication.* (8th ed.). Urbana, Illinois: University of Illinois Press.

Shaw, M. E. (1964). Communication networks. *Advances in Experimental Social Psychology, 1*, 11–147.

Shimizu, R. (1990). Top Management in japanischen Unternehmen. *Deutsche Betriebswirtschaft, 50*, 625–641.

Simon, B. & Mummendey, A. (1997). Selbst, Identität und Gruppe. In A. Mummendey & B. Simon (Hrsg.), *Identität und Verschiedenheit* (S. 11–38). Bern: Huber.

Simon, B. & Trötschel, R. (2007). Das Selbst und die soziale Identität. In K. Jonas, W. Stroebe & M. Hewstone (Hrsg*.), Sozialpsychologie* (5.Aufl., S. 147–181) Heidelberg: Springer.

Singelis, T., Triandis, H. C. Bhawak, D. & Gelfand, M. (1995). Horizontal and vertical dimensions of individualism and collectivism: A theoretical and measurement refinement. *Cross-Cultural Research, 29*, 240–275.

Six, B. & Eckes, A. (1991). Der Zusammenhang von Arbeitszufriedenheit und Arbeitsleistung. In L. Fischer (Hrsg.), *Arbeitszufriedenheit* (S. 21–45). Stuttgart: Enke.

Six, B. & Kleinbeck, U. (1989). Arbeitsmotivation und Arbeitszufriedenheit. In E. Roth (Hrsg.), *Organisationspsychologie. Enzyklopädie der Psychologie*, Themenbereich D, Serie III, Band. 3 (S. 348–398). Göttingen: Hogrefe.

Skinner, B. F. (1938). *The behavior of organisms: An experimental analysis.* New York: Appelton-Century.

Skinner, B. F. (1954). The science of learning and the art of teaching. *Harvard Educational Review, 24*, 99–113.

Skinner, B. F. (1973). *Jenseits von Feiheit und Würde.* Reinbek: Rowohlt.

Smith, M. (1993). Outplacement: Die menschliche Seite des Personalabbaus. *Zeitschrift für Arbeits- und Organisationspsychologie, 37 (4)* 201–204.

Sonnentag, S. & Frese, M. (2003). Stress in organization. In W. C. Borman, D. R. Ilgen & R. J. Klimoski (Eds.), *Handbook of Psychology, Vol. 12*. Industrial and Organizational Psychology. (pp. 453–491). New York: Wiley.

Sonntag, K. (1996). *Lernen im Unternehmen. Effiziente Organisation durch Lernkultur.* München: Beck.

Sonntag, K. H. (Hrsg.) (2006). *Personalentwicklung in Organisationen.* Göttingen: Hogrefe Verlag.

Spieß, E. (1994). Aktionsforschung. In L. von Rosenstiel & W. Molt (Hrsg), *Handbuch für Angewandte Psychologie* (III–7, S. 1–8). Stuttgart: Schäffer-Poeschel.

Spieß, E. (1996). *Kooperatives Handeln in Organisationen.* München und Mering: Hampp-Verlag.

Spieß, E. (1997). Personalentwicklung unter Berücksichtigung der Internationalisierung – Thesen zur Auslandsentsendung. In L. von Rosenstiel, T. Lang-von Wins & E. Sigl (Hrsg.), *Perspektiven der Karriere* (S. 241–252). Stuttgart: Schäffer-Poeschel.

Spieß, E. (Hrsg.). (1998). *Formen der Kooperation – Bedingungen und Perspektiven.* Göttingen: Hogrefe Verlag.

Spieß, E. (2004). Kooperation und Konflikt. In H. Schuler (Hrsg.), *Enzyklopädie der Psychologie/Organisationspsychologie. Organisationspsychologie – Gruppe und Organisation* (Band 4, S. 193–250). Göttingen: Hogrefe Verlag.

Spieß, E. (2005). *Wirtschaftspsychologie.* München: Oldenbourg.

Spieß, E. & Brüch, A. (2002a). Auswirkungen von interkulturellen Erfahrungen für die Motivation beruflicher Auslandsaufenthalte ost- und westdeutscher Studierender. *Zeitschrift für Soziapsychologie, 4*, 219–228.

Spieß, E. & Brüch, A. (2002b). Beurteilung der Motive beruflicher Auslandstätigkeit. In A. Peitz & R. Pfeiffer (Hrsg.), *Personalauswahl international – Suche, Auswahl, Integration* (S. 11–28). Düsseldorf: Symposion.

Spieß, E. & Nerdinger, W. F. (1991). Selbstselektion: Rekonstruktion eines Handlungsprozesses. *Mitteilungen des Sonderforschungsbereichs 333* (3), 61 – 78.

Spieß, E., Nerdinger, F. W., von Rosenstiel, L. & Sigl, E. (1996). *Bruch von Geschäftsbeziehungen zwischen Handelsvertretern und Unternehmen – Verlaufsformen und Ursachen.* Köln: CDH-Wirtschaftsdienst.

Spieß E. & Nerdinger, F. W. (1998). (Hrsg.), *Kooperation im Unternehmen.* Sonderheft der Zeitschrift für Personalforschung. München und Mering: Hampp-Verlag.

Spieß, E. & von Rosenstiel, L. (2003). Psychologische Faktoren der Kooperation in interkulturellen Kontexten. In H. Luczak (Hrsg.), *Kooperation und Arbeit in vernetzten Welten* (S. 287–294). Stuttgart: ergonomia-Verlag.

Spieß, E., Schaaf, E. & Stroppa, C. (2009). Netzwerke sozialer Unterstützung bei Auslandsentsendungen nach Asien In T. Kühlmann & H. Haas (Hrsg.), *Internationales Risikomanagement – Auslandserfolg durch grenzüberschreitende Netzwerke* (S. 155–183). München: Oldenbourg.

Spieß, E. & Stadler, P. (2007). Gesundheitsförderliches Führen – Defizite erkennen und Fehlbelastungen der Mitarbeiter reduzieren. In A. Weber & G. Hörmann (Hrsg.), *Psychosoziale Gesundheit im Beruf* (S. 255–274). Stuttgart: Genter-Verlag.

Spieß, E. & Stroppa, C. (2008). Role of social support and the importance of interpersonal networks to minimize risks of foreign assignment. In Dietsche, C., Holtbrügge, D., Kühlmann, T., Puck, F. F., Rehner, J., Schauwecker, P., Scheuring, G., Spieß, E., & Stroppa, C. (Eds.), *Transnational networks – an effective tool for risk reduction? Small and medium-sized companies on the global market place.* Fortrans, Arbeitspapier 1 (pp. 103–121). München: fortrans

Spieß, E. & Winterstein, H. (1999). *Verhalten in Organisationen.* Stuttgart: Kohlhammer.

Spieß, E. & Wittmann, A. (1996). Zur Motivation eines Auslandseinsatzes bei Führungsnachwuchskräften. *Zeitschrift für Arbeits- und Organisationspsychologie, 40* (1), 42 – 46.

Spieß, E. & Wittmann, A. (1999). Motivational phases associated with foreign placement of manangement candidates – an application of the rubicon model of action phases. *International Journal of Human Resource Management, 10*, 891 – 905.

Spiethoff, A. (1932). *Die allgemeine Volkswirtschaftslehre als geschichtliche Theorie. Die Wirtschaftsstile. Schmollers Jahrbuch.* Festschrift für W. Sombart, (S. 891–924).

Stadler, P. & Spieß, E. (2003). *Psychosoziale Gefährdung am Arbeitsplatz.* Bremerhaven: Wirtschaftsverlag NW GmbH.

Stadler, P. & Spieß, E. (2005). Gesundheitsförderliches Führen – Defizite erkennen und Fehlbelastungen der Mitarbeiter reduzieren. *ASU (Arbeitsmedizin, Sozialmedizin & Umweltmedizin), 7*, 384–390.

Staehle, W. H. (1999). *Management – Eine verhaltenswissenschaftliche Perspektive*. München: (8. überab. Aufl.). Verlag Franz Vahlen.

Stahl, G. K. (1995). Die Auswahl von Mitarbeitern für den Auslandseinsatz. In T. M. Kühlmann (Hrsg.), *Mitarbeiterentsendung ins Ausland: Auswahl, Vorbereitung, Betreuung und Wiedereingliederung* (S. 31–66). Göttingen: Verlag für Angewandte Psychologie.

Stahl, E. (2002). *Dynamik in Gruppen. Handbuch der Gruppenleitung*. Weinheim: Beltz.

Staudt, E. & Kriegesmann, B. (1999). Weiterbildung. Ein Mythos zerbricht. In Arbeitsgemeinschaft Qualifikations-Entwicklungs-Management (Hrsg.), *Kompetenzentwicklung 99* (S. 17–60). Münster: Waxmann.

Steger, U. (Hrsg.). (1996). *Globalisierung der Wirtschaft: Konsequenzen für Arbeit, Technik und Umwelt*. Berlin: Springer.

Stoebe, F. (1989). Outplacement. In H. Strutz (Hsrg.). *Handbuch Personalmarketing* (S. 779–791). Wiesbaden: Gabler.

Stogdill, R. (1948). Personal factors associated with leadership: a review of the literature. *Journal of Psychology, 25*, 35–71.

Strasser, G. & Titus, W. (1985). Pooling of unshared information in group decision making. *Journal of Personality and Social Psychology, 48,* 1467–1478.

Stroebe, W. & Stroebe, M. (1998). *Lehrbuch der Gesundheitspsychologie*. Eschborn: Klotz-Verlag.

Stumpf, S. & Thomas, A. (Hrsg.) (2003). *Teamarbeit und Teamentwicklung*. Göttingen: Hogrefe Verlag.

Sydow, J. (1992). *Strategische Netzwerke. Evolution und Organisation*. Wiesbaden: Gabler.

Tajfel, H. (1982). *Gruppenkonflikt und Vorurteil: Entstehung und Funktion sozialer Stereotypen*. Kempten: Kösel.

Tajfel, H. & Turner, J. C. (1979). An integrative theory of intergroup conflict. In W. G: Austin & S. Worchel (Eds.), *The social psychology of intergroup relations* (pp. 33–47). Monterey, CA: Brooks/Cole.

Tannenbaum, R. & Schmidt, W. H. (1958). How to choose a leadership pattern. *Harvard Business Review, 3/4*, 95–101.

Taylor, F. W. (1911). *The principles of scientific management*. London: Harper & brothers.

Teuteberg, H. (1961). *Geschichte der industriellen Mitbestimmung in Deutschland*. Tübingen: Mohr.

Thierau-Brunner, H., Stangel-Meseke, M. & Wottawa, H. (1999). Evaluation von Personalentwicklungsmaßnahmen. In K. Sonntag (Hrsg.), *Personalentwicklung in Organisationen* (S. 261–286). Göttingen: Hogrefe Verlag.

Thierau, H., Wottawa, H. & Stangel-Meseke, M. (2006). Evaluation von Personalentwicklungsmaßnahmen. In K. Sonntag (Hrsg.), *Personalentwicklung in Organisationen* (3. Aufl., S. 329–354). Göttingen: Hogrefe Verlag.

Thomae, H. (1965). Die Bedeutung des Motivationsbegriffs. In H. Thomae (Hrsg.), *Handbuch der Psychologie,* Band. II, Allgemeine Psychologie, 2. Motivation (S. 3–44). Göttingen: Hogrefe Verlag.

Thomas, A. (Hrsg.). (1993). Kulturvergleichende *Psychologie.* Göttingen: Hogrefe Verlag.

Thomas, A. (1994). Interkulturelle Beziehungen. In L. von Rosenstiel, C. M. Hockel & W. Molt (Hrsg.), *Handbuch der Angewandten Psychologie* (VII-6, S. 1–13). Landsberg/Lech: ecomed.

Thomas, A. (Hrsg.) (1996). *Psychologie interkulturellen Handelns.* Göttingen: Hogrefe.

Thomas, K. W. (1992). Conflict and negotiation processes in organizations. In M. Dunnette & L. M. Hough (Eds.), *Handbook of Industrial and Organizational Psychology, 3* (pp. 652–717). Palo Alto: Consulting Psychologists Press.

Titscher, S. (1992). Gruppenforschung. In E. Gaugler & Weber, W. (Hrsg.), *Handwörterbuch des Personalwesen* (Band 5, S.1010–1030). Stuttgart: Schäffer-Poeschel.

Titze, M. (2003). Balanceakt auf der Karriereleiter. *Management und Training, 11,* 38–39.

Tjosvold, D. (1988). Cooperative and competitive interdependence. *Group & Organization Studies, 13,* 274–289.

Triandis, H. C. (1989). Cross-cultural studies of individualism and collectivism. In Nebraska Symposium on Motivation (Ed.), *Current Theory and Research in Motivation, 37,* 41–133.

Triandis, H. C. (1995). *Individualism and collectivism.* Boulder: Westview.

Tuckman, B. W. (1965). Developmental sequence in small groups. *Psychological Bulletin, 63,* 384–399.

Tuckman, B.W. & Jensen, M.A. (1977). Stages of small group development revisited. *Group and Organization Studies, 24,* 419–427.

Tully, C. (2003). *Mensch – Maschine – Megabyte – Technik in der Alltagskultur – Eine sozialwissenschaftliche Hinführung.* Opladen: Leske + Budrich.

Turner, J. C. & Haslam, S. A. (1999). Social identity, organizations, and leadership. In M. E. Turner (Ed.), *Groups at work: Theory and research* (pp.25–67). London: Lawrence Erlbaum Ass.

Udris, I. (1989). Soziale Unterstützung. In S. Greif, H. Holling & N. Nicholson (Hrsg.), *Arbeits- und Organisationspsychologie. Internationales Handbuch in Schlüsselbegriffen* (S. 421–425). München: Psychologie Verlags Union.

Udris, I. & Frese, M. (1999). Belastung und Beanspruchung. In C. G. Hoyos & D. Frey, (Hrsg.), *Arbeits- und Organisationspsychologie. Ein Lehrbuch.* (S. 429–445). Weinheim: Psychologie Verlags Union.

Ulbrich-Herrmann, M. (2001). Machiavellistische Einstellungen. In A. Glöckner (Hrsg.), *ZUMA-Informationssystem*. Mannheim: Zentrum für Umfragen, Methoden und Analysen.

Ulich, E. (2005). *Arbeitspsychologie* (6. überarb. U. erw. Aufl.). Stuttgart: Schäffer-Poeschel.

Van de Vliert, E. (1999). Cooperation and competition as partners. *European Review of Social Psychology, 10*, 231–256.

Van Lange, P. A. M. & de Dreu, C. K. W. (2002). Soziale Interaktion: Kooperation und Wettbewerb. In W. Stroebe, K. Jonas & M. Hewstone (Hrsg*.), Sozialpsychologie* (4. Aufl., S. 381–414). Heidelberg: Springer.

Vardi, Y. & Wiener, Y. (1996). Misbehavior in organizations: A motivational framework. *Organization Science, 7*, 151–165.

Villanueva, D: & Djurkovic, N. (2009). Occupational stress and intention to leave among employees in small and medium enterprises. *International Journal of Stress Management, 16,2,* 124–137.

Vonderach, G. (1980). Die neuen Selbständigen. *MittAB, 13*, 153–169.

Voß, G. & Pongratz, H. G. (1998). Der Arbeitskraftunternehmer. *Kölner Zeitschrift für Soziologie und Sozialpsycholgie, 50*, 131–158.

Vroom, V. H. (1964). *Work and motivation*. New York: Wiley.

Vroom, V. H. & Yetton, P. W. (1973), Leadership and decision-making. Pittsburgh: Univ.of Pittsburgh Press.

Wagner, H. & Reineke, R. D. (Hrsg.) (1992). *Beratung von Organisationen. Philosophien – Konzepte – Entwicklungen.* Wiesbaden: Gabler.

Walger, G. (Hrsg.) (1995). *Formen der Unternehmensberatung*. Köln: Schmidt.

Wakenhut, R. (1993*). Wirtschaftspsychologie.* In A. Schorr (Hrsg.), *Handwörterbuch der Angewandten Psychologie* (S. 736–742). Bonn: Verlag Deutscher Psychologen.

Wanous, J. P. (1992). *Recruitment, selection, orientation and socialization of newcomers (2. Aufl.).* Reading: Addison-Wesley.

Watzlawick, P., Beavin, J. H. & Jackson, D. D. (1969). *Menschliche Kommunikation. Formen, Störungen, Paradoxien.* Bern: Huber.

Weber, M. (1920, 1988). *Die protestantische Ethik und der Geist des Kapitalismus.* Gesammelte Aufsätze zur Religionssoziologie I. Tübingen: Mohr.

Wegge, J. (2006). Gruppenarbeit. In H. Schuler (Hrsg.), *Lehrbuch der Personalpsychologie* (2.überarb. u. erw. Aufl., S. 483–507). Göttingen: Hogrefe Verlag.

Wegge, J. (2004). *Führung von Arbeitsgruppen*. Göttingen: Hogrefe Verlag.

Wegge, J. & von Rosenstiel, L. (2007). Führung. In H. Schuler (Hrsg.). Lehrbuch Organisationspsychologie (4. aktual. Aufl. S. 475–512). Göttingen: Hogrefe Verlag.

Wegge, J., Frieling, E. & Schmidt, H. (Hrsg.), (2008). Alter und Arbeit. *Wirtschaftspsychologie, 10/3*.

Weihrich, M. & Dunkel, W. (2003). Abstimmungsprobleme in Dienstleistungsbeziehungen. Ein handlungstheoretischer Zugang. *Kölner Zeitschrift für Soziologie und Sozialpsychologie, 55* (4), 758–781.

Weiner, B. (1972). *Theories of motivation*. Chicago: Markham.

Weinert, A. (2004). *Lehrbuch der Organisations- und Personalpsychologie.* (5. Aufl.).München: Psychologie Verlags Union.

Wenninger, G. (1999). Arbeits-, Gesundheits- und Umweltschutz. In C. G. Graf Hoyos & D. Frey (Hrsg.), *Arbeits- und Organisationspsychologie* (S. 105–121). Weinheim: Beltz.

West, M. A. (1990). The social psychology of innovation in groups. In M. A. West & J. L. Farr (Eds.), *Innovation and creativity at work* (pp. 309–333). Chichester: Wiley.

Westaby, J. (2004). The impact of outplacement programs on reemployment criteria: a longitudinal study of displaced managaers and executives. *Journal of Employment Counseling, 41*, 19–28.

Wicklund, R. A. & Gollwitzer, P. M. (1982). *Symbolic self-completion*. Hillsdale NJ: Erlbaum.

Wiendieck, G. (2009). Führung und Organisationsstruktur. In L. von Rosenstiel, E. Regnet & M. Domsch (Hrsg.), *Führung von Mitarbeitern* (6. überarb. Aufl., S. 551–560). Stuttgart: Poeschel.

Wilke, H. & Wit, A. (2002). Gruppenleistung. In W. Stroebe, K. Jonas & M. Hewstone (Hrsg.), *Sozialpsychologie* (S. 497–532).Heidelberg: Springer.

Wimmer, R. (1995). Die permanente Revolution. Aktuelle Trends in der Gestaltung von Organiationen. In R. Grossmann (Hrsg.), *Veränderung in Organisationen: Management und Beratung* (S. 21ff.). Wiesbaden: Gabler.

Wirth, E. (1992). *Mitarbeiter im Auslandseinsatz*. Wiesbaden: Gabler.

Wiswede, G. (1990). Führungsforschung im Wandel. G. Wiendieck & G. Wiswede (Hrsg.), *Führung im Wandel: neue Perspektiven für Führungsforschung und Führungspraxis* (S. 1–38). Stuttgart: Enke.

Wiswede, G. (2000). *Einführung in die Wirtschaftspsychologie*. München: Ernst Reinhardt.

Wiswede, G. (2004). *Sozialpsychologie-Lexikon*. München: Oldenbourg.

Witte, E. H. (1994). *Lehrbuch Sozialpsychologie*. Weinheim: Beltz.

Witte, E. H. (Hrsg.), (2002). *Sozialpsychologie wirtschaftlicher Prozesse*. Lengerich: Pabst Science Publishers.

Wottawa, H. & Thierau, H. (1998). *Lehrbuch Evaluation* (2. Aufl.). Göttingen: Huber.

Wunderer, R. & Dick, P. (Hrsg.), (1997). *Frauen im Management*. Neuwied: Luchterhand.

Wunderer, R. & Dick, P. (Hrsg.), (1999). *Mitarbeiter als Mitunternehmer*. Neuwied: Luchterhand.

Wunderer, R. & Mittmann, J. (1995). *Identifikationspolitik. Einbindung der Mitarbeiter in den unternehmerischen Wertschöpfungsprozeß*. Stuttgart: Schaeffer-Poeschel

Wunderer, R. & Weibler, J. (1992). Vertikale und laterale Einflußstrategien: Zur Replikation und Kritik des „Profiles of Organizational Influence Strategies (POIS)" und seiner konzeptuellen Weiterführung. *Zeitschrift für Personalforschung, 4*, 515– 534.

Zapf, D. & Frese, M. (1991). Soziale Stressoren am Arbeitsplatz. In S. Greif; E. Bamberg & N. Semmer (Hrsg.), *Psychischer Stress am Arbeitsplatz* (S. 168–183). Göttingen: Hogrefe. Verlag für Psychologie.

Zapf, D. (1999). Mobbing. *Zeitschrift für Arbeits- und Organisationspsychologie, 43*, 1–25.

Zappala, S., Depolo, M., Fraccaroli, F., Guglielmi, D. & Sarchielli, G. (2008). Early retirement as withdrawal behaviour: Postponing job retirement? *Career Development International, 13, 2*, 150–167.

11 Stichwortverzeichnis

Aggression 35, 36, 61, 63, 215, 216, 253
Aggressionsmodell 36
Akkulturationsstrategien 170
Akteur 94
Aktionsforschung 17, 110, 177, 266
Arbeit
   Arbeits- und Organisationspsychologie 1, 10, 223, 238, 240, 242, 245, 247, 252, 255, 259, 262, 263, 266, 267, 269, 270, 271, 272
   Arbeitsengagement 51, 61
   Arbeitsschutz 208, 209
   Arbeitszufriedenheit 15, 21, 26, 42, 46, 62, 81, 82, 83, 84, 85, 86, 87, 88, 89, 112, 125, 155, 164, 207, 214, 226, 229, 230, 237, 240, 265, 266
Attribution 30, 31, 32, 127, 150
Auslandsentsendung 119, 190, 193, 194, 197, 266
Beanspruchung 79, 145, 261, 270
Behaviorismus 11, 14, 18
Belastung 39, 261, 270
Beratung 49, 64, 105, 106, 121, 148, 163, 175, 176, 177, 178, 179, 180, 181, 183, 209, 215, 217, 219, 220, 250, 262, 263, 264, 270, 271
Betriebsrat 113, 172, 210, 233
Burnout 42, 134, 158, 211, 212, 230, 240, 250, 257, 259, 261
Coaching 111, 115, 121, 176, 202, 254, 255, 264
Commitment 35, 42, 46, 81, 88, 89, 164, 214, 253, 258, 259
Coping 38, 39, 41, 67, 245
Core self-evaluation 46, 239

Dienstleistung 3, 49, 95, 104, 105, 106, 152, 164, 176, 211, 215, 220, 230, 259
Dissonanztheorie 23, 55
Diversität 56, 94
Einstellungen 3, 12, 21, 22, 23, 56, 59, 60, 82, 83, 89, 96, 99, 109, 112, 122, 131, 159, 180, 181, 191, 197, 201, 239, 270
Emotionen 21, 24, 25, 26, 35, 39, 128, 239
Empathie 44, 61, 68, 180, 196
Empowerment 125
Entscheidungsprozesse 21, 25, 34, 48, 50, 133, 166
Erwartungen 4, 8, 22, 81, 84, 92, 103, 113, 114, 126, 128, 130, 161, 181, 190, 211
Eskalation 63, 64, 206
Ethik 2, 12, 119, 223, 224, 227, 233, 237, 238, 270
Evaluation 93, 110, 111, 115, 116, 117, 141, 181, 183, 192, 229, 230, 239, 252, 260, 261, 268, 269, 272
Fehlbelastungen 207, 210, 267
Feldtheorie 17, 18, 238, 255
Führung
   Führung 4, 26, 83, 103, 112, 119, 121, 122, 123, 124, 125, 126, 128, 129, 130, 131, 132, 133, 136, 141, 157, 158, 162, 173, 175, 185, 187, 188, 192, 204, 213, 223, 226, 227, 230, 235, 241, 246, 258, 261, 262, 263, 265, 271
   Führungskräfteentwicklung 108, 139
   Führungsmodell 126, 132
Fusionen 5, 107, 167, 173, 215, 241, 252
Gefangenendilemma 58
Gefühle 3, 21, 24, 26, 59, 64, 71, 75, 143, 150, 160, 168, 181, 204
Gegenseitigkeit 57

Gendering 102, 134
Gerechtigkeit
  distributive Gerechtigkeit 76
  prozedurale Gerechtigkeit 77
Gesundheit VII, 34, 37, 41, 43, 78, 79, 83, 100, 119, 132, 133, 134, 137, 138, 184, 205, 206, 207, 208, 209, 210, 212, 213, 237, 247, 248, 258, 265, 267
Globalisierung 10, 81, 95, 107, 108, 185, 230, 231, 235, 237, 258, 268
Gruppe
  Gruppennormen 53, 54
  Gruppenprozesse 17, 94
Hardiness 42
Identifikation 47, 74, 88, 89, 128, 137, 158, 159, 193, 222, 253
Identität 42, 44, 45, 46, 47, 48, 55, 74, 99, 102, 111, 171, 207, 215, 216, 217, 265
Individualismus 25, 43, 61, 97, 98, 99, 130, 246
Interkulturell
  Interkulturelle Kompetenz 195, 196
  Interkulturelles Lernen 239
Internationalisierung 56, 107, 108, 215, 230, 266
Karriere 101, 102, 184, 189, 193, 266
Kollektivismus 25, 43, 97, 98, 99, 129
Kommunikation 8, 15, 34, 46, 58, 62, 69, 70, 71, 72, 73, 83, 112, 113, 114, 130, 134, 136, 140, 148, 149, 153, 158, 163, 168, 170, 172, 186, 191, 196, 226, 231, 236, 242, 243, 248, 258, 270
Kompetenz 5, 34, 44, 75, 92, 116, 135, 136, 140, 141, 155, 186, 190, 191, 195, 196, 200, 210, 233, 244, 251, 254
Konditionierung 32
Konflikt
  Konfliktbewältigung 64
  Konfliktlösung 46, 62, 65, 133, 238, 251
  Konfliktregelung 65
  Konfliktstile 65
  Konfliktursachen 62
  Konfliktwahrnehmung 63
  latenter Konflikt 62

Konkurrenz 46, 57, 58, 59, 61, 63, 65, 140, 243
Kontraproduktives Verhalten 202, 257
Kooperation
  Kooperation 5, 8, 34, 46, 49, 51, 53, 57, 58, 59, 61, 62, 65, 71, 107, 134, 137, 155, 160, 162, 164, 165, 166, 167, 175, 187, 191, 194, 196, 230, 232, 233, 236, 238, 244, 260, 261, 262, 266, 267, 270
Krise 41, 163, 230
Kultur
  Kulturschock 171, 186, 191, 193
  Kulturstandards 99, 141
Kunde 104, 105, 107, 179, 181
Lernende Organisation 90
Lernprozesse 21, 32, 33, 90, 92, 93, 94, 199
Macht 4, 46, 48, 64, 74, 75, 76, 97, 104, 116, 121, 129, 148, 182, 260
Mediation 64, 65, 66, 67, 163, 235, 238, 258
Menschenbilder 11, 12, 13, 14, 15, 247
Merger 167
Mitarbeiterbefragung 111, 112, 113, 114, 117, 239
Mobbing 36, 134, 204, 205, 206, 210, 252, 255, 259, 260, 272
Motivation 8, 22, 25, 26, 28, 29, 30, 49, 51, 83, 86, 88, 104, 114, 126, 128, 131, 140, 152, 162, 163, 165, 189, 201, 204, 211, 212, 222, 238, 241, 246, 247, 248, 252, 253, 257, 259, 263, 266, 267, 269
Netzwerke 81, 93, 94, 95, 261, 267, 268
Objektivität 144, 146, 180
Organisationsbilder 11
Organisationsentwicklung 11, 19, 114, 163, 165, 171, 176, 177, 178, 181, 183, 197, 198, 199, 200, 201, 202, 230, 237, 241, 244, 245, 246
Organisationswechsel 212, 213, 254
Outplacement 212, 214, 215, 216, 217, 219, 220, 223, 237, 249, 257, 263, 266, 268
Personalauswahl 111, 142, 144, 145, 146, 148, 264, 266
Personalentwicklung 11, 34, 81, 82, 90, 111, 119, 139, 141, 181, 191, 197, 199, 200,

11 Stichwortverzeichnis

201, 202, 220, 235, 241, 249, 254, 259, 266, 268, 269
Person-Environment-Fit 41, 143
Projektgruppe 53, 200
Psychoanalyse 11
Qualitätszirkel 152, 154, 245
Reliabilität 144
Ressource 46, 78, 132
Reziprozität 57, 77, 93
Risiko 41
Rolle 4, 15, 21, 23, 29, 30, 31, 34, 35, 38, 43, 44, 46, 47, 48, 55, 57, 61, 64, 65, 68, 69, 73, 74, 76, 77, 78, 82, 87, 93, 95, 96, 99, 107, 108, 120, 125, 126, 128, 135, 136, 139, 143, 150, 151, 158, 175, 176, 179, 180, 181, 189, 195, 204, 208, 210, 246, 263
Ruhestand 212, 221, 237
Selbstmanagement 44, 115, 251
Selbstständigkeit 4, 12
Selbstwert 21, 42, 43, 46, 56, 126, 206
Selbstwirksamkeit 34, 126, 206
Soziale Unterstützung 78, 79, 80, 254, 269
Sozialisation 4, 21, 81, 102, 148, 172, 207
Stress 24, 37, 38, 39, 41, 42, 46, 98, 168, 169, 194, 211, 214, 230, 232, 241, 243, 245, 248, 254, 255, 270, 272
Stressforschung 41, 265
Systemtheorie 2, 3, 9, 17, 178, 238, 264
TALK-Modell 72
Team
   Teamarbeit 107, 119, 134, 155, 157, 158, 160, 162, 164, 165, 167, 191, 233, 235, 237, 241, 246, 268
   Teamdiagnostik 156, 159, 160, 161
   Teamentwicklung 11, 155, 159, 160, 161, 162, 163, 164, 165, 166, 237, 241, 268
Tit-for-Tat 68
Unternehmenskultur 83, 112, 119, 132, 134, 140, 170, 173, 174, 175, 190, 222, 230, 242

Unternehmenszusammenschlüsse 167, 173
Unterstützung
   soziale Unterstützung 43, 46, 48, 78, 79, 82, 95, 206, 210, 214, 218, 220, 243, 260, 261
Validität 141, 144, 146, 147
Verhalten 1, 2, 4, 11, 12, 14, 18, 19, 21, 22, 23, 24, 26, 30, 32, 33, 34, 35, 36, 39, 42, 43, 47, 48, 54, 55, 56, 57, 59, 60, 61, 62, 68, 69, 73, 74, 76, 77, 78, 86, 93, 96, 98, 109, 110, 116, 119, 123, 125, 126, 127, 128, 129, 135, 136, 144, 146, 149, 151, 173, 177, 178, 180, 181, 182, 187, 189, 195, 197, 199, 202, 203, 204, 205, 206, 209, 211, 212, 216, 220, 221, 225, 230, 231, 239, 251, 259, 267
Verhandlung
   Verhandlungsstrategien 66, 68
Verstärker 68
Vertrauen 46, 58, 61, 62, 64, 68, 73, 74, 78, 93, 94, 95, 115, 132, 135, 136, 155, 163, 168, 169, 172, 204, 220, 226
Volition 26, 29, 30, 140, 252, 253
Werte
   Wertewandel 28, 95, 99, 100, 101, 102, 246, 262
   Werthaltungen 24, 30, 100, 142, 188
Work-Life-Balance 184, 185, 261, 263
Ziele
   Ziele 5, 8, 25, 26, 27, 29, 30, 44, 45, 46, 47, 49, 61, 64, 67, 68, 75, 82, 88, 90, 93, 95, 97, 101, 110, 111, 113, 115, 116, 119, 126, 128, 129, 133, 137, 144, 148, 149, 151, 153, 155, 158, 159, 163, 165, 168, 175, 177, 181, 182, 186, 191, 198, 200, 204, 206, 209, 215, 219, 221, 224, 240, 241
   Zielkonflikte 177

12 Personenverzeichnis

Acker, G. M. 214, 235
Adams, G. A. 77, 184, 235, 245
Adams, J. S. 235
Akert, R. M. 52, 236
Allen, N. J. 88, 258
Althauser, U. 108, 235
Altmann, G. 65, 235
Anand, N. 119, 120, 257
Andayani, S. 25, 257
Anderson, C. A. 36, 37, 156, 161, 167, 239, 255
Anderson, N. 167, 239
Andrzejewski, L. 220, 235
Antoni, C. H. 48, 49, 152, 153, 154, 162, 235, 236, 240
Antonovsky, A. 207, 235
Ardelt-Gattinger, E. 53, 236
Argyle, M. 57, 59, 236, 256
Argyris, C. 9, 90, 236
Aronson, E. 52, 236
Asanger, R. 2, 212, 236, 261
Auer, K. 88, 246, 253
Axelrod, R. 68, 236
Baldwin, T. T. 91, 236
Bales, R. F. 53, 124, 161, 236
Bandura, A. 33, 36, 236, 250
Bartlett, C. A. 175, 236
Bartram, P. 8, 236
Bass, B. M. 1, 80, 128, 235, 236, 237, 253, 255
Bauer, G. 207, 237
Bayard, N. 82, 237
Bazerman, M. H. 66, 237
Beal, D. J. 159, 237
Beaud, S. 184, 260
Beavin, J. H. 69, 178, 270

Beck, D. 237, 244, 153, 156, 161
Beck, R. 253
Beck, U. 237, 107, 108, 185
Becker, H. 199, 237
Beehr, T. A. 248
Beersma, B. 66, 242
Behr, B. 192, 253
Bell, C. H. 110, 159, 165, 198, 245
Bennett, M. J. 192, 193, 237, 247
Benson, L. 64, 66, 246
Berg-Peer, J. 218, 223, 237
Berkel, K. 63, 121, 223, 224, 225, 226, 237
Berkowitz, L. 36, 235, 237
Berry, J. W. 237, 107, 170
Berry, L. L. 237, 86
Bettenhausen, K. L. 55, 238
Betz, N. 104, 238
Bhawak, D. 98, 265
Bierbrauer, G. 24, 35, 58, 171, 238
Bierhoff, H. W. 4, 33, 43, 47, 51, 58, 60, 61, 76, 121, 126, 128, 238
Bihl, G. 152, 238
Billings, R. S. 239
Bilsky, W. 97, 265
Bischof, N. 17, 24, 103, 238
Bischof-Köhler, D. 103, 238
Bittner, A. 190, 238
Bitzer, B. 66, 238
Black, J. S. 191, 238
Blanchard, K. H. 125, 248
Bless, H. 24, 244
Blickle, G. 1, 2, 3, 10, 223, 224, 227, 237, 238, 259
Bögel, R. VII, 82, 112, 116, 238, 239
Böhle, F. 26, 239
Bohner, G. 21, 23, 239

Bolten, H. G. 259, 44, 45
Bolten, J. 239, 191, 192, 193, 196, 254
Bono, J. E. 250, 123
Bono, Y. E. 239, 46
Borg, I. 112, 113, 117, 239
Borgatti, S. P. 93, 94, 239
Borgmann, L. 226, 263
Bortz, J. 109, 110, 115, 117, 239
Boscolo, L. 265
Bourdieu, P. 101, 239, 260
Brandstätter, H. 54, 149, 239
Braune-Krickau, M. 166, 254
Breaugh, J. A. 81, 239
Brodbeck, F. C. 52, 99, 108, 119, 120, 121, 126, 128, 129, 130, 156, 161, 167, 230, 239, 257, 265
Brömer, P. 34, 250
Brown, M. E. 240, 223, 226, 227
Brown, R. 240
Brown, R. B. 240, 128
Brüch, A. 98, 99, 189, 190, 240, 266
Bruggemann, A. 62, 84, 85, 86, 240
Brunstein, J. C. 29, 240
Buchwald, P. 42, 248
Bühler, K. 71, 240
Bühner, M. 109, 146, 240
Büssing, A. 106, 201, 240
Bungard, W. 48, 49, 152, 153, 162, 236, 240, 245
Bunker, B. B. 73, 74, 255
Burisch, M. 211, 240
Burke, C. S. 240, 125, 159
Burke, M. J. 237
Butler, M. 21, 265
Calder, B. J. 127, 240
Carli, L. L. 104, 243
Carnevale, P. J. 66, 261
Cartwright, D. 241, 54, 244
Cartwright, S. 241, 38
Cecchin, G. 265
Cecil, H. jr. 110, 245
Chen, C. C. 214, 61, 98, 241
Chen, G. 251, 125
Chen, X. P. 241, 61, 98
Christiansen, N. D. 248

Christie, R. 75, 241
Cobb, S. 41, 143, 245
Cohen, R. R. 237, 159
Cohen, S. 241, 79
Cohn, R. C. 72, 241
Coleman, P. J. 80, 242
Comelli, G. 11, 29, 73, 112, 135, 148, 159, 162, 163, 164, 165, 172, 198, 241, 263
Connolly, P. M. 112, 241
Conradi, W. 74, 241, 260
Conte, J. 1, 3, 10, 81, 254
Coon, H. M. 98, 260
Cooper, G. L. 9, 10, 38, 214, 241, 245
Costa, P. T. 123, 241
Coulmas, F. 130, 241
Cropanzano, R. 64, 66, 246
Curhan, J. R. 66, 237
Dabui, M. 167, 241
Dahrendorf, R. 8, 241
Darwin, C. 25, 242
De Cremer, D. 126, 252
De Dreu, C. K. W. 59, 60, 61, 66, 68, 80, 242, 246
Delhees, K. H. 62, 64, 242
De Man, H. 83, 242
Depolo, M. 222, 272
Desmette, D. 222, 242
Deutsch, M. 59, 80, 242
Dick, P. 104, 156, 232, 242, 272
Dickson, W. J. 13, 262
Dierkes, M. 173, 242
Dillitzer, S. 184, 264
Dineen, B. R. 204, 242
Dion, K. L. 71, 242
Dirks, K. T. 136, 242
Djurkovic, N. 214, 270
Dobson, P. 88, 246
Doerner, D. 242
Döring, N. 109, 110, 115, 117, 239
Dollard, J. 36, 242
Domsch, M. 102, 112, 113, 141, 185, 235, 241, 242, 261, 262, 263, 271
Doob, L. 36, 242
Dorfman, P. 129, 249
Dormann, C. 106, 232, 242

Dubs, R. 90, 93, 243
Dücker, B. 78, 243
Dunkel, W. 105, 271
Durkheim, E. 243
Eagly, A. H. 103, 104, 243
Earley, P. C. 263
Eckes, A. 86, 266
Eggins, R. A. 46, 248
Ekman, P. 25, 106, 243
Engelhardt, H. D. 253
Englich, B. 153, 244
Erb, E. 14, 15, 247
Erez, M. 132, 243
Erpenbeck, J. 71, 243, 248, 34, 93, 201, 202
Esser, W. M. 132, 171, 243, 252
Faltermaier, T. 207, 243
Fay, D. 4, 245
Feather, N. T. 97, 244
Feger, H. 95, 244
Felser, G. 2, 244
Ferrin, D. L. 136, 242
Festinger, L. 23, 47, 77, 244
Fiebiger, H. 65, 235
Fiedler, F. E. 244, 125, 126, 127
Fiedler, K. 244, 24
Fisch, R. 153, 156, 161, 237, 244
Fischer, L. 266
Fischer, K. 250, 35
Fischer, P. 247, 169
Fishbein, M. 21, 22, 204, 244
Fisseni, H. J. 160, 161, 244
Flanagan, J. G. 107, 244
Fleishman, E. 54, 244
Flick, U. 109, 244, 259, 262
Florian, V. 42, 244
Fokken, U. 170, 244
Foley, S. 214, 256
Folkman, S. 39, 255
Ford, J. K. 91, 140, 157, 236, 246
Foster, P. C. 93, 94, 239
Fraccaroli, F. 222, 272
Frank, E. 67, 244
Freimuth, J. 197, 244
French, J. R. P. 244, 245, 41, 74
French, J. R. P. jr. 245, 143

French, W. L. 245, 110, 159, 165, 198
Frese, M. 4, 26, 40, 41, 78, 79, 210, 245, 266, 270, 272
Freudenberger, H. 211, 245
Frey, D. VI, 44, 58, 67, 77, 125, 167, 168, 169, 173, 176, 183, 244, 245, 247, 250, 252, 259, 261, 264, 270, 271
Fried, Y. 214, 245
Friedel-Howe, H. 103, 245
Frieling, E. 38, 111, 153, 222, 245, 251, 271
Fürstenberg, F. 8, 245
Funke, U. 146, 265
Furnham, A. 121, 127, 245
Gabele, E. 171, 252
Gaillard, M. 222, 242
Galais, N. 35, 259
Galinsky, E. 184, 249
Garman, G. 245
Garmeister, K. 245
Gartner, A. 106, 246
Gaska, D. 77, 245
Gasteiger, R. M. 102, 246
Gattinger, E. 53, 236
Gebert, D. 1, 11, 49, 125, 159, 177, 182, 202, 231, 246
Geis, F. L. 75, 241
Gelade, G. A. 88, 246
Geldermann, B. 93, 246
Gelfand, M. 80, 98, 246, 265
Gemünden, H. G. 158, 246
Gensicke, T. 102, 246
Gerhardt, M. W. 123, 250
Gerrig, R. 24, 25, 27, 32, 46, 55, 246
Ghoshal, S. 175, 236
Gilboa, S. 214, 245
Gilly, M. C. 258
Glasl, F. 62, 63, 246
Goldman, B. M. 64, 66, 246
Goldstein, I. L. 140, 141, 246
Gollwitzer, P. M. 45, 271
Goodwin, G. F. 125, 240
Gottschall, K. 184, 246
Graat, T. 92, 210, 247
Graham, J. L. 258
Granovetter, H. 95, 247

Graumann, C. F. 26, 97, 246, 247, 255
Gregersen, H. B. 190, 24
Greitemeyer, T. 169, 247, 252
Groeben, N. 14, 15, 247
GrollConnolly, K. 112, 241
Grosch, H. 186, 187, 247
Groskurth, P. 62, 84, 85, 240
Groß, A. 176, 186, 187, 247
Große-Jäger, A. 92, 210, 247
Grote, G. 261, 223
Grote, S. 251
Guglielmi, D. 222, 272
Habermas, J. 224, 247
Hacker, W. 40, 48, 111, 152, 247, 261
Haddock, G. 21, 23, 247
Hahn, T. 35, 259
Halemba, K. 245
Hall, E. T. 102, 184, 187, 247, 248, 256, 262, 263
Halpin, S. M. 125, 240
Hanges, P. J. 129, 249
Hang-Yue, N. 214, 256
Harlander, N. 213, 247, 248
Harquail, C. 56, 247
Harris, T. E. 70, 247
Harrison, D. A. 223, 226, 240
Haslam, S. A. 45, 46, 248, 269
Hatvany, N. 175, 248
Hechanova, R. 88, 248
Heckhausen, H. 29, 30, 248, 253
Hege, M. 253
Heidack, C. 247, 248
Heinitz, K. 226, 263
Helfermann, B. 184, 248
Henninger, M. 73, 248
Hentschel, V. 208, 248
Herner, M. J. 4, 33, 238
Hersey, P. 125, 248
Hertel, G. 47, 192, 230, 248, 253
Herwig, B. 1, 257
Herzberg, F. 84, 248
Hewstone, W. 23, 31, 80, 239, 240, 244, 247, 250, 253, 265, 270, 271
Heyse, V. 34, 93, 201, 243, 248
Hilburger, T. 4, 245

Hippler, G. 82, 252
Hobfoll, St. E. 41, 248
Hochschild, A. R. 106, 249
Hofmann, W. 215, 220, 249, 256, 262
Hofstede, G. 96, 97, 98, 129, 249
Hogan, E. A. 168, 169, 249
Hogg, M. A. 126, 252
Högl, M. 158, 164, 246
Holling, H. 148, 152, 201, 202, 249, 251, 269
Homans, G. C. 77, 249
Hormuth, S. E. 44, 249
Hornung, F. A. 167, 169, 170, 171, 172, 175, 249
Hortig, A. 245
House, R. H. 249, 99, 108
House, R. J. 108, 249, 126, 129, 130
Hughes, D. 184, 249
Hurst, C. 46, 250
Illies, R. 125, 250
Inglehart, R. 100, 249
Irle, M. 5, 229, 244, 245, 249, 250, 259, 264
Isic, A. 106, 242
Jackson, D. D. 270, 69, 178
Jackson, S. E. 257, 211
James, W. 42, 249
Jansen, D. 250, 94
Jansen, S. A. 250, 167, 170
Jaques, E. 173, 249
Javidan, M. 129, 249
Jenny, G. 207, 237
Jensen, M. A. 53, 269
Jochmann, W. 214, 250
Johnson, B. T. 50, 103, 243
Jonas, E. 183, 250, 256, 76, 176, 186, 256
Jonas, K. 80, 250, 23, 31, 34, 239, 240, 244, 247, 253, 265, 270, 271
Jöns, I. 240
Judge, T. A. 46, 88, 123, 125, 239, 250
Jüngling, C. 104, 250
Jüptner, H. 211, 250
Jungermann, H. 35, 250
Kahneman, D. 35, 250
Kals, E. 65, 76, 251, 258
Kaminski, G. 181, 251
Kammel, A. 190, 191, 193, 251

Kannheiser, W. 26, 250
Kanning, U. 142, 145, 148, 152, 232, 251
Kant, I. 223, 251
Kanter, R. M. 74, 251
Karau, S. J. 51, 251
Kark, R. 125, 251
Karlshaus, M. 190, 254
Kaschube, J. 102, 140, 213, 251, 254
Kastner, M. 44, 251
Katona, G. 35, 251
Katzenbach, J. R. 155, 251
Kauffeld, S. 155, 156, 160, 161, 163, 167, 176, 183, 250, 251
Kehr, H. 30, 44, 252
Keller, E. von, 9, 130, 252
Kemmelmeier, M. 98, 260
Kieser, A. 82, 252, 259
King, L. A. 184, 235
King, W. D. 235
Kipnis, D. 76, 252
Kirchler, E. M. 4, 252
Kirkpatrick, D. 116, 252
Kirsch, W. 171, 252
Kitayama, S. 98, 257
Klages, H. 100, 252
Klein, C. 125, 217, 240
Kleinbeck, U. 83, 266
Klendauer, R. 167, 168, 169, 173, 252
Kluckhohn, C. 96, 252
Knorz, C. 205, 252
Kobasa, S. C. 42, 252
Kohlhoff, L. 253
König, A. 253, 166
König, O. 253, 53
König, St. 253, 166
Konradt, U. 192, 230, 248, 253
Köpfler, F. 247, 248
Korsgaard, M. A. 57, 60, 253
Kossek, E. 184, 253
Kouznetsova, N. 25, 257
Krahé, B. 35, 36, 37, 253
Kramer, R. M. 135, 253, 255
Kraus, R. 88, 253
Kraut, A. 112, 253
Kriegesmann, B. 92, 201, 202, 268

Kriz, W. C. 155, 166, 253
Krücken, G. 93, 253
Krüger, K. H. 82, 245, 252
Krupp, D. 25, 257
Kruse, A. 221, 223, 255
Kühlmann, T. M. 57, 183, 186, 187, 190, 191, 193, 194, 197, 253, 254, 264, 267, 268
Künzli, H. 115, 254
Kuhl, J. 30, 253
Kumar, B. N. 190, 254
Kupperbusch, C. 26, 257
Kupsch, M. 134, 184, 252, 254, 264
Kutschker, M. 108, 254
Kwon, S. 68, 242
Laireiter, A. 78, 254
Lamnek, S. 109, 110, 254
Landy, F. J. 1, 3, 10, 81, 254
Lang, L. 4, 98, 102, 146, 184, 213, 240, 254, 256, 261, 266
Langmaack, B. 166, 254
Langosch, I. 199, 237
Lang-vonWins, T. 4, 102, 146, 213, 254, 266
Lanz, A. 11, 261
Lasswell, H. D. 69, 254
Latham, G. P. 29, 256
Launier, R. 38, 255
Laux, L. 42, 264
Lawler, E. E. 84, 261
Lazarus, R. S. 25, 38, 39, 41, 208, 254, 255
Leavitt, H. J. 1, 255
Leenen, W. R. 186, 187, 247
Lehr, U. 221, 223, 255
Lekan, D. F. 220, 257
Leng, K. 4, 245
Lengnick-Hall, C. A. 184, 263
Lengnick-Hall, M. L. 184, 263
LePage, A. 36, 237
Lester, S. W. 57, 60, 253
Levine, J. M. 158, 258
Lewicki, R. J. 73, 74, 204, 242, 255
Lewin, K. 3, 17, 18, 19, 45, 62, 74, 96, 124, 131, 172, 182, 186, 199, 255, 256
Leymann, H. 205, 255
Lienert, G. A. 146, 255
Liepmann, D. 201, 202, 249

Lindsay, J. A. 36, 37, 255
Linneweh, K. 212, 255
Lippitt, R. 124, 131, 255
Lippmann, E. 115, 254, 255
Locke, E. A. 29, 256
Loi, R. 214, 256
Lord, R. G. 129, 256
Lu, L. 59, 256
Lück, H. E. 17, 19, 256
Lüders, E. 104, 256
Luhmann, N. 3, 9, 256
Maccrae, R. R. 241
Machiavelli, N. 256
Madden, T. J. 22, 235
Maher, K. J. 129, 256
Mahnkopf, B. 93, 256
Maier, G. 221, 256
Maier, G. W. 240, 256, 29, 76, 82
Maier, W. 260, 74
Maio, G. R. 21, 23, 247
Mandl, H. 73, 92, 248, 256, 264
Manktelow, J. 119, 120, 256
Marcus, B. 257, 149, 202
Marcus, E. C. 80, 242
Markus, H. R. 257, 98
Markus, M. J. 251, 51
Martin, H. J. 51, 220, 257
Maslach, C. 211, 257
Maslow, A. H. 27, 84, 100, 257
Matsumoto, D. 25, 26, 257
Matthews, K. A. 103, 257
Maturana, H. R. 69, 257
Maukisch, H. 146, 254
Mausner, B. 84, 248
Mayer, A. 1, 257
Mayrhofer, W. 214, 216, 257
Mayring, P. 109, 257
McClelland, D. C. 4, 12, 34, 75, 109, 257, 258, 259
McDougall, W. 257
McGregor, D. 12, 13, 14, 258
McLendon, C. L. 159, 237
Meertens, R. W. 24, 60, 260
Meffert, H. 176, 258
Meglino, B. M. 57, 60, 253

Mehrabian, A. 71, 258
Meier, F. 93, 253
Meindl, J. R. 61, 98, 241
Mendenhall, M. 191, 238, 258
Menzel, U. 107, 258
Merten, K. 69, 258
Meyer, J. P. 88, 89, 258
Mikulincer, M. 42, 244
Miller, N. 242, 36
Miller, R. 256
Mingers, S. 176, 179, 258
Misumi, J. 131, 132, 258
Mittmann, J. 89, 272
Mohr, G. 41, 251, 258, 261, 265, 268, 270
Molt, W. 1, 238, 253, 259, 262, 263, 266, 269
Money, R. B. 258
Montada, L. 65, 76, 258
Moore, D. A. 66, 237
Moreland, R. L. 158, 258
Morgan, G. 11, 258
Moriynki, T. 131, 258
Moser, K. 35, 237, 249, 259
Mowrer, O. 36, 242
Müller, F. G. 238, 60, 61, 125
Müller, K. D. 247
Müller, R. 235, 65
Münsterberg, H. 1, 229, 259
Mummendey, A. 265, 36, 45, 56
Mummendey, H. D. 259, 44, 145
Myers, D. G. 25, 33, 46, 259
Nagel, R. 82, 252
Nerdinger, F. W. 1, 2, 3, 4, 10, 12, 25, 29, 30, 35, 62, 77, 82, 95, 100, 101, 102, 104, 105, 107, 108, 109, 144, 181, 202, 203, 204, 206, 230, 254, 259, 262, 266, 267
Neuberger, O. 11, 15, 32, 72, 74, 75, 81, 83, 112, 116, 119, 122, 125, 127, 139, 140, 148, 200, 206, 224, 227, 259, 260
Neumann, P. 2, 100, 263
Niedl, K. 206, 260
Nöbauer, B. 155, 166, 253
Noelle-Neumann, E. 100, 260
North, G. 211, 245
Nürnberg, C. 169, 247
Oddou, G. 191, 258

Organ, D. W. 62, 260
Otten 36, 259
Otto, S. 44, 249, 264
Overmyer-Day, L. 168, 169, 249
Oyserman, D. 98, 260
Ozeki, C. 184, 253
Pappi, F. 95, 244, 260
Parasuraman, A. 86, 237
Paulwitt, T. 245
Peters, T. J. 173, 260
Peterson, M. F. 131, 132, 258, 260
Pettigrew, T. F. 24, 260
Pfaff, H. 79, 260
Pfister, H. R. 35, 250
Piaget, J. 14, 260
Pialoux, M. 184, 260
Piccolo, R. F. 125, 250
Piepenburg, U. 57, 260
Pleck, J. H. 184, 260
Podsiadlowski, A. 56, 141, 157, 189, 260
Pongratz, H. G. 14, 270
Porter, L. W. 84, 248, 261
Powell, W. W. 94, 261
Prata, G. 265
Pruitt, D. G. 61, 66, 67, 261
Pucik, V. 175, 248
Raeder, S. 223, 261
Rappensperger, G. 103, 261
Raven, B. H. 74, 244
Rawls, J. 57, 261
Regnet, E. 141, 185, 222, 235, 241, 261, 262, 263, 271
Reineke, R. D. 176, 270
Reinmann-Rothmeier, G. 257, 257
Reiß, M. 11, 261, 262
Resch, M. 104, 184, 256, 261
Reynolds, K. J. 46, 248
Richter, P. 40, 207, 261
Riessman, F. 107, 246
Rippberger, T. 73, 261
Robbins, S. 121, 123, 126, 261
Rodgers, W. 41, 143, 245
Rodin, J. 103, 257
Roetlisberger, F. J. 262
Röhrle, B. 95, 261

Röper, M. 230, 259
Rosenstiel, L. von, V, 1, 2, 3, 9, 11, 14, 28, 29, 34, 47, 62, 73, 77, 82, 89, 90, 97, 100, 101, 102, 107, 112, 115, 116, 119, 121, 125, 135, 140, 141, 144, 146, 148, 150, 157, 165, 167, 168, 171, 172, 173, 175, 177, 181, 183, 185, 186, 201, 222, 229, 231, 232, 235, 238, 239, 241, 242, 243, 246, 250, 251
Rowold, J. 226, 263
Rubin, Z. J. 61, 67, 261
Rüttinger, B. 62, 262, 263
Saavedra, R. 49, 263
Sader, M. 47, 55, 263
Salas, E. 50, 125, 240
Sanders, M. M. 184, 263
Sandmann, J. 253
Sarchielli, G. 222, 272
Sarris, V. 109, 263
Sauer, J. 263, 62
Sauer, M. 263, 214, 215, 216, 217
Sauter, W. 202, 243
Schaaf, E. 194, 267
Schalk, R. 221, 248
Schaper, N. 1, 2, 3, 10, 206, 259
Schattenhofer, K. 53, 235, 253
Schein, E. H. 5, 12, 13, 62, 132, 173, 174, 179, 263
Scherm, E. 190, 263
Schiffer, P. 230, 263
Schildbach, S. 245
Schmid, S. 108, 254
Schmidt F.L. 110, 117
Schmidt, H. 271, 222
Schmidt, M. 264, 178
Schmidt, S. M. 252, 76
Schmidt, W. H. 268, 124
Schmidt-Atzert, L. 24, 25, 263
Schneble, A. 112, 113, 242
Schneewind, K. A. 134, 178, 184, 185, 229, 252, 254, 263, 264
Schneider, U. 176, 264
Scholl, W. 11, 47, 65, 248, 264
Scholz, C. 97, 98, 108, 174, 264
Schön, D. A. 90, 236

Schreyögg, A. 5, 6, 8, 115, 264
Schröder, A. 193, 264
Schubert, H. J. 172, 264
Schütz, A. 42, 43, 46, 264
Schuler, H. 1, 111, 141, 144, 146, 148, 149, 150, 152, 202, 232, 236, 240, 246, 249, 251, 254, 257, 264, 265, 266, 271
Schulz vonThun, F. 72, 73, 265
Schulz-Hardt, S. 52, 119, 121, 126, 128, 265
Schumpeter, J. 4, 265
Schwartz, S. H. 97, 239, 256, 265
Sears, R. R. 36, 242
Selvini-Palazzoli, M. 180, 265
Semmer, N. K. 28, 41, 79, 210, 245, 258, 265, 272
Senge, P. 90, 265
Senior, C. 21, 265
Sennett, R. 14, 265
Sewz-Vosshenrich, G. 256
Shamir, B. 125, 251
Shannon, C. E. 69, 265
Shaw, M. E. 70, 265
Shimizu, R. 175, 265
Shirom, A. 214, 245
Sieker, A. 92, 210, 247
Sigl, E. 62, 256, 266
Simon, B. 44, 45, 56, 265
Singelis, T. C. 98, 265
Six, B. 83, 86, 266
Skinner, B. F. 32, 266
Slater, P. E. 53, 124, 161, 236
Smith, D. K. 251, 155
Smith, M. 266, 214, 215
Smith, P. B. 260, 131
Snyderman, B. 84, 248
Sonnentag, S. 41, 232, 242, 266
Sonntag, K. H. 38, 91, 111, 139, 141, 200, 201, 206, 245, 266, 268, 269
Spieß, E. V, 4, 9, 10, 13, 15, 17, 18, 28, 30, 57, 58, 61, 62, 65, 66, 77, 79, 82, 93, 95, 98, 99, 100, 101, 102, 103, 105, 106, 107, 110, 121, 132, 133, 135, 137, 141, 144, 167, 175, 177, 178, 186, 189, 190, 191, 194, 197, 198, 201, 207, 221, 238, 246, 254, 256, 261, 262, 263, 266, 267, 268

Spiethoff, A. 173, 267
Stadler, P. VII, 9, 10, 79, 132, 133, 135, 137, 207, 268
Staehle, W. H. 15, 124, 125, 179, 181, 182, 268
Stagl, K. C. 125, 240
Stahl, E. 268, 166
Stahl, G. K. 268, 57, 187, 189, 190, 191, 194, 254
Stahlberg, D. 169, 247
Staines, G. L. 184, 261
Stangel-Meseke, M. 115, 116, 268, 269
Staudt, E. 92, 201, 202, 268
Steele-Clapp, L. 184, 263
Steger, U. 173, 185, 230, 242, 268
Stein, J. 64, 66, 246
Steinel, W. 66, 242
Stengel, M. 89, 101, 262
Stoebe, F. 214, 220, 268
Stogdill, R. 121, 268
Strasser, G. 52, 268
Streicher, B. 76, 256
Stroebe, M. 268, 78
Stroebe, W. 23, 31, 50, 78, 80, 239, 240, 244, 247, 250, 253, 265, 268, 270, 271
Stroppa, C. VII, 194, 267
Strümpel, B. 100, 260
Stumpf, S. 17, 162, 237, 241, 268
Sydow, J. 94, 268
Tag, A. 4, 184, 208, 245
Tajfel, H. 45, 46, 56, 268
Takeuchi, S. 25, 257
Tannenbaum, R. 124, 268
Taubman, O. 244
Tayeb, M. H. 131, 260
Taylor, F. W. 1, 13, 80, 176, 246, 268
Teichelmann, D. 190, 191, 193, 251
Teuteberg, H. 173, 268
Thiel, M. 197, 244
Thierau, H. 115, 116, 117, 268, 269, 272
Thierau-Brunner, H. 116, 268
Thomae, H. 26, 247, 269
Thomas, A. 97, 98, 162, 186, 237, 238, 241, 268, 269
Thomas, K. W. 269, 62, 65, 67

Titscher, S. 55, 269
Titus, W. 52, 268
Titze, M. 184, 269
Tjosvold, D. 58, 59, 269
Tomlinson, E. C. 204, 242
Trevino, L. K. 223, 226, 227, 240
Triandis, H. C. 61, 98, 265, 269
Trötschel, R. 44, 265
Tuckman, B. W. 52, 53, 269
Tully, C. 92, 269
Turner, J. C. 45, 46, 268, 269
Tversky, A. 35, 250
Tyler, T. R. 253, 255
Udris, I. 28, 40, 78, 79, 210, 245, 265, 269, 270
Ulbrich-Herrmann, M. 75, 270
Ulich, E. 2, 62, 84, 85, 110, 111, 224, 240, 270
Valley, K. L. 66, 237
Van der Heijden, B. 248
Van de Vliert, E. 59, 270
Van Dick, R. 156, 232, 242
Van Dyne, L. 263
Van Kleef, G. A. 66, 242
Van Knippenberg, B. 126, 252
Van Knippenberg, D. 126, 252
Van Lange, P. A. M. 59, 60, 61, 270
Van Velkoven, M. 248
Vardi, Y. 270
Varela, F. 69, 257
Villanueva, D:, 214, 270
Vonderach, G. 4, 270
Voß, G. G. 14, 102, 184, 246, 270
Vroom, V. H. 28, 126, 127, 270
Wagner, H. 176, 270
Wakenhut, R. 110, 270
Walger, G. 176, 264, 270
Wanous, J. P. 81, 270
Waterman, R. H. 173, 260
Watzlawick, P. 69, 71, 178, 270

Weaver, W. 69, 265
Weber, M. 9, 12, 267, 269, 270
Webers, T. 65, 251
Wegge, J. 119, 141, 157, 158, 222, 270, 271
Weibler, J. 76, 272
Weihrich, M. 105, 271
Weiner, B. 31, 271
Weinert, A. 1, 44, 48, 49, 90, 121, 123, 125, 128, 144, 271
Weingart, L. R. 68, 242
Wenninger, G. 2, 209, 236, 271
West, M. A. 156, 161, 163, 164, 167, 239, 262, 271
Westaby, J. 220, 271
White, R. K. 124, 131, 255
Wicklund, R. A. 45, 271
Wiendieck, G. 121, 245, 271
Wiener, Y. 71, 270
Wilke, H. 52, 54, 271
Williams, K. D. 51, 55, 251
Willig, R. 97, 247
Wills, T. A. 79, 241
Wilson, T. D. 52, 236
Wimmer, R. 179, 271
Winter, D. G. 75, 183, 258
Winterstein, H. 13, 15, 121, 175, 177, 178, 198, 201, 221, 267
Wirth, E. 190, 271
Wiswede, G. 15, 103, 107, 124, 271
Wit, A. 52, 54, 271
Witte, E. H. 53, 97, 122, 272
Wittmann, A. 30, 102, 191, 251, 267
Woschée, R. VII, 76, 253, 256
Wottawa, H. 115, 116, 117, 268, 269, 272
Wunderer, R. 76, 89, 104, 259, 272
Zander, A. 54, 241
Zapf, D. 79, 106, 205, 210, 242, 253, 272
Zappala, S. 222, 272
Ziegler, M. 146, 240
Zimbardo, P. 25, 27, 32, 46, 55, 246

Verbessern Sie Ihre Menschenkenntnis.

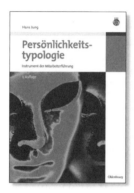

Hans Jung
Persönlichkeitstypologie

Instrument der Mitarbeiterführung
Mit Persönlichkeitstest

3. vollständig überarbeitete und wesentlich erweiterte
Auflage 2008 | 170 Seiten | Broschur | € 24,80
ISBN 978-3-486-58643-5

Die veränderten Bedürfnisstrukturen des arbeitenden Menschen, der Arbeitsmarkt, die gewandelte wirtschaftliche und gesellschaftliche Situation, all dies zwingt jeden Betrieb und jede Führungskraft, sich intensiv mit den Mitarbeitern, aber auch mit sich selbst zu beschäftigen. Um diesem Anspruch gerecht zu werden, müssen Führungskräfte ihre Menschenkenntnis verbessern.

Dieses Buch soll Führungskräften die Möglichkeit geben, ihre Menschenkenntnis mit Hilfe der Persönlichkeitstypologie zu verbessern. Anhand der psychoanalytischen Studie von Fritz Riemann wird in diesem Buch ein genaues Typenbild sowie die Leistungsfähigkeit der möglichen Charaktere erarbeitet. Damit werden die Fähigkeiten zur Verhaltensbeurteilung und Einschätzung von Entwicklungspotenzialen sowie zur Selbsteinschätzung erhöht.

Dieses Buch richtet sich an alle Studierenden, Mitarbeiter und Führungskräfte, die an ihrer eigenen Leistungsbeurteilung oder der ihrer Mitarbeiter interessiert sind.

Prof. Dr. rer. pol. Hans Jung lehrt an der Fachhochschule Lausitz Betriebswirtschaftslehre und Personalmanagement.

150 Jahre
Wissen für die Zukunft
Oldenbourg Verlag

Bestellen Sie in Ihrer Fachbuchhandlung oder
direkt bei uns: Tel: 089/45051-248, Fax: 089/45051-333
verkauf@oldenbourg.de

Aktuelle Modelle und Werkzeuge der Personalpsychologie

Michael Treier
Personalpsychologie im Unternehmen
mit CD-ROM
2009 | 496 Seiten | gebunden | € 44,80
ISBN 978-3-486-58658-9

Dieses Buch stellt fundierte Methoden und Vorgehensweisen aus der Praxis vor, um die Ursachen und Änderungen menschlichen Verhaltens im wirtschaftlichen Zusammenhang gestaltbar, messbar und steuerbar zu machen.

Das Buch begleitet den Leser durch eine virtuelle Fallstudie – die Personal im Griff AG –, um ihm die aktuellen Modelle und Werkzeuge der Personalpsychologie anhand zentraler Stationen des Personalmanagements zu illustrieren. Sie begeben sich auf eine spannende Reise zu den aktuellen personalpsychologischen Trends hinsichtlich der Kernprozesse des Personalmanagements.

Die CD-ROM enthält über eine leicht bedienbare Navigation Fragebögen, Präsentationen, Abbildungen und weitere nützliche Informationen.

Zielgruppe des Buches sind alle an personalpsychologischen Fragen Interessierte.

Prof. Dr. Michael Treier ist seit 2007 Dozent für Wirtschaftspsychologie und Personalmanagement an der privaten Unternehmerhochschule BiTS in Iserlohn und ist im Kernfeld der Personalpsychologie unternehmensberaterisch aktiv.

Oldenbourg

Bestellen Sie in Ihrer Fachbuchhandlung oder direkt bei uns: Tel: 089/45051-248, Fax: 089/45051-333
verkauf@oldenbourg.de

Menschen und Manager: Ein Balanceakt?

Eugen Buß
**Die deutschen Spitzenmanager -
Wie sie wurden, was sie sind**
Herkunft, Wertvorstellungen, Erfolgsregeln
2007. XI, 256 S., gb.
€ 26,80
ISBN 978-3-486-58256-7

Was ist eigentlich los im deutschen Management? Kaum ein Tag vergeht, ohne dass die Medien kritisch über die Zunft der Führungskräfte berichten. Sind die deutschen Manager denn seit dem Beginn der Bundesrepublik immer schlechter geworden? War früher etwa alles besser, als es noch »richtige« Unternehmerpersönlichkeiten gab?
Antworten auf diese Fragen finden Sie in diesem Buch.

Es gibt kein vergleichbares Buch, das die Zusammenhänge des Werdegangs und der Einstellungen von Spitzenmanagern darstellt. Die Studie zeigt, dass es in der Praxis unterschiedliche Managertypen gibt. Diejenigen, die ihre Persönlichkeit allzu gerne der Managementrolle unterordnen und jene, die eine Balance zwischen Mensch und Position finden.

Das Buch richtet sich an all jene, die sich für die deutsche Wirtschaft interessieren.

Prof. Dr. Eugen Buß lehrt an der Universität Hohenheim am Institut für Sozialwissenschaft.

Oldenbourg

Kunstwissenschaften
Geisteswissenschaften
Sprachwissenschaften
Geschichtswissenschaften
Religionswissenschaften

Statistik
Mathematik
Formal-/Idealwissenschaften
Theoretische Informatik
Strukturwissenschaften
Wissenschaften
Systemtheorie
Realwissenschaften
Kybernetik
Logik
Natur...
Ingen...